AF895227

# Wettbewerbliche Ausschreibung kommunaler Investorenprojekte

**Europäische Hochschulschriften**

European University Studies

Publications Universitaires Européennes

Reihe II **Rechtswissenschaft**

Series II Law

Série II Droit

Band/Volume **5748**

Tim Bremke

# Wettbewerbliche Ausschreibung kommunaler Investorenprojekte

PL ACADEMIC RESEARCH

**Bibliografische Information der Deutschen Nationalbibliothek**
Die Deutsche Nationalbibliothek verzeichnet diese Publikation in der Deutschen Nationalbibliografie; detaillierte bibliografische Daten sind im Internet über http://dnb.d-nb.de abrufbar.

Zugl.: Bielefeld, Univ., Diss., 2015

Gedruckt auf alterungsbeständigem,
säurefreiem Papier.

D 361
ISSN 0531-7312
ISBN 978-3-631-66112-3 (Print)
E-ISBN 978-3-653-05586-3 (E-Book)
DOI 10.3726/ 978-3-653-05586-3

© Peter Lang GmbH
Internationaler Verlag der Wissenschaften
Frankfurt am Main 2015
Alle Rechte vorbehalten.
PL Academic Research ist ein Imprint der Peter Lang GmbH.
Peter Lang – Frankfurt am Main · Bern · Bruxelles · New York · Oxford · Warszawa · Wien

Das Werk einschließlich aller seiner Teile ist urheberrechtlich geschützt.
Jede Verwertung außerhalb der engen Grenzen des Urheberrechtsgesetzes ist ohne Zustimmung des Verlages unzulässig und strafbar.
Das gilt insbesondere für Vervielfältigungen, Übersetzungen, Mikroverfilmungen und die Einspeicherung und Verarbeitung in elektronischen Systemen.

Diese Publikation wurde begutachtet.

www.peterlang.com

*Für Lena und*
*meine Eltern Christina (†) und Winfried*

# Vorwort

Die Abhandlung beruht auf einer Dissertation, die im Winter 2013/14 der Rechtswissenschaftlichen Fakultät der Universität Bielefeld vorgelegen hat.

Literatur und Rechtsprechung, die nach diesem Zeitpunkt veröffentlicht wurde, konnte vereinzelt noch berücksichtigt werden.

Mein besonderer Dank gilt meinem Doktorvater, Herrn Professor Dr. Johannes Hellermann, für sein großes Interesse, das er der Arbeit zu einem aktuellen Thema mit einem starken vergaberechtlichen Bezug entgegengebracht hat, und die hervorragende Betreuung während der Entstehung dieser Arbeit. Er hat ihr Gelingen durch wertvolle Anregungen maßgeblich gefördert. Herrn Prof. Dr. Franz C. Mayer, LL.M. (Yale) danke ich für die zügige und sorgfältige Zweitbegutachtung der Arbeit.

Zudem möchte ich meinem langjährigen Ausbilder Herrn Dr. Thomas Dünchheim dafür danken, dass er mein Interesse am Vergaberecht stets gefördert und mich in meinem vergaberechtlichen Promotionsvorhaben bestärkt hat.

Mein größter Dank gilt schließlich meiner Frau und meinem Vater für ihre Geduld und Unterstützung bei der Fertigstellung der Arbeit.

Marienfeld, im März 2015 *Tim Bremke*

# Inhaltsverzeichnis

Hinsichtlich der verwendeten Abkürzungen verweise ich auf Kirchner, Hildebert, Abkürzungsverzeichnis der Rechtssprache, 7. Auflage, Berlin New York 2013

# Erster Teil: Einleitung

## § 1 Einführung

### A. Anlass der Untersuchung

Wohl jeder Bürgermeister versucht, seine Gemeinde durch gute Stadtentwicklungspolitik lebenswerter zu gestalten. Indikatoren einer lebenswerten Umgebung sind etwa eine gute Nahversorgung, attraktive Arbeitsplätze oder ein breites Freizeitangebot. Doch in Zeiten, in denen vielerorts die Kassen leer sind, ist der eigene Handlungsspielraum der Gemeinden begrenzt. Deshalb hat die seit geraumer Zeit stetig zunehmende Einbindung Privater in die Erledigung von Verwaltungsaufgaben[1] auch – und in besonderem Maße – das Städtebaurecht erfasst. Vielfach entwickeln und finanzieren private Vorhabenträger[2] umfangreiche Bauprojekte, die die städtebauliche Entwicklung der jeweiligen Kommune nachhaltig prägen. Die Kommunen können die Vorhaben ohne fremde Hilfe häufig weder in fachlicher noch in finanzieller Hinsicht bewerkstelligen. Dies hat die Planungskultur bei größeren städtebaulichen Vorhaben grundlegend verändert. So geht die Initiative zur städtebaulichen Planung in vielen Fällen vom Privaten aus. Die klassische Angebotsplanung der Kommunen gerät derweil in den Hintergrund, vielmehr wird der baurechtliche Rahmen schnell und „passgenau" auf das bereits geplante und nun zu realisierende Projekt abgestimmt.[3]

Die Stadtentwicklung ist ein unverzichtbares Instrument erfolgreicher und effizienter Wirtschaftsförderungs- und Sozialpolitik.[4] Die öffentliche Hand verfügt

---

1 *el-Barudi*, Die Anwendbarkeit des GWB-Vergaberechts auf Öffentliche-Private-Partnerschaften, S. 11.

2 In der folgenden Untersuchung wird der Vorhabenträger als „Investor" bezeichnet. Zwar kann dies im Einzelfall auch ein Geldgeber sein, der nicht zugleich Kooperationspartner der Gemeinde ist, so dass ein Dritter in die Position des Vorhabenträgers rückt. Jedoch hat sich diese Bezeichnung für einen Vorhabenträger in der Praxis durchgesetzt, *Keller*, Kooperativer Städtebau und Kartellvergaberecht, S. 29 (dortige Fn. 32). Vgl. auch die Bezeichnung bei *Krautzberger*, in: Battis / Krautzberger / Löhr, BauGB, § 12, Rn. 3.

3 *Kuschnerus*, BauR 2011, 602; zur veränderten „Planungskultur" auch *Löhr*, in: Battis / Krautzberger / Löhr, BauGB, § 11, Rn. 1.

4 *Grziwotz*, KommJur 2010, 250.

– nicht nur durch die Aufgabe vieler Militärareale[5] – vielerorts über attraktive Liegenschaften, die sich mithilfe kluger Grundstückspolitik nutzbar machen lassen.[6] Umgekehrt kann für Gewerbetreibende der Kauf eines bestimmten städtischen Grundstücks bzw. dessen zweckentsprechende Bebauung der entscheidende Faktor ihrer Standortwahl sein.

Gerade in 1a-Lagen größerer deutscher Städte versprechen Bauvorhaben gute Renditen, so dass die Konkurrenz unter Investoren, aber auch unter den Projektentwicklungsfirmen und Baugesellschaften, immens ist.[7] Insofern kommt der Auswahl des privaten Investors durch die jeweilige Kommune eine hohe Bedeutung zu. Dies gilt umso mehr, wenn die Gemeinde zur Realisierung eines Vorhabens ein gemeindliches Grundstück veräußert. Bei der Entscheidung der Gemeinde über ihren Vertragspartner spielen unterschiedlichste Interessen eine Rolle. Neben dem Verkaufserlös wird ihr an der fachlichen Eignung und der Zuverlässigkeit des Privaten sowie in der Regel auch an der Verwirklichung bestimmter städtebaulicher, wirtschaftspolitischer, sozialer oder umweltpolitischer Ziele gelegen sein. Welcher Investor zum Zuge kommt, entscheidet sich also nicht nur danach, wie hoch das jeweilige Kaufpreisgebot ausfällt, sondern auch danach, was gebaut werden soll.[8]

Die Auswahl Privater lag jedoch bisher im Belieben der jeweiligen Gemeinde. Die freihändige Auswahl war ebenso verbreitet wie die Durchführung eines den kartellvergaberechtlichen Verfahrensvoraussetzungen angenäherten „strukturierten Bieterverfahrens". Die konkrete Verfahrensausgestaltung richtete sich allzu oft nach dem Impulsgeber zum städtebaulichen Projekt: Insbesondere wenn der Investor mit einem Vorschlag an die Gemeinde herantrat, fand eine Beteiligung weiterer Interessenten in der Regel nicht statt. Ging die Initiative von der Gemeinde aus, bildete sich der Bewerberkreis oftmals nicht über ein offenes Verfahren, sondern wurde durch die Gemeinde nach Belieben festgesetzt. Das

---

5 Durch die Reduzierung der Standorte der Bundeswehr (F.A.Z. v. 27.10.2011, S. 1) sowie den vorzeitigen Abzug der britischen Streitkräfte bis 2020 (Neue Westfälische v. 20.10.2010, S. 1, 4), deren Grundstücke und Wohnungen jeweils in das Eigentum der Bundesanstalt für Immobilienaufgaben (BImA) übergehen, werden die für die Stadtentwicklung verfügbaren öffentlichen Flächen weiter zunehmen. Die BImA ist für eine sinnvolle und wirtschaftliche Weiternutzung der Flächen zuständig. Siehe hierzu auch Süddeutsche Zeitung v. 10.02.2012, S. 6.

6 Dies insbesondere durch die Ansiedlung von Gewerbetreibenden oder durch von bereits ansässigen Unternehmen gewünschte Erweiterungen.

7 *Keller*, Kooperativer Städtebau und Kartellvergaberecht, S. 21.

8 *Scharen*, ZWeR 2011, 422, 423.

darauf folgende Verfahren war nicht selten unstrukturiert und intransparent, insbesondere wurden die Kriterien der Auswahlentscheidung sowie deren Gewichtung nicht vorab festgelegt und bekannt gemacht, was der Gemeinde ermöglichte, auch zu einem späten Verhandlungszeitpunkt weitgehende Änderungswünsche geltend zu machen.[9]

Ob die Durchführung eines Auswahlverfahrens bindend ist und der Gemeinde ein bestimmtes Verfahren aufgedrängt werden darf[10], wie es rechtlich ausgestaltet sein muss und in welchen Fällen Kommunen sogar eine europaweite Ausschreibung nach kartellvergaberechtlichen Maßstäben[11] vornehmen müssen, wird spätestens seit der Ahlhorn-Entscheidung des Oberlandesgerichts Düsseldorf vom 13. Juni 2007[12] intensiv diskutiert[13]: Der Vergabesenat hatte ein Grundstücksgeschäft, bei dem die Kommune dem Erwerber des öffentlichen Grundstücks im Rahmen eines Durchführungsvertrags zum vorhabenbezogenen Bebauungsplan eine Bauverpflichtung auferlegen wollte, in Zusammenschau mit dem Grundstücksverkauf als vergaberechtlich auszuschreibenden „Bauauftrag in der Form einer Baukonzession“[14] eingeordnet. Die verkaufende Stelle hätte demnach ein zeitaufwändiges und hochkomplexes europaweites Ausschreibungsverfahren durchführen müssen.[15] Mit dem Beschluss des OLG Düsseldorf wurden – quasi über Nacht

9 *Keller*, Kooperativer Städtebau und Kartellvergaberecht, S. 35.

10 Hier ergeben sich etwa auch verfassungsrechtliche Bedenken hinsichtlich der Einschränkung der in Art. 28 Abs. 2 GG verankerten gemeindlichen Planungshoheit. Vgl. hierzu unten, § 18.

11 Zum Normenbestand des sog. Kartellvergaberechts vgl. § 4.

12 Grundlegend OLG Düsseldorf, Beschl. v. 13.06.2007 - VII-Verg 2/07 „Ahlhorn“. Dieser Linie folgend OLG Düsseldorf, Beschl. v. 12.12.2007 - VII-Verg 30/07 „Wuppertal-Vohwinkel“; Beschl. v. 06.02.2008 - VII-Verg 37/07 „Oer-Erkenschwick“; OLG Düsseldorf, Beschl. v. 30.04.2008 - VII-Verg 23/08 „O.-Berg“; OLG Düsseldorf, Beschl. v. 14.05.2008 - VII-Verg 27/08 „Hamm-Werries“. Dieser Rechtsprechungslinie folgend: OLG Bremen, Beschl. v. 13.03.2008 - Verg 51/07 „Windpark“; OLG Karlsruhe, Beschl. v. 13.06.2008 - 15 Verg 3/08 „Lebensmittelverbrauchermarkt“; VK Düsseldorf, Beschl. v. 02.08.2007 - VK-23/07 = NZBau 2007, 736; VK Münster, Beschl. v. 26.09.2007 - VK 17/07 „Kirmesplatz“.

13 Zuvor wurde die Frage der Auswahl des Kooperationspartners – wenn überhaupt – als eine „Frage kommunalpolitischer Opportunität“ diskutiert, *Keller*, Kooperativer Städtebau und Kartellvergaberecht, S. 33.

14 OLG Düsseldorf, Beschl. v. 13.06.2007 - VII-Verg 2/07 „Ahlhorn“ = NZBau 2007, 530, 532.

15 Ein Verstoß führt gemäß § 101b Abs. 1 Nr. 2 GWB (Gesetz gegen Wettbewerbsbeschränkung v. 15.07.2005 [BGBl I S.2114, ber. 2009 I S. 3850]) bei entsprechender Feststellung im Rahmen eines vergaberechtlichen Nachprüfungsverfahrens zur

– die in jahrelanger „praktischer" Übung angewandten mehr oder weniger formalisierten Auswahlprozesse zur Makulatur.[16] Auch die mancherorts immer noch vorherrschende Auffassung, die Veräußerung kommunalen Grundeigentums sei ein ohne jedwede Restriktionen anwendbares Mittel der regionalen Wirtschaftsförderung, war damit nicht mehr haltbar. Zweifellos führte die Entscheidung zu einem Investitionsstau im Bereich städtebaulicher Entwicklungsvorhaben.

Diese Entwicklung in der Rechtsprechungspraxis mag auf den ersten Blick überraschend anmuten. Wenn die Gemeinde gleichzeitig Eigentümerin des zu bebauenden Grundstücks ist, erzeugt die Verpflichtung, der Entscheidung über die Auswahl des privaten Investors ein Ausschreibungsverfahren voranzustellen, zum einen ein Spannungsverhältnis zur Freiheit der Gemeinde, ihren Grundbesitz frei nach eigenen Vorstellungen veräußern zu können. Denn grundsätzlich steht die Veräußerung von Finanzvermögen im politischen Ermessen des Staates.[17] Zum anderen ist das Vergaberecht nach jahrelanger Rechtsprechungspraxis und herrschender Auffassung im Schrifttum das *Beschaffungsrecht* der öffentlichen Hand.[18] Demgegenüber ist der Verkauf eines Grundstücks prima

---

Unwirksamkeit des gesamten Grundstücksgeschäfts. Ist das Grundstück noch unbebaut, muss das Vergabeverfahren wiederholt werden. Wenn bereits bauliche Anlagen entstanden sind, drohen eine komplexe Rückabwicklung und gegebenenfalls Schadensersatzansprüche. Zur Problematik der Rückabwicklung vergaberechtswidrig geschlossener Bauverträge vgl. insbesondere die bislang ungeklärte Situation der „Messehallen Köln", EuGH, Urt. v. 29.10.2009 – C-536/07 = Slg 2009, I-10355.

16 In weiteren Entscheidungen präzisierte und ergänzte das OLG Düsseldorf seine Rechtsprechung. So sollte jegliche Anforderung der Gemeinde an die Bebauung eines Grundstücks – ob wesentlich oder auch nur nebensächlich – genügen, um das Geschäft als öffentlichen Bauauftrag oder Baukonzession zu qualifizieren. Zudem sollte für die Annahme einer gemeindlichen Anforderung nicht entscheidend sein, ob die Baumaßnahme nach von der Gemeinde aufgestellten Plänen verwirklicht wird; insoweit genügte eine Herstellung nach den vom Auftraggeber gebilligten Plänen. OLG Düsseldorf, Beschl. v. 12.12.2007 – VII-Verg 30/07 „Wuppertal-Vohwinkel" = NZBau 2008, 138, 141. Schließlich stellte das OLG Düsseldorf in einer späteren Entscheidung fest, dass es unerheblich sei, ob derartige Vorgaben rechtlich verbindlich fixiert würden oder lediglich faktisch bestünden. OLG Düsseldorf, Beschl. v. 06.02.2008 – VII-Verg 37/07 „Oer-Erkenschwick"; OLG Düsseldorf, Beschl. v. 02.10.2008 – VII-Verg 25/08 „Wildeshausen".

17 BVerfG, Urt. v. 17.05.1961 – 1 BvR 561, 579/60, 114/61 „Volkswagen-Privatisierungsgesetz" = NJW 1961, 1107, 1108; *Isensee*, in: ders. / Kirchhof, Handbuch des Staatsrechts, Bd. V, § 122, Rn. 115.

18 Das Kartellvergaberecht wurde vielmehr als Verfahrensrecht für den *„staatlichen Einkauf"* oder *„die staatliche Güternachfrage"* verstanden. So noch BayObLG, Beschl.

facie eine *Entschaffung*handlung. Einer der zentralen Ausgangspunkte der Ahlhorn-Entscheidung ist jedoch die Annahme, dass die Befriedigung eines eigenen Beschaffungsbedarfs des Auftraggebers keine Voraussetzung für das Vorliegen eines Bauauftrags oder einer Baukonzession sei und sogar ein mittelbares Interesse an dem Vertragsgegenstand, wie etwa die städtebauliche Entwicklung, ausreiche.[19]

Die Ahlhorn-Entscheidung ist in Teilen des Schrifttums[20], in Teilen der vergaberechtlichen Rechtsprechung[21] und insbesondere in der Praxis[22] auf massive Kritik gestoßen.[23] Die schier unendliche Zahl der hierzu erschienenen Veröffentlichungen ist jedoch in der Breite mehr von dem anwaltlichen Wunsch geprägt, die Entscheidung überhaupt in die eine oder andere Richtung zu deuten, als von einer genauen Analyse der Entscheidungsgründe sowie der zu diesem

---

v. 04.02.2002 – Verg 1/02 „Parkgarage" = NZBau 2002, 108; BGH, Urt. v. 01.02.2005 – X ZB 27/04 „Altpapier" = NZBau 2005, 290, 292; *Hailbronner*, in: Byok / Jaeger, Kommentar zum Vergaberecht, § 99 GWB, Rn. 439; *Eschenbruch*, in: Kulartz / Kus / Portz, Kommentar zum GWB-Vergaberecht, § 99, Rn. 12.

19 OLG Düsseldorf, Beschl. v. 13.06.2007 – VII-Verg 2/07 „Ahlhorn" = NZBau 2007, 530, 531 f.

20 Statt vieler: *Reidt*, BauR 2007, 1664; *Pietzcker*, NZBau 2008, 293; *Kühling*; JZ 2008, 1117; *Vetter / Bergmann*, NVwZ 2008, 133; *Gartz*, NZBau 2008, 473. A.A. *Amelung / Dörn*, VergabeR 2007, 644; *Rosenkötter / Fritz*, NZBau 2007, 559; *Schröer / Rosenkötter*, NZBau 2007, 770. Noch über die Haltung des OLG Düsseldorf hinausgehend und den völligen Wegfall des Beschaffungsmerkmals fordernd *Keller*, Kooperativer Städtebau und Kartellvergaberecht, der freilich durch seine genaue Analyse der entsprechenden Vorschriften der VKR die Schwächen des europäischen Vergaberechts aufdeckt, die die Kommission zu einer umfassenden Reform desselben veranlasst haben.

21 Zweifelnd: OLG München, Beschl. v. 04.04.2008 – Verg 4/08 „P-Baumarkt" = NZBau 2008, 542; ablehnend: VK Darmstadt, Beschl. v. 05.03.2008 – 69d-VK-06/2008 „Stadtallendorf" = NZBau 2008, 339; VK Karlsruhe, Beschl. v. 07.03.2008 – 1 VK 1/08 = NZBau 2008, 344; VK Potsdam, Beschl. v. 15.02.2008 – VK 2/08 = NZBau 2008, 344.

22 Vgl. insbesondere *Städtetag Nordrhein-Westfalen / Städte- und Gemeindebund NRW*, Gemeinsamer Leitfaden „Kommunale Grundstücksgeschäfte und Vergaberecht".

23 Die Rechtsprechungslinie wurde als „Investitionshemmnis" aufgefasst, *Kühling*, JZ 2008, 1117. Darüber hinaus wurde die „fast ungebrochene Ausdehnung des Anwendungsbereichs des Vergaberechts" in dem öffentlichen Auftragswesen fernliegende Gebiete bemängelt. *Pietzcker*, NVwZ 2007, 1225; *ders.*, NZBau 2008, 293, der – neben kommunalen Investorenprojekten – Gesellschaftsgründungen oder Pflegesatzvereinbarungen im Sozialhilfebereich nennt; *Kühling*, JZ 2008, 1117, 1124.

Zeitpunkt schon bekannten Vorgaben des EuGH aus früheren Entscheidungen. Der Bundesgesetzgeber schränkte schließlich im Rahmen des Vergaberechtsmodernisierungsgesetzes 2009[24] die Reichweite des nationalen Bauauftragsbegriffes ein. Dies geschah bewusst als Korrektur zur Rechtsprechung des OLG Düsseldorf und in Kenntnis der Sorgen der Kommunen und privaten Investoren. Davon unbeeindruckt und die Europarechtskonformität der Regelung bezweifelnd, legte der Vergabesenat des OLG Düsseldorf dem EuGH in einem weiteren Verfahren[25] einen umfassenden Fragenkatalog zur Ausschreibungspflicht kommunaler Investorenprojekte vor.

Der EuGH hat im März 2010 in der viel beachteten Entscheidung in der Rechtssache Helmut Müller[26] einige dieser Fragen recht deutlich beantwortet. Gleichzeitig hat der Gerichtshof in seinem insgesamt sehr kurzen Urteil[27] neue Aussagen getroffen, die wiederum Interpretationsspielräume lassen und einer eingehenden Aufbereitung bedürfen. So hat der EuGH zum Beschaffungszweck eines öffentlichen Bauauftrags klargestellt, dass die Leistung, die den Gegenstand des durch einen schriftlichen entgeltlichen Vertrag erteilten Auftrags bildet, zwar nicht gegenständlich oder körperlich sein, allerdings im „unmittelbaren wirtschaftlichen Interesse“ des öffentlichen Auftraggebers liegen müsse. Im Folgenden unternimmt der EuGH einen Versuch der Präzisierung dieser „schillernden Aussage“[28], schlägt dabei „einige erste Pflöcke“[29] ein, tastet sich allerdings nur rudimentär an die Grenze des Anwendungsbereiches des Kartellvergaberechts bei

---

24 Gesetz zur Modernisierung des Vergaberechts v. 20.04.2009 (BGBl. I, 790).

25 OLG Düsseldorf, Beschl. v. 02.10.2008 – VII-Verg 25/08 „Wildeshausen“ = NZBau 2008, 727, 734.

26 EuGH, Entsch. v. 25.03.2010 – C-451/08, „Helmut Müller“ = Slg 2010, I-2673. Vgl. zu den Reaktionen im Schrifttum *Lamm*, KommJur 2010, 161; *Hertwig*, VegabeR 2010, 554; *ders.*, NZBau 2011, 9; *Gartz*, NZBau 2010, 293; *Jarass*, VergabeR 2010, 562; *Otting*, IBR 2010, 284; *ders.*, NJW 2010, 2167; *Große Hündfeld*, BauR 2010, 1504; *Kühling*, NVwZ 2010, 1257; *Jenn*, ZfIR 2010, 405; *Hanke*, ZfBR 2010, 562; *Brakalova*, EuZW 2010, 340; *Vetter / Bergmann*, NVwZ 2010, 569; *Röbke*, EWiR 2010, 571; *Raabe*, NordÖR 2010, 272; *Hausmann*, VR 2011, 41; *Greim*, ZfBR 2011, 126; *Haak*, VergabeR 2011, 351; *Grothmann / Tschäpe*, ZfBR 2011, 442; *Sitsen*, BauR 2011, 462; *Scharen*, ZWeR 2011, 422; *Harms / Schmidt-Wottrich*, LKV 2011, 537; *Bank*, BauR 2012, 174; *Tomerius*, ZfBR 2012, 332.

27 Dies betrifft insbesondere die recht knapp gehaltenen Begründungen der getroffenen Feststellungen. Zum Fehlen tauglicher und belastbarer Begründungsteile in EuGH-Entscheidungen allgemein *Streinz*, Europarecht, Rn. 617.

28 *Hertwig*, VergabeR 2010, 554, 559.

29 *Otting*, NJW 2010, 2167, 2168.

kommunalen Investorenprojekten heran. Dies gilt ebenso für die Ausführungen des Gerichtshofs zur Bauverpflichtung, einem weiteren, durch den EuGH entwickelten, ungeschriebenen Merkmal des öffentlichen Bauauftrags. Was bleibt, ist ein spürbares Maß an Rechtsunsicherheit für den Rechtsanwender.

Deswegen erscheinen erste Reaktionen auf die Entscheidung verfrüht, die in dem Urteil einen „Befreiungsschlag im Vergaberecht“[30] sehen. Manche Beiträge lassen gar vermuten, dass kommunale Investorenprojekte überhaupt nicht mehr dem kartellvergaberechtlichen Ausschreibungsregime unterliegen.[31] Doch eine pauschale Herangehensweise verbietet sich. Dies gilt für den hiesigen Untersuchungsgegenstand umso mehr, als dass städtebaulich motivierte Projekte „häufig keine vertraglichen Standardfälle sind, sondern in tatsächlicher und vertraglicher Hinsicht Sondersituationen darstellen“.[32] Zudem ist die Entscheidung „Helmut Müller“ keinesfalls ein Grundsatzurteil, sondern entsprechend der Urteilspraxis des Gerichtshofs vielmehr als auf den zugrundeliegenden atypischen Sachverhalt bezogene Entscheidung zu verstehen.[33] Diese Annahme wird dadurch verstärkt, dass dieses Urteil nicht von der Großen Kammer, sondern von der Dritten Kammer des EuGH getroffen wurde. Deswegen muss die Rechtssache „Helmut Müller“ in Zusammenschau mit den bisherigen Urteilen des EuGH zu kommunalen Investorenprojekten[34] gesehen werden.[35] Dementsprechend

---

30 Frankfurter Allgemeine Zeitung v. 01.04.2010, S. 35.

31 Vgl. etwa *Brakolova*, EuZW 2010, 340 (Einf. vor Urteil EuZW 2010, 336) , die feststellt, dass Städte und Gemeinden nun wieder ohne Vergabeverfahren Investoren suchen könnten. Ähnlich *Vetter / Bergmann*, NVwZ 2010, 569; *Große Hündfeld*, BauR 2010, 1504, 1506; *Gartz*, NZBau 2010, 293; *Hausmann*, VR 2011, 41, 45; *Grothmann / Tschäpe*, ZfBR 2011, 442.

32 *Reidt*, BauR 2007, 1664, 1667.

33 Es liegt gerade an dem aus 28 Mitgliedsstaaten mit zahlreichen unterschiedlichen methodischen Traditionen bestehenden EU-Rechtsraum, dass die Rechtsprechung des EuGH eher den Einzelfall pragmatisch löst, als durch klarere Präzisierung einzelner Tatbestandsmerkmale Orientierung für künftige Fälle zu liefern, vgl. Kühling, JZ 2008, 1117, 1120.

34 EuGH, Urt. v. 12.07.2001 – C-399/98 „Mailänder Scala“ = Slg 2001, I-5409; EuGH, Urt. v. 18.01.2007 – C-220/05 „Stadt Roanne“ = Slg 2007, I-385; EuGH, Urt. v. 29.10.2009 – C-536/07 „Messehallen Köln“ = Slg 2009, I-10355. Ebenfalls ist EuGH, Urt. v. 18.11.2004 – C-126/03 „Donauwald“ = Slg 2004, I-11197 in den Blick zu nehmen. Diese Entscheidung betraf zwar kein Grundstücksgeschäft, sondern die Ausschreibung einer Transportdienstleistung, ihr sind aber wichtige Feststellungen zum Beschaffungszweck öffentlicher Aufträge zu entnehmen.

35 Siehe auch *Hertwig*, VergabeR 2010, 554; *ders.*, NZBau 2011, 9, 13; *Jenn*, ZfIR 2010, 405.

gab es in der Folge – neben der offenen Zustimmung – ebenso vorsichtige bis enttäuschte Reaktionen, die in Zweifel ziehen, dass durch das Urteil ein Mehr an Rechtssicherheit gewonnen worden ist.[36] Hieran knüpft die vorliegende Arbeit an: Es soll untersucht werden, wann und unter welchen Voraussetzungen Investorenprojekte ausgeschrieben werden müssen und welche Vorhaben weiterhin freihändig vereinbart werden dürfen. Dabei wird gezeigt, dass die vom EuGH angestoßene Konkretisierung des Beschaffungsmerkmals keinesfalls ausreichend und somit auch die Debatte um den europarechtlich determinierten Bauauftragsbegriff des § 99 Abs. 3 GWB nicht beendet ist.

Zudem lenkt die Entscheidung den Blick auch wieder verstärkt auf andere Rechtsgrundlagen, aus denen sich Verfahrensanforderungen für die Auswahl von Kooperationspartnern im Städtebau ergeben können. Im Rahmen der Untersuchung soll daher zudem herausgearbeitet werden, ob Gemeinden bestimmte Entwicklungsvorhaben auch unabhängig von einer kartellvergaberechtlichen Ausschreibungspflicht im Wege eines Ausschreibungsverfahrens vergeben müssen.

## B. Gang der Untersuchung

Die Arbeit gliedert sich, dem Untersuchungsansatz folgend, im Wesentlichen in zwei Schwerpunkte: Nachdem einleitend die Rechtsgrundlagen des Städtebaurechts dargestellt werden (§ 2), wird im zweiten Teil untersucht, ob sich die These der weitgehenden kartellvergaberechtlichen Freistellung kommunaler Investorenprojekte halten lässt oder, ob vielerorts auch nach der Entscheidung „Helmut Müller“ das strenge Verfahrensregime des Kartellvergaberechts Berücksichtigung finden muss. Nach einem Überblick über die kartellvergaberechtlichen Regelungsstrukturen (1. Abschnitt, §§ 3 und 4), erfordert dies zunächst eine systematische Untersuchung des Bauauftragsbegriffs in der Ausprägung, die er durch die Rechtsprechung des Europäischen Gerichtshofs zu kommunalen Investorenprojekten erfahren hat (2. Abschnitt, §§ 5–11). Die vorliegende Arbeit knüpft an die durch die Rechtsprechung des Gerichtshofs zu kommunalen Grundstücksgeschäften erreichten Ergebnisse an. So wird

---

36 *Otting*, NJW 2010, 2167; *Jenn*, ZfIR 2010, 405; *Jarass*, VergabeR 2010, 562, 567; *Lamm*, KommJur 2010, 161; *Seidler*, NZBau 2010, 552, 554; *Raabe*, NordÖR 2010, 273; *Greim*, ZfBR 2011, 126; *Haak*, VergabeR 2011, 351, 354; *Hailbronner*, in: Byok / Jaeger, Vergaberecht, § 99, Rn. 74. A.A. *Kühling*, NVwZ 2010, 1257; *Schabel*, VergabeR 2010, 449, 450, der anmerkt, die Antworten des EuGH ließen „an Eindeutigkeit nichts zu wünschen übrig“.

etwa die Notwendigkeit der in der europarechtlichen Definition des öffentlichen Bauauftrags enthaltenen ungeschriebenen Tatbestandsmerkmale der Beschaffung und der Bauverpflichtung nicht mehr in Frage gestellt, sondern nur – soweit erforderlich – die hierfür relevante Entwicklung aufgezeigt.[37] Eine eingehende Betrachtung verdient insbesondere die Reichweite des den Anwendungsbereich des Vergaberechts einschränkenden ungeschriebenen Tatbestandsmerkmals „unmittelbares wirtschaftliches Interesse“ (§ 7). Eine Konkretisierung erfolgt anhand der Untersuchung des europarechtlichen status quo vor der Ahlhorn-Entscheidung sowie der mit der EuGH-Entscheidung in der Rechtssache „Helmut Müller“ entwickelten Fallgruppen. Im Rahmen einer einzelfallorientierten Prüfung werden die so entwickelten Maßstäbe dann herangezogen, um praxisrelevanten Fallkonstellationen auf ihre kartellvergaberechtliche Ausschreibungspflicht hin zu untersuchen (3. Abschnitt, § 12–14). Am Ende dieses zweiten Untersuchungsteils wird deutlich werden, dass dem Kartellvergaberecht ein fortbestehender Regelungsanspruch hinsichtlich vieler derartiger Projekte zukommt.

Im dritten Untersuchungsteil wird der Frage nachgegangen, ob bei der Entscheidung über die Auswahl des privaten Partners eines kommunalen Investorenprojekts auch außerhalb des Kartellvergaberechts aufgrund europarechtlicher, verfassungsrechtlicher, haushaltsrechtlicher sowie kartellrechtlicher Regelungen eine Rechtspflicht zur Ausschreibung besteht (§ 15). Nach der Darstellung der praktischen Durchsetzbarkeit verbindlicher Vorgaben (§ 16), soll in einem verfahrensrechtlich geprägten Teil dargestellt werden, mit welchen Mindestanforderungen an das Auswahlverfahren eine rechtssichere Projektrealisierung gewährleistet ist (§ 17).

Abschließend wird gezeigt, dass eine Rechtspflicht, einer Auswahlentscheidung ein strukturiertes Bieterverfahren voranzustellen, durchaus in Einklang mit der verfassungsrechtlich durch Art. 28 Abs. 2 GG abgesicherten kommunalen Selbstverwaltungsgarantie steht (§ 18) und sich ein Ausschreibungsverfahren – unabhängig vom Grad der Verfahrensanforderungen – auch als Chance für die Beteiligten darstellen kann (§ 19). Die Untersuchung endet mit der Zusammenfassung der wesentlichen Erkenntnisse (§ 20).

---

37 So aber noch von der Irrelevanz des Beschaffungszwecks ausgehend die im zeitlichen Zusammenhang mit der Entscheidung „Helmut Müller“ eingereichte Dissertation von *Keller*, Kooperativer Städtebau und Kartellvergaberecht, S. 23.

# § 2 Rechtsgrundlagen der Einbindung Privater im Städtebaurecht

## A. Allgemeines

Die Realisierung von städtebaulichen Entwicklungsvorhaben hat sich zunächst unabhängig von der Frage der Ausschreibungspflicht am städtebaurechtlich vorgegebenen Rahmen zu orientieren. Dabei markieren die den Gemeinden zur Verfügung stehenden Handlungsinstrumentarien die Grenze dessen, was zulässigerweise zwischen den Beteiligten vereinbart werden kann. Gleichwohl sind es gerade die städtebaurechtlichen Eigenheiten, insbesondere das Maß des mit den verschiedensten Instrumentarien verbundenen Einflusses der Gemeinden, die für die konkrete vergaberechtliche Einordnung des Vorhabens von entscheidender Bedeutung sind. Deswegen werden an dieser Stelle zunächst die Rechtsgrundlagen der Einbindung Privater im Städtebaurecht dargestellt.

Während private Investoren lange Zeit mit dem Baurecht auskommen mussten, das von der Gemeinde angeboten wurde, ist das Städtebaurecht in seiner heutigen Ausprägung mit Elementen kooperativen Verwaltungshandelns durchsetzt.[38] Dies gilt insbesondere für den städtebaulichen Vertrag und den vorhabenbezogenen Bebauungsplan, aber auch für weitere Formen der Einbindung Privater. Der vorhabenbezogene Bebauungsplan hat seinen Ursprung im Baurecht der Deutschen Demokratischen Republik. Der dort verankerte Vorhaben- und Entwicklungsplan wurde nach dem Beitritt zur Bundesrepublik übergangsweise als Grundlage für einen schnellen und unbürokratischen Aufbau der dringend benötigten Infrastruktureinrichtungen eingesetzt. Dies erforderte ein flexibles und effizientes Sonderbaurecht, das insbesondere darauf angelegt war, private Investoren intensiv in die Planung und Durchführung städtebaulicher Projekte in den im Aufbau befindlichen Gemeinden einzubinden. Da sich diese Kooperationsform bewährte, wurde sie bald auch auf den Westen Deutschlands übertragen.[39] Der städtebauliche Vertrag ist demgegenüber ein schon länger in Rechtsprechung und Literatur anerkanntes und in der Praxis häufig angewandtes Instrumentarium zur Absicherung größerer Bauprojekte. Eine Implementierung in das BauGB erfolgte allerdings erst durch das BauROG 1998.[40]

---

38 Zum Begriff des „kooperativen Städtebaus" ausführlich *Keller*, Kooperativer Städtebau und Kartellvergaberecht, S. 27 ff.

39 Zur Historie des vorhabenbezogenen Bebauungsplanes näher *Stüer*, Der Bebauungsplan, Rn. 1181.

40 Zur Entstehungsgeschichte und Weiterentwicklung ausführlich *Krautzberger*, in: Ernst / Zinkahn / Bielenberg / Krautzberger, BauGB, § 11, Rn. 1 ff.

Die gesetzlich normierten Kooperationsformen sind Ausdruck eines gewandelten Verständnisses der Erledigung von Verwaltungsaufgaben sowie der Notwendigkeit, auf private Ressourcen zurückzugreifen.[41] Denn die Planung sowie Entwicklung von Bauvorhaben erfordert ein hohes Maß an personellem und finanziellem Aufwand. Die klassische Angebotsplanung hat darüber hinaus den entscheidenden Nachteil, dass die Gemeinde einen erheblichen Vorfinanzierungsaufwand für die Erschließung betreiben muss und nach Herstellung der Baureife den Einfluss auf die Grundstücksnutzung verliert.[42] Dass die Vereinnahmung privater Ressourcen nicht ohne weiteres im Wege des einseitigen hoheitlichen Handelns erfolgen kann, liegt auf der Hand.

Die aus dieser Erkenntnis heraus geschaffenen städtebaulichen Instrumente kanalisieren verfahrensmäßig die unterschiedliche – aber letztlich „zielkongruente"[43] – Interessenlage der beteiligten Parteien: Das Eigeninteresse der privaten Investoren daran, schneller als auf dem üblichen Weg Baurecht zu bekommen, wird durch die Gemeinde nutzbar gemacht, um von Sachverstand, Arbeitseinsatz und Kapital der bauwilligen Privaten zu profitieren sowie an städtebaulich verträgliche Konzepte zu gelangen.[44]

Die Zusammenarbeit im Städtebaurecht ist weder mit einer Aufgaben- noch mit einer Organisationsprivatisierung oder Modellen einer funktionalen Privatisierung[45] – auch als „Public Private Partnership" (PPP)[46] bekannt – zu

41 Zum Wandel hin zum „kooperativen Staat" *Schulze-Fielitz*, in: Hoffmann-Riem / Schmidt-Aßmann / Voßkuhle, Grundlagen des Verwaltungsrechts, Bd. I, S. 761, 790 ff.; *Krautzberger*, in: Ernst / Zinkahn / Bielenberg / Krautzberger, BauGB, § 11, Rn. 3 m.w.N.

42 *Keller*, Kooperativer Städtebau und Kartellvergaberecht, S. 25 f.; *Walter*, Der Erschließungsvertrag, S. 57.

43 *Walter*, Der Erschließungsvertrag, S. 57 f.

44 *Hellermann*, in: Dietlein / Burgi / Hellermann, Öffentliches Recht in Nordrhein-Westfalen, § 4, Rn. 226; *Löhr*, in: Battis / Krautzberger / Löhr, BauGB, § 11, Rn. 1; *Turiaux*, NJW 1999, 391; *Amelung / Dörn*, VergabeR 2007, 644, 649.

45 Jedoch ist in der Beauftragung von Architektur- oder Planungsbüros mit der Erstellung verabschiedungsreifer Planunterlagen mittels städtebaulichen Vertrages gemäß § 11 Abs. 1 Nr. 1 BauGB ein Fall der funktionalen Privatisierung zu sehen. Vgl. hierzu *Burgi*, Funktionale Privatisierung und Verwaltungshilfe, S. 96 f., 134 f.

46 Hierbei werden – gesellschaftsvertraglich formalisiert – etwa der Bau und Betrieb von Straßen oder von Verwaltungsgebäuden und Schulen durch öffentliche Hand und Privaten gemeinsam erledigt.

verwechseln.[47] Es handelt sich vielmehr um den Fall einer Verfahrensprivatisierung zur gemeinsamen oder wechselseitigen Zielverwirklichung, bei der einzelne Elemente des Verwaltungsverfahrens auf Private übertragen werden. Eine Ausnahme bilden insoweit die sog. BID-Verträge nach § 171 f BauGB.[48]

Im Zentrum der nachfolgenden Darstellung steht die jeweilige Gestaltungsmacht der Gemeinde im Rahmen der Anwendung der einzelnen Handlungsinstrumente. Denn diese ist der entscheidende Gradmesser für die vergaberechtliche Einordnung.

Die Untersuchung der Rechtsgrundlagen der Einbindung Privater im Städtebaurecht erfolgt anhand der Darstellung der wichtigsten Handlungsinstrumente (B.). Dabei können Private in vielfältiger Weise in den städtebaulichen Planungsprozess eingebunden werden, so dass der Untersuchungsrahmen diesbezüglich bewusst weit gesteckt wird. Dieser umfasst zunächst die klassischen städtebaulichen Vertragskonstellationen des städtebaulichen Vertrages (I.) sowie des vorhabenbezogenen Bebauungsplans (II.). Sie bilden den Kern der Problematik, weil hier eine weitgehende Verflechtung der Interessen von Gemeinden und privaten Investoren bei der Planung und Realisierung städtebaulicher Projekte möglich ist. Daneben sollen auch andere gesetzlich geregelte Formen der Einbindung Privater in städtebauliche Projekte, namentlich Erschließungsverträge (III.), Sanierungs- und Entwicklungsverträge (IV.) sowie Verträge über sog. Business Improvement Districts (V.), untersucht werden. Als mögliches Trägermedium städtebaulicher Vorgaben findet schließlich auch der Grundstückskaufvertrag (VI.) Berücksichtigung.

## B. Überblick über die städtebaulichen Handlungsinstrumente

### *I. Städtebauliche Verträge (§ 11 BauGB)*

Ein zentrales Instrument für die kooperative Entwicklung gemeindlicher Flächen ist der städtebauliche Vertrag. Er wird entweder isoliert oder – in aller Regel – im Rahmen der Aufstellung von Bebauungsplänen abgeschlossen. Städtebauliche Verträge beziehen sich etwa auf die Ausarbeitung von städtebaulichen Planungen, die Förderung und Sicherung von Zielen der Bauleitplanung oder die Kostentragung von kommunalen Folgelasten. Sie spielen zumeist dann eine Rolle, wenn es um die Aufstellung von Bebauungsplänen für einen oder wenige

47 Zu den Begriffsdefinitionen vgl. *Stober*, in: Wolff / Bachof / Stober / Kluth, Verwaltungsrecht, Bd. II, § 89, Rn. 13 ff.; *Koenig / Pfromm*, NZBau 2004, 375 f.

48 Hierzu näher unten, § 2 B. V.

Bauherren geht oder wenn die Gemeinde selbst Eigentümerin der zu beplanenden Fläche ist und die entsprechenden Grundstücke – flankiert durch einen städtebaulichen Vertrag – mit zusätzlichen vertraglichen Bindungen an private Vorhabenträger veräußert.[49] Die Gemeinde kann die Bereitschaft, von ihrer Planungsbefugnis überhaupt oder in einer bestimmten Weise Gebrauch zu machen, von bestimmten, städtebaulich motivierten, Vorgaben abhängig machen. Dies wiederum macht den städtebaulichen Vertrag zum Druckmittel gegenüber potentiellen Investoren, die ihre Zielvorstellungen in Bezug auf das Projekt nur durchsetzen werden können, wenn sie die Forderungen der Gemeinde erfüllen oder sich diesen zumindest annähern.[50]

Ein städtebaulicher Vertrag kann sowohl in öffentlich-rechtlicher Form als auch auf privatrechtlicher Basis abgeschlossen werden.[51] Die materiell-rechtlichen Restriktionen gelten jedoch unabhängig von der Rechtsnatur. Denn die öffentliche Hand kann sich im Bereich des privatrechtlichen Handelns nicht ihren öffentlich-rechtlichen Bindungen entziehen.[52] Weil auch das Vergaberecht nicht nach der Rechtsnatur des dem Auftrag zugrunde liegenden Vertrages unterscheidet[53], ist diese letztlich nur für die Rechtswegfrage entscheidend.[54]

An der weitgehenden Einbindung Privater in den Planungs- und Realisierungsprozess durch den Abschluss städtebaulicher Verträge wurde anfangs Kritik geübt. Insbesondere sei die öffentliche Hand vielfach der stärkere Vertragspartner, so dass kein Gleichgewicht der Parteien bestehe und der „Vertrag“ seinen Namen nicht verdiene.[55] Dem begegnet die gesetzliche Ausformung des städtebaulichen Vertrages in § 11 BauGB mit einer – im Einzelnen

---

49 *Reidt*, in: Gelzer / Bracher / Reidt, Bauplanungsrecht, Rn. 929.

50 *Keller*, Kooperativer Städtebau und Kartellvergaberecht, S. 48.

51 Maßgeblich für die Einordnung sind die vertraglich übernommenen Verpflichtungen, BVerwG, Urt. v. 11.02.1993 – 4 C 18/91 „Weilheimer Modell“ = NJW 1993, 2695, 2696. Zudem sind auch gemischt öffentlich-rechtliche und zivilrechtliche Verträge denkbar, vgl. *Stüer*, Der Bebauungsplan, Rn. 1182, 1187 m.w.N.; *Löhr*, in: Battis / Krautzberger / Löhr, BauGB, § 11, Rn. 1; *Hoffmann*, in: Spannowsky / Uechtritz, BauGB, § 11, Rn. 6.

52 *Stern*, in: ders., Staatsrecht, Bd. III/1, S. 1411 ff.; *Wolff / Bachof / Stober / Kluth*, Verwaltungsrecht, Bd. 1, § 23, Rn. 42; Rüfner, in: Isensee / Kirchhof, Handbuch des Staatsrechts, Bd. IX, § 197, Rn. 77 ff.

53 Siehe hierzu unten, § 5 A.

54 Nach § 40 Abs. 2 Satz 1 VwGO sind alle „Streitigkeiten über die Wirksamkeit und den Inhalt eines öffentlich-rechtlichen Vertrages“ den Verwaltungsgerichten zugewiesen, während die Zivilgerichtsbarkeit für Streitigkeiten aus privatrechtlichen Verträgen zuständig ist, *Hoffmann*, in: Spannowsky / Uechtritz, BauGB, § 11, Rn. 5.

55 *Burmeister*, VVDStRL 52 (1993), S. 190, 227 f.

konkretisierungsbedürftigen – Mischung aus Möglichkeiten (1.) und Grenzen (2.) der städtebaulichen Kooperation.

### 1. Regelungsgegenstände

Der Anwendungsbereich des städtebaulichen Vertrages ist weit gefasst, so dass grundsätzlich alles vertraglich vereinbart werden kann, was bodenrechtlich relevant ist.[56] In § 11 Abs. 1 S. 2 BauGB werden die möglichen Regelungsgegenstände mit bestimmten Vertragstypen näher umrissen, die – wie dem Zusatz „insbesondere" zu entnehmen ist[57] – aber nicht als abschließend zu verstehen sind. Ausdrücklich werden Vereinbarungen über die private Vorbereitung und Durchführung städtebaulicher Maßnahmen (Nr. 1), Verträge zur Förderung und Sicherung der mit der Bauleitplanung verfolgten Ziele (Nr. 2), Folgekostenverträge in Bezug auf Infrastrukturaufwendungen (Nr. 3), Verträge über die Nutzung von Kraft-Wärme-Kopplung und Solaranlagen (Nr. 4) sowie Verträge über Anforderungen an die energetische Qualität (Nr. 5) genannt.

Vorbereitende Maßnahmen, die der Gemeinde als Aufgabe im Rahmen der städtebaulichen Entwicklung obliegen, können durch sogenannte „Bauplanungsverträge"[58] (Nr. 1) auf den Investor übertragen werden. Dies kann die Ausarbeitung von Plankonzeptionen, die Vorbereitung und Durchführung der Planungen anderer Sachbereiche, Umweltverträglichkeitsprüfungen, Messungen sowie die Umsetzung der Planung einschließlich der Verfahrensorganisation und -leitung umfassen.[59] Hierzu zählen auch Baureifmachungsverträge, die etwa durch eine Bodensanierung[60] oder eine freiwillige Bodenordnung die Bebauung überplanter oder zu überplanender Flächen vorbereiten.[61] Die Durchführung der Maßnahmen erfolgt dabei jeweils auf Kosten des Privaten, der auch die Verantwortung für die technische Erstellung trägt.[62]

---

56 *Stüer*, Der Bebauungsplan, Rn. 1186.

57 *Löhr*, in: Battis / Krautzberger / Löhr, BauGB, § 11, Rn. 5; *Reidt*, in: Gelzer / Bracher / Reidt, Bauplanungsrecht, Rn. 927.

58 *Würfel / Butt*, NVwZ 2003, 153.

59 *Stöcker*, Die Entwicklung des Verwaltungskooperationsvertrages unter Berücksichtigung des Vergaberechts, S. 168; ausführlich hierzu *Krautzberger*, in: Ernst / Zinkahn / Bielenberg / Krautzberger, BauGB, § 11, Rn. 113 ff.

60 Insbesondere in Form der Altlastenentsorgung.

61 *Löhr*, in: Battis / Krautzberger / Löhr, BauGB, § 11, Rn. 7 f.; *Stüer*, Der Bebauungsplan, Rn. 1201.

62 *Stüer*, Der Bebauungsplan, Rn. 1203.

Zentral für die Umsetzung städtebaulicher Zielvorstellungen sind Verträge über die Umsetzung der planerischen Absichten der Gemeinden (Nr. 2). Solche „Planverwirklichungsverträge"[63] können private Investoren ausweislich des Gesetzeswortlauts hinsichtlich einer bestimmten Grundstücksnutzung binden. Hierbei werden nicht selten Vorgaben gemacht, die über die Möglichkeiten der Festsetzungen des Bebauungsplans hinausgehen.[64] Die Grenze des Zulässigen wird durch die Verfolgung eines legitimen städtebaulichen Zieles markiert. Insofern bilden die Anforderungen des § 1 Abs. 5 und Abs. 6 BauGB den Zulässigkeitsmaßstab.[65] Planverwirklichungsverträge werden auch zur Durchführung naturschutzrechtlicher Kompensationsmaßnahmen nach § 1a Abs. 3 BNatSchG, zum Sozialen Wohnungsbau oder zur Umsetzung sogenannter „Einheimischenmodelle"[66] abgeschlossen. Die Aufzählung in § 11 Abs. 1 Satz 2 Nr. 2 BauGB ist aber nicht abschließend. Als weitere mögliche Vereinbarungen sind Verpflichtungen zu einer bestimmten Gestaltung von Gebäuden und Freiflächen, zur Einräumung von Geh-, Fahr- und Leitungsrechten oder in Bezug auf Maßnahmen des Umweltschutzes[67] denkbar.[68] Praxisrelevant ist ebenso die Bauverpflichtung, die den Investor zwecks Schließung von Baulücken oder zur

---

63 *Löhr*, in: Battis / Krautzberger / Löhr, BauGB, § 11, Rn. 10.

64 *Reidt*, in: FS Krautzberger, S. 203, 205 bezeichnet entsprechende Regelungen dann auch als „festsetzungsersetzende Vereinbarungen"; *Stüer*, Der Bebauungsplan, Rn. 1204. Das Spektrum reicht von Anforderungen an einen bestimmten Branchenmix in einem Einkaufszentrum, Sortimentsbeschränkungen, Öffnungs- und Betriebszeiten, zur Schaffung bzw. Erhaltung von Arbeitsplätzen bis hin zu Vorgaben an die Bepflanzung oder die Verpflichtung zum Betrieb von bestimmten der Allgemeinheit dienenden Einrichtungen. Zu den Festsetzungsmöglichkeiten im Einzelnen: *Bönker*, in: Hoppe / Bönker / Grotefels, § 5, Rn. 64 ff. Löhr, in: Battis / Krautzberger / Löhr, BauGB, § 11, Rn. 11; *Hoffmann*, in: Spannowsky / Uechtritz, BauGB, § 11, Rn. 16.

65 *Reidt*, in: FS Krautzberger, S. 203, 206. Es darf zudem noch kein Rechtsanspruch auf die im Bebauungsplan ausgewiesene Bebauung bestehen, weil ansonsten ein Verstoß gegen das Kopplungsverbot vorliegen würde. Siehe hierzu unten, § 2 B. I. 2.

66 Hierzu näher *Hoffmann*, in: Spannowsky / Uechtritz, BauGB, § 11, Rn. 22 ff.; *Stüer*, in: Der Bebauungsplan, Rn. 1207 f.; zur vergaberechtlichen Beurteilung von Einheimischenmodellen vgl. zuletzt OLG München, Beschl. v. 27.09.2011 – Verg 15/11 = NZBau 2012, 134.

67 Dies betrifft etwa Vorgaben zur Energieversorgung bestimmter Gebiete oder zum autofreien Wohnen denkbar, *Löhr*, in: Battis / Krautzberger / Löhr, BauGB, § 11, Rn. 15.

68 *Löhr*, in: Battis / Krautzberger / Löhr, BauGB, § 11, Rn. 15; *Hoffmann*, in: Spannowsky / Uechtritz, BauGB, § 11, Rn. 25.

Vermeidung von Bodenspekulationen zu einer raschen Umsetzung der gemeinsam entwickelten Pläne zur Grundstücksnutzung drängt.[69]

Folgekostenverträge (Nr. 3) verpflichten private Investoren zur Übernahme von Kosten oder sonstigen Aufwendungen der Gemeinde, die dieser für städtebauliche Maßnahmen entstehen oder entstanden sind und die Voraussetzung oder Folge des geplanten Vorhabens sind.[70] Die vertragliche Gegenleistung der Gemeinde kann in einem „komplexen Bündel von Entscheidungen und Maßnahmen"[71] bestehen. Der Anwendungsbereich umfasst insbesondere infrastrukturelle Folgekosten wie Aufwendungen für Schulen, Kindergärten, Bürgerzentren oder Sportplätze, aber auch vorbereitende Gutachten, Bodenuntersuchungen oder Sanierungsaufwendungen.[72] Ferner kann – entgegen früherer Auffassung[73] – die Übernahme erschließungsbeitragsfähiger Aufwendungen durch einen Kostenübernahmevertrag geregelt werden.[74] Die Folgekosten müssen – insoweit enthält diese Vorschrift eine weitere Zulässigkeitsgrenze – zwingend kausal durch die vorhabenbezogene Planung entstanden sein.[75] Die Zurechnung der Kosten städtebaulicher Maßnahmen zu den betreffenden Vorhaben ist in das planerische Ermessen der Gemeinde gestellt.[76] Da es sich insoweit nur um „eine Art Aufwendungsersatz"[77] handelt, bilden die der Gemeinde tatsächlich entstandenen Aufwendungen die Grenze für die Übernahme durch den privaten Investor.[78] Eine Verknüpfung von konkreten Folgelasten der Gemeinde und etwaigen planungsbedingten Bodenwertsteigerungen sowie

---

69 Elementarer Bestandteil ist dabei die Einhaltung bestimmter Fristen. Vgl. hierzu *Stöcker*, Die Entwicklung des Verwaltungskooperationsvertrages unter der besonderen Berücksichtigung des Vergaberechts, S. 171; *Stüer*, Der Bebauungsplan, Rn. 1205.

70 *Walter*, Der Erschließungsvertrag im System des Erschließungsrechts, S. 32; *Würfel / Butt*, NVwZ 2003, 153, 157; *Hertwig*, NZBau 2011, 9, 15.

71 BVerwG, Urt. v. 24.03.2011 – 4 C 11.10 = NVwZ 2011, 1133.

72 *Hoffmann*, in: Spannowsky / Uechtritz, BauGB, § 11, Rn. 26; *Löhr*, in: Battis / Krautzberger / Löhr, BauGB, § 11, Rn. 16; *Busse*, KommJur 2009, 241, 243.

73 Grundlegend: BVerwG, Urt. v. 23.08.1991 – 8 C 61/90 = NJW 1992, 1642.

74 *Löhr*, in: Battis / Krautzberger / Löhr, BauGB, § 11, Rn. 19 f.; *Hoffmann*, in: Spannowsky / Uechtritz, BauGB, § 11, Rn. 26. Zur Entwicklung der Diskussion ausführlich *Walter*, Der Erschließungsvertrag im System des Erschließungsrechts, S. 44 ff.

75 BVerwG, Urt. v. 14.08.1992 – 8 C 19/90 „Folgekostenvertrag" = NJW 1993, 1810; *Löhr*, in: Battis / Krautzberger / Löhr, BauGB, § 11, Rn. 16.

76 BVerwG, Urt. v. 24.03.2011 – 4 C 11.10 = NVwZ 2011, 1133.

77 BVerwG, Beschl. v. 21.06.2005 – 4 B 32.05 = ZfBR 2005, 682.

78 *Hoffmann*, in: Spannowsky / Uechtritz, BauGB, § 11, Rn. 40; *Stüer*, Der Bebauungsplan, Rn. 1221; Löhr, in: Battis / Krautzberger / Löhr, BauGB, § 11, Rn. 21 unter

Gewinnerwartungen des Investors ist unzulässig. Insoweit fehlt es an einem Sachzusammenhang zwischen den Kosten der vorhabenbezogenen Planung und der Bodenwertsteigerung.[79]

Im Zuge der zunehmenden Berücksichtigung umweltrelevanter Gesichtspunkte im Städtebau wurde zudem die Möglichkeit der Gemeinde geschaffen, die Errichtung und Nutzung von Anlagen und Einrichtungen zur dezentralen und zentralen Erzeugung, Verteilung, Nutzung oder Speicherung von Strom, Wärme oder Kälte aus erneuerbaren Energien oder Kraft-Wärme-Kopplung vertraglich vorzuschreiben (Nr. 4).[80] Schließlich ist mit § 11 Abs. 1 Satz 2 Nr. 5 BauGB die vertragliche Vereinbarung über die Anforderungen an die energetische Qualität von Gebäuden in den Regelungskanon aufgenommen worden.[81] Die nach Maßgabe der Nr. 4 und 5 auferlegten Pflichten müssen einen städtebaulichen Bezug zu den Zielen des jeweiligen Baugebiets aufweisen, rein kommunalpolitisch motivierte Erwägungen weisen hingegen nicht den notwendigen Sachzusammenhang auf.[82]

## 2. Zulässigkeitsschranken

Um bei der vorbeschriebenen Zusammenarbeit von öffentlicher Hand und Privaten Missbrauch vorzubeugen, wurde der Abschluss städtebaulicher Verträge mit der BauGB-Novelle 1998 den Zulässigkeitsgrenzen und -voraussetzungen des § 11 Abs. 2 BauGB unterworfen. Sie verpflichten die Gemeinden zu einem „kompetenzgerechten"[83] Verhalten. Die Anforderungen an die Rechtmäßigkeit der städtebaulichen Verträge bestimmen die Grenze dessen, was sich eine Gemeinde in zulässiger Weise von einem Investor versprechen lassen darf.[84]

---

Verweis auf die Regelungen zur Kostenbeteiligung von Begünstigten einer Umlegung, bei der Erschließung oder bei Sanierungs- und Entwicklungsmaßnahmen.

79 *Hoffmann*, in: Spannowsky / Uechtritz, BauGB, § 11, Rn. 47; *Stüer*, Der Bebauungsplan, Rn. 1214.

80 *Krautzberger*, in: Ernst / Zinkahn / Bielenberg / Krautzberger, BauGB, § 11, Rn. 165, merkt an, dass der Gesetzgeber mit einer eigenständigen Regelung die besondere Bedeutung des Klimaschutzes auch für den Städtebau habe herausstellen wollen.

81 Eingefügt durch das Gesetz zur Förderung des Klimaschutzes bei der Entwicklung in den Städten und Gemeinden vom 22.7.2011 (BGBl. I S. 1509).

82 *Hoffmann*, in: Spannowsky / Uechtritz, Beck'scher OK BauGB, § 11, Rn. 32 f.; vgl. auch *Krautzberger*, in: Ernst / Zinkahn / Bielenberg / Krautzberger, BauGB, § 11, Rn. 165 f.

83 *Hoffmann*, in: Spannowsky / Uechtritz, BauGB, § 11, Rn. 32.

84 *Keller*, Kooperativer Städtebau und Kartellvergaberecht, S. 48.

Zunächst müssen die im Vertrag vereinbarten Leistungspflichten den gesamten Umständen nach dem Gebot der Angemessenheit entsprechen und dürfen auch sonst keine Anhaltspunkte dafür liefern, dass die Gegenleistung eine unzumutbare Belastung bedeutet.[85] Das Angemessenheitsgebot ist eine einfachgesetzliche Konkretisierung des verfassungsrechtlich verankerten Untermaßverbots bzw. des Verhältnismäßigkeitsgrundsatzes staatlichen Handelns. Es erfordert ein ausgewogenes wirtschaftliches Verhältnis zwischen den beiderseitigen Leistungspflichten.[86] Zwar hat sich zur Bestimmung der Angemessenheit noch kein einheitlicher Maßstab herausgebildet[87], es können jedoch die gesetzlichen Modelle des Sanierungs- und Entwicklungsvertrages und des Umlegungsvertrages vergleichend herangezogen werden.[88] So bemisst sich der Ausgleichsbetrag, den der Eigentümer eines Grundstücks in einem Sanierungsgebiet an die Gemeinde zu zahlen hat, gemäß § 154 Abs. 1 BauGB nach der durch die Sanierung bedingten Bodenwertsteigerung, etwaige Überschüsse hat die Gemeinde gemäß § 156a BauGB wieder auszukehren.[89] Darüber hinaus kann auch die schnelle Schaffung von Baurecht als für den Investor wirtschaftlich relevanter Faktor in der Angemessenheitsprüfung Berücksichtigung finden.[90]

§ 11 Abs. 2 Satz 2 BauGB normiert das aus zwei Elementen bestehende Koppelungsverbot.[91] Danach ist die Vereinbarung einer vom Vertragspartner zu erbringenden Leistung unzulässig, wenn dieser auch ohne sie einen Anspruch auf die Gegenleistung hätte, also der Gemeinde diesbezüglich kein Ermessen zusteht. Das Koppelungsverbot soll einem „Ausverkauf von Hoheitsakten"

---

85 BVerwG, Urt. v. 25.11.2005 – 4 C 15/04 „Kostentragungspflicht" = NVwZ 2006, 336, 337. Die Berücksichtigung der gesamten Umstände erfordert die einheitliche Betrachtung der Interessen aller Vertragsparteien, *Stüer*, Der Bebauungsplan, Rn. 1219.

86 Zum Angemessenheitsgebot näher *Krautzberger*, in: Ernst / Zinkahn / Bielenberg / Krautzberger, BauGB, § 11, Rn. 167; *Löhr*, in: Battis / Krautzberger / Löhr, BauGB, § 11, Rn. 21; *Stöcker*, Die Entwicklung des Verwaltungskooperationsvertrages unter Berücksichtigung des Vergaberechts, S. 181 ff.

87 Das OVG Lüneburg, Urt. v. 03.05.2006 – 1 LC 170/04 = NJOZ 2007, 994, 999 hat hierzu festgestellt, dass Leistung und Gegenleistung lediglich „in etwa ausgewogen" sein müssten. Es dürfe kein klares Missverhältnis vorliegen.

88 Etwas anderes gilt für den Folgekostenvertrag, für den mit dem Kausalitätserfordernis besondere Voraussetzungen bestehen.

89 Hierzu näher *Bönker*, in: Hoppe / Bönker / Grotefels, Öffentliches Baurecht, § 13, Rn. 97; *Stüer*, Der Bebauungsplan, Rn. 1220.

90 *Stüer*, Der Bebauungsplan, Rn. 1224.

91 Das allgemeine Koppelungsverbot ist in § 56 Abs. 1 Satz 2 VwVfG verankert.

entgegenwirken.[92] Dies führt dazu, dass städtebauliche Verträge regelmäßig vor dem Ende des Bebauungsplanverfahrens abgeschlossen sein müssen.[93] Zulässig sind dagegen Vereinbarungen, wonach erst die Gegenleistung ein der gemeindlichen Entscheidung über die Schaffung von Baurecht entgegenstehendes rechtliches Hindernis beseitigt.[94] Zum anderen dürfen keine Sachverhalte verknüpft werden, die nicht ohnehin bereits in einem Zusammenhang stehen.[95]

Eine weitere wichtige Zulässigkeitsschranke stellt das Verbot der unzulässigen Vorwegbindung dar, nach dem die Kommune sich nicht verpflichten darf, einen Bebauungsplan mit einem bestimmten Inhalt aufzustellen, einen solchen zu ergänzen oder aufzuheben. Ein Verstoß gegen das in § 1 Abs. 3 Satz 2 BauGB normierte Gebot zieht gemäß § 134 BGB (bei öffentlich-rechtlichen Verträgen i.V.m. § 59 Abs. 1 VwVfG) die Nichtigkeit des Vertrages nach sich.[96] Gerade bei größeren Projekten können häufig nicht alle Entscheidungen bis zur abschließenden Abwägung durch die Gemeinde zurückgestellt werden. Daher ist es unerlässlich, durch Besprechungen, Abstimmungen, Zusagen oder Verträge bestimmte Vorfragen zu klären.[97] Die Grenze für die Zulässigkeit solcher Vorwegbindungen ist die Abwägungssperre. Die Gemeinde muss im gesamten Verfahren gegenüber dem Investor und Dritten als Herrin des Verfahrens auftreten sowie die planerische Letztverantwortung tragen. Deswegen ist die durch das BauGB vorgegebene Zuständigkeitsordnung einzuhalten. Die Gemeinde muss die Planung in ihren Willen aufnehmen und insbesondere sich durch entsprechende vertragliche Regelungen die Möglichkeit einer an den materiell-rechtlichen Vorgaben des § 1 Abs. 3 und Abs. 7 BauGB orientierten ergebnisoffenen Abwägung bewahren.[98]

---

92 BVerwG, Urt. v. 16.12.1993 – 4 C 27/92 „Koppelungsverbot" = NVwZ 1994, 485.

93 *Reidt*, in: Gelzer / Bracher / Reidt, Bauplanungsrecht, Rn. 944.

94 *Hoffmann*, in: Spannowsky / Uechtritz, BauGB, § 11, Rn. 36.

95 Zum Kopplungsverbot *Löhr*, in: Battis / Krautzberger / Löhr, BauGB, § 11, Rn. 23; *Stüer*, Der Bebauungsplan, Rn. 1188; *Stöcker*, Die Entwicklung des Verwaltungskooperationsvertrages unter Berücksichtigung des Vergaberechts, S. 190 ff.; *Busse*, KommJur 2009, 241.

96 *Hoffmann*, in: Spannowsky / Uechtritz, BauGB, § 11, Rn. 33; *Keller*, Kooperativer Städtebau und Kartellvergaberecht, S. 53.

97 BVerwG, Urt. v. 05.07. 1974 – IV C 50/72 „Flachglas" = NJW 1975, 70, 72 f.

98 Hierzu im einzelnen BVerwG, Urt. v. 05.07. 1974 – IV C 50/72 „Flachglas" = NJW 1975, 70, 73; *Krautzberger*, in: Battis / Krautzberger / Löhr, BauGB, § 1, Rn. 113; *Löhr*, in: Battis / Krautzberger / Löhr, BauGB, § 11, Rn. 2; *Hoffmann*, in: Spannowsky / Uechtritz, BauGB, § 11, Rn. 33; *Birk*, in: FS Krautzberger, S. 169, 171 f.; *Keller*, Kooperativer Städtebau und Kartellvergaberecht, S. 43 ff.

Weitere Einschränkungen der Vertragsfreiheit der Kommune ergeben sich schließlich aus den privatrechtlichen Missbrauchsschranken der §§ 134 und 138 BGB.[99] Ein Missbrauch durch die Gemeinden steht angesichts der vorbeschriebenen Interessenlage zumindest zu Lasten des jeweiligen Investors nicht zu erwarten. Dies gilt umso mehr, als dass der Private den Abschluss des Vertrages verweigern kann.[100] Besonders sensibel hat der Einsatz des städtebaulichen Vertrages jedoch mit Blick auf Wettbewerber zu erfolgen.

### *II. Der vorhabenbezogene Bebauungsplan (§ 12 BauGB)*

Der vorhabenbezogene Bebauungsplan[101] stellt eine besondere Form des Bebauungsplans dar, die nicht auf die klassische Angebotsplanung der Gemeinde, sondern auf eine kurzfristige Realisierung eines bestimmten Vorhabens angelegt ist.[102] Die Initiative hierfür geht in der Regel vom privaten Investor aus.[103] Trotz des in § 12 Abs. 2 Satz 1 BauGB verankerten „Initiativrechts des Vorhabenträgers" ist es aber in der Praxis nicht unüblich, dass Gemeinden für eine bestimmte Liegenschaft einen Investor suchen und ihm eine Kooperation im Wege des vorhabenbezogenen Bebauungsplans vorschlagen.[104]

Grundsätzlich kann sich ein vorhabenbezogener Bebauungsplan auf alle denkbaren städtebaulichen Vorhaben beziehen und hat als Unterfall des Bebauungsplans auch dieselben Rechtswirkungen.[105] Dementsprechend sind die Vorschriften über das Planaufstellungsverfahren gem. §§ 2 ff. BauGB sowie die materiell-rechtlichen Vorgaben der §§ 1, 1a und 8 Abs. 2 BauGB zu

---

99 Diese finden über § 59 Abs. 1 VwVfG Eingang in das öffentlich-rechtliche Vertragsregime, siehe hierzu *Walter*, Der Erschließungsvertrag, S. 59 m.w.N.

100 *Walter*, Der Erschließungsvertrag, S. 60.

101 Zur Gesetzgebungshistorie *Krautzberger*, in: Battis / Krautzberger / Löhr, § 11, Rn. 1.

102 Das Vorhaben kann eine Bebauung im Innen- und Außenbereich (§§ 34, 35 BauGB) oder die Überplanung eines bereits vorhandenen Bebauungsplangebiets darstellen, *Reidt*, in: Gelzer / Bracher / Reidt, Bauplanungsrecht, Rn. 875.

103 *Söfker*, in: FS Krautzberger, S. 77, 78; *Krautzberger*, in: Battis / Krautzberger / Löhr, BauGB, § 12, Rn. 2. So sieht § 12 Abs. 2 Satz 1 BauGB vor, dass der private Vorhabenträger einen Antrag auf Einleitung eines Verfahrens zu stellen hat, das auf die Aufstellung eines vorhabenbezogenen Bebauungsplans gerichtet ist.

104 *Keller*, Kooperativer Städtebau und Kartellvergaberecht, S. 41.

105 *Stüer*, Der Bebauungsplan, Rn. 167 f.

berücksichtigen.[106] Insbesondere kommt ein vorhabenbezogener Bebauungsplan nur dann in Betracht, wenn ein Planungserfordernis besteht.[107]

Der vorhabenbezogenen Bebauungsplan besteht aus drei aufeinander abgestimmten Bausteinen: dem Vorhaben- und Erschließungsplan des Investors, dem Durchführungsvertrag zwischen der Gemeinde und dem Investor, sowie der gemeindlichen Satzung über den vorhabenbezogenen Bebauungsplan.

### 1. Der Vorhaben- und Erschließungsplan

Im Rahmen der Erstellung des Vorhaben- und Erschließungsplans übernimmt der Investor zunächst – nach Maßgabe des § 12 Abs. 1 Satz 1 BauGB in Abstimmung mit der Gemeinde – die Planung des zu errichtenden konkreten Vorhabens sowie der ggfs. erforderlichen Erschließungsmaßnahmen.[108] Durch diese weitgehende Verfahrensprivatisierung stellt der vorhabenbezogene Bebauungsplan die intensivste Form der Einbindung Privater in städtebaurechtliche Vorgänge dar. Das Abstimmungserfordernis als Kern der kooperativen Vorgehensweise wirkt schon zu einem frühen Verfahrenszeitpunkt.[109] Es hat eine prozess- und eine ergebnisorientierte Komponente, da es zum einen den Investor dazu anhält, sich frühzeitig über die Zielvorstellungen der Gemeinde Klarheit zu verschaffen und zum anderen diese auch in den Plan einfließen zu lassen.[110] Verweigert der Investor die Abstimmung, wird die Gemeinde letztlich auch nicht die Aufstellung eines vorhabenbezogenen Bebauungsplanes beschließen.

Der Vorhaben- und Erschließungsplan ist gemäß § 8 Abs. 2 BauGB grundsätzlich aus dem Flächennutzungsplan zu entwickeln. Bei der Prüfung der planungsrechtlichen Zulässigkeit ist die Gemeinde nur dann an die Festsetzungen nach § 9 BauGB sowie der BauNVO gebunden, wenn einzelne Flächen außerhalb

---

106 Siehe hierzu näher *Krautzberger*, in: Battis / Krautzberger / Löhr, BauGB, § 12, Rn. 24, 27; *Söfker*, in: FS Krautzberger, S. 77, 78; *Keller*, Kooperativer Städtebau und Kartellvergaberecht, S. 39.

107 *Reidt*, in: Gelzer / Bracher / Reidt, Bauplanungsrecht, Rn. 875.

108 Zur Plantiefe macht das Gesetz keine weiteren Angaben. Weil der Vorhaben- und Erschließungsplan aber nach Maßgabe des § 12 Abs. 3 Satz 1 BauGB Bestandteil des vorhabenbezogenen Bebauungsplans wird, wird eine an die Anforderungen eines Bebauungsplans angenäherte Qualität verlangt, *Krautzberger*, in: Battis / Krautzberger / Löhr, BauGB, § 12, Rn. 6 f.

109 *Busse*, in: Spannowsky / Uechtritz, BauGB, § 12, Rn. 21.

110 *Reidt*, in: Gelzer / Bracher / Reidt, Bauplanungsrecht, Rn. 892 beschreibt die Abstimmung als „beiderseitige Zustimmung, also uneingeschränkten Konsens"; siehe auch *Krautzberger*, in: Ernst / Zinkahn / Bielenberg / Krautzberger, BauGB, § 12, Rn. 88 f.

des Vorhaben- und Erschließungsplans nach § 12 Abs. 4 BauGB in den vorhabenbezogenen Bebauungsplan einbezogen werden.[111] Somit können die Gemeinde und der Investor insbesondere die Art und das Maß der jeweiligen Nutzung im Einzelfall passgenau bestimmen. Die Festsetzungen können durchaus auch über das nach der BauNVO zulässige Maß hinausgehen. Den Parteien steht also ein „Festsetzungserfindungsrecht"[112] zu, so dass etwa gezielt eine bestimmte gewerbliche Nutzung – selbst für einzelne Geschosse eines Einkaufszentrums – festgelegt werden kann.[113] Soweit das jeweilige Landesrecht gestalterische Festsetzungen erlaubt, können auch diesbezüglich Vorgaben gemacht werden.[114] Jedoch müssen die Festsetzungen hinreichend bestimmt sein und dem Abwägungsgebot genügen.[115]

Da die Verwirklichung des angeregten Projekts im Zentrum aller Bemühungen steht, muss die Verfügbarkeit der entsprechenden Grundstücke sichergestellt sein.[116] Hierzu muss der Investor – wenn er nicht bereits Eigentümer ist – zumindest eine im Wege des notariellen Vertrages erlangte und durch eine Vormerkung dinglich gesicherte Ankaufsoption in der Hand haben. Ausreichend ist ebenso, dass die zu entwickelnden Grundstücke im Eigentum der Gemeinde stehen. Schließlich muss auch die finanzielle Leistungsfähigkeit zur Realisierung des konkreten Projekts nachgewiesen werden.[117]

### 2. Der Durchführungsvertrag

Im Durchführungsvertrag verpflichtet sich der Investor, das im Vorhaben- und Erschließungsplan beschriebene Projekt innerhalb einer vertraglich fixierten Frist tatsächlich zu erstellen sowie die Planungs- und Erschließungskosten ganz oder teilweise zu tragen.[118] Die Übernahme der Durchführungsverpflichtung

---

111 *Schmidt-Eichstaedt*, Städtebaurecht, S. 247; *Busse*, in: Spannowsky / Uechtritz, BauGB, § 12, Rn. 3, 15.

112 *Reidt*, in: Gelzer / Bracher / Reidt, Bauplanungsrecht, Rn. 894.

113 *Busse*, in: Spannowsky / Uechtritz, BauGB, § 12, Rn. 16; *Reidt*, in: Gelzer / Bracher / Reidt, Bauplanungsrecht, Rn. 892; *Stüer*, Der Bebauungsplan, Rn. 168.

114 So sieht etwa § 86 Abs. 4 BauO NRW eine entsprechende Möglichkeit vor.

115 *Stüer*, Der Bebauungsplan, Rn. 173; *Söfker*, in: FS Krautzberger, S. 77, 79.

116 Insoweit besteht eine Prüfpflicht für die Gemeinde, *Krautzberger*, in: Battis / Krautzberger / Löhr, BauGB, § 12, Rn. 10; *Busse*, in: Spannowsky / Uechtritz, BauGB, § 12, Rn. 19.

117 Dies kann etwa durch eine Bankbürgschaft erfolgen, *Krautzberger*, in: Battis / Krautzberger / Löhr, BauGB, § 12, Rn. 10 f.; *Stüer*, Der Bebauungsplan, Rn. 172.

118 Dazu gehören insbesondere auch die Kosten, die der Gemeinde durch externe Fachgutachten entstehen, *Krautzberger*, in: Battis / Krautzberger / Löhr, BauGB, § 12, Rn. 20.

hinsichtlich eines bestimmten Bauvorhabens markiert dabei den entscheidenden Unterschied zum herkömmlichen Bebauungsplan.[119] Daneben können im Durchführungsvertrag unter Berücksichtigung der Zulässigkeitsschranken aus § 11 Abs. 2 BauGB auch zusätzliche Pflichten des Investors geregelt werden. Denkbar sind Vorgaben hinsichtlich der Gestaltung des Vorhabens, Nutzungsbindungen, Vorgaben zu den Grünanlagen, zur Altlastenentsorgung oder zur Übernahme von Folgelasten.[120] Eine Verpflichtung der Gemeinde gegenüber dem Investor enthält der Durchführungsvertrag dagegen in der Regel nicht.[121]

Wird das im Vorhaben- und Erschließungsplan beschriebene Projekt nicht realisiert, obliegt es der Gemeinde nach § 12 Abs. 6 BauGB, den vorhabenbezogenen Bebauungsplan entschädigungslos aufzuheben. Desweiteren kann die Gemeinde mithilfe vertraglicher Sanktionsmechanismen die Erfüllung der Verpflichtung absichern.[122]

### 3. Der Satzungsbeschluss

Nach Abschluss dieses Vertrages fasst die Gemeinde – unter Bezugnahme auf den Vorhaben- und Erschließungsplan – einen Satzungsbeschluss, mit dem das Baurecht für das im Vorhaben- und Erschließungsplan beschriebene Vorhaben geschaffen wird. Letzterer wird gemäß § 12 Abs. 3 S. 1 BauGB Bestandteil des Bebauungsplans.[123] Im Rahmen der Entscheidung über die Satzung verbleibt der Gemeinde die Letztverantwortung, die insbesondere einen genügenden Abwägungsspielraum erfordert.[124] Auch wenn das Verfahren zur Schaffung eines vorhabenbezogenen Bebauungsplans auf eine weitreichende Einbindung des privaten Investors abzielt, kann sich die Gemeinde nicht ihrer Pflicht zur Bauleitplanung nach Maßgabe des § 1 Abs. 1 BauGB entziehen.[125] Deswegen muss

---

119 *Busse*, in: Spannowsky / Uechtritz, BauGB, § 12, Rn. 3.

120 Siehe hierzu bereits oben, § 2 B. I. 1.; Für den vorhabenbezogenen Bebauungsplan *Busse*, in: Spannowsky / Uechtritz, BauGB, § 12, Rn. 43; *Reidt*, in: Gelzer / Bracher / Reidt, Bauplanungsrecht, Rn. 908.

121 *Amelung / Dörn*, VergabeR 2007, 644, 645.

122 *Krautzberger*, in: Battis / Krautzberger / Löhr, BauGB, § 12, Rn. 18, der beispielhaft Bankbürgschaften oder Vertragsstrafen nennt; *Stüer*, Der Bebauungsplan, Rn. 170.

123 *Hellermann*, in: Dietlein / Burgi / Hellermann, Öffentliches Recht in Nordrhein-Westfalen, § 4, Rn. 230 f.; *Turiaux*, NJW 1999, 391, 392; *Menke*, NVwZ 1998, 577, 580.

124 *Söfker*, in: FS Krautzberger, S. 77, 78 f. So kann die Gemeinde gemäß § 12 Abs. 1 Satz 1 BauGB den vorhabenbezogenen Bebauungsplan erlassen, sie muss es aber nicht, vgl. auch *Schmidt-Eichstaedt*, Städtebaurecht, S. 247.

125 Etwas anderes ergibt sich auch nicht aus der Verpflichtung der Gemeinde, den Antrag des Investors nach § 12 Abs. 2 Satz 1 BauGB auf „Einleitung des

sie auch im gesamten Verfahren darauf dringen und gegenüber außenstehenden Dritten vermitteln, wie bei der Aufstellung eines herkömmlichen Bebauungsplans Herrin des Verfahrens zu sein und die planerische Letztentscheidung im Rahmen der Verabschiedung der Satzung zu treffen.[126]

Dabei können die Festsetzungen im späteren vorhabenbezogenen Bebauungsplan nach Maßgabe des durch die BauGB-Novelle 2007 eingefügten § 12 Abs. 3a BauGB durchaus auch andere Vorhaben zulassen, als das im Vorhaben- und Erschließungsplan sowie im Durchführungsvertrag konkretisierte Einzelvorhaben, was das Handlungsinstrument des vorhabenbezogenen Bebauungsplan erheblich flexibilisiert.[127] Dann ist jedoch „unter entsprechender Anwendung des § 9 Abs. 2 BauGB festzusetzen, dass im Rahmen der festgesetzten Nutzungen nur solche Vorhaben zulässig sind, zu deren Durchführung sich der Vorhabenträger im Durchführungsvertrag verpflichtet."[128] Dies bedeutet, dass die festgesetzten Nutzungen nur aufschiebend bedingt gelten. Der Bedingungseintritt ist wiederum an eine den Festsetzungen entsprechende Verpflichtung zur Realisierung eines bestimmten Vorhabens im Durchführungsvertrag geknüpft.[129]

### *III. Der Erschließungsvertrag*

Die Erschließung von Grundstücken[130] ist eine den Gemeinden zugewiesene Pflichtaufgabe[131], soweit sie nicht nach anderen gesetzlichen Vorschriften oder öffentlich-rechtlichen Verpflichtungen einem anderen obliegt. Um eine regelmäßig kosten- und arbeitsintensive Eigenerschließung zu vermeiden, kann die

---

Bebauungsplanverfahrens" zu bescheiden. Denn daraus können keinerlei Bindungen für das Ergebnis des Bebauungsplanverfahrens abgeleitet werden. Näher hierzu *Krautzberger*, in: Ernst / Zinkahn / Bielenberg / Krautzberger, BauGB, § 12, Rn. 111.

126 *Keller*, Kooperativer Städtebau und Kartellvergaberecht, S. 46; *Krautzberger*, in: Ernst / Zinkahn / Bielenberg / Krautzberger, BauGB, § 12, Rn. 88.

127 *Krautzberger*, in: Ernst / Zinkahn / Bielenberg / Krautzberger, BauGB, § 12, Rn. 101a.

128 § 12 Abs. 3a BauGB.

129 *Krautzberger*, in: Battis / Krautzberger / Löhr, BauGB, § 12, Rn. 21a.

130 Unter Erschließung i.S.d. §§ 123 ff. BauGB wird die Baureifmachung von Grundstücken, demnach der Anschluss an Straßen- und Versorgungsanlagen, BVerfG, Beschl. v. 08.11.1972 – 1 BvL 15/68 u. 26/79 „Erschließungsaufwand" = NJW 1973, 505. Dazu gehört die Schaffung von technischer Infrastruktur wie Straßen, Beleuchtung, der Anschluss an das Stromnetz oder Kanalanschlüsse, vgl. näher *Löhr*, in: Battis / Krautzberger / Löhr, BauGB, Einf vor §§ 123, Rn. 3; *Burgi*, NVwZ 2008, 929, 934; *Ganske*, in: Reidt / Stickler / Glahs, Vergaberecht, § 99 GWB, Rn. 167.

131 Siehe § 123 Abs. 1 BauGB.

Aufgabe gemäß § 124 Abs. 1 BauGB durch einen sog. echten Erschließungsvertrag auf private Dritte, die Erschließungsträger bzw. -unternehmer, übertragen werden.[132] Bei echten Erschließungsverträgen handelt es sich um den Typus eines besonderen städtebaulichen Vertrags.[133] Sie beziehen sich auf nach Bundes- oder Landesrecht beitragsfähige sowie nicht beitragsfähige Erschließungsanlagen in einem bestimmten Erschließungsgebiet in der Gemeinde.[134]

Dabei verpflichtet sich der private Erschließungsträger, die erforderlichen Anlagen zu errichten sowie die Kosten der Erschließung ganz oder teilweise zu übernehmen.[135] Er überträgt diese dann regelmäßig unentgeltlich auf die Gemeinde, die die Anlagen danach weiterbetreibt und unterhält.[136] Beim Abschluss von Erschließungsverträgen sind nach § 124 Abs. 3 Satz 1 BauGB das Angemessenheitsgebot sowie das Koppelungsgebot zu berücksichtigen.[137] Dies bedeutet insbesondere, dass mit dem Erschließungsvertrag keine über die Erschließung hinausgehenden städtebaulichen Ziele verwirklicht werden können. Die Kosten werden über einen privatrechtlichen Vertrag an die begünstigten Grundstückseigentümer weitergegeben. Entweder refinanziert sich der Erschließungsträger, der gleichzeitig Eigentümer der zu erschließenden Flächen ist, durch den Verkauf der erschlossenen Grundstücke. Sind dagegen bereits private Dritte Eigentümer der zu erschließenden Grundstücke, wird der Erschließungsträger in der Regel Kostentragungsvereinbarungen mit den Eigentümern treffen.[138] Die Gemeinde erhebt dann selbst keine Erschließungsbeiträge mehr,

132 Davon abzugrenzen ist die Konstellation, dass die Gemeinde einem Bauunternehmer nur die Baudurchführung überträgt und selbst Trägerin der Erschließungsmaßnahme bleibt. Hierbei handelt es sich um einen privatrechtlichen Werkvertrag nach §§ 631 ff. BGB.

133 *Walter*, Der Erschließungsvertrag im System des Erschließungsrechts, S. 31 m.w.N.

134 S. § 124 Abs. 2 Satz 1 BauGB. Demgegenüber meint die Erschließungsvereinbarung im Rahmen eines vorhabenbezogenen Bebauungsplans eine Einzelerschließung gemäß § 30 Abs. 1 BauGB, *Walter*, Der Erschließungsvertrag im System des Erschließungsrechts, S. 84.

135 Vgl. § 124 Abs. 2 Satz 2 BauGB; *Stüer*, Der Bebauungsplan, Rn. 1183, 1190; *Löhr*, in: Battis / Krautzberger / Löhr, BauGB, § 124, Rn. 3; *Wilke*, ZfBR 2004, 141, 144; *Antweiler*, NZBau 2003, 93; *Hüser*, Ausschreibungspflichten bei der Privatisierung öffentlicher Aufgaben, S. 325.

136 *Ganske*, in: Reidt / Stickler / Glahs, Vergaberecht, § 99 GWB, Rn. 168 m.w.N.

137 Siehe hierzu oben, § 2 B. I. 2.

138 *Walter*, Der Erschließungsvertrag im System des Erschließungsrechts, S. 32 m.w.N.; *Antweiler*, NZBau 2003, 93; *Köster / Häfner*, NVwZ 2007, 410, 411.

weil ihr keine umlagefähigen Kosten entstanden sind.[139] Eine materielle Privatisierung ist damit nicht verbunden, denn während der Erschließungsträger zwar im eigenen Namen und auf eigene Rechnung handelt, entledigt sich die Gemeinde durch Abschluss des Erschließungsvertrags nicht der ihr obliegenden Erschließungslast. Sie bleibt vielmehr gegenüber Dritten weiterhin verantwortlich.[140] Die planerische Verantwortlichkeit der Erschließungsmaßnahme obliegt also vollständig der Gemeinde.

Die Vereinbarung eines Erschließungsvertrages bringt gegenüber der Selbstvornahme durch die Gemeinde gleich mehrere Vorteile mit sich: Der Erschließungsunternehmer kann die betroffenen Grundstücke in der Regel schneller und kostengünstiger erschließen. Die Gemeinde wiederum spart die Vorfinanzierungskosten sowie den Verwaltungsaufwand für die Herstellung der Erschließungsanlagen. Zudem kann sie die Kosten vollständig auf den Erschließungsunternehmer abwälzen, während im Fall der Selbstvornahme nach § 129 Abs. 1 S. 3 BauGB ein gemeindlicher Eigenanteil an den Erschließungskosten in Höhe von 10 % verbleibt.[141] Schließlich hat eine solche Vorgehensweise für die Gemeinde den nicht unerheblichen Vorteil, auf ein komplexes und fehleranfälliges Bescheidverfahren verzichten zu können.[142]

Davon ist ein unechter Erschließungsvertrag oder Vorfinanzierungsvertrag zu unterscheiden. Durch einen unechten Erschließungsvertrag verpflichtet sich der Erschließungsunternehmer zur Errichtung der Anlagen sowie zur Vorfinanzierung der Erschließungskosten. Er erhält seinen Erschließungsaufwand von der Gemeinde erstattet. Die Gemeinde wiederum gibt 90 % dieser Kosten[143] durch die Erhebung von Erschließungsbeiträgen an die begünstigten Grundstückseigentümer weiter. Es finden demzufolge gegenseitige Verrechnungen statt. Eine gesetzliche Grundlage für diese Vertragsform gibt es nicht, sie ist aber von der Rechtsprechung als zulässig anerkannt worden.[144] Der unechte Erschließungsvertrag findet insbesondere dann Anwendung, wenn der

139 OVG Saarlouis, Beschl. v. 09.02.1998 – 1 W 29/97 „Erschließungsbeitragspflicht“ = NVwZ-RR 1999, 796; *Rosenkötter*, NZBau 2006, 630, 631.

140 *Walter*, Der Erschließungsvertrag im System des Erschließungsrechts, S. 31; *Jaeger*, in: Spannowsky / Uechtritz, BauGB, § 123, Rn. 5; *Löhr*, in: Battis / Krautzberger / Löhr, BauGB, § 124, Rn. 4; *el-Barudi*, Die Anwendbarkeit des GWB-Vergaberechts auf Öffentlich-Private Partnerschaften, S. 180.

141 Vgl. §§ 124 Abs. 2 Satz 3, 129 Abs. 1 Satz 3 BauGB

142 *Busch*, VergabeR 2003, 622.

143 Vgl. § 129 Abs. 1 Satz 3 BauGB.

144 BGH, Beschl. v. 06.07.2000 – V ZB 50/99 = NVwZ-RR 2000, 845, 846.

Erschließungsunternehmer keine ausreichende Deckung für seine Erschließungsaufwendungen erwarten kann.[145] Gleichzustellen sind die Fälle, in denen der Erschließungsträger nicht nur eigene Grundstücke, sondern auch Grundstücke Dritter erschließen soll, da der Erschließungsaufwand in einer solchen Konstellation nicht vom Erschließungsträger gegenüber dem Dritten zivilrechtlich geltend gemacht werden kann.[146]

### *IV. Sanierungs- und Entwicklungsverträge*

Das Besondere Städtebaurecht stellt den Gemeinden mit den Sanierungs- und Entwicklungsverträgen weitere Instrumente für bestimmte städtebauliche Situationen zur Verfügung.[147] Es handelt sich hierbei um sachlich, zeitlich und räumlich begrenztes Sonderrecht, das neben die allgemeinen baurechtlichen Vorschriften tritt.[148] Mithilfe einer Sanierungsmaßnahme kann eine Gemeinde eine gebietsbezogene Verbesserung von städtebaulichen Missständen[149] erreichen. Entwicklungsmaßnahmen dienen der Erschließung neuer Bauflächen oder der Umstrukturierung bestehender Gebiete aus städtebaulichen Motiven.[150] Beide Maßnahmen umfassen nach §§ 136 Abs. 1, 165 Abs. 1 BauGB die Planung und Durchführung städtebaulicher Gesamtmaßnahmen, deren einheitliche Vorbereitung und zügige Durchführung im öffentlichen Interesse liegen. Gegenüber einzelnen Planungen und Vorhaben, verfolgen Sanierungs- und Entwicklungsverträge gleich mehrere gebietsbezogene städtebauliche Maßnahmen, so dass ein aufeinander abgestimmtes Vorgehen notwendig ist.[151] Dabei sind die den Gemeinden an die Hand gegebenen Instrumente nicht rein hoheitlich

---

145 *Hüser*, Ausschreibungspflichten bei der Privatisierung öffentlicher Aufgaben, S. 328.

146 *Hertwig / Öynhausen*, KommJur 2008, 121, 124; *Hertwig*, NZBau 2011, 9, 16.

147 Vgl. §§ 136 ff. BauGB. Zur Entwicklungsgeschichte eingehend *Krautzberger*, in: Battis / Krautzberger / Löhr, BauGB, Einf vor §§ 136 ff., Rn. 1. Zum Verfahren näher *Stüer*, Der Bebauungsplan, Rn. 1099 ff.; *Schmidt-Eichstaedt*, Städtebaurecht, S. 445 ff.

148 *Schmitz*, in: Spannowsky / Uechtritz, BauGB, Einf vor §§ 136 ff.

149 Diese werden durch § 136 Abs. 2 und 3 BauGB präzisiert.

150 Eine beispielhafte Aufzählung liefert § 165 Abs. 3 Satz 1 Nr. 1 BauGB: Deckung eines erhöhten Bedarfs an Wohn- und Arbeitsstätten, die Errichtung von Gemeinbedarfs- und Folgeeinrichtungen sowie die Wiedernutzung brachliegender Flächen.

151 Zum Begriff der städtebaulichen Gesamtmaßnahme näher *Krautzberger*, in: Battis / Krautzberger / Löhr, BauGB, § 136, Rn. 3 f; *Schmitz*, in: Spannowsky / Uechtritz, BauGB, § 136, Rn. 4; *Mösinger / Morscheid*, NZBau 2009, 413, 414.

geprägt, vielmehr erfordern die vielschichtigen Interessen der Sanierungsbeteiligten[152] ein auf Kooperation angelegtes Vorgehen.[153]

Die Planung und Durchführung der städtebaulichen Gesamtmaßnahmen bringt einen erheblichen Verwaltungsaufwand mit sich, so dass diese gemeindlichen Aufgaben nicht selten durch Sanierungsverträge[154] oder Entwicklungsverträge[155] Dritten übertragen werden.[156] Sanierungs- und Entwicklungsverträge können die Durchführung der vorbereitenden Untersuchungen, die Verhandlung mit den Beteiligten, die Durchführung erforderlicher Befragungen, den Konzeptentwurf, den Entwurf von Bebauungsplänen, die Durchführung von Ordnungsmaßnahmen, Baumaßnahmen, den Grunderwerb sowie die Bewirtschaftung der zur Sanierung bereitgestellten Mittel umfassen.[157] Dabei trägt die Gemeinde jedoch stets die Gesamtverantwortung.[158]

### *V. Business Improvement Districts (BID)*

Zur Entwicklung von Stadtgebieten, Gewerbezentren, Wohnquartieren oder bestimmten Ladenpassagen ist aus den Vereinigten Staaten und Kanada das Modell der Business Improvement Districts übernommen worden.[159] Bei einem BID-Projekt wird nach Maßgabe des § 171 f BauGB i.V.m. dem jeweiligen Landesrecht[160] auf Initiative der Grundstückseigentümer ein Aufgabenträger zur Verbesserung des unmittelbaren Umfelds bzw. zur Standortentwicklung gesucht. Mit den Verfahrensregelungen sind 2007 die Grundlagen für die Selbstorganisation sowie effektive Kontroll- und Finanzierungsmechanismen geschaffen

---

152 Dies sind neben der Gemeinde u.a. die betroffenen Grundstückseigentümer, Mieter oder Pächter.

153 *Krautzberger*, DVBl. 2008, 337.

154 § 157 BauGB.

155 § 167 BauGB.

156 *Wilke*, ZfBR 2004, 141, 145; *Krautzberger*, DVBl. 2008, 337, 338.

157 *Krautzberger*, in: Battis / Krautzberger / Löhr, BauGB, § 157, Rn. 5; *Fieseler*, in: Krautzberger, Städtebauförderungsrecht, § 157 BauGB, Rn. 7 ff.; *Wilke*, ZfBR 2004, 141, 146.

158 *Krautzberger*, DVBl. 2008, 337; *ders.*, in: Battis / Krautzberger / Löhr, BauGB, § 136, Rn. 4.

159 *Köster*, NZBau 2008, 300, 301. Vgl. ausführlich zur nordamerikanischen „Entwicklungsgeschichte" *Hecker*, Business Improvement Districts in Deutschland, S. 28 ff.

160 So etwa das nordrhein-westfälische Gesetz über Immobilien- und Standortgemeinschaften (ISSG-NRW), Gesetzes- und Verordnungsblatt NRW Nr. 19 vom 20.06.2008, S. 474 ff.

worden.[161] Der BID-Vertrag ermöglicht es den Kommunen, Gebiete festzulegen, in denen in privater Verantwortung – zeitlich begrenzt – standortbezogene Maßnahmen durchgeführt werden, die der städtebaulichen Entwicklung dieser Bereiche dienen.[162] Dabei ist die Bandbreite der durch ein BID-Projekt realisierbaren Maßnahmen sehr groß.[163]

Ein BID-Projekt ist ein Vorhaben der zusammengeschlossenen Eigentümer, bei dem die Auswahl des Aufgabenträgers auch diesem „Gremium" obliegt. Der Aufgabenträger ist der „zentrale Akteur im BID"[164], entwirft die maßgeblichen Konzepte zur Finanzierung, Entwicklung sowie Umsetzung des Projekts und vergibt schließlich den Auftrag zur Bauausführung an private Dritte. Soweit dem vom Aufgabenträger vorgeschlagenen und mit der Gemeinde abgestimmten Maßnahmenpaket durch die Eigentümer zugestimmt wird, setzt die Gemeinde den räumlich begrenzten BID-Bereich per öffentlich-rechtlichem Beschluss bzw. Satzung fest, fixiert die konkreten Maßnahmen in einem Vertrag mit dem Aufgabenträger und erhebt von allen Eigentümern eine Zwangsabgabe.[165]

Die Finanzierung wird von der zuständigen Behörde sichergestellt, die sich zu diesem Zwecke auch der Mittel der Verwaltungsvollstreckung bedienen kann. Sie ist insbesondere befugt, die Forderung gegenüber dem Grundstückseigentümer durch Sicherungshypothek, Anordnung der Zwangsverwaltung oder Zwangsversteigerung durchzusetzen. Der Aufgabenträger hat wiederum aus dem zwischen ihm und der Behörde geschlossenen öffentlich-rechtlichen

---

161 Gesetz zur Erleichterung von Planungsvorhaben für die Innenentwicklung der Städte, BGBl. 2006 I, S. 3316. Vgl. hierzu *Hecker*, Business Improvement Districts in Deutschland, S. 38 f.; *Krautzberger*, UPR 2006, 405, 406 ff.

162 Zur kompetenzrechtlichen Problematik *Hellermann / Hermes*, Rechtliche Zulässigkeit von „Business Improvement Districts (BIDs)", S. 11 ff.; *Ganske*, in: Reidt / Stickler / Glahs, Vergaberecht, § 99 GWB, Rn. 171; *Köster*, NZBau 2008, 300, 301.

163 Der Anwendungsbereich umfasst etwa die Verbesserung der Sauberkeit und Sicherheit, des Stadtmarketings oder die Entwicklung von Gesamtkonzepten, das Management von Flächen und Leerstand bis hin zu sozialem Engagement, beispielsweise die Schaffung von Angeboten für Jugendliche, oder nicht zuletzt die Vornahme von Baumaßnahmen. Vgl. hierzu *Kersten*, in: Spannowsky / Uechtritz, BauGB, § 171 f, Rn. 6; *Köster*, NZBau 2008, 300, 301; *Ganske*, VergabeR 2008, 15, 16; *Fieseler*, in: Krautzberger, Städtebauförderungsrecht, § 171 f BauGB, Rn. 2.

164 *Hellermann / Hermes*, Rechtliche Zulässigkeit von „Business Improvement Districts (BIDs)", S. 4; *Ganske*, in: Reidt / Stickler / Glahs, Vergaberecht, § 99 GWB, Rn. 171.

165 Vgl. *Burgi*, NVwZ 2008, 929, 935; *Köster*, NZBau 2008, 300, 302.

Vertrag einen Anspruch auf Zurverfügungstellung der eingetriebenen Gelder und auf den Einzug dieser Abgaben.[166]

Somit handelt es sich um eine gesetzlich geregelte Form der Öffentlich-Privaten Partnerschaft, bei der „öffentliche Rechtsetzungsbefugnisse und private Interessen“ miteinander verbunden werden.[167] Die öffentliche Hand ist dabei nicht direkter Nutzer privater Bau- oder Dienstleistungen, sondern profitiert mittelbar durch die Aufwertung von Stadtquartieren im Wege der Privatinitiative. Die Rolle der Gemeinde konzentriert sich auf die Schaffung von rechtlichen Grundlagen und die Sicherstellung der effektiven Umsetzung des Projekts.[168] Trotzdem ist die Regelung ein städtebauliches Handlungsinstrument der Gemeinde im vorbeschriebenen Sinne, weil die Gemeinde sich auch im Rahmen eines BID-Projekts nicht ihrer städtebaulichen Verantwortlichkeit entziehen kann.[169] Dies zeigt sich zuvorderst bei der gemeindlichen Entscheidung über das „Ob“ der Maßnahme. Darüber hinaus macht § 171 f Satz 1 BauGB deutlich, dass auch ein BID-Projekt der Umsetzung städtebaulicher Ziele dient. Denn das Abstimmungsgebot stellt insoweit das Einfallstor für städtebauliche Zielvorgaben dar.

### *VI. Der Grundstückskaufvertrag*

Eines der wichtigsten Trägermedien städtebaulicher Zielvorstellungen ist der Kaufvertrag über öffentlichen Grund und Boden.[170] Kommunen sind nicht selten aus historischen Gründen oder aufgrund von Zukäufen Eigentümer zentraler, für die Stadtentwicklung bedeutsamer Flächen. Die Gemeinde kann über den Grundstückskaufvertrag dem Investor im Rahmen ihrer zivilvertraglichen Gestaltungsmacht städtebauliche Zielvorstellungen vorgeben, ohne auf die normierten Handlungsinstrumentarien zurückgreifen zu müssen. Dies erfolgt in der Praxis etwa durch die Auferlegung bestimmter Leistungsverpflichtungen

---

166 *Ganske*, VergabeR 2008, 15, 19; *Kersten*, in: Spannowsky / Uechtritz, BauGB, § 171 f, Rn. 121 ff.

167 *Hellermann / Hermes*, Rechtliche Zulässigkeit von „Business Improvement Districts (BIDs)“, S. 4; *Ganske*, in: Reidt / Stickler / Glahs, Vergaberecht, § 99 GWB, Rn. 171; *Hecker*, Business Improvement Districts in Deutschland, S. 79 ff.

168 *Hellermann / Hermes*, Rechtliche Zulässigkeit von „Business Improvement Districts (BIDs)“, S. 4. Dabei ist allerdings zu berücksichtigen, dass die Gemeinden durchaus Einfluss auf die konkrete Ausgestaltung der BID-Maßnahmen hat, vgl. *Köster*, NZ-Bau 2008, 300, 303.

169 *Kersten*, in: Spannowsky / Uechtritz, BauGB, § 171 f, Rn. 27 m.w.N.; *Krautzberger*, DVBl. 2008, 337, 341.

170 Vgl. *Burgi*, NVwZ 2008, 929, 933.

oder Vorgaben hinsichtlich Art und Maß der zukünftigen Nutzung. Daneben können auch Gestaltungsvorgaben, Betriebsverpflichtungen, Sortimentsbeschränkungen oder Vorgaben zur Mieterstruktur vertraglich durchgesetzt werden. Im Rahmen von Investorenprojekten kommt dem Grundstückskaufvertrag daher eine besondere Bedeutung zu.

Die Anforderungen, die von der Gemeinde im Rahmen eines Grundstückskaufvertrags gestellt werden, dürfen jedoch nicht über die im Rahmen städtebaulicher Verträge zulässigen Vorgaben hinausgehen. Dies gilt unabhängig von der Frage, ob Grundstückskaufverträge mit vorbeschriebenen städtebaulich motivierten Zielvorgaben städtebaulichen Verträgen gleichzustellen sind und damit die Sicherungsmechanismen des § 11 BauGB Berücksichtigung finden müssten oder es durch den Grundstücksverkauf – als dem zentralen Vertragselement – bei einem primär zivilvertraglichen Schwerpunkt bleibt.[171] Denn die Gemeinde kann sich auch beim Abschluss von Grundstückskaufverträgen, mit denen sie städtebauliche Aufgaben erfüllt, nicht den Grundsätzen des Verwaltungsprivatrechts entziehen.[172] Somit bleibt auch bei einem isolierten Grundstückskaufvertrag, der als zivilrechtlich einzuordnende städtebaulich motivierte Regelungen enthält, die Bindung an die Grundrechte sowie an verfassungsrechtlich verankerte Grundsätze. Dazu gehört auch das Rechtsstaatsprinzip, dessen einfach-gesetzliche Konkretisierungen, das Koppelungsverbot sowie das Angemessenheitsgebot, auch bei mit städtebaulichen Regelungen aufgeladenen Grundstückskaufverträgen Berücksichtigung finden müssen.[173] Die Anwendung des Koppelungsverbots erfährt bei Verhandlungen über den Inhalt von isolierten Grundstückskaufverträgen insoweit eine Einschränkung, als dass ein Anspruch des Investors auf die Eigentumsübertragung durch die Gemeinde nicht besteht. Demnach ist es durchaus zulässig, im Grundstückskaufvertrag beispielsweise Regelungen über Folgelasten zu treffen.[174] Die zivilvertragliche Gestaltungsmacht der Gemeinde im Rahmen von Grundstückskaufverträgen ist somit zumindest nicht kleiner als die bei der Anwendung der im BauGB vorgesehenen städtebaulichen Handlungsinstrumente.[175]

Damit ist die Gemeinde, die im Zuge eines städtebaulichen Entwicklungsvorhaben ein Grundstück veräußern möchte, über die genuin städtebaulichen

171 Dies wurde vom BVerwG etwa für die sog. Einheimischenmodelle angenommen. Vgl. BVerwG, Urt. v. 11.02.1993 – 4 C 18/91 „Weilheimer Modell“ = NJW 1993, 2695.

172 *Keller*, Kooperativer Städtebau und Kartellvergaberecht, S. 55 f.

173 *Keller*, Kooperativer Städtebau und Kartellvergaberecht, S. 56 m.w.N.

174 *Reidt*, in: Gelzer / Bracher / Reidt, Bauplanungsrecht, Rn. 946.

175 *Otting*, NJW 2010, 2167, 2169; *Greim*, ZfBR 2011, 126, 129.

Handlungsinstrumentarien hinaus im Besitz eines weiteren Druckmittels, das sie zur Durchsetzung ihrer städtebaulichen Vorstellungen einsetzen kann. Denn eine Veräußerung kann von der Realisierung gemeindlicher Ziele abhängig gemacht werden.[176] So betreiben viele Gemeinden eine konditionierte Grundstückspolitik, die im Einklang mit den Zielen der städtischen Wirtschaftsförderungs- oder Wohnungsbaupolitik steht. Dies schließt auch den zielgerichteten (Zwischen-) Erwerb hierfür benötigter Grundstücke mit ein.[177] Nicht selten befinden sich bereits Grundstücke in dem zu entwickelnden Gebiet in der Hand des Investors oder er kauft schrittweise Teilflächen zu und erwirbt anschließend städtische Grundstücke, um das gesamte Areal entwickeln zu können.[178] Auch in diesem Fall ist die Realisierung des geplanten Projekts ohne den Erwerb gemeindeeigener Grundstücke nicht möglich, so dass sich die Situation wie zuvor beschrieben darstellt.

## C. Zusammenfassung

Mit den verschiedenen städtebaulichen Instrumentarien, aber auch mit dem Grundstückskaufvertrag, verfügen Gemeinden und ihre potentiellen Vertragspartner über flexibel einsetzbare Vertragsformen für die Suche nach einer städtebaulich verträglichen Lösung. Es lässt sich jeweils eine enge Verzahnung gemeindlicher und privater Interessen erreichen. Die Letztverantwortung obliegt jedoch der Kommune, da sie allein Trägerin der materiellen Aufgabe „Bauleitplanung" bleibt und sich dieser auch nicht vollständig entledigen kann.[179] Will sie dieser Aufgabe gerecht werden, muss sie im Rahmen der Realisierung eines kommunalen Investorenprojektes ihre Vorstellungen zunächst über die Art der Nutzung, aber auch deren Maß sowie weitere Anforderungen, in das Verfahren einbringen.[180] Das wird sie in der Regel über die enge Begleitung der privaten Planerstellung und in letzter Konsequenz über die Auswahl des ihr als städtebaulich am verträglichsten erscheinenden Konzepts machen.

---

176 *Keller*, Kooperativer Städtebau und Kartellvergaberecht, S. 132.

177 *Keller*, Kooperativer Städtebau und Kartellvergaberecht, S. 54 f., der darauf hinweist, dass der Gesetzgeber zur „Sicherung einer geordneten städtebaulichen Entwicklung" den Gemeinden mit dem Vorkaufsrecht nach § 24 BauGB, der Umlegung gemäß § 45 ff. BauGB und der Enteignung gemäß §§ 85 ff. BauGB ausreichende Instrumente zum Grunderwerb bereitstellt.

178 *Kühling*, JZ 2008, 1117, 1118.

179 *Stöcker*, Entwicklung des Verwaltungskooperationsvertrages unter Berücksichtigung des Vergaberechts, S. 165.

180 *Keller*, Kooperativer Städtebau und Kartellvergaberecht, S. 29.

# Zweiter Teil: Kartellvergaberechtliche Rechtsgrundlagen einer Ausschreibungspflicht

Die Frage, ob die Gemeinde verpflichtet ist, der Auswahlentscheidung über den Partner eines kommunalen Investorenprojektes ein (europaweites) Ausschreibungsverfahren voranzustellen, ist zunächst vor dem Hintergrund des vergaberechtlichen Rechtsregimes zu beantworten. Verlangt die öffentliche Hand am Markt Bau-, Liefer- oder Dienstleistungen ab, deren Auftragswert die in § 100 Abs. 1 GWB i.V.m. § 2 VgV normierten Schwellenwerte erreicht, ist sie einem strengen Verfahrensregime unterworfen. Denn in den zurückliegenden Jahren hat sich ein immer dichter werdender Bestand von prozeduralen und materiellrechtlichen Anforderungen herausgebildet, die bestimmte öffentliche Stellen bei ihrer Nachfragetätigkeit zur Durchführung eines Vergabeverfahrens zwingen.

Die nachfolgend in den Blick genommenen Vorschriften des GWB, der Vergabeverordnung sowie der Verdingungsordnungen werden in ihrer Gesamtheit gemeinhin als „Kartellvergaberecht" bezeichnet.[181] Dieser Normenkomplex bildet den Maßstab für die Untersuchung der vergaberechtlichen Ausschreibungspflicht kommunaler Investorenprojekte in Deutschland.

Das Kartellvergaberecht ist Umsetzungsrecht und orientiert sich weitestgehend an den Vorgaben der unionsrechtlichen Vergabekoordinierungsrichtline (VKR). Demnach hat sich die Auslegung der einzelnen Voraussetzungen des für die Ausschreibungspflicht von Investorenvorhaben maßgeblichen öffentlichen Bauauftragsbegriffs an diesen Vorgaben zu orientieren.[182]

Das Urteil des EuGH in der Rechtssache „Helmut Müller" modifiziert den unionsrechtlichen Tatbestand des öffentlichen Bauauftrags[183] und präzisiert die

---

181 Streng genommen fallen nur die Regelungen im vierten Teil des GWB unter diesen Begriff.

182 Nach ständiger Rechtsprechung des Gerichtshofs fällt die Definition des unionsrechtlichen Begriffs des öffentlichen Bauauftrags in den Bereich des Unionsrechts, vgl. EuGH, Urt. v. 18.01.2007 – C-220/05 „Stadt Roanne", Rn. 40 (Slg 2007, I-385).

183 Es spricht viel dafür, dass der EuGH sein Auslegungsergebnis auch für andere Formen öffentlicher Aufträge übernehmen wird. Zwar legt der Gerichtshof Begriff und Reichweite des öffentlichen Bauauftrags aus. Die Herleitung aus dem Leistungs-Gegenleistungs-Verhältnis lässt sich aber ebenso auf die anderen Formen der Leistungserbringung übertragen. Eine eingehende Untersuchung kann an dieser Stelle nicht erfolgen. Ähnlich urteilte der Gerichtshof aber zu einem Dienstleistungsauftrag, vgl. EuGH, Urt. v. 15.07.2010 – C-271/08 „Kommission./.Deutschland", Rn. 75 (Slg 2010, I-7091).

einzelnen Tatbestandsmerkmale weiter. Vor diesem Hintergrund könnte man einwenden, eine dogmatische Untersuchung der Grundlagen der VKR liege näher als eine Präzisierung des Auslegungsergebnisses des Europäischen Gerichtshofs.

Vorliegend hat der EuGH das Auslegungsergebnis im Rahmen eines Vorabentscheidungsverfahrens nach Art. 267 AEUV[184] gewonnen. Gegenstand des Vorabentscheidungsverfahren ist die Auslegung unionsrechtlicher Vorschriften sowie von Handlungen der Organe der Gemeinschaft.[185] Das Auslegungsergebnis bindet zunächst nur die vorlegenden Gerichte hinsichtlich der Auslegung der betreffenden unionsrechtlichen Bestimmungen, hat aber – wenn auch keine formelle – Präjudizwirkung für andere Entscheidungen. Denn es besteht stets eine Vorlagepflicht an den Gerichtshof, wenn ein nationales Gericht von der Auslegung durch den EuGH abweichen will.[186]

In letzter Instanz besitzt somit der EuGH das Auslegungsmonopol[187] für die Interpretation der „positiven Voraussetzungen der materiellen Reichweite der Richtlinie“[188], so dass seine Auslegung des europarechtlichen Bauauftragsbegriff – unabhängig von der Überzeugungskraft der gefundenen Lösung[189] – für den aktuellen Anwendungsbereich des nationalen Kartellvergaberechts praktisch allein maßgebend ist und demzufolge die Grundlage aller weiteren praxisrelevanten Ausführungen bildet.[190]

---

184 ex-Art. 234 EGV.

185 Für die „Wahrung des Rechts bei der Auslegung und Anwendung“ des Unionsrechts ist gemäß Art. 19 AEUV (ex-Art. 220 Abs. 1 EGV) die europäische Gerichtsbarkeit zuständig.

186 Vgl. zu den Grundlagen des Vorabentscheidungsverfahrens näher *Streinz*, Europarecht, Rn. 678 ff.; *Hanke*, ZfBR 2010, 562, 567.

187 Zum Auslegungsmonopol des EuGH näher *Nettesheim*, in: Oppermann / Classen / Nettesheim, Europarecht, § 10, Rn. 168 f.; *Streinz*, Europarecht, Rn. 610.

188 *Scharen*, ZWeR 2011, 422, 433 f.

189 Zur Kritik an der Vorgehensweise des EuGH siehe unten, § 7 B. VI.

190 Die möglichst genaue Bestimmung dessen, was der EuGH unter einem „unmittelbaren wirtschaftlichen Interesse versteht, ist auch deshalb unerlässlich, weil auf europäischer Ebene die Implementierung des ungeschriebenen Tatbestandsmerkmals in die Definition des öffentlichen Bauauftrags im Raume steht, vgl. Europäische Kommission, Grünbuch v. 27.01.2011, KOM (2011) 15, über die Modernisierung der europäischen Politik im Bereich des öffentlichen Auftragswesens – Wege zu einem effizienteren europäischen Markt für öffentliche Aufträge, S. 7. So stellt die Kommission die Frage, ob der Anwendungsbereich der EU-Richtlinien über das öffentliche Auftragswesens überhaupt auf Beschaffungen begrenzt werden sollte. Wenn eine Beschränkung notwendig sei, so fragt die Kommission weiter, ob diese lediglich das vom EuGH festgelegte Kriterium des unmittelbaren wirtschaftlichen Nutzens kodifizieren oder

Die Frage nach der den hiesigen Untersuchungsgegenstand bildenden Ausschreibungspflicht kommunaler Investorenprojekte hat sich demnach an dem durch den EuGH gefundenen Auslegungsergebnis zu orientieren. An die insoweit erreichten Ergebnisse soll angeknüpft werden, indem der Tatbestand des öffentlichen Bauauftrags in der Ausprägung vorausgesetzt wird, die er durch die Rechtsprechung des Gerichtshofs erfahren hat.[191] Letztere wird also nicht grundsätzlich in Frage gestellt, sondern für die Praxis fruchtbar gemacht.

Im Rahmen des zweiten Untersuchungsteils werden zunächst die Grundlagen des Vergaberechts dargelegt (1. Abschnitt, §§ 3 und 4). Daran schließt sich eine Untersuchung des Tatbestands des öffentlichen Bauauftrags unter der besonderen Berücksichtigung kommunaler Investorenprojekte an, die die Grundlage für die Grenzziehung zwischen der Ausschreibungspflicht und der Vergaberechtsfreiheit bildet (2. Abschnitt, §§ 5–9). Maßgeblich hierfür ist die Begrenzung des Tatbestands durch das vom EuGH geschaffene Merkmal „unmittelbares wirtschaftliches Interesse" des öffentlichen Auftraggebers. Jedoch besteht diesbezüglich – in Ermangelung einer ausreichenden Urteilsbegründung – erheblicher Konkretisierungsbedarf,

---

zusätzliche/alternative Bedingungen und Konzepte beinhalten sollen. Auch das Europäische Parlament setzt sich in seiner Entschließung v. 25.10.2011 - 2011/2048 (INI), Rn. 4 für eine der Rechtsprechung des Gerichtshofs entsprechende Präzisierung des Geltungsbereichs der Richtlinien ein. Die EU-Kommission hat im Rahmen ihrer Initiative „Vorschlag für Richtlinie über die öffentliche Auftragsvergabe" v. 20.12.2011 KOM (2011) 896/2, in Art. 1 Abs. 2 ihrer Entwurfsfassung eine Definition der „Auftragsvergabe" aufgenommen. Diese bezeichne die Beschaffung oder andere Formen des Erwerbs von Bauleistungen, Lieferungen oder Dienstleistungen durch einen oder mehrerer öffentliche Auftraggeber von Wirtschaftsteilnehmern, die von diesen öffentlichen Auftraggebern ausgewählt würden, unabhängig davon, ob diese Bauleistungen, Lieferungen oder Dienstleistungen für einen öffentlichen Zweck bestimmt seien. Dieser Definitionsversuch ist etwas missverständlich, da es einerseits nicht auf den mit der Beschaffung verfolgten öffentlichen Zweck ankommen und andererseits der Begriff des Erwerbs nach Maßgabe des dritten Erwägungsgrundes des Vorschlags „im weiteren Sinne [...] als Erlangung des Nutzens der jeweiligen Bauleistung [...]" verstanden werden soll. Die Erlangung eines „Nutzens" setzt jedoch denknotwendigerweise eine Zweckverfolgung voraus, nicht aber zwingend – und hier wird der Versuch einer Definition wieder konsistenter – eine solche im öffentlichen Interesse.

191 Zur Kritik siehe *Keller*, Kooperativer Städtebau und Kartellvergaberecht, S. 83. Der Gerichtshof hat deutlich gemacht, dass der unionsrechtlich determinierte Bauauftragsbegriff eine Bauverpflichtung voraussetzt und die den Beschaffungsvorgang kennzeichnende Leistung des Auftragnehmers im unmittelbaren wirtschaftlichen Interesse des öffentlichen Auftraggebers stehen muss, vgl. EuGH, Urt. v. 25.03.2010 – C-451/08 „Helmut Müller", Rn. 49 (Slg 2010, I-2673).

dessen Ausfüllung den Schwerpunkt des zweiten Untersuchungsteils bildet (§ 7). Hierbei wird deutlich werden, dass die nach dem Urteil „Helmut Müller“ vorherrschende These von der weitgehenden vergaberechtlichen Freistellung kommunaler Investorenprojekte nicht haltbar ist, sondern das Kartellvergaberecht vielmehr auch in Zukunft den Handlungsspielraum der Beteiligten einengen wird. Es wird herauszuarbeiten sein, dass in der Nachbetrachtung insbesondere die städtebaulichen Handlungsinstrumente sowie die mit den Projekten verfolgten städtebaulichen Handlungsziele in unzulässiger Weise vermengt wurden und etliche Instrumente als „Trägermedium“ für die dahinter liegenden – kartellvergaberechtlich relevanten – städtebaulichen Zielvorstellungen dienen können.

Die ermittelten Maßstäbe für eine kartellvergaberechtliche Ausschreibungspflicht werden sodann auf praxisrelevante Fälle angewandt (3. Abschnitt, §§ 10–12). In Anlehnung an die vorzunehmende Trennung zwischen Handlungsinstrument und -ziel orientiert sich die einzelfallbezogene Prüfung insbesondere daran, welche Ziele die Gemeinde mit dem jeweiligen Projekt verfolgt. Dieser Untersuchungsabschnitt soll den aktuellen kartellvergaberechtlichen Anwendungsbereich bei kommunalen Investorenprojekten verdeutlichen und dadurch einen Beitrag zu mehr Rechtssicherheit leisten.

# 1. Abschnitt: Grundlagen des Vergaberechts

## § 3 Regelungsgegenstand

Zur Aufrechterhaltung der Funktionsfähigkeit des Staates und zur Erfüllung von Verwaltungsaufgaben benötigen Bund, Länder, Kommunen, staatsnahe Unternehmen und weitere öffentliche Auftraggeber[192] die unterschiedlichsten Güter sowie Bau- und Dienstleistungen. Die eigenständige Erledigung von Straßenbau oder Entsorgungsleistungen scheitert ebenso nicht selten an fehlenden personellen und infrastrukturellen Mitteln wie die Herstellung von Rüstungsgütern oder Erstellung von umfangreichen Rechtsgutachten. Nicht zuletzt ist der Staat durch die verfassungsrechtlich verankerte freiheitliche Grundausrichtung bei wirtschaftlichen Aktivitäten immer dann zur Zurückhaltung aufgefordert, wo Private eine Aufgaben möglicherweise besser sowie kostengünstiger erledigen können.[193]

Deshalb beschafft sich die öffentliche Hand diese Leistungen vielfach gegen Entgelt auf dem freien Markt. Diese tägliche Verwaltungspraxis ist unter dem Begriff

192 Einen abschließenden Überblick der öffentlichen Auftraggeber im Bereich oberhalb der Schwellenwerte bietet § 98 GWB. Siehe auch unten, § 4 A. I.

193 *Bungenberg*, WuW 2005, 899, 900.

„Beschaffungsverwaltung" als dritter Verwaltungstyp neben der Eingriffs- und Leistungsverwaltung anerkannt.[194] Die staatliche Bedarfsdeckung umfasst in Deutschland ein gewaltiges finanzielles Volumen von ca. 16 % des BIP.[195] Die wirtschaftliche Bedeutung des Beschaffungsmarktes führt dazu, dass die Bedarfsdeckung ein zentrales Element bei der Schaffung eines gemeinsamen Marktes[196] darstellt.

Die Beschaffungstätigkeit der öffentlichen Hand ist nach traditionellem deutschen Verständnis dem Haushaltsrecht zuzuordnen und demnach als reines Innenrecht ausgestaltet gewesen.[197] Die Europäische Union hat – in ihrem Bemühen um die Schaffung eines Binnenmarktes[198] – das Vergaberecht oberhalb bestimmter Auftragswerte schrittweise harmonisiert.[199] Sowohl die Entwicklung durch europarechtliche Vorgaben, aber partiell auch die Anwendung der nationalen Umsetzungsnormen durch die Rechtsprechung, führten sukzessive zu einer Ausdehnung des Anwendungsbereich des Vergaberechts.[200]

Regelungsgegenstand des Vergaberechts ist nach dem klassischen haushaltsrechtlichen Ansatz der staatliche Einkauf, demnach ein Rechtsgeschäft, bei dem die vertragliche Leistung von den Bietern erbracht wird und vom Auftraggeber bezahlt wird.[201] Das Vergaberecht strukturiert die Nachfragetätigkeit durch ein dichtes und detailliertes Ausschreibungssystem.

---

194 *Burgi*, DVBl. 2003, 949 ff., der vor dem Hintergrund des von ihm beschriebenen Bedeutungszuwachses von Bau- und Dienstleistungskonzessionen einen vierten Typus, die Ausschreibungsverwaltung, einführt.

195 *Storr*, in: Ruthig / Storr, Öffentliches Wirtschaftsrecht, Rn. 989; *Stober*, Allgemeines Wirtschaftsverwaltungsrecht, S. 184 f. EU-weit sind es ca. 18 % des BIP, vgl. EU-Kommission, „Vorschlag für Richtlinie über die öffentliche Auftragsvergabe" v. 20.12.2011 KOM (2011) 896/2, S. 3.

196 Art. 3 Abs. 3 EUV – ex-Art. 2 EGV.

197 *Dietlein / Fandrey*, in: Byok / Jaeger, Vergaberecht, Einl., Rn. 94 m.w.N.

198 Vgl. Art. 3 Abs. 3 EUV – ex-Art. 2 EGV.

199 Gleich sechs Richtlinien enthielten Vorgaben für das Vergabeverfahren und den Vergaberechtsschutz, welche aber am 30. April 2004 für das Verfahren durch die RiL 2004/18/EG vereinheitlicht bzw. für den Sektorenbereich durch die RiL 2004/17/EG sowie den Rechtsschutz am 11. Dezember 2007 durch die RiL 2007/66/EG ersetzt wurden. Hierzu näher *Ziekow*, Öffentliches Wirtschaftsrecht, § 9, Rn. 2; *Storr*, in: Ruthig / Storr, Öffentliches Wirtschaftsrecht, Rn. 997.

200 Näher zur historischen Entwicklung des Vergaberechts BVerfG, Beschl. v. 13.06.2006 – 1 BvR 1160/03 = NZBau 2006, 791, 792; *Dietlein / Fandrey*, in: Byok / Jaeger, Vergaberecht, Einl., Rn. 12 ff.

201 BVerfG, Beschl. v. 13.06.2006 – 1 BvR 1160/03 „Unterschwellenvergabe" = NZBau 2006, 791; *Pietzcker*, Staatsauftrag, 1978, S. 1; *Storr*, in: Ruthig / Storr, Öffentliches

Im Gegensatz dazu ist sowohl dem europäischen als auch dem nationalen Vergaberecht ein förmliches Vertragsanbahnungsregime im Bereich des staatlichen Verkaufs fremd.[202] So sind etwa Anteilsverkäufe an einer Gesellschaft, Grundstücksveräußerungen oder Veräußerungen anderer Gegenstände mangels Beschaffungscharakter grundsätzlich nicht vom Anwendungsbereich des Vergaberechts erfasst.[203] Etwas anderes gilt nur, wenn das Veräußerungsgeschäft gleichzeitig das Mittel zur Beschaffung einer Leistung darstellt[204] oder der Fall eines „inkorporierten Beschaffungsverhältnis“[205] vorliegt.[206]

Hinter dem vergaberechtlichen Regelungsgeflecht steht insbesondere die Überlegung, dass sich die öffentliche Auftragsvergabe grundlegend von der privaten Auftragsvergabe unterscheidet und demnach einer besonderen Ausformung

---

Wirtschaftsrecht, Rn. 989; *el-Barudi*, Die Anwendbarkeit des GWB-Vergaberechts auf Öffentliche-Private-Partnerschaften, S. 23 m.w.N.

202 *Dietlein*, NZBau 2004, 472; *Hertwig*, Praxis der öffentlichen Auftragsvergabe, Rn. 69. Dies für das europäische Vergaberecht noch einmal herausstellend EuGH, Urt. v. 25.03.2010 - C-451/08 „Helmut Müller“, Rn. 41 (Slg 2010, I-2673).

203 BayObLG, Beschl. v. 04.02.2002 - Verg 1/02 = VergabeR 2002, 305, 306; *Sura*, VergabeR 2002, 307, 308.

204 BGH, Urt. v. 01.02.2005 - X ZB 27/04 „Altpapier“ = NZBau 2005, 290. Der BGH hat den Verkauf von Altpapier durch einen öffentlich-rechtlichen Entsorgungsträger als ein Geschäft mit Beschaffungscharakter gewertet, weil der Auftragnehmer nicht nur das Altpapier von der Kommune kaufte, sondern ihm gleichzeitig auch deren Erfassung, Transport sowie die Verwertung oblag. Letztlich hat sich der öffentlich-rechtliche Entsorgungsträger also die ihm selbst obliegende Entsorgungs- und Verwertungsleistung durch den Verkauf des Materials bei einem Privaten beschafft.

205 Inkorporierte Beschaffungsverhältnisse stellen Umgehungskonstellationen dar, die sich bei funktionaler Betrachtungsweise trotz eines Auseinanderfallens von Veräußerungsvorgang und Auftragsvergabe als eine „vergaberechtlich ausschreibungspflichtige Einheit“ darstellen, vgl. insbesondere EuGH, Urt. v. 10.11.2005 - C-29/04 „Stadt Mödling“ = Slg 2005, I-9705; Anm. *Jasper / Arnold*, NZBau 2006, 24; *Kühling*, ZfBR 2006, 661. Wenn demnach etwa einem Stadtwerk, das sich zu 100 % im Anteilsbesitz einer Gemeinde befindet, die Stromversorgung öffentlicher Gebäude oder die Instandhaltung und der Betrieb der Straßenbeleuchtung im Wege der vergaberechtsfreien In-house-Vergabe übertragen wird und kurze Zeit später das Stadtwerk oder Anteile daran verkauft werden, so dass der Käufer auch Auftragnehmer wird, ist der Gesamtvorgang als ausschreibungspflichtiger Tatbestand zu behandeln. Ausführlich zu In-house-Geschäften *Hardrath*, In-house-Geschäfte und europäisches Vergaberecht, S. 21 ff. Siehe hierzu auch unten, § 9 B.

206 Vgl. hierzu eingehender *el-Barudi*, Die Anwendbarkeit des GWB-Vergaberechts auf Öffentlich-Private Partnerschaften, S. 38 ff.; *Keller*, Kooperativer Städtebau und Kartellvergaberecht, S. 60 ff.

bedarf. Zunächst kommt dem Staat hinsichtlich seiner Beschaffungstätigkeit eine erhebliche Marktmacht zu. An das Handeln einer einzelnen Behörde oder eines staatlichen Unternehmens müssen auch grundlegend andere Maßstäbe angelegt werden als an das Handeln eines privaten Unternehmers. Dieser wird, um im Wettbewerb mit anderen Marktteilnehmern bestehen und seine eigenen Renditeerwartungen erfüllen zu können, regelmäßig auf einen günstigen und qualitativ hochwertigen Einkauf achten. Öffentliche Auftraggeber müssen ihre Beschaffungstätigkeit dagegen am Allgemeininteresse ausrichten und streben zumindest nicht zuvorderst eine Gewinnerzielung an.[207] Die öffentliche Verwaltung ist ferner keinem Insolvenzrisiko ausgesetzt.[208] Schließlich fehlt ihr nicht selten die Marktübersicht oder sie beschafft Leistungen, für die kein objektiver Marktpreis besteht.[209] Die Gefahr einer unwirtschaftlichen Einkaufspolitik ist dadurch ungleich höher.[210] Deswegen unternimmt es das Vergaberecht, die fehlenden Anreize bei der Verwendung öffentlicher Mittel durch die Implementierung von Verfahrensregeln auszugleichen und die Verwaltung zu einer wirtschaftlichen Mittelverwendung zu veranlassen.[211]

---

207 *Dietlein / Fandrey*, in: Byok / Jaeger, Vergaberecht, Einl., Rn. 3. Gleichwohl schließt ein Gewinnstreben die Auftraggebereigenschaft nicht grundsätzlich aus. So sind etwa kommunale Versorgungsunternehmen, die wohl – nicht zuletzt wegen der vielfach genutzten Möglichkeit, einer Einbindung in einen steuerlichen Querverbund – ganz überwiegend einem Gewinnanreiz unterliegen, Auftraggeber i.S.d. § 98 Nr. 2 GWB. Für eine solche Einordnung spricht auch die Auflistung in Anhang III zur VKR. Danach sind „kommunale Versorgungsunternehmen" in Deutschland „öffentliche Einrichtungen" gemäß Art. 1 Abs. 9 Unterabs. 2 VKR, so dass die schärferen Regelungen der VKR zumindest auch für Stadtwerke gelten, die sich zu 100% im gemeindlichen Besitz befinden. Dies gilt unabhängig von ihrer Einordung als Sektorenauftraggeber. Diese Sichtweise ist allerdings nicht unumstritten, vgl. *Diehr*, in: Reidt / Stickler / Glahs, § 98 GWB, Rn. 96.

208 *Rudolf*, in Byok / Jaeger, Kommentar zum Vergaberecht, 2. Aufl. 2005, Einf., Rn. 1; zum Insolvenzrisiko von Gemeinden näher: *Buchmann*, Kommunale Energieversorgungsunternehmen in der Krise, S. 96 ff.

209 *Hertwig*, Praxis der öffentlichen Auftragsvergabe, Rn. 3; *Pietzcker*, Der Staatsauftrag, S. 251.

210 *Pietzcker*, Der Staatsauftrag, S. 250.

211 *el-Barudi*, Die Anwendbarkeit des GWB-Vergaberechts auf Öffentliche-Private-Partnerschaften S. 24; *Pietzcker*, Der Staatsauftrag, S. 250 ff. Die Kommission geht davon aus, dass durch das Vergaberecht jährlich mehrere Milliarden Euro eingespart werden, EU-Kommission, Mitteilung v. 27.10.2010, KOM (2010) 608 – Auf dem Weg zu einer Binnenmarktakte, S. 17.

Das Vergaberecht implementiert Verfahrensabläufe, die für mehr Wettbewerb bei der Beschaffung der öffentlichen Hand sorgen sollen.[212] Es verfolgt gleichermaßen die Ziele einer wirtschaftlichen Beschaffung, einer Stärkung der Marktposition der Auftraggeber, einer Öffnung des Beschaffungsmarktes für den Binnenmarkt, einer Verhinderung vergabefremder Einflüsse[213], eine Sicherstellung der Gleichbehandlung der Bieter sowie weitere gesellschaftspolitische Zwecke.[214]

---

212 Laut der zweiten Begründungserwägung der Vergabekoordinierungsrichtlinie (Richtlinie 2004/18/EG des Europäischen Parlamentes und des Rates v. 31.03.2004 über die Koordinierung der Verfahren zur Vergabe öffentlicher Bauaufträge, Lieferaufträge und Dienstleistungsaufträge (ABlEG L 134 v. 30.04.2004, S. 114) erfordert die *„gleichzeitige Verwirklichung der Niederlassungsfreiheit und des freien Dienstleistungsverkehrs auf dem Gebiet der öffentlichen Bauaufträge, die in den Mitgliedstaaten für Rechnung des Staates, der Gebietskörperschaften sowie sonstiger juristischer Personen des öffentlichen Rechts vergeben werden, ... neben der Aufhebung der Beschränkungen eine Koordinierung der einzelstaatlichen Verfahren zur Vergabe öffentlicher Bauaufträge"*. Zudem heißt es im zehnten Erwägungsgrund: *"Damit auf dem Gebiet des öffentlichen Auftragswesens ein echter Wettbewerb entsteht, ist es erforderlich, dass die beabsichtigten Auftragsvergaben der öffentlichen Auftraggeber der Mitgliedsstaaten in der gesamten Gemeinschaft bekannt gemacht werden. Die in diesen Bekanntmachungen enthaltenen Angaben sollten es den in der Gemeinschaft ansässigen Unternehmen ermöglichen zu beurteilen, ob die vorgesehenen Aufträge für sie von Interesse sind."*

213 Insbesondere dort, wo noch kein entwickelter Markt besteht, kann das Vergaberecht mit seiner Verpflichtung zu Transparenz, Gleichbehandlung und Nichtdiskriminierung auch helfen, Korruption bzw. Bevorzugung einzelner Bieter zur Förderung der heimischen Wirtschaft zu verhindern, *Storr*, in: Ruthig / Storr, Öffentliches Wirtschaftsrecht, Rn 994; *Hertwig*, Praxis der öffentlichen Auftragsvergabe, Rn. 4. Sehr prägnant daher der Titel der Schrift von *P. M. Huber* aus dem Jahr 2002: „Kampf um den öffentlichen Auftrag, Vom Hoflieferantenprivileg zum europäischen Auftragsvergaberecht". Zu alarmierenden kriminalistischen Befunden im Bereich des Auftragswesens *Voßkuhle*, in: Hoffmann-Riem / Schmidt-Aßmann, Verwaltungsverfahren und Verwaltungsverfahrensgesetz, S. 277, 296. Zwar soll die öffentliche Auftragsvergabe ebenso als Instrument der Konjunkturpolitik dienen und in konjunkturell schwierigen Zeiten die Wirtschaft stimulieren (dies ist sogar als Aufgabe im Stabilitätsgesetz verankert, vgl. § 11 StabG. Näher *Prieß*, Handbuch des europäischen Vergaberechts, S. 3), gleichwohl wirkt sich die Bevorzugung als Belastung gegenüber nicht berücksichtigten Wettbewerbern aus. Hierzu näher *Puhl*, VVDStRL 60 (2000), S. 456, 460.

214 EuGH, Urt. v. 10.11.1998 – C-360/96 „BFI Holding", Rn. 41 (Slg 1998, I-6821); EuGH, Urt. v. 03.10.2000 – C-380/98 „University of Cambridge", Rn. 16 (Slg 2000, I-8035); EuGH, Urt. v. 04.12.2003 – C-448/01 „Wienstrom", Rn. 47 (Slg

Systematisiert man die Einzelziele, bleiben die Ziele Wettbewerb und wirtschaftlicher Einkauf übrig.[215]

Während das Ziel eines möglichst wirtschaftlichen Einkaufs bereits im traditionellen Haushaltsvergaberecht verankert war[216], ist dem zweiten Erwägungsgrund der VKR zu entnehmen, dass auf europäischer Ebene das Wettbewerbselement und der Antiprotektionismus im Vordergrund stehen. Deutlich wird diese europäische Zielsetzung insbesondere daran, dass das Richtlinienrecht seine Ermächtigungsgrundlage in der Binnenmarktklausel des Art. 114 AEUV[217] bzw. den Grundfreiheiten hat. Dabei ist zum einen der Wettbewerb institutionell geschützt, indem die öffentliche Hand zur Anwendung der strengen Verfahrensregeln verpflichtet wird. Zum anderen wird der einzelnen Wettbewerber individuell geschützt, so dass Beschränkungen der Niederlassungsfreiheit und des freien Dienstleistungsverkehrs beseitigt werden.[218]

---

2003, I-14527); *Storr*, WuV 2007, 183 f.; *Hausmann*, in: Henneke / Pünder / Waldhoff, Recht der Kommunalfinanzen, § 41, Rn. 12. Ausführlich zum Wettbewerb als Schutzobjekt der Vergaberichtlinien *Hüser*, Ausschreibungspflichten bei der Privatisierung öffentlicher Aufgaben, S. 130 ff. Siehe hierzu auch Europäische Kommission, Grünbuch v. 27.01.2011, KOM (2011) 15 über die Modernisierung der europäischen Politik im Bereich des öffentlichen Auftragswesens – Wege zu einem effizienteren europäischen Markt für öffentliche Aufträge, S. 4 ff. Unabhängig von den Wirtschaftlichkeits- und Transparenzaspekten des Vergaberechts dient das Recht des öffentlichen Auftragswesens auch als Hebel für Sekundärzwecke wie etwa der Förderung des Umweltschutzes, sozialer Belange, besonders innovativer Bieter oder aber auch der Korruptionsbekämpfung. Näher *Burgi*, NZBau 2008, 29. Siehe zur zunehmend stärkeren Verfolgung gesellschaftspolitischer Zwecke auch EU-Kommission, „Vorschlag für Richtlinie über die öffentliche Auftragsvergabe“ v. 20.12.2011 KOM (2011) 896/2. Eine Umsetzung dieser Ziele ist teilweise bereits in den Landesvergabegesetzen enthalten (etwa §§ 17 ff. TVgG NRW).

215 M.w.N. *Keller*, Kooperativer Städtebau und Kartellvergaberecht, S. 89 f., der den vorgenannten „Zweckdualismus“ – unter Missachtung der EuGH-Rechtsprechung in der Rs. „Donauwald“, Urt. v. 18.11.2004 C-126/03, Rn. 18 (Slg 2004, I-11197) um einen „Aufgabenzweck“ ergänzt. S. dazu näher unten, § 7 B. II. 2.

216 *Dietlein / Fandrey*, in: Byok / Jaeger, Vergaberecht, Einl., Rn. 35.

217 ex-Art. 95 EGV.

218 *Dreher*, in: Immenga / Mestmäcker, Wettbewerbsrecht, Vor §§ 97 ff. GWB, Rn. 2; *Prieß*, Handbuch des europäischen Vergaberechts, S. 183; *Keller*, Kooperativer Städtebau und Kartellvergaberecht, S. 90 ff.

## § 4 Grundzüge der Regelungssystematik

Das dichte und detaillierte System von Ausschreibungsanforderungen, das die öffentliche Hand bei ihrer Beschaffungstätigkeit anwenden muss, ergibt sich aus einem Geflecht unionsrechtlicher, bundes- und landesrechtlicher Vorgaben sowie den verfahrenskonkretisierenden Verdingungsordnungen. Maßgeblich für den deutschen Rechtsanwender ist die sog. Vergaberechtskaskade, bestehend aus dem GWB, der VgV und den Verdingungsordnungen. Die Vorgaben werden durch die jeweiligen Landesvergabegesetze ergänzt.

### A. Der Anwendungsbereich des Vergaberechts

Die Pflicht zur Anwendung der Verfahrensvorschriften des Kartellvergaberechts entsteht, wenn der persönliche und sachliche Anwendungsbereich eröffnet ist.

#### *I. Persönlicher Anwendungsbereich*

Dem persönlichen Anwendungsbereich unterfallen „öffentliche Auftraggeber". Dieser Begriff wird in § 98 GWB legaldefiniert und abschließend in sechs Kategorien umschrieben.[219] Von ihm werden zunächst die klassischen Auftraggeber, also insbesondere der Bund, die Länder und die Kommunen erfasst (§ 98 Nr. 1 GWB).[220] Um eine Flucht der öffentlichen Stellen ins Privatrecht zu verhindern, müssen auch solche juristische Personen des öffentlichen und des privaten Rechts die Bestimmungen des Kartellvergaberechts einhalten, die zu dem besonderen Zweck gegründet wurden, im Allgemeininteresse liegende Aufgaben nichtgewerblicher Art zu erfüllen und eine besondere Staatsnähe aufweisen (§ 98 Nr. 2 GWB).[221] Die besondere Staatsnähe kann sich etwa aus einer überwiegenden Finanzierung aus öffentlichen Mittel oder einer Beherrschung durch die öffentliche Hand ergeben.[222]

---

219 Gesamtbetrachtung bei *Pünder*, in: ders. / Schellenberg, Vergaberecht, § 98 GWB, Rn. 1; näher auch *Bungenberg*, in: Loewenheim / Meessen / Riesenkampff, Kartellrecht, § 98 GWB, Rn. 1; *Dreher*, in: Immenga / Mestmäcker, Wettbewerbsrecht, § 98 GWB, Rn. 3; *Otting*, in: Bechtold, Kartellgesetz, § 98 GWB, Rn. 2.

220 Darüber hinaus sind die Sondervermögen von Bund und Ländern sowie bundes- und landesunmittelbare juristische Personen des öffentlichen Rechts Auftraggeber i.S.d. § 98 Nr. 1 GWB.

221 Grundlegend EuGH, Urt. v. 20.09.1988 – 31/87 „Beentjes", Rn. 11 (Slg 1988, 4635).

222 Vgl. dazu näher *Diehr*, in: Reidt / Stickler / Glahs, Vergaberecht, § 98 GWB, Rn. 3, 14 ff.; *Storr*, in: Ruthig / Storr, Öffentliches Wirtschaftsrecht, Rn. 1012.

Insbesondere diese Regelung ist Ausdruck eines funktionalen Verständnisses des Auftraggeberbegriffs. Die unionsrechtlichen Vorgaben verlangen eine größtmögliche Wirksamkeit, so dass das Unionsrecht nicht infolge uneinheitlicher nationaler Rechtsordnungen unterschiedlich angewandt oder sogar umgangen wird.[223] Dem Auftraggeberbegriff liegt zugleich ein institutionelles Verständnis zugrunde, weshalb es bei der Prüfung nur darauf ankommt, ob der Auftraggeber zu den in § 98 GWB genannten Institutionen gehört. Dagegen ist die Frage, ob der Auftrag der Erfüllung ihrer öffentlichen Aufgaben dient, für dieses Tatbestandsmerkmal irrelevant.[224]

### *II. Sachlicher Anwendungsbereich*

Der sachliche Anwendungsbereich des Kartellvergaberechts ist eröffnet, wenn ein öffentlicher Auftrag vergeben wird. Öffentliche Aufträge sind nach Maßgabe des § 99 Abs. 1 GWB entgeltliche Verträge von öffentlichen Auftraggebern mit Unternehmen über die Beschaffung von Leistungen, Baukonzessionen[225] und Auslobungsverfahren, die zu Dienstleistungsaufträgen führen sollen. Die Beschaffung von Leistungen wird gemäß § 99 Abs. 2–4 GWB weiter in Liefer-, Bau- sowie Dienstleistungsaufträge unterteilt.

Der Anwendungsbereich des Kartellvergaberechts wird durch die Implementierung von Schwellenwerten[226] eingeschränkt, deren Erreichen die gemein-

---

223 OLG Naumburg, Beschl. v. 03.11.2005 – 1 Verg 9/05 = NZBau 2006, 58, 60; vgl. zum Begriff des „funktionalen" Auftraggebers näher *Dietlein*, NZBau 2002, 136; *el-Barudi*, Die Anwendbarkeit des GWB-Vergaberechts auf Öffentlich-Private-Partnerschaften, S. 33; *Hertwig*, VergabeR 2008, 589, 595; *Bungenberg*, in: Loewenheim / Meessen / Riesenkampff, Kartellrecht, § 98 GWB, Rn. 3; *Dreher*, in: Immenga / Mestmäcker, Wettbewerbsrecht, § 98 GWB, Rn. 6; *Otting*, in: Bechtold, Kartellgesetz, § 98 GWB, Rn. 2.

224 EuGH, Urt. v. 18.11.2004 – C-126/03 „Donauwald", Rn. 18 (Slg 2004, I-11197).

225 Dagegen sind Dienstleistungskonzessionen vom Anwendungsbereich des Rechts des öffentlichen Auftragswesens ausgenommen. So bestimmt Art. 17 der VKR, dass die Richtlinie unbeschadet der Bestimmungen ihres Art. 3 nicht für Dienstleistungskonzessionen gilt. Zudem schließt Art. 18 SKR deren Geltung für Dienstleistungskonzessionen aus, die von Auftraggebern, die eine oder mehrere Tätigkeiten nach Art. 3 bis 7 SKR ausüben, zum Zwecke der Durchführung dieser Tätigkeiten vergeben werden. Dies bedeutet jedoch nicht, dass Dienstleistungskonzessionen ohne jedwede Verfahrensvorgaben vergeben werden können. Näher hierzu unten, § 15 A.

226 Die Schwellenwerte wurden zuletzt durch die Verordnung (EU) Nr. 1336/2013 der EU-Kommission vom 13. Dezember 2013 zur Änderung der Richtlinien 2004/17/

schaftsweite Relevanz des Auftrags indiziert und demnach eine europaweite Ausschreibung rechtfertigt.[227] Die hierdurch manifestierte „Zweiteilung" des Vergaberechts ist – insbesondere im Hinblick auf den schwächeren Bieterschutz im Unterschwellenbereich – umstritten.[228] Unterhalb der Schwellenwerte ist der öffentliche Auftraggeber aber – wie in §§ 3 und 4 gezeigt – nicht von jeglichen Verfahrensvorgaben befreit.

Zudem engen die abschließend aufgezählten sowie grundsätzlich restriktiv auszulegenden Ausnahmetatbestände des §§ 100 ff. GWB den Anwendungsbereich weiter ein.[229] So ist etwa der Kauf oder das Anmieten bereits fertiger Gebäude nach § 100 Abs. 5 GWB ausschreibungsfrei.[230]

## B. Die Verfahrensvorschriften

Das anzuwendende Verfahrensrecht richtet sich nach den Grundsätzen des § 101 GWB.[231] Es wird zwischen verschiedenen Verfahrensarten unterschieden: Beim offenen Verfahren[232] wird eine unbeschränkte Anzahl von Unternehmen öffentlich zur Abgabe von Angeboten aufgefordert. Dagegen wird beim nicht offenen Verfahren[233] dem Auftraggeber nach der öffentlichen Teilnahmeaufforderung ermöglicht, eine beschränkte Anzahl von Unternehmern aus dem Bewerberkreis zur Abgabe eines Angebots aufzufordern. Im Rahmen eines wettbewerblichen

---

EG, 2004/18/EG und 2009/81/EG des Europäischen Parlaments und des Rates im Hinblick auf die Schwellenwerte für Auftragsvergabeverfahren angepasst. Für Bauaufträge gilt ein Schwellenwert von 5.186.000 €, für Liefer- und Dienstleistung von 207.000 €. Die Schwellenwerte sind über dynamische Verweisungen in § 2 Abs. 1 VgV bzw. in § 1 Abs. 2 SektVO unmittelbar anwendbar.

227 Das Unionsrecht greift an verschiedenen Stellen auf Eingreifschwellen zurück, um die europaweite Relevanz oder die Spürbarkeit des wettbewerblichen Verhaltens zu bestimmen. Vgl. zur „Parallele" de-minimis-Regelung *Dietlein / Fandrey*, in: Byok / Jaeger, Vergaberecht, Einl., Rn. 95.

228 BVerfG, Beschl. v. 13.06.2006 – 1 BvR 1160/03 „Unterschwellenvergabe" = NZBau 2006, 791, 793. Ausführlich zur Problematik: *Pietzcker*, Zweiteilung des Vergaberechts; s. auch *Dietlein / Fandrey*, in: Byok / Jaeger, Vergaberecht, Einl., Rn. 140. Vgl. hierzu näher unten, § 16. B. II.

229 *Prieß*, Handbuch des europäischen Vergaberechts, S. 183; *Diehr*, in: Reidt / Stickler / Glahs, Vergaberecht, § 100 GWB, Rn. 23 f.

230 Dies gilt auch für den Erwerb von Rechten an Immobilien (etwa Erbbaurechte oder sonstige dingliche Rechte).

231 Eine Konkretisierung dieser Grundsätze erfolgt in den Verdingungsordnungen.

232 § 101 Abs. 2 GWB.

233 § 101 Abs. 3 GWB.

Dialogs[234] kann der Auftraggeber nach einer Teilnahmerunde Bewerber zulassen, um dann mit diesen seinen Bedürfnissen entsprechende Lösungen herauszuarbeiten, auf deren Grundlage die Bewerber anschließend zur Angebotsabgabe aufgefordert werden.[235] Schließlich eröffnet das Verhandlungsverfahren[236] dem Auftraggeber die Möglichkeit, Unternehmer auszuwählen und mit diesen über die Auftragsbedingungen zu verhandeln.

Nach Maßgabe des § 101 Abs. 7 GWB ist vorrangig das offene Verfahren anzuwenden. Im Hinblick auf die Erbringung von Bauleistungen, gestattet der über § 97 Abs. 6 GWB, § 6 Abs. 1 VgV anwendbare § 3 VOB/A Ausnahmen. So können nach § 3 Abs. 4 Nr. 1 VOB/A die Eigenart der Leistung oder besondere Umstände den Verzicht auf das offene Verfahren rechtfertigen.

Für Auswahlverfahren zur Ermittlung städtebaulicher Kooperationspartner erscheinen sowohl das offene als auch das nicht offene Verfahren als ungeeignet. Denn beide Verfahren setzen eine eindeutige und erschöpfende Leistungsbeschreibung sowie die Angabe sämtlicher Kriterien für die Wertung und den Zuschlag voraus, weil grundsätzlich keine weitere Änderung der Leistungskomponenten erfolgen darf. Potentielle Auftragnehmer müssen demnach ohne weitere Kontaktaufnahme zum Auftraggeber ihre Angebote mit exakten Preisangaben abgeben. Diese bleiben dann bis zur Angebotseröffnung unter Verschluss und unterliegen einem Nachverhandlungsverbot.[237] Somit ist aber dem Kernelement städtebaulicher Kooperationsverfahren, der gemeinsamen Erarbeitung städtebaulicher Lösungen, die Grundlage entzogen. Letztlich kommen damit regelmäßig nur das Verhandlungsverfahren sowie der wettbewerbliche Dialog als geeignete Verfahrensarten in Betracht.[238]

Das jeweilige Verfahren hat sich an den in § 97 GWB normierten Grundsätzen zu orientieren. § 97 Abs. 1 GWB verlangt eine wettbewerbliche und transparente Vergabe. Hiermit eng verknüpft ist das Gleichbehandlungsgebot des § 97 Abs. 2 GWB. Anforderungen an die Bietereignung stellt § 97 Abs. 4 GWB. § 97 Abs. 5 GWB verlangt schließlich den Zuschlag auf das wirtschaftlichste Gebot.

Mit der Implementierung der unionsrechtlichen Vorgaben in das nationale Recht wurde erstmals ein subjektiv-öffentliches Recht auf Einhaltung der

234 § 101 Abs. 4 GWB.

235 *Werner*, in: Byok / Jaeger, Vergaberecht, § 101, Rn. 45.

236 § 101 Abs. 5 GWB.

237 *Keller*, Kooperativer Städtebau und Kartellvergaberecht, S. 188.

238 Ausführlich zur Anwendbarkeit und zum Ablauf des Verhandlungsverfahrens und des wettbewerblichen Dialogs in Bezug auf städtebauliche Kooperationsverfahren *Keller*, Kooperativer Städtebau und Kartellvergaberecht, S. 186 ff.

Vergabevorschriften geschaffen.[239] Damit haben die Vergaberichtlinien ihren Beitrag zu einer begrüßenswerten Subjektivierung von Verfahrensrechten geleistet.[240] Bei vermuteten Verstößen können Bieter die Vergabekammern anrufen. Im Rahmen des zivilprozessual ausgestalteten Vergabenachprüfungsverfahrens[241] ist zusätzlich der bei den Oberlandesgerichten angesiedelte Vergabesenat als Beschwerdeinstanz vorgesehen.[242]

## C. Keine Systemverschiedenheit zwischen Vergaberecht und Städtebaurecht

Im Zusammenhang mit der Diskussion um die vergaberechtliche Ausschreibungspflicht kommunaler Investorenprojekte wurde vielfach die vorgeschaltete Frage aufgeworfen, ob das Vergaberecht und das Städtebaurecht mit ihren jeweiligen Besonderheiten überhaupt auf ein bestimmtes Verfahren zugleich angewandt werden können.[243]

Ob überhaupt ein Bauauftrag an einen externen Bauträger vergeben wird, ist nicht durch das Vergaberecht determiniert, sondern muss auf einer vorgelagerten Ebene entschieden werden.[244] So kann der Auftraggeber die zu erfüllende Tätigkeit oder Leistung auch selbst erbringen, etwa durch Eigenbetriebe, Eigengesellschaften oder aber auch durch gemeinsam mit weiteren öffentlichen Auftraggebern kontrollierte[245] Unternehmen.[246] Entscheidet sich die Gemeinde

---

239 Siehe § 97 Abs. 7 GWB.

240 *Dünchheim*, Verwaltungsprozeßrecht unter europäischem Einfluß, S. 139; *ders.*, in: FS Stern, S. 683, 694 f.

241 §§ 102 ff. GWB.

242 Kritisch zur Rechtswegentscheidung und für einen verwaltungsgerichtlichen Rechtsschutz oberhalb der kartellvergaberechtlichen Schwellenwerte *Schliesky*, FS Stober, S. 523, 525 f. m.w.N. in dortiger Fn. 18.

243 Vgl. die Begründung zum Regierungsentwurf des Vergaberechtsmodernisierungsgesetzes BT-Drs. 16/10117, S. 18; *Große Hündfeld*, BauR 2010, 1504; *ders.*, in: FS Sellner, S. 472.

244 Zur Bestimmungsfreiheit des öffentlichen Auftraggebers zuletzt OLG Düsseldorf, Urt. v. 09.01.2013 – VII-Verg 26/12 „Münsterlandwerke", Rn. 68 (zitiert nach juris).

245 Siehe zur interkommunalen Zusammenarbeit grundlegend EuGH, Urt. v. 09.06.2009 – C-480/06 „Stadtreinigung Hamburg" = Slg 2009, I-4747.

246 *Kühling*, JZ 2008, 1117, 1123; *Löhr*, in: Battis / Krautzberger / Löhr, BauGB, § 11, Rn. 24. Vgl. auch EuGH, Urt. v. 18.11.2004 – C-126/03 „Donauwald", Rn. 18 m.w.N (Slg 2004, I-11197). Dieses Verständnis liegt ebenso dem Vergaberechtsmodernisierungsgesetz v. 23.04.2009 zugrunde. Wörtlich heißt es hierzu in der Begründung zum novellierten § 99 Abs. 3 GWB, BT-Drs. 16/10117, S. 18: *„Vergaberecht betrifft*

jedoch, zum Zwecke der Aufgabenerfüllung Mittel bei einem privaten Dritten zu beschaffen oder aber die Aufgaben vom Privaten durchführen zu lassen, stellt sich das als grundsätzlich ausschreibungspflichtiger Beschaffungsvorgang dar.

Fraglich ist allerdings, ob dies auch in den Bereichen der kommunalen Aufgabenerfüllung gelten kann, deren Rechtsregime große strukturelle Unterschiede zum Vergaberecht aufweisen. So könnte etwa im Städtebaurecht die Initiative vom privaten Bauträger, eine intensive Kooperation im Planungsverfahren oder eine Bürgerbeteiligung mit Offenlegung durch ein europaweites Ausschreibungsverfahren konterkariert werden.[247] Der Ansicht, die hier das Vergaberecht nicht anwenden will, ist zuzugestehen, dass ein besonderes Spannungsverhältnis zwischen dem vergaberechtlichen Grundsatz des Geheimwettbewerbs und dem berechtigten Interesse der Öffentlichkeit an hinreichender Information und Beteiligung besteht. Jedoch kann mit dem Einverständnis der Bieter eine öffentliche Präsentation und Diskussion von Bieterentwürfen erfolgen. Das dem Grundsatz des Geheimwettbewerbs genügende Einverständnis wird der Bieter aber in der Regel erteilen, da er mit Hilfe einer frühen Offenlegung für sein Projekt in der Bevölkerung Akzeptanz gewinnen kann.[248]

Mit der Vereinbarkeit des Vergaberechts und anderen Regelungssystem beschäftigte sich der EuGH schon in der Entscheidung „Mailänder Scala". Sowohl Generalanwalt Léger als auch der Gerichtshof rückten den Grundsatz der praktischen Wirksamkeit der Richtlinien in den Mittelpunkt. Dies gelte insbesondere dann, wenn die zu beurteilenden Fälle Besonderheiten aufweisen, die sich aus den anwendbaren nationalen Rechtsvorschriften ergäben.[249] Städtebauliche

---

*prinzipiell – außer in Fällen einer besonderen Beschaffungsbehörde – nicht die Aufgabenebene einer staatlichen Institution, sondern lediglich die Ebene der Ressourcenbeschaffung zur Bewältigung der Aufgaben der Institution. Beide Ebenen dürfen nicht miteinander vermischt werden."*

247 Einen Systemkonflikt sieht etwa *Große Hündfeld*, BauR 2010, 1504, 1507. Ähnliche Befürchtungen gibt es etwa auch im Bereich des Gesundheitswesens. Vgl. zur Diskussion bei Hilfsmittelverträgen sowie Arzneimittel-Rabattverträgen *Burgi*, NZBau 2008, 480.

248 *Otting*, NJW 2010, 2167, 2170; vgl. zu diesem Spannungsfeld auch OLG Karlsruhe, Beschl. v. 16.06.2010 – 15 Verg 4/10 = BeckRS 2010, 15754. Siehe zur Diskussion um die Akzeptanz von Infrastrukturprojekten *Knauff*, DÖV 2012, 1; *Wulfhorst*, DÖV 2011, 581 m.w.N.

249 EuGH, Urt. v. 12.07.2001 – Rs. C-399/98 „Mailänder Scala", Rn. 53 ff. (Slg 2001, I-5409); *GA Léger*, Schlussanträge v. 07.12.2000 – Rs. C-399/98 „Mailänder Scala", Rn. 59 (Slg 2001 I-5409).

Regelungen seien nicht grundsätzlich vom Anwendungsbereich des Vergaberechts ausgenommen. Der EuGH führt hierzu wörtlich aus:

> *„Dass sich die nationalen Rechtsvorschriften über die unmittelbare Erstellung von Erschließungsanlagen in einen städtebaurechtlichen Regelungszusammenhang mit besonderen Merkmalen und einem spezifischen, gegenüber der Richtlinie unterschiedlichen Zweck einfügen, genügt jedoch nicht, um die unmittelbare Erstellung der Anlagen dem Anwendungsbereich der Richtlinie zu entziehen, wenn deren Tatbestandsmerkmale erfüllt sind.“*[250] [Anm.: Unterstreichung durch den Verf.]

So kann die umfassende planerische oder sonst öffentlich-rechtlich geprägte Zielsetzung eines Investorenprojekts keineswegs zu einer Nichtanwendbarkeit des Kartellvergaberechtsregimes führen. Insofern enden auch die Hinweise der Bundesregierung in der Gesetzesbegründung zum Vergaberechtsmodernisierungsgesetz 2009 sowie von Teilen der Literatur[251], Städtebaurecht und Vergaberecht seien völlig inkompatibel, in der europarechtlichen Sackgasse.[252] Hieran hat auch die EuGH-Entscheidung „Helmut Müller“ nichts geändert.[253]

Dabei sei angemerkt, dass sich beide Rechtsgebiete in den letzten Jahren unabhängig voneinander weiterentwickelt haben und nicht mehr starr nebeneinander stehen. Während das Städtebaurecht durch die Aufnahme vieler kooperativer Elemente Privatisierungspotenziale für öffentliche Zwecke ausgeschöpft hat, ist das Vergaberecht wesentlich flexibler geworden und hat sich vom Recht des billigsten hin zum Recht des wirtschaftlichsten Einkaufs entwickelt.[254] Dies ermöglicht gerade durch den geschickten Einsatz vergaberechtlicher Instrumente die effektive Durchsetzung städtebaulicher Pläne.[255] Die Bandbreite der Vergabearten ermöglicht die Berücksichtigung individueller Besonderheiten der jeweils nachgefragten Leistung. Gerade die Friktionen zwischen Städtebaurecht und Kartellvergaberecht lassen sich so verfahrenstechnisch auflösen. Sie sind zwar zwei unabhängige Rechtskreise, die sich punktuell überschneiden. Dass

---

250 EuGH, Urt. v. 12.07.2001 – Rs. C-399/98 „Mailänder Scala“, Rn. 66 (Slg 2001, I-5409). Dies bestätigend EuGH, Urt. v. 21.02.2008 - C-412/04 „Kommission./.Italien“, Rn. 70 (Slg 2008, I-619).

251 Insb. *Große Hündfeld*, BauR 2010, 1504; *ders.*, in: FS Sellner, S. 472.

252 So auch in aller Deutlichkeit *Pietzcker*, NZBau 2008, 293, 294: *„Mögliche Systembesonderheiten unseres Bauplanungsrecht müssten also vor dem europarechtlich geprägten Vergaberecht zurückweichen.“*; *Burgi*, NVwZ 2008, 929, 931.

253 *Otting*, NJW 2010, 2167.

254 *Burgi*, NVwZ 2008, 929 f.

255 *Burgi*, NVwZ 2008, 929, 930.

diese Konvergenz freilich nicht grenzenlos ist[256], liegt auf der Hand, ist aber ein Problem des Tatbestands des öffentlichen Bauauftrags und nicht mehr ein solches grundsätzlicher systemischer Erwägungen.

## 2. Abschnitt: Der Tatbestand des öffentlichen Bauauftrags

Die Suche nach dem „richtigen" Investor für ein städtebauliches Projekt ist vom öffentlichen Auftraggeber Gemeinde (vgl. § 98 Nr. 1 GWB) nach kartellvergaberechtlichen Verfahrensvorschriften auszuschreiben, wenn der Vorgang die Voraussetzungen eines öffentlichen Bauauftrags nach § 99 GWB erfüllt.[257] Besondere Bedeutung kommt den – im Bereich kommunaler Investorenprojekte allerdings häufig nicht vertieft diskutierten – Tatbestandsmerkmalen „Vertrag" sowie „Vertragspartner" zu (§ 5). Die folgende Untersuchung konzentriert sich insbesondere auf die den öffentlichen Auftrag kennzeichnende Leistungsseite (§ 6). Dieses Leistungselement wird durch das vom EuGH in der Entscheidung „Helmut Müller" entwickelte Tatbestandsmerkmal „unmittelbares wirtschaftliches Interesse" eingegrenzt. Die Präzisierung der Reichweite dieser Eingrenzung bildet den Schwerpunkt des folgenden Abschnitts (§ 7). Entscheidend für die Bewertung der kartellvergaberechtlichen Ausschreibungspflicht ist schließlich die von der öffentlichen Hand zu erbringende Gegenleistungskomponente (§ 8). Eine herausgehobene Bedeutung kommt dabei insbesondere der Grundstücksübertragung als Entgeltkomponente zu. Abschließend wird die wertmäßige Begrenzung des Anwendungsbereichs des Kartellvergaberechts durch die Schwellenwerte und deren Auswirkungen auf die Ausschreibungspflicht kommunaler Investorenprojekte untersucht (§ 9).

## § 5 Vertrag und Vertragspartner

### A. Der Vertrag

Der EuGH hat in seinem Urteil zur Rechtssache „Helmut Müller" ausgeführt, dass der Begriff des Vertrags für die Bestimmung des Anwendungsbereiches der VKR wesentlich sei und andere Arten von Tätigkeiten, die den öffentlichen Stellen obliegen, von dieser Richtlinie nicht erfasst würden.[258]

---

256 Hierzu auch *GA Mengozzi*, Schlussanträge v. 17.11.2009 – C-451/08 „Helmut Müller", Rn. 35 (Slg. 2010 I-2673).

257 Zu Fallkonstellationen, denen ausschreibungspflichtige Dienstleistungs- oder Lieferaufträge zugrunde liegen siehe unten, § 13.

258 EuGH, Urt. v. 25.03.2010 – C-451/08 „Helmut Müller", Rn. 46 (Slg 2010, I-2673).

Das Tatbestandsmerkmal des Vertrages grenzt den öffentlichen Auftrag von anderen Handlungsformen der öffentlichen Verwaltung ab. Insbesondere solche Leistungsverpflichtungen, die sich aus Gesetz, Verordnungen oder Verwaltungsakt ergeben, werden nicht vom Vergaberechtsregime erfasst, da das zugrunde liegende Rechtsverhältnis kein gleichgeordnetes Verhältnis ist.[259] Ein Vertrag ist die von zwei oder mehreren Personen erklärte Willensübereinstimmung über die Herbeiführung eines rechtlichen Erfolgs.[260] Im Vergaberecht kann an den zivilrechtlichen Vertragsbegriff angeknüpft werden.[261] Die Annahme des Bieterangebots erfolgt durch den Zuschlag des öffentlichen Auftraggebers.

Während vom Bauauftragsbegriff des Art. 1 Abs. 2 lit. a) VKR nur schriftliche Verträge erfasst werden, sieht die Legaldefinition des öffentlichen Auftrags in § 99 Abs. 1 GWB kein Schriftlichkeitsgebot vor. Indem der deutsche Gesetzgeber die europarechtliche Beschränkung auf schriftliche Verträge nicht umsetzt, macht er von seiner Befugnis Gebrauch, auch über den Richtliniengehalt hinausgehende Restriktionen in sein nationales Regelungsgeflecht aufzunehmen. Demnach kann – obwohl dies eher theoretischer Natur sein wird – auch ein mündlicher Vertrag kartellvergaberechtlich relevant werden.[262]

Unerheblich ist schließlich, ob der Vertrag dem öffentlichen Recht unterliegt und die Ausübung hoheitlicher Gewalt einschließt. Bemühungen, den Anwendungsbereich des Vergaberechts mit einem Ausschluss öffentlicher Verträge zu verkürzen[263], ist der EuGH in seiner Entscheidung „Mailänder Scala“ ausdrücklich entgegengetreten. Die Zuordnung von Verträgen zum öffentlichen Recht sei kein Argument gegen die vergaberechtliche Ausschreibungspflicht. Vielmehr spreche dieser Umstand sogar für die Anwendbarkeit des Vergaberechts.[264]

---

259 *Hailbronner*, in: Byok / Jaeger, Vergaberecht, § 99 GWB, Rn. 31; *Ganske*, in: Reidt / Stickler / Glahs, Vergaberecht, § 99, Rn. 6; *Otting*, in: Bechtold, Kartellgesetz, § 99 GWB, Rn. 4; *Dreher*, in: Immenga / Mestmäcker, Wettbewerbsrecht, § 99 GWB, Rn. 6.

260 *Ellenberger*, in: Palandt, BGB, Einf. v. § 145, Rn. 1.

261 Selbst wenn der europarechtlich determinierte Vertragsbegriff hiervon abweichen sollte, setzt auch er zumindest das Einvernehmen der beteiligten Personen über die Erbringung von Leistungen voraus, vgl. *Ganske*, in: Reidt / Stickler / Glahs, Vergaberecht, § 99 GWB, Rn. 6.

262 *Wagner*, in: Langen / Bunte, Kartellrecht, § 99 GWB, Rn. 33; *Eschenbruch*, in: Kulartz /Kus / Portz, Kommentar zum GWB-Vergaberecht, § 99, Rn. 32.

263 Begründung des Regierungsentwurfs zu § 99 GWB, BT-Drs. 13/9340, S. 12, 15; OLG Celle, Beschl. v. 24.11.1999 – 13 Verg 7/99; OLG Naumburg, Beschl. v. 19.10.2000 – 1 Verg 9/00; *Prieß*, NZBau 2002, 539, 543.

264 Vgl. hierzu EuGH, Urt. v. 12.07.2001 – Rs. C-399/98 „Mailänder Scala“, Rn. 73 (Slg 2001, I-5409). So auch OLG Düsseldorf, Beschl. v. 11.03.2002 – Verg 43/01;

Demzufolge können etwa städtebauliche Verträge[265] und Erschließungsverträge[266] grundsätzlich dem Vergaberecht unterliegen.

Auch die Bezeichnung des Vertrages ist irrelevant. So sind ebenso „Mietverträge", „Leasingverträge" oder „Pachtverträge" öffentliche Bauaufträge, wenn sie die Tatbestandsvoraussetzungen eines öffentlichen Bauauftrags erfüllen.[267]

Die durch das Vergaberecht aufgestellten Verfahrenserfordernisse beziehen sich auf die Entwicklung bis hin zum Vertragsschluss. Der Vertrag ist letztlich nur das Ergebnis des Beschaffungsprozesses. Die Entscheidung über das „Ob" der Einleitung eines Vergabeverfahrens hat der öffentliche Auftraggeber deshalb bereits dann zu treffen, wenn der Wille, eine Leistung durch Vertrag zu beschaffen, auch außerhalb der Verwaltung bekannt wird. Die im Vorstadium dazu getätigte Markterkundung ist dagegen vergaberechtlich irrelevant.[268]

## B. Vertragsparteien

Der Vertrag muss zwischen einem öffentlichen Auftraggeber und einem Unternehmer geschlossen werden. Das Wesensmerkmal des öffentlichen Auftrags ist die Teilnahme des öffentlichen Auftraggebers am Markt. Diese Voraussetzung ist erfüllt, wenn er seine interne Organisation verlässt, um einen Vertrag mit außenstehenden Dritte abzuschließen.[269] Bezieht sich ein Vertrag ausschließlich auf die Aufgabenwahrnehmung innerhalb der staatlichen Organisation und tritt

---

*el-Baurdi*, Die Anwendbarkeit des GWB-Vergaberechts auf Öffentlich-Private-Partnerschaften, S. 170; *Köster / Häfner*, NVwZ 2007, 410, 412; *Reidt*, BauR 2007, 1664, 1665; *Wilke*, ZfBR 2004, 141; *Würfel / Butt*, NVwZ 2003, 153, 156; *Busch*, VergabeR 2003, 622, 624 f. Ausführlich zum Ganzen: *Burgi*, NZBau 2002, 57; *ders.*, NVwZ 2008, 929, 931. A.A. *Grothmann / Tschäpe*, ZfBR 2011, 442, 446.

265 Zum öffentlich-rechtlichen Charakter des städtebaulichen Vertrages näher *Löhr*, in: Battis / Krautzberger / Löhr, BauGB, § 11, Rn. 1.

266 Der Erschließungsvertrag ist ein öffentlich-rechtlicher Vertrag. Hierzu *Löhr*, in: Battis / Krautzberger / Löhr, BauGB, § 124, Rn. 3 m.w.N.

267 In einem Mietvertrag kann etwa vereinbart werden, dass der Auftragnehmer verpflichtet ist, dem öffentlichen Auftraggeber als Mieter zu einem bestimmten Zeitpunkt ein nach dessen Vorgaben zu errichtendes Gebäude zur Verfügung zu stellen. Vgl. hierzu EuGH, Urt. v. 29.10.2009 – C-536/07 „Messehallen Köln", Rn. 55 (Slg 2009, I-10355); *Prieß*, Handbuch des europäischen Vergaberechts, S. 131; *Hertwig / Oeynhausen*, KommJur 2008, 121; *Hertwig*, VergabeR 2010, 554, 555.

268 *Eschenbruch*, in: Kulartz / Kus / Portz, Kommentar zum GWB-Vergaberecht, § 99, Rn. 18 f.

269 *Eschenbruch*, in: Kulartz / Kus / Portz, Kommentar zum GWB-Vergaberecht, § 99, Rn. 12.

keine der beteiligten Stellen in diesem Zusammenhang als Anbieter von Waren oder Dienstleistungen auf, ist dieses Tatbestandsmerkmal nicht erfüllt.[270]

Ein Unternehmer ist eine Person gleich welcher Rechtsform, die Leistungen auf dem Markt anbietet.[271] An diese Eigenschaft sind allerdings nicht zu hohe Anforderungen zu stellen. So können auch Einrichtungen des öffentlichen Rechts Bieter in einem Vergabeverfahren sein.[272] Bei der Beurteilung ist eine Gewinnerzielungsabsicht ebenso wenig erforderlich, wie eine ausgeprägte Organisationsstruktur oder eine ständige Marktteilnahme.[273]

## § 6 Die Leistung des Auftragnehmers

### A. Allgemeines

Eine vergaberechtlich begründete Ausschreibungspflicht setzt zwingend voraus, dass der Auftragnehmer zu einer Leistung verpflichtet wird. Die Leistungsseite stellt als Bestandteil des dem Auftrag zugrunde liegenden Austauschverhältnisses ein Kernelement des Auftragsbegriffs dar. So betont der EuGH nicht nur die wechselseitigen Verknüpfungen zwischen der Leistung des Auftragnehmers und der Gegenleistung des Auftraggebers. Vielmehr erhebt er diese – im deutschen Recht als „synallagmatische Austauschverhältnis“[274] bekannte – gegenseitige Verknüpfung zum Kern des öffentlichen Auftrags.[275] Diese Erkenntnis ist bereits

---

270 *Otting*, in: Bechtold, Kartellgesetz, § 99 GWB, Rn. 5; *Hertwig*, NZBau 2011, 9, 12 beide unter Verweis auf EuGH, Urt. v. 09.06.2009 – C-489/06 „Stadtreinigung Hamburg“ = Slg 2009, I-4747.

271 *Wegener*, in: Pünder / Schellenberg, Vergaberecht, § 99 GWB, Rn. 9.

272 Vgl. Erwägungsgrund 4 der VKR sowie Art. 1 Abs. 8 VKR. Der EuGH bestätigte dies in seinem Urteil in der Rechtssache „Donauwald“, EuGH, Urt. v. 18.11.2004 – C-126/03 = Slg 2004, I-11197. Siehe auch *Hailbronner*, in: Byok / Jaeger, Vergaberecht, § 99 GWB, Rn. 6.

273 *Otting*, in: Bechtold, Kartellgesetz, § 99 GWB, Rn. 3, der Universitäten und Forschungsinstitute beispielhaft aufzählt.

274 Siehe hierzu *Medicus / Petersen*, Bürgerliches Recht, Rn. 213 ff. Danach wird ein synallagmatisches Austauschverhältnis dann begründet, wenn entweder gegenseitige Pflichten in ihrer Entstehung oder aber in Durchsetzung und Fortbestand voneinander abhängen. Diese Begriffswahl findet sich bereits in VK Darmstadt, Beschl. v. 05.03.2008 – 69 d-VK-06/2008 „Stadtallendorf“ = NZBau 2008, 339, 342; *Kühling*, JZ 2008, 1117, 1118. Sie ist europarechtlich jedoch irrelevant und kann allenfalls zum besseren Verständnis herangezogen werden, vgl. hierzu EuGH, Urt. v. 18.01.2007 – C-220/05 „Stadt Roanne“, Rn. 40 (Slg 2007, I-385).

275 EuGH, Urt. v. 25.03.2010 – C-451/08 „Helmut Müller“, Rn. 48 f. (Slg 2010, I-2673).

in älteren Urteilen des EuGH angelegt[276], erfuhr jedoch im Urteil in der Rechtssache „Helmut Müller" noch einmal eine deutliche Klarstellung.

Das Leistungselement des öffentlichen Bauauftrags wird durch § 99 Abs. 3 GWB konkretisiert. Danach sind Bauaufträge Verträge über die Ausführung oder die gleichzeitige Planung und Ausführung eines Bauvorhabens (Var. 1), die Ausführung oder die gleichzeitige Planung und Ausführung eines Bauwerks (Var. 2) oder eine dem Auftraggeber unmittelbar wirtschaftlich zugutekommenden Bauleistung durch Dritte gemäß den vom Auftraggeber genannten Erfordernissen (Var. 3). § 99 Abs. 3 GWB gibt also – anders als beim Liefer- oder Dienstleistungsauftrag – drei Tatbestandsalternativen vor. Der Begriff des Bauwerks ist in § 99 Abs. 3 Var. 2 GWB als Ergebnis einer Gesamtheit von Hoch- und Tiefbauarbeiten, das seinem Wesen nach eine wirtschaftliche oder technische Funktion erfüllen soll, legaldefiniert.[277] Eine vergaberechtliche Relevanz des Projekts ergibt sich demnach nur dann, wenn sich der private Investor zu einer Leistung verpflichtet, die unter eine der drei Tatbestandsalternativen des § 99 Abs. 3 GWB subsumiert werden kann (B.). Insbesondere die dritte Tatbestandsalternative ist durch ihren Charakter als Auffangtatbestand ein Türöffner für die Anwendung des Vergaberechts, so dass hier der Schwerpunkt der Untersuchung liegt. Daneben verlangt der EuGH – gleichsam als zweites Leistungselement – die Vereinbarung einer einklagbaren Bauverpflichtung (C.).

## B. Die Bauleistung

### *I. Ausführung oder Planung und Ausführung eines Bauvorhabens*

Der Begriff des Bauvorhabens ist nicht legaldefiniert. Eine Eingrenzung ergibt sich dagegen aus Art. 1 Abs. 2 lit. b) VKR, wonach Bauvorhaben Leistungen sind, die in Anhang I der VKR aufgeführt werden. Dort werden alle Arbeiten

---

276 EuGH, Urt. v. 12.07.2001 – C-399/98 „Mailänder Scala", Rn. 77 (Slg 2001, I-5409), EuGH, Urt. v. 18.01.2007 – C-220/05 „Stadt Roanne", Rn. 57 (Slg 2007, I-385). Auch dem europarechtlichen Auftragsbegriff lag bereits das Verständnis eines gegenseitigen Vertrags zugrunde bei dem die Leistung und die Gegenleistung kausal miteinander verknüpft sind, vgl. *Amelung / Dörn*, VergabeR 2007, 644, 645, 647, die in Anbetracht der europarechtlich gebotenen Auslegung den öffentlichen Bauauftrag als gegenseitigen – nicht zwingend synallagmatischen – Vertrag einordnen.

277 *GA Mengozzi*, Schlussanträge v. 17.11.2009 – C-451/08 „Helmut Müller", Rn. 28 (Slg. 2010 I-2673), spricht bezüglich der inhaltsgleichen Definition des Art. 1 Abs. 2 lit. b) VKR treffend von einer „vollendeten Sache".

aufgelistet, die für den Neubau, die Renovierung sowie die gewöhnliche Instandsetzung erforderlich sind.

Die erste Tatbestandsalternative des § 99 Abs. 3 GWB umfasst alle Leistungen, die mit der Errichtung eines Bauwerks zusammenhängen, aber – in Abgrenzung zur zweiten Tatbestandsalternative – kein Bauwerk schaffen, sondern nur einen Teil eines Bauwerks betreffen oder dessen Funktionsfähigkeit unberührt lassen.[278] Dabei stellt § 99 Abs. 3 Var. 1 GWB den Grundfall des § 99 Abs. 3 GWB dar, etwaige Umgehungstatbestände sollen durch die anderen beiden Varianten vermieden werden.[279] Praxisrelevante Beispiele sind etwa Dachdeckerarbeiten an einem bestehenden Objekt, Installationen oder Instandhaltungsmaßnahmen, der Abriss von Hochbauten oder Erdbewegungen.[280] Arbeiten zur Altlastensanierung sind dagegen als Dienstleistungsauftrag einzuordnen.[281] In Anbetracht der wesentlich niedrigeren Schwellenwerte für Dienstleistungsaufträge[282] kommt bei solchen Arbeiten schneller eine europaweite Ausschreibungspflicht in Betracht, was insbesondere bei der Nachnutzung von Altdeponien oder der Konversion von militärischen Flächen zu berücksichtigen ist.

### *II. Ausführung oder Planung und Ausführung eines Bauwerks*

Die zweite Tatbestandsalternative entspricht im Wesentlichen den soeben genannten Praxisbeispielen, geht jedoch begrifflich über die Verwirklichung einzelner Bauvorhaben hinaus. Vielmehr ist hiermit die Erbringung sowie die

---

278 *Ganske*, in: Reidt / Stickler / Glahs, Vergaberecht, § 99 GWB, Rn. 83; *Keller*, Kooperativer Städtebau und Kartellvergaberecht, S. 110 f.

279 Vgl. VK Darmstadt, Beschl. v. 05.03.2008 – 69 d-VK-06/2008 „Stadtallendorf" = NZBau 2008, 339, 342.

280 *Ganske*, in: Reidt / Stickler / Glahs, Vergaberecht, § 99 GWB, Rn. 83; *Eschenbruch*, in Kulartz / Kus / Portz, GWB-Vergaberecht, § 99, Rn. 156; *Keller*, Kooperativer Städtebau und Kartellvergaberecht, S. 111. Eine umfassende Kasuistik findet sich bei *Willenbruch*, in: ders. / Wieddekind, Vergaberecht, § 99 GWB, Rn. 60.

281 Diese sind nicht in Anhang I der VKR aufgeführt, so dass die Beseitigung von Altlasten – europarechtlich determiniert – keine Bauleistung darstellt. Vgl. *Hertwig*, VergabeR 2010, 554, 555.

282 Die Schwellenwerte wurden zuletzt durch die Verordnung (EU) Nr. 1336/2013 der EU-Kommission vom 13. Dezember 2013 zur Änderung der Richtlinien 2004/17/EG, 2004/18/EG und 2009/81/EG des Europäischen Parlaments und des Rates im Hinblick auf die Schwellenwerte für Auftragsvergabeverfahren angepasst. Für Bauaufträge gilt ein Schwellenwert von 5.186.000 €, für Liefer- und Dienstleistung von 207.000 €. Die Schwellenwerte sind über dynamische Verweisungen in § 2 Abs. 1 VgV bzw. in § 1 Abs. 2 SektVO unmittelbar anwendbar.

(anschließende) Zusammenfassung von Einzelleistungen gemeint, so dass das Ergebnis eine Gesamtheit bilden muss.[283] Als Gesamtbauwerk kommen alle baulichen Anlagen in Betracht, die eine unbewegliche, in Verbindung mit dem Erdboden hergestellte sowie eine wirtschaftliche oder technische Funktion erfüllende Sache darstellen.[284] Wie der Legaldefinition des Bauwerks in § 99 Abs. 3 Var. 2 GWB zu entnehmen ist, müssen die Voraussetzungen „Ergebnis von Hoch- oder Tiefbauarbeiten" sowie „wirtschaftliche oder technische Funktion" kumulativ vorliegen. Deshalb kann daraus keinesfalls abgeleitet werden, dass die einzelnen Bauleistungen in einem wirtschaftlichen oder technischen Sinne zu einer Einheit verbunden sein müssen.[285] Vielmehr muss dem fertigen „Bauwerk" eine wirtschaftliche oder technische Funktion zukommen, die sich der öffentliche Auftraggeber anschließend zunutze machen kann.[286]

Der Zweck der zweiten Tatbestandsalternative besteht darin, zu verhindern, dass durch eine „Aufteilung funktional aufeinander bezogener Leistungen" in Einzelbauvorhaben die Schwellenwerte unterlaufen werden.[287] Das Merkmal „wirtschaftliche oder technische Funktion" soll deshalb eine umfassende Einbeziehung von Leistungen in das Bauwerk gewährleisten.[288] So gehört etwa auch die „Lieferung" von Küchen in ein neu errichtetes Bauwerk oder aber die „Lieferung" einer kompletten Lehrwerkstatt als Erstausstattung eines neu gebauten Berufsschulzentrums zum Gesamtergebnis.[289]

---

283 Vgl. Art. 1 Abs. 2 lit. b) VKR.

284 *Ganske*, in: Reidt / Stickler / Glahs, Vergaberecht, § 99 GWB, Rn. 90, 96.

285 So aber missverständlich *Keller*, Kooperativer Städtebau und Kartellvergaberecht, S. 111.

286 Besonders deutlich wird dies an der Formulierung in Art. 1 Abs. 2 lit. c) VKR, nach der das Bauwerk das Ergebnis einer Gesamtheit von Tief- oder Hochbauarbeiten ist, das *seinem Wesen nach* eine wirtschaftliche oder technische Funktion erfüllen soll. Demnach geht *GA'in Kokott* in ihren Schlussanträgen v. 15.06.2006 – C-220/05 „Stadt Roanne", Rn. 33 (Slg 2007, I-385) davon aus, dass das Freizeitzentrum als „Ergebnis einer Gesamtheit von Bauarbeiten, […] angesichts der bezweckten Verbesserung der städtischen Infrastruktur eine wirtschaftliche Funktion erfüllt". Vgl. auch *GA Mengozzi*, Schlussanträge v. 17.11.2009 – C-451/08 „Helmut Müller", Rn. 28: „vollendete Sache" (Slg. 2010 I-2673).

287 VK Darmstadt, Beschl. v. 05.03.2008 – 69 d-VK-06/2008 „Stadtallendorf" = NZBau 2008, 339, 342; *Keller*, Kooperativer Städtebau und Kartellvergaberecht, S. 111.

288 *Ganske*, in: Reidt / Stickler / Glahs, Vergaberecht, § 99 GWB, Rn. 91, m.w.N. in den Fn. 5 und 6.

289 *Dreher*, in: Immenga / Mestmäcker, Wettbewerbsrecht, § 99 GWB, Rn. 97, der allerdings eine solche weite funktionale Auslegung des Bauauftrags ablehnt, weil zum

Insgesamt kennzeichnet die erste und zweite Variante des § 99 Abs. 3 GWB, dass der öffentliche Auftraggeber die Baumaßnahme veranlasst, sich selbst als Bauherr geriert und das Bauherrenrisiko übernimmt.[290] Eine exakte Abgrenzung zwischen den beiden Alternativen ist in der Praxis nicht zwingend erforderlich, da das Gesetz die gleichen Rechtsfolgen vorsieht.[291]

### *III. Bauleistung durch Dritte nach den Erfordernissen des Auftraggebers*

Für die Bestimmung der Reichweite des Bauauftragsbegriffs ist die dritte Alternative des § 99 Abs. 3 GWB von zentraler Bedeutung. Diese erfasst die Ausführung oder die gleichzeitige Planung und Ausführung einer dem Auftraggeber unmittelbar wirtschaftlich zugutekommenden Bauleistung durch Dritte gemäß den vom Auftraggeber genannten Erfordernissen.[292] Es handelt sich um einen Auffangtatbestand, der in engem Zusammenhang mit dem Ausnahmetatbestand des § 100 Abs. 5 GWB steht, wonach der Erwerb oder die Anmietung bestehender Gebäude nicht ausschreibungspflichtig ist.[293] Diese Vorschrift nimmt den Kauf oder die Miete bereits bestehender Immobilien vom Vergaberecht aus, weil die „situative Einmaligkeit" des Bauwerks einen Wettbewerb unter verschiedenen Objekten nicht zulässt.[294] Ein Austausch des Leistungsgegenstands zur Beurteilung der Wirtschaftlichkeit kann deshalb nicht erfolgen. Gleichzeitig wird durch die Einschränkung „vorhandene Gebäude" von dem nach § 99 Abs. 3

einen die Reichweite der einzelnen Auftragsarten und deren Verhältnis verkannt und zum anderen aufgrund der erheblich höheren Schwellenwerte für Bauaufträge der Anwendungsbereich der VKR verkürzt werde.

290 *Schotten*, NZBau 2008, 741, 742.

291 *Ganske*, in: Reidt / Stickler / Glahs, Vergaberecht, § 99 GWB, Rn. 92.

292 Hinzufügung des Tatbestandsmerkmals „unmittelbar wirtschaftlich zugutekommen" durch das Vergaberechtsmodernisierungsgesetz vom 24.04.2009 (BGBl. I S. 790). *Keller*, Kooperativer Städtebau und Kartellvergaberecht, S. 105 sowie *Hertwig*, NZBau 2011, 9, 13 schließen zumindest nicht aus, dass der öffentliche Auftraggeber mit der Nennung von Erfordernissen zugleich sein unmittelbares wirtschaftliches Interesse am zu errichtenden Bauwerk deutlich macht. Jedoch ist zu beachten, dass der Gerichtshof beide Tatbestandsmerkmal getrennt voneinander prüft und damit deren eigenständige Bedeutung für die weitere Prüfung hervorhebt.

293 *Schotten*, NZBau 2008, 741, 742; *Dreher*, in: Immenga / Mestmäcker, Wettbewerbsrecht, § 99 GWB, Rn. 101; *Keller*, Kooperativer Städtebau und Kartellvergaberecht, S. 113.

294 *Dreher*, NZBau 2009, 542, 543; *Diehr*, in: Reidt / Stickler / Glahs, Vergaberecht, § 100 GWB, Rn. 65.

GWB ausschreibungspflichtigen Bauauftrag abgegrenzt, da beim Erwerb oder der Anmietung von vorhandenen Gebäuden grundsätzlich keine Bauleistungen mehr erbracht werden müssen.[295]

Die dritte Tatbestandsalternative des § 99 Abs. 3 GWB soll vor diesem Hintergrund Konstellationen erfassen, in denen der Private nicht selbst baut, sondern als Bauträger fungiert und die spätere Überlassung des erstellten Bauwerks an den öffentlichen Auftraggeber oder aber auch an Dritte vertraglich abgesichert wird.[296] Der private Investor ist hier der Bauherr, der auf eigenes wirtschaftliches Risiko das bestellte Bauwerk nach den Erfordernissen des öffentlichen Auftraggebers errichtet.[297] Die Existenz der auf Initiative der Kommission in die Richtlinie aufgenommenen dritten Variante rechtfertigt sich dadurch, dass „der öffentliche Auftraggeber in diesen Konstellationen zwar nicht formal aber doch inhaltlich einen dem Bauherrn ähnlichen Einfluss auf das Bauwerk hat."[298] Wird das nach den Erfordernissen des öffentlichen Auftraggebers erstellte Bauwerk später diesem auch überlassen, gleicht das Ergebnis bei wirtschaftlicher Betrachtung einer Vergabe von Werkleistungen durch den öffentlichen Auftraggeber.[299]

Die Abgrenzung zwischen einem ausschreibungspflichtigen Bauauftrag nach § 99 Abs. 3 Var. 3 GWB und dem ausschreibungsfreien Ausnahmetatbestand des § 100 Abs. 5 GWB ist im Einzelfall schwierig. Denn aus der Gegenüberstellung

---

295 *Dreher*, NZBau 2009, 542, 543.

296 Dies gilt insbesondere für Bauträgerverträge, Mietkauf- und Leasingverträge, PPP-Vertragsgestaltungen, in deren Rahmen Bauleistungen erbracht werden, Generalübernehmerverträge sowie Kommunal-Fonds, vgl. *Ganske*, in: Reidt / Stickler / Glahs, Vergaberecht, § 99 GWB, Rn. 98 m.w.N. Eine differenzierte Betrachtung ist bei sog. sale-and-lease-back-Geschäften geboten. Wenn der Investor im Rahmen des sale-and-lease-back-Geschäfts auch zu einer Bau- oder Betriebsleistung nach den Erfordernissen des öffentlichen Auftraggebers verpflichtet wird, die diesem als Nutzer der Immobilie zugutekommt, liegt hierin ein öffentlicher Bauauftrag, der nach § 99 Abs. 3 Var. 3 GWB ausschreibungspflichtig ist. Vgl. *Dreher*, in: Immenga / Mestmäcker, Wettbewerbsrecht, § 99 GWB, Rn. 13; *Hailbronner*, in Byok / Jaeger, Vergaberecht, § 99 GWB, Rn. 89.

297 *Otting*, NZBau 2004, 469; *Burgi*, NVwZ 2008, 929, 932; *Prieß*, Handbuch des europäischen Vergaberechts, S. 131; *Willenbruch*, in: ders. / Wieddekind, Vergaberecht, § 99 GWB, Rn. 61.

298 *Keller*, Kooperativer Städtebau und Kartellvergaberecht, S. 116. Siehe auch *Hertwig*, VergabeR 2010, 554, 555.

299 Nur aus finanziellen oder steuerrechtlichen Gründen wird von dem Grundfall des § 99 Abs. 3 Var. 1 GWB bzw. von der Erstellung eines Bauwerks gemäß § 99 Abs. 3 Var. 2 GWB abgewichen. Das allein rechtfertigt aber keine Vergaberechtsfreiheit. Vgl. *Ganske*, in: Reidt / Stickler / Glahs, Vergaberecht, § 99 GWB, Rn. 98.

des § 99 Abs. 3 GWB und dem § 100 Abs. 5 GWB ergibt sich nicht, ob der öffentliche Auftraggeber auch Gebäude ohne vorherige Ausschreibung anmieten kann, die der Auftragnehmer erst noch errichten muss oder, die für die Zwecke des Auftraggebers erheblich umgebaut werden müssen. Die konkrete Grenze der erwerbs- und mietbezogenen Ausnahmeregelungen muss sich an der Einwirkungsmöglichkeit des öffentlichen Auftraggebers orientieren und kann sich daher nur über eine genaue Definition des Merkmals „genannte Erfordernisse" ergeben. Selbstverständlich kann nicht jeder Vertrag über ein noch zu errichtendes bzw. erheblich umzubauendes Gebäude der dritten Tatbestandsalternative des § 99 Abs. 3 GWB unterfallen, da das Merkmal der „genannten Erfordernisse" andernfalls ohne eigenständige Funktion wäre.[300] Dies gilt umso mehr, als dass der Anwendungsbereich von Ausnahmebestimmungen grundsätzlich eng auszulegen ist, um die praktische Wirksamkeit der Vergaberichtlinien nicht zu gefährden.[301] Zunächst ist zu klären, inwieweit die vom EuGH implementierte Negativabgrenzung „bloße Ausübung städtebauliche Regelungszuständigkeiten" den Anwendungsbereich der Tatbestandsalternative von vornherein einzugrenzen vermag (1.). Daneben sind die Anforderungen an den Einsatz des öffentlichen Auftraggebers, an die fragliche Leistung zu kommen (2.), und an die Qualität der genannten Erfordernisse (3.) zu untersuchen, um anhand der so entwickelten Definition des Merkmals „genannte Erfordernisse" die konkrete Reichweite dieser Tatbestandsalternative abzustecken.

### 1. Negativabgrenzung „bloße Wahrnehmung städtebaulicher Regelungszuständigkeiten"

Der EuGH hat mit der Implementierung einer Negativabgrenzung versucht, die Bestimmung dessen zu erleichtern, was jedenfalls nicht unter den Begriff „Nennung der Erfordernisse" fallen soll.[302] Er führt hierzu näher aus, dass die „vom öffentlichen Auftraggeber genannten Erfordernisse" nicht darin bestehen könnten, dass etwa eine Gemeinde in Ausübung ihrer städtebaulichen Regelungszuständigkeiten ihr vorgelegte Baupläne prüfe oder eine Entscheidung in Anwendung von Zuständigkeiten in diesem Bereich treffe.[303] Es lässt sich zwar

---

300 *Eschenbruch*, in: Kulartz / Kus / Portz, GWB-Vergaberecht, § 99, Rn. 178; *Keller*, Kooperativer Städtebau und Kartellvergaberecht, S. 114.

301 *Dreher*, NZBau 2009, 542 m.w.N.

302 EuGH, Urt. v. 25.03.2010 – C-451/08 „Helmut Müller", Rn. 68 (Slg 2010, I-2673).

303 EuGH, Urt. v. 25.03.2010 – C-451/08 „Helmut Müller", Rn. 68 (Slg 2010, I-2673). Die Einordnung von städtebaulichen Regelungszuständigkeiten im Rahmen der Tatbestandsalternative ist getrennt von der später zu beantwortenden Frage zu

die Zielsetzung erahnen, die „reine Ausübung behördlicher baurechtlicher Befugnisse"[304] dem Vergaberechtsregime zu entziehen; in Ermangelung weiterer Kriterien bleibt der Begriff der „städtebaulichen Regelungszuständigkeiten" aber unscharf und bedarf einer Präzisierung.

Es lassen sich in diesem Zusammenhang zwei Grundaussagen des Gerichtshofs abstrahieren: Zunächst, dass die Prüfung von Bauplänen ebenso wenig unter den Begriff „Nennung von Erfordernissen" fällt, wie die bloße Bestätigung bereits vorher allgemein aufgestellter Kriterien und Zielvorstellungen. Dies ist insoweit konsequent, als dass die Beachtung der bauplanungs- und bauordnungsrechtlichen Voraussetzungen nicht mehr als die Einhaltung der bereits für jeden Dritten geltenden gesetzlichen oder satzungsrechtlichen Pflichten ist. Zudem – und das ist eine grundlegende Notwendigkeit für die Eröffnung des kartellvergaberechtlichen Anwendungsbereiches – können nur solche städtebaulichen Handlungsinstrumente ein Trägermedium für die „Nennung von Erfordernissen" darstellen, die auf vertraglicher Ebene basieren. Denn der Vertragsbegriff wird in den einleitenden Bemerkungen zum wesentlichen Kriterium des Anwendungsbereichs des Vergaberechts erhoben.[305] Dies manifestiert sich in dem Hinweis, dass die bloße Ausübung städtebaulicher Regelungszuständigkeiten nicht auf den Erhalt einer vertraglichen Leistung gerichtet sei.[306]

Schon zuvor wurden die „Angebotsplanung" der Kommune oder „bloße Hinweise auf die bereits bestehende Rechtslage" als nicht ausreichend erachtet, um darin die „Nennung von Erfordernissen" zu sehen. Es fehlt insoweit an einer hinreichenden vertraglichen Einflussmöglichkeit auf die Bauleistung, die den öffentlichen Auftraggeber in eine bauherrenähnliche Lage versetzt.[307] So genügt es nicht, dass die Gemeinde die Beachtung eines geltenden Bebauungsplanes

---

betrachten, ob die „Wahrnehmung bloßer städtebaulicher Regelungszuständigkeiten" im unmittelbaren wirtschaftlichen Interesse des öffentlichen Auftraggebers liegt. Deshalb prüft der EuGH diese Fragen in den Rn. 55 ff. und 67 ff. auch getrennt. Vgl. hierzu auch unten, § 7 C. III. 1.

304 *Tomerius*, ZfBR 2012, 332, 337.

305 EuGH, Urt. v. 25.03.2010 – C-451/08 „Helmut Müller", Rn. 46 (Slg 2010, I-2673).

306 EuGH, Urt. v. 25.03.2010 – C-451/08 „Helmut Müller", Rn. 57 (Slg 2010, I-2673).

307 *Kühling*, JZ 2008, 1117, 1119; OLG Düsseldorf, Beschl. v. 06.02.2008 – VII-Verg 37/07 „Oer-Erkenschwick" = NZBau 2008, 271, 276; *Keller*, Kooperativer Städtebau und Kartellvergaberecht, S. 116; *Ziekow*, DVBl. 2008, 137, 142; *Hertwig / Öynhausen*, KommJur 2008, 121. Eine absolute Mindermeinung vertritt dagegen *Metz*, BauR 2009, 454, der unter Einschluss „der Möglichkeiten, das europäische Recht unbegrenzt auszulegen und ihm maximale Geltung zu verschaffen", sogar in der Erteilung einer Baugenehmigung einen ausschreibungspflichtigen Vorgang sieht.

verlangt[308], von der Möglichkeit einer Ausnahme oder Befreiung nach § 31 BauGB Gebrauch macht, eine Baugenehmigung nach § 34 BauGB[309] oder das Einvernehmen nach § 36 BauGB erteilt. Es handelt sich hierbei vielmehr um gesetzliche Einwirkungsmöglichkeiten auf die Bauleistung. Einer wirksamen vertraglichen Grundlage entbehrt auch das bloße Versprechen, auf eine privatnützige Planung abgestimmte gemeindliche Bauleitpläne aufzustellen. Zwar ist die anlassbezogene Aufstellung oder Änderung von Bauleitplänen mehr als der bloße Hinweis auf die bestehende Rechtslage. Da das Versprechen zur Schaffung von Baurecht, das nicht aus einer städtebaulichen Erforderlichkeit heraus erfolgt, gemäß § 1 Abs. 3 BauGB unwirksam und ein unter Verstoß hiergegen zustande gekommener Vertrag gemäß (§ 59 VwVfG i.V.m.) § 134 BGB nichtig ist[310], fehlt es in diesem Falle aber an der vertraglichen Komponente, so dass insoweit eine vergaberechtliche Ausschreibungspflicht ausscheiden muss.[311]

Zum entscheidenden Prüfungsmaßstab für die vergaberechtliche Relevanz von kommunalen Investorenprojekten wird somit das für die Gemeinde bereits geltende Baurecht.[312] Es markiert die untere Grenze der Ausschreibungspflicht. In Ausübung bloßer städtebaulicher Regelungszuständigkeiten überprüft die Gemeinde lediglich das Vorliegen eben dieser gesetzlichen bzw. satzungsrechtlichen Voraussetzungen. Etwas anderes muss aber für die Anwendung städtebaulicher Handlungsinstrumente gelten, mit denen die Gemeinde einen irgendwie gearteten einzelvertraglichen Einfluss auf die Realisierung des Bauvorhabens nehmen kann. Einen entscheidenden Einfluss auf die Konzeption der Bauleistung kann einer Gemeinde dann zugerechnet werden, wenn sie sich das in einem städtebaulichen Kooperationsverfahren gefundene Ergebnis in der abschließenden Entscheidung über die Realisierbarkeit zu eigen macht und daraufhin entsprechendes Baurecht schafft. Eine solche Vorgehensweise umfasst

---

308 *Burgi*, NVwZ 2008, 929, 932; *Horn*, VergabeR 2008, 158, 166; *Diemon-Wies / Kappelhoff*, KommJur 2008, 361, 362; OLG Düsseldorf, Beschl. v. 06.02.2008 – VII-Verg 37/07 „Oer-Erkenschwick" = NZBau 2008, 271, 276. Dagegen noch offen lassend OLG Düsseldorf, Beschl. v. 12.12.2007 – VII-Verg 30/07 „Wuppertal-Vohwinkel", = NZBau 2008, 138, 141.

309 *Kulartz / Schilder / Duikers*, in: DStGB, Dokumentation Nr. 79, Kommunale Immobiliengeschäfte und Ausschreibungspflichten, S. 14.

310 *Krautzberger*, in: Battis / Krautzberger / Löhr, BauGB, § 1, Rn. 31; vgl. auch oben § 2 B. I. 2.

311 *Ziekow*, DVBl. 2008, 137, 142; *Ganske*, in: Reidt / Stickler / Glahs, Vergaberecht, § 99 GWB, Rn. 105 m.w.N. Siehe auch *Keller*, Kooperativer Städtebau und Kartellvergaberecht, S. 135 unter Verweis auf BVerwGE 34, 301, 305.

312 *Fieseler*, in: Krautzberger, Städtebauförderungsrecht, § 157 BauGB, Rn. 32a.

mehr als nur die Billigung von der Gemeinde vorgelegter Plänen oder die „einseitige Bauleitplanung“[313], da die Schaffung von Baurecht in dieser Form eine vertiefte Auseinandersetzung mit den eigenen städtebaulichen Vorstellungen voraussetzt.[314] Dies gilt auch unabhängig vom Zeitpunkt der Konkretisierung des Leistungsgegenstandes.[315] Eine spätere Konkretisierung wird vor dem Hintergrund der Zielsetzung des Kooperationsverfahrens, die städtebaulich verträgliche Lösung gemeinsam zu entwickeln, sogar der Regelfall sein. Durch das Kooperationsverfahren, das vergabeverfahrenstechnisch in das Verhandlungsverfahren oder den wettbewerblichen Dialog eingebettet werden kann, ist der gemeindliche Einfluss auf die Bauleistung derart prägend, dass ihre Stellung bauherrenähnlich ausgestaltet ist und eben keine „bloße Ausübung städtebaulicher Regelungszuständigkeiten“ mehr darstellt. Darum ist eine Zurechnung zur dritten Tatbestandsalternative des § 99 Abs. 3 GWB sachgerecht.[316]

Daher sind alle vertraglichen Instrumente städtebaulichen Handelns, die einen solchen Einfluss der Gemeinde auf das Bauvorhaben ermöglichen, als grundsätzlich vergaberechtlich relevant einzuordnen.[317] Dies gilt insbesondere – aber nicht nur – für sämtliche Formen des städtebaulichen Vertrages sowie den Durchführungsvertrag zum vorhabenbezogenen Bebauungsplan.[318] So wird es

313 Begriff nach *Enderle / Rehs*, NVwZ 2009, 413, 415.

314 *Kühling*, JZ 2008, 1118, 1120; *Keller*, Kooperativer Städtebau und Kartellvergaberecht, S. 135 unter Verweis auf den Grundsatz der städtebaulichen Erforderlichkeit aus § 1 Abs. 3 BauGB sowie das Gebot einer umfassenden planerischen Abwägung gemäß 1 Abs. 7 BauGB. Es ist demnach gerade der ureigenste Sinn des städtebaulichen Kooperationsverfahrens, eine Einfügung der Bauleistung in die städtebauliche Gesamtkonzeption zu erreichen.

315 *Kühling*, JZ 2008, 1117, 1119; *Reider*, in: MüKo Wettbewerbsrecht, § 99 GWB, Rn. 189.

316 Diese Feststellung gilt unabhängig vom Vorliegen weiterer Tatbestandsvoraussetzungen, insbesondere einer Bauverpflichtung und einem unmittelbaren wirtschaftlichen Interesse der öffentlichen Stelle. Gerade in Mischfällen muss jedes Tatbestandsmerkmal zwingend einzeln untersucht werden. Der pauschale Hinweis, städtebaulich motivierte Verpflichtungen seien ausschreibungsfrei, trägt diesem Umstand keine Rechnung, vielmehr ist eine Einzelfallbetrachtung geboten.

317 So empfiehlt auch der Gemeinsame Leitfaden des Städtetags NRW und des Städte- und Gemeindebunds NRW, „Kommunale Grundstücksgeschäfte und Vergaberecht“, S. 31, eine einzelfallorientierte Prüfung. Vgl. auch *Haak*, VergabeR 2011, 351, 356; *van Kann / Hettich*, ZfIR 2010, 783, 786.

318 Wie hier wohl *Herrmann*, VergabeR 2010, 976, 977; *Tomerius*, ZfBR 2012, 332, 337; *Scharen*, ZWeR 2011, 422, 431; a.A. *Grothmann / Tschäpe*, ZfBR 2011, 442, 444 mit dem – für die unionsrechtliche Auslegung grundsätzlich irrelevanten – Verweis auf

der Gemeinde durch den Abschluss eines Durchführungsvertrags zu einem vorhabenbezogenen Bebauungsplan ermöglicht, die Merkmale eines konkreten Einzelvorhabens zu definieren und über die Standardinhalte eines Bebauungsplans oder die Anforderungen des § 34 BauGB hinausgehende Vorgaben zu machen. Denn die im Ermessen der Gemeinde stehende[319] Aufstellung eines vorhabenbezogenen Bebauungsplanes erfordert gemäß § 12 Abs. 1 BauGB eine „Abstimmung" zwischen den beteiligten Parteien, bei der die Gemeinde ihre Vorstellungen geltend machen kann. Schließlich trägt sie mit der Entscheidung über die Aufstellung des vorhabenbezogenen Bebauungsplans die planerische Letztverantwortung. Damit verleiht § 12 BauGB der Gemeinde ersichtlich über die bloße Prüfung von Bauplänen auf ihre Vereinbarkeit mit öffentlichen Interessen und somit über die bloße Ausübung städtebaulicher Regelungszuständigkeiten hinausgehende Befugnisse.[320] Auch beim Abschluss eines städtebaulichen Vertrages kann sich die Gemeinde nicht ihrer planerischen Letztverantwortung

---

das gewandelte Verständnis vom Verhältnis zwischen Staat und Gesellschaft, das nun neben hoheitlichen Eingriffen auch einvernehmliche Vertragslösungen umfasse. *Otting*, NJW 2010, 2167, 2169 mit dem Verweis auf das Erfordernis der Angemessenheit der Gegenleistung aus § 11 Abs. 2 Satz 1 BauGB sowie den notwendigen bodenrechtlichen Bezug des Inhalts. So auch im Ergebnis *Raabe*, NordÖR 2010, 273, 275, der zwar ausdrücklich auf die Unterschiede „zwischen einer bloßen Baugenehmigung und einem zu einer Bebauung verpflichtenden städtebaulichen Durchführungsvertrag" verweist, diesen Ansatz aber nicht konsequent weiterverfolgt. Doch der Inhalt des städtebaulichen Vertrages oder des Durchführungsvertrags zum vorhabenbezogenen Bebauungsplan muss nicht zwingend über den jeweils mit dem Investor in zulässiger Weise zu vereinbarenden Inhalt hinausgehen. So können gemäß § 11 Abs. 1 Satz 2 Nr. 2 BauGB die mit der Bauleitplanung verfolgten Ziele durch einen städtebaulichen Vertrag abgesichert werden. Hierzu zählen auch Vorgaben hinsichtlich der Nutzung des Grundstücks, vgl. *Hoffmann*, in: Spannowsky / Uechtritz, BauGB, § 11, Rn. 20; *Löhr*, in: Battis / Krautzberger / Löhr, BauGB, § 11, Rn. 15.

319 Siehe hierzu oben, § 2 B. II.

320 *Ganske*, in: Reidt / Stickler / Glahs, Vergaberecht, § 99 GWB, Rn. 165; *Raabe*, NordÖR 2010, 273, 275; *Städtetag Nordrhein-Westfalen / Städte- und Gemeindebund NRW*, Gemeinsamer Leitfaden „Kommunale Grundstücksgeschäfte und Vergaberecht", S. 30. *Kulartz / Schilder / Duikers*, in: DStGB, Dokumentation Nr. 79 „Kommunale Immobiliengeschäfte und Ausschreibungspflicht, S. 12. A.A. ohne nähere Begründung *Otting*, NJW 2010, 2167, 2169. Bereits vor der Entscheidung in der Rs. „Helmut Müller" *Pietzcker*, NZBau 2008, 293, 298; *Hüser*, Ausschreibungspflichten bei der Privatisierung öffentlicher Aufgaben, S. 329.

entledigen, so dass die Überlegungen zum vorhabenbezogenen Bebauungsplan entsprechend Anwendung finden.

Gleiches gilt für Erschließungsverträge, Sanierungs- und Entwicklungsverträge sowie Verträge zu Business Improvement Districts. Diese Vertragstypen ermöglichen es der Gemeinde, im Rahmen der Verhandlung über die Realisierung eines Investorenprojekts, entscheidenden Einfluss auf die Konzeption auszuüben und stellen nicht nur die Einhaltung bereits zuvor allgemein aufgestellter Kriterien sicher.[321]

Ein in der Praxis bedeutender Fall ist die Vereinbarung von Erfordernissen in einem Grundstückskaufvertrag. Die Gemeinde kann kraft der ihr zur Verfügung stehenden zivilvertraglichen Gestaltungsmacht Vorgaben zur Bebauung machen.[322] Dies muss sogar für den Fall gelten, dass vertraglich vorgesehen ist, das Einvernehmen der Gemeinde in Bezug auf die Gestaltung einzuholen. Auch hier kann die Gemeinde mit dem Instrument der Verweigerung des Einvernehmens grundsätzlich die bauliche Anlage in ihrem Sinne verändern und so ihre Definінitionsmacht ausüben. Trotz der durch die Negativabgrenzung bewirkten Eingrenzung des Anwendungsbereichs, unterfallen somit weiterhin wichtige, in der Praxis häufig genutzte, städtebauliche Handlungsinstrumentarien der dritten Tatbestandsalternative des § 99 Abs. 3 GWB. Nachdem nun das herausgearbeitet wurde, was jedenfalls schon nicht zum Anwendungsbereich des § 99 Abs. 3 GWB gehört, kommt es für die Bestimmung der konkreten Reichweite entscheidend auf die Anforderungen an die Nennung von Erfordernissen an.

## 2. Der Beschaffungseinsatz des öffentlichen Auftraggebers

Der Wortlaut des § 99 Abs. 3 Var. 3 GWB verlangt, dass der öffentliche Auftraggeber Erfordernisse genannt hat. Eine Bauleistung nach Erfordernissen des öffentlichen Auftraggebers erfordert demnach zumindest eine Einwirkungshandlung der öffentlichen Stelle im Rahmen der Planung oder der Ausübung. Daran fehlt es, wenn der Dritte die Bedürfnisse antizipiert und die fertige Leistung an die öffentliche Hand verkauft oder vermietet. In diesem Falle scheidet eine Anwendung des Kartellvergaberechts aufgrund der Ausnahmevorschrift des § 100 Abs. 5 GWB von vornherein aus.[323]

---

321 Zum Detailgrad der Einflussmöglichkeiten oben, § 2 B. III.-V.

322 *Otting*, NJW 2010, 2167, 2169.

323 *Ganske*, in: Reidt / Stickler / Glahs, Vergaberecht, § 99 GWB, Rn. 103; *Eschenbruch*, in: Kulartz / Kus / Portz, GWB-Vergaberecht, § 99, Rn. 177; *Keller*, Kooperativer Städtebau und Kartellvergaberecht, S. 114. Gleichfalls ist die Rückausnahme zu beachten, dass umfangreiche Umbauarbeiten, die mit Rücksicht auf die geplanten

Fraglich ist allerdings, ob der öffentliche Auftraggeber auch die Initiative für das Vorhaben ergriffen haben muss oder ob er sich ebenso im Rahmen der Erstellung einer Bauleistung ihm vorgelegte Pläne zu eigen machen kann. Das OLG Düsseldorf ließ eine Herstellung nach vom Auftraggeber gebilligten Plänen genügen, wenn dieser zuvor die Pläne geprüft und sich im weiteren Realisierungsprozess zu eigen gemacht hatte.[324] Dagegen wird insbesondere in Teilen der Literatur vertreten, dass der öffentliche Auftraggeber seinen Beschaffungsbedarf selbst formulieren müsse. So lägen keine genannten Erfordernisse vor, wenn ein Projektentwickler dem Auftraggeber eine von ihm planerisch durchgearbeitete, gleichwohl noch zu errichtende, Immobilie anbiete.[325]

Richtigerweise kann es auf eine Beschaffungsinitiative des Auftraggebers jedoch nicht ankommen. Letztlich ist nur maßgebend, dass der öffentliche Auftraggeber die durch einen Dritten erarbeiteten Erfordernisse in seinen eigenen Vertragswillen übernimmt und sich dadurch zu eigen macht. Der spätere Vertragsschluss stellt sich dann – in Abgrenzung zu rein privatnützigen Vorhaben – als die Realisierung eigener, nämlich öffentlicher, Interessen dar.[326] Ansonsten hinge nämlich die Einordnung als öffentlicher Bauauftrag davon ab, dass der Auftragnehmer „mehr oder weniger zufällig" den Bedarf des Auftraggebers erkannt hat und eine Projektrealisierung ohne wesentliche Planänderung erfolgen kann.[327]

Diese Sichtweise lässt sich insbesondere auch auf die neuere Rechtsprechung des EuGH stützen. Der Gerichtshof verlangt für die Nennung von Erfordernissen, dass der öffentliche Auftraggeber „Maßnahmen ergriffen hat, um Merkmale

---

Nutzung durch den öffentlichen Auftraggeber vorgenommen wurden, wiederum zu einer vergaberechtlichen Ausschreibungspflicht führen.

324 OLG Düsseldorf, Beschl. v. 12.12.2007 – VII-Verg 30/07 „Wuppertal-Vohwinkel", NZBau 2008, 138, 141; OLG Düsseldorf, Beschl. v. 06.02.2008 – VII-Verg 37/07, „Oer-Erkenschwick", NZBau 2008, 271, 275 f.; OLG Düsseldorf, Beschl. v. 02.10.2008 – VII-Verg 25/08 „Wildeshausen", = NZBau 2008, 727, 731.

325 *Horn*, VergabeR 2008, 158, 166; *Ganske*, in: Reidt / Stickler / Glahs, Vergaberecht, § 99 GWB, Rn. 104; *Eschenbruch*, in: Kulartz / Kus / Portz, GWB-Vergaberecht, § 99, Rn. 178; *Wegener*, in: Pünder / Schellenberg, Vergaberecht, § 99 GWB, Rn. 80; *Eisenreich / Barth*, NVwZ 2008, 635, 636; vgl. auch VK Darmstadt, Beschl. v. 05.03.2008 – 69 d-VK-06/2008 „Stadtallendorf" = NZBau 2008, 339, 342.

326 Vgl. hierzu *Kühling*, JZ 2008, 1117, 1119; *Keller*, Kooperativer Städtebau und Kartellvergaberecht, S. 114; a.A. *Horn*, VergabeR 2008, 158, 166, der verlangt, dass der öffentliche Auftraggeber ein „Anforderungsprofil" selbst formuliert. So auch *Ganske*, in: Reidt / Stickler / Glahs, Vergaberecht, § 99 GWB, Rn. 104.

327 *Keller*, Kooperativer Städtebau und Kartellvergaberecht, S. 114 f.

der Bauleistung zu definieren oder zumindest einen entscheidenden Einfluss auf ihre Konzeption auszuüben."[328] Es ist also zunächst nur erforderlich, dass der öffentliche Auftraggeber überhaupt irgendwann in den Prozess gestaltend eingreift. Dies kann, muss demnach aber nicht zwingend bedeuten, dass die Bauleistungen das Ergebnis einer Initiative der öffentlichen Hand sind.[329]

Demzufolge ist es grundsätzlich unerheblich, ob der öffentliche Auftraggeber die Erfordernisse selbst formuliert hat. Es genügt vielmehr, dass der Auftraggeber die Möglichkeit hat, entscheidenden Einfluss auf die Konzeption der Bauleistung auszuüben. Erst in einem nächsten Schritt ist dann zu untersuchen, wie der öffentliche Auftraggeber eine Bauleistung definiert oder zumindest entscheidenden Einfluss auf sie ausübt. Dies ist eine Frage der Qualität der zu nennenden Erfordernisse.

### 3. Qualität der Erfordernisse

Das OLG Düsseldorf ging im Rahmen der Ahlhorn-Rechtsprechung davon aus, dass ein Bauauftrag vorliegt, solange der öffentliche Auftraggeber überhaupt inhaltlich Einfluss auf die Bauleistung nimmt und sich die Erfordernisse auf die Ausführung des individuellen Bauwerks beziehen. Es sei aber unerheblich, ob vom öffentlichen Auftraggeber wesentliche oder nur nebensächliche Erfordernisse gestellt würden.[330] Diese Auffassung ist nach dem Urteil des EuGH in der Rechtssache „Helmut Müller" nun aber nicht mehr haltbar, denn der Gerichtshof verlangt zumindest einen entscheidenden Einfluss auf die Bauleistung.[331]

Die insoweit vom EuGH ins Spiel gebrachten Formulierungen „Definition der Merkmale der Bauleistung" bzw. „entscheidender Einfluss auf ihre Konzeption"[332] sind jedoch unscharf und bedürfen einer weiteren Präzisierung. Einziger Anhaltspunkt ist die Funktion der dritten Tatbestandsalternative. Die weitere Bestimmung der Qualität der „Erfordernisse" ist daher vor dem

328 EuGH, Urt. v. 25.03.2010 – C-451/08 „Helmut Müller", Rn. 67 (Slg 2010, I-2673).

329 Dies schließt wiederum nicht grundsätzlich aus, dass Fallgestaltungen, in denen Bauleistungen das Ergebnis der Initiative der öffentlichen Hand sind, einen unmittelbaren wirtschaftlichen Vorteil für den öffentlichen Auftraggeber darstellen. Vgl. insoweit *GA Mengozzi*, Schlussanträge v. 17.11.2009 – C-451/08 „Helmut Müller", Rn. 59 ff. (Slg. 2010 I-2673). Näher dazu unten, § 7 C. III. 3 b).

330 OLG Düsseldorf, Beschl. v. 12.12.2007 – VII-Verg 30/07 „Wuppertal-Vohwinkel" = NZBau 2008, 138, 141; OLG Düsseldorf, Beschl. v. 06.02.2008 – VII-Verg 37/07, „Oer-Erkenschwick" = NZBau 2008, 271, 275 f.; OLG Düsseldorf, Beschl. v. 02.10.2008 – VII-Verg 25/08 „Wildeshausen" = NZBau 2008, 727, 731.

331 So auch schon vor der Entscheidung *Kühling*, JZ 2008, 1117, 1118 f.

332 EuGH, Urt. v. 25.03.2010 – C-451/08 „Helmut Müller", Rn. 67 (Slg 2010, I-2673).

Hintergrund der Abgrenzung der dritten Tatbestandsalternative vom Ausnahmetatbestand des § 100 Abs. 5 GWB vorzunehmen. Der an die Erfordernisse angelegte Intensitätsgrad muss es rechtfertigen, dass solche Maßnahmen des öffentlichen Auftraggebers, die diesen Intensitätsgrad übertreffen, zu einer europaweiten Ausschreibungspflicht führen und solche Maßnahmen, die unterhalb dessen bleiben, kartellvergaberechtlich ausschreibungsfrei sind. Zu diesem Intensitätsgrad hat der EuGH bereits in seiner Entscheidung „Messehallen Köln" näher ausgeführt:

> *„Ferner wurden die betreffenden Bauwerke gemäß den sehr detaillierten und [...] deutlich formulierten Spezifikationen errichtet. [...] geht hervor, dass die betreffenden Spezifikationen in Form einer genauen Beschreibung der zu errichtenden Gebäude, ihrer Beschaffenheit und ihrer Ausstattung weit über die üblichen Vorgaben eines Mieters für eine neue Immobilie einer gewissen Größe hinausgehen."*[333]

Auch wenn diese Feststellung weit über die Grenze dessen geht, was für die Annahme von Erfordernissen notwendig ist, können daraus einige allgemeine Folgerungen gezogen werden. Demnach nennt der öffentliche Auftraggeber etwa dann keine Erfordernisse, wenn lediglich Bauleistungen nach DIN-Normen vereinbart werden. Solche Bauleistungen verkörpern geradezu die „Üblichkeit". Bestimmt der öffentliche Auftraggeber dagegen Baustoffe, die Raumaufteilung oder die Architektur, definiert er Merkmale der Bauleistung bzw. nennt er entscheidende Erfordernisse und nimmt somit – in Abgrenzung zur Bauherreneigenschaft bei den ersten beiden Tatbestandsalternativen – eine bauherrenähnliche Stellung im Hinblick auf die Planung und Ausführung des Bauwerks ein.

Gerade aus dem Zusammenspiel des § 99 Abs. 3 Var. 3 GWB mit § 100 Abs. 5 GWB ergibt sich demnach die Notwendigkeit, eine gewisse Erheblichkeit der genannten Erfordernisse zu verlangen, weil andernfalls die Grenze zwischen üblichen leichten Umbaumaßnahmen und der Errichtung eines durch den öffentlichen Auftraggeber „bestellten" Bauwerks verwischen würde und nahezu jede Modifikation zu einer europaweiten Ausschreibungspflicht führen würde. Ein geeignetes Abgrenzungskriterium liegt in der Möglichkeit, die vom öffentlichen Auftraggeber vorgenommene Modifikation der ursprünglichen Planung bei einem Eigentümer- oder Mieterwechsel ohne erheblichen Aufwand wieder vollständig rückgängig zu machen.[334] Ist der Aufwand erheblich, muss der Einfluss des öffentlichen Auftraggebers jedenfalls als so prägend eingeordnet werden, dass eine vergaberechtliche Ausschreibungspflicht gerechtfertigt ist. Wenn Vorgaben

333 EuGH, Urt. v. 29.10.2009 – C-536/07 „Messehallen Köln", Rn. 58 (Slg 2009, I-10355).

334 *Ziekow*, DVBl. 2008, 137, 141 f.

über übliche Anforderungen eines Käufers oder Mieters hinausgehen und Umbauarbeiten nötig machen, nimmt der öffentliche Auftraggeber eine bauherrenähnliche Stellung ein, so dass Erfordernisse im Sinne des § 99 Abs. 3 Var. 3 GWB gegeben sind. Dies gilt unabhängig davon, ob sie letztlich eine Anforderung an die Bauleistung oder eine Einschränkung der baulichen Nutzung darstellen. Es kommt vielmehr allein auf die Wirkung der Vorgabe an.[335] Wo aber beim Tatbestandsmerkmal der Bauleistung genau die Grenze zur Ausschreibungspflicht zu ziehen ist, muss freilich für jeden Einzelfall gesondert geprüft werden.

## C. Die einklagbare Bauverpflichtung als ungeschriebenes Tatbestandsmerkmal

Der EuGH hat in seinem Urteil in der Rechtssache „Helmut Müller" jedoch – zusätzlich zur Bauleistung – noch ein weiteres Tatbestandsmerkmal auf der Leistungsseite des Bauauftragsbegriffs geschaffen. Er stellte klar, dass der unionsrechtliche Bauauftragsbegriff die Aufnahme einer einklagbaren Bauverpflichtung in das zugrunde liegende Vertragsverhältnis erfordere. Der Auftragnehmer müsse direkt oder indirekt die Verpflichtung zur Erbringung der Bauleistungen übernehmen, die Gegenstand des Auftrags sind. Dabei müsse es sich um eine nach nationalem Recht einklagbare Verpflichtung handeln.[336] Inwieweit diese zusätzliche Voraussetzung den Anwendungsbereich des Bauauftragsbegriffs einzuengen vermag, gilt es nachfolgend herauszuarbeiten.

### *I. Allgemeines*

In der kommunalen Praxis sind die Bauerrichtungsverpflichtungen ein beliebtes Mittel, um bei Grundstücksgeschäften die von der Gemeinde angedachte Bebauung und Nutzung sicherzustellen. Eine Bauerrichtungsverpflichtung kann sowohl in sämtlich vorbeschriebenen städtebaulichen Vertragstypen als auch in einem Grundstückskaufvertrag aufgenommen werden.[337] Wird die städtebauliche Maßnahme durch Aufstellung eines vorhabenbezogenen Bebauungsplans

335 *Ganske*, in: Reidt / Stickler / Glahs, Vergaberecht, § 99 GWB, Rn. 105; *Ziekow*, DVBl. 2008, 137, 143, der das Beispiel der Unterbringung gastronomischer Betriebe anführt; *Enderle / Rehs*, NVwZ 2009, 414, 415.

336 EuGH, Urt. v. 25.03.2010 – C-451/08 „Helmut Müller", Rn. 63 (Slg 2010, I-2673).

337 *Vetter / Bergmann*, NVwZ 2008, 133, 136; *Krohn*, ZfBR 2008, 27.

umgesetzt, gehört eine solche Verpflichtung im Rahmen des Durchführungsvertrags gar zum gesetzlichen Mindestinhalt.[338]

Ungeklärt war bislang die Frage, ob die Vereinbarung einer Bauverpflichtung nicht nur einen Sicherungscharakter hat, sondern sogar Wesensmerkmal des Bauauftragsbegriffes ist. Es war wiederum das OLG Düsseldorf, das die Frage aufwarf, ob in den Bauauftragsbegriff des Art. 1 Abs. 2 lit. b) VKR ein ungeschriebenes Tatbestandsmerkmal hineinzulesen sei, nach dem die Leistung des Unternehmers in Form einer durchsetzbaren Leistungsverpflichtung ausgestaltet sein müsse.[339] In den betreffenden Entscheidungen war nach Auffassung des Gerichts eine Leistungsverpflichtung jeweils gegeben, weshalb eine Vorlage an den EuGH nicht virulent war. In dem Sachverhalt, der dem Vorlagebeschluss zur Entscheidung „Helmut Müller" zugrunde lag, konnte man eine Leistungsverpflichtung des Unternehmers allerdings nur noch sehr schwer ausmachen. Dies war dem Umstand geschuldet, dass das OLG Düsseldorf aus einem Verkaufsvorgang und einem noch zu beginnenden städtebaulichen Kooperationsverfahren eine vergaberechtliche Einheit schmiedete.[340] Jedenfalls wurde dem Käufer durch die Kommune, in der die Fläche belegen war, noch keine Bauverpflichtung auferlegt. Auch sonst verfügte die Gemeinde über keinerlei vertraglich fixierte Möglichkeiten, den Investor zu einer von ihr gewünschten Bebauung zu zwingen.[341] Da der Senat aber an seiner Auffassung festhalten wollte, dass das – sowohl in der VKR als auch im nationalen Umsetzungsrecht[342] – ungeschriebene Merkmal einer direkt oder indirekt begründeten Bauverpflichtung zum Tatbestand des öffentlichen Bauauftrags gehöre, legte er diese Frage im Wege des Vorabentscheidungsverfahren vor.[343]

---

338 *Keller*, Kooperativer Städtebau und Kartellvergaberecht, S. 134; a.A. *Reidt*, BauR 2007, 1664, 1671, der die Bauerrichtungsverpflichtung im Rahmen des vorhabenbezogenen Bebauungsplanes dagegen eher als Obliegenheit denn als echte Erfüllungspflicht einstuft, vgl. hierzu auch § 2 B. II. 2.

339 OLG Düsseldorf, Beschl. v. 12.12.2007 – VII-Verg 30/07 „Wuppertal-Vohwinkel" = NZBau 2008, 138, 139 f.; Beschl. v. 06.02.2008 – VII-Verg 37/07 „Oer-Erkenschwick" = NZBau 2008, 271, 272.

340 OLG Düsseldorf, Beschl. v. 02.10.2008 – VII-Verg 25/08 „Wildeshausen" = NZBau 2008, 727, 730; *Keller*, Kooperativer Städtebau und Kartellvergaberecht, S. 107.

341 *Hertwig*, VergabeR 2010, 554, 556.

342 Der Senat verweist insoweit auf die englische und französische Sprachfassung der Richtlinie sowie auf § 99 Abs. 1 und 3 GWB.

343 OLG Düsseldorf, Beschl. v. 02.10.2008 – VII-Verg 25/08 „Wildeshausen" = NZBau 2008, 727, 730. Der EuGH fasst die dritte und vierte Vorlagefrage des Vergabesenates,

*Generalanwalt Mengozzi* folgerte in seinen Schlussanträgen die Notwendigkeit einer Bauverpflichtung aus der Entgeltlichkeit des abzuschließenden Vertrages, was ein synallagmatisches Verhältnis zwischen den Parteien impliziere. Der Zahlung eines Entgelts oder der Einräumung eines Nutzungsrechts müsse demnach eine Bauleistung des Auftragnehmers gegenüberstehen. Der Generalanwalt führte hierzu wörtlich aus:

> *„Die synallagmatische Natur des öffentlichen Auftrags liegt somit auf der Hand. Es stünde klar im Widerspruch zu dieser Natur, wenn man zuließe, dass ein Auftragnehmer nach der Zuschlagserteilung einseitig und folgenlos einfach entscheiden könnte, nicht zu realisieren, was vorgesehen war. Andernfalls würde letztlich dem Auftragnehmer ein Ermessen hinsichtlich der Erfordernisse und Bedürfnisse des öffentlichen Auftraggebers zuerkannt.“*[344]

Dieser Argumentation schloss sich der EuGH an. Der Gerichtshof führte hierzu aus, dem entgeltlichen Charakter des öffentlichen Auftrags liege der Gedanke zugrunde, dass sich der Auftragnehmer mit dem Vertragsschluss verpflichte, die Bauleistungen, die dessen Gegenstand bilden, durchzuführen oder durchführen zu lassen.[345] Diese Überlegung ist einleuchtend: Es entstünde vielmehr ein Ungleichgewicht im Austauschverhältnis zwischen Leistung und Gegenleistung, wenn der öffentliche Auftraggeber zwar ein Entgelt entrichten müsste, auf der anderen Seite aber nicht das durchsetzbare Versprechen zur Erbringung einer Bauleistung stünde. Zudem würde sich der Sinn der Durchführung eines Vergabeverfahrens nicht erschließen, wenn der Private dann doch noch nach Abschluss des Verfahrens selbst entscheiden könnte, ob er die von ihm angebotene Leistung auch tatsächlich erbringen möchte.[346]

Vergaberechtliche Relevanz kann dabei jedoch nur eine „qualifizierte“ Bauverpflichtung erlangen, bei der sich der künftige Auftragnehmer verpflichten soll, ein bestimmtes Bauwerk zu errichten. „Einfache“ Bauverpflichtungen sind schon vor der Entscheidung in der Rechtssache „Helmut Müller“ nicht dem Kartellvergaberecht zugeordnet worden. Eine solche vertragliche Abrede erfüllt keine der drei Tatbestandsalternativen des § 99 Abs. 3 GWB, da keine Vorgaben

---

der zwischen der Leistungsverpflichtung bei der ersten und zweiten sowie bei der dritten Variante des Art. 1 Abs. 2 lit. b) VKR trennt, zusammen.

344 *GA Mengozzi*, Schlussanträge v. 17.11.2009 – C-451/08 „Helmut Müller“, Rn. 77 (Slg. 2010 I-2673).

345 EuGH, Urt. v. 25.03.2010 – C-451/08 „Helmut Müller“, Rn. 61 (Slg 2010, I-2673). So auch *Scharen*, ZWeR 2011, 422, 426.

346 *Keller*, Kooperativer Städtebau und Kartellvergaberecht, S. 108.

zum „Wie“ der Bauausführung gemacht werden.[347] Es kommt der Kommune in diesen Fällen lediglich darauf an, dass das Grundstück etwa zur Vermeidung von Bodenspekulationen, zur Ansiedlung eines bestimmten Gewerbes oder zur schnellstmöglich Schließung unerwünschter Baulücken, überhaupt bebaut wird.[348]

## *II. Einklagbarkeit*

Das OLG Düsseldorf warf zudem die Frage auf, ob eine solche Bauverpflichtung auch als einklagbare Primärverpflichtung ausgestaltet sein müsse. Dies hielt das Gericht unter Hinweis auf „ein autonomes und einheitliches Verständnis der unionsrechtlichen Vorschriften sowie richtlinienkonformer Auslegung der nationalen Begriffsbestimmungen“ für entbehrlich. So sei etwa dem englischen Recht eine Einklagbarkeit vertraglicher Bauleistungen in der Regel fremd. Zum anderen könne es nicht auf die Einklagbarkeit ankommen, weil hierfür die Leistungspflichten des Auftragnehmers notwendigerweise bereits bestimmt sein müssten. Dies widerspreche jedoch – gerade im Hinblick auf die Verfahrensarten des wettbewerblichen Dialogs als auch des Verhandlungsverfahrens – den Regelungen über das Vergabeverfahren. Zum Zeitpunkt des Beginns des Vergabeverfahrens müssten die Leistungspflichten gerade noch nicht im Einzelnen feststehen und es genüge, wenn erst am Ende des Verfahrens eine Vereinbarung geschlossen werde, die die zu erbringende Bauleistung hinreichend bestimme.[349]

Dieser Auffassung ist der Gerichtshof mit Nachdruck entgegengetreten: Die Erfüllung einer vertraglichen Bauerrichtungsverpflichtung müsse einklagbar sein, da die Verpflichtungen, die sich aus dem Auftrag ergeben, Rechtsverbindlichkeit erforderten.[350] Dieser Argumentation ist zu folgen, denn andere

---

347 *Keller*, Kooperativer Städtebau und Kartellvergaberecht, S. 137 f.; *Horn*, VergabeR 2008, 158, 166. A.A., allerdings ohne nähere Begründung, *Enderle / Rehs*, NVwZ 2009, 413, 415.

348 *Löhr*, in: Krautzberger / Battis / Löhr, BauGB, § 11, Rn. 11; *Lamm*, KommJur 2010, 161, 165; *Hertwig*, NZBau 2011, 9, 13.

349 OLG Düsseldorf, Beschl. v. 02.10.2008 – VII-Verg 25/08 „Wildeshausen“ = NZBau 2008, 727, 731, das insbesondere die Zulassung des Verhandlungsverfahrens nach vorheriger öffentlicher Bekanntmachung in Fällen, in denen der Leistungsgegenstand nicht eindeutig und erschöpfend beschrieben werden kann, sowie die Existenz des wettbewerblichen Dialogs als argumentative Grundlage heranzieht.

350 Vgl. EuGH, Urt. v. 25.03.2010 – C-451/08 „Helmut Müller“, Rn. 60, 62 (Slg 2010, I-2673). A.A. *GA Mengozzi*, Schlussanträge v. 17.11.2009 – C-451/08 „Helmut Müller“, Rn. 79 f. (Slg. 2010 I-2673), der die Frage der Umsetzung einer Durchsetzbarkeit

Sanktionsmechanismen, wie die Auflösung des Vertrags, die Vergabe an einen anderen Auftragnehmer und ein schlichter Schadensersatzanspruch der öffentlichen Verwaltung gegen den ersten Auftragnehmer, erfüllen das Kriterium der Durchsetzbarkeit des vertraglichen Anspruches nicht in gleicher Weise wie eine einklagbare Bauverpflichtung.

### 1. Gerichtlich durchsetzbare Bauverpflichtung

Offen bleibt aber auch nach der EuGH-Entscheidung, ob sich das Merkmal der Einklagbarkeit nur auf gerichtlich durchsetzbare Bauverpflichtungen bezieht oder es ausreicht, dass die Bauverpflichtung ggfs. über die Vereinbarung von vertraglichen Sanktionsmechanismen durchgesetzt werden kann. Überlegungen, nach denen „einklagbar" im untechnischen Sinne als „rechtlich bindend" zu verstehen sei, vermögen jedoch nicht zu überzeugen. Es wird hierzu vorgebracht, für eine einschränkende Auslegung des Begriffs „Einklagbarkeit" spreche die Tatsache, dass die englische Urteilsfassung den Begriff „legally enforceable" verwende. Dessen Bedeutung („rechtsverbindlich durchsetzbar") gehe über das deutsche Verständnis einer einklagbaren Primärpflicht hinaus. Vielmehr habe sich der EuGH nur im Hinblick auf den konkreten – in der deutschen Rechtsordnung wurzelnden – Fall geäußert, in dem allenfalls eine konkludente Leistungspflicht vereinbart worden war. Anhaltspunkte für eine Anpassungspflicht bestünden deswegen nicht. Eine „Einklagbarkeit" im Sinne des EuGH solle bereits dann vorliegen, wenn eine Leistungsverpflichtung verbindlich vereinbart worden sei und diese ggfs. über die Geltendmachung von Sanktionsmechanismen auch durchgesetzt werden könne.[351]

Dem ist entschieden entgegenzutreten. Die Wortbedeutung der „Einklagbarkeit" verlangt die gerichtliche Durchsetzung des Anspruchs der öffentlichen

der Realisierungsverpflichtung mit Hinweis auf fehlende Richtlinienvorgaben dem nationalen Recht überlassen will. So könnte etwa auch die Auflösung des Vertrags, die Vergabe an einen anderen Auftragnehmer und ein schlichter Schadensersatzanspruch der öffentlichen Verwaltung gegen den ersten Auftragnehmer vorgesehen werden. Ebenso *Keller*, Kooperativer Städtebau und Kartellvergaberecht, S. 109, 134, der in dortiger Fn. 390 die entsprechende Passage im Urteil „Helmut Müller" als „missverständlich" bezeichnet und eine kausale Verknüpfung von Leistung und Gegenleistung für ausreichend erachtet, die in den Fällen der Bauerrichtungsverpflichtung jedoch gegeben sei. Bereits vor der EuGH-Entscheidung im vorstehenden Sinne *Brambring / Vogt*, NJW 2008, 1855, 1856.

351 *GA Mengozzi*, Schlussanträge v. 17.11.2009 – C-451/08 „Helmut Müller", Rn. 79 f. (Slg. 2010 I-2673); *Keller*, Kooperativer Städtebau und Kartellvergaberecht, S. 109, 141 f.; *Jarass*, VergabeR 2010, 562, 565; vorsichtiger *Haak*, VergabeR 2011, 351, 357.

Hand auf die vereinbarte Bauleistung.[352] Nichts anderes kann sich aus dem Sinn und Zweck einer solchen Forderung ergeben, auch wenn der EuGH die konkrete Ausgestaltung letztlich aufgrund der Verfahrensautonomie der Mitgliedsstaaten dem nationalen Recht überlässt. Im Kern geht es darum, welche Folgen die nationale Rechtsordnung für die Nichterfüllung der vertraglich vereinbaren Bauverpflichtung vorsieht. Während aber die Einklagbarkeit – unabhängig von ihrer vertraglichen Absicherung[353] – letztendlich die tatsächliche Durchführung der gewünschten Leistung durch den im Vergabeverfahren ermittelten Vertragspartner garantiert, können Alternativmodelle nur solche Regelungen meinen, die eine einseitige Lösung des öffentlichen Auftraggebers vom Vertrag für den Fall vorsehen, dass der Auftragnehmer die Erbringung der vertraglich fixierten Leistung verweigert. Lehnt der Auftragnehmer aber beispielsweise die Leistungserbringung ab und ist für diesen Fall der Nichtleistung die Vertragsaufhebung[354] vorgesehen, könnte sich der Vertragspartner der öffentlichen Hand tatsächlich selbst von seiner Leistungsverpflichtung befreien. Dies würde jedoch das gesamte Vergabeverfahren, das mit der Entscheidung über das „Ob" der Leistungserbringung durch den öffentlichen Auftraggeber endet, ad absurdum führen. Die Anwendung des Vergaberechts erfordert ein Beschaffungsergebnis, das für die öffentliche Stelle realisiert werden wird. Aber nur die Voraussetzung der Einklagbarkeit bietet auch die Gewähr dafür, dass es bei dem mit dem Vertragsschluss durch das Vergabeverfahren ermittelten Ergebnis bleibt.[355] Dass zu Beginn des Vergabeverfahrens je nach Verfahrensart die Leistungspflichten noch nicht endgültig festgelegt sind, kann diesem Zweck nicht entgegenstehen.[356] Auch kann die Tatsache, dass andere Rechtsordnungen die Einklagbarkeit von Primärleistungspflichten nicht kennen, für sich genommen keine andere Auslegung rechtfertigen. Die Umsetzung der europarechtlichen

352 *Scharen*, ZWeR 2011, 422, 426.

353 Die Frage der gesetzlichen Regelung hinsichtlich der Folgen der Nichterfüllung ist scharf von der noch zu untersuchenden Frage nach der Rechtsqualität der vertraglichen Bauverpflichtung zu trennen. Zur Rechtsqualität der Bauverpflichtung vergleiche unten, § 6 C. III. und IV.

354 So etwa der Vorschlag von *Jarass*, VergabeR 2010, 562, 565.

355 So bereits vor der Entscheidung in der Rechtssache „Helmut Müller" *Vetter / Bergmann*, NVwZ 2008, 133, 136.

356 Vorauszusetzen ist jedoch, dass zu Beginn des Vergabeverfahrens eine bestimmbare Bauverpflichtung und spätestens zum Zeitpunkt des Vertragsschlusses eine konkretisierte – und damit auch einklagbare – Bauverpflichtung zum Zeitpunkt der Investorenauswahl und des Vertragsschlusses vorliegt.

Vorgaben in das nationale Recht muss immer richtlinienkonform erfolgen. Einem entsprechenden nationalen Defizit müsste dann mit einer entsprechenden Auslegung begegnet werden. Zudem würden durch eine solche Sichtweise die Grenzen zwischen der Einklagbarkeit einerseits und „indirekten Bauverpflichtungen" andererseits verwischt. Indirekte Bauverpflichtungen stellen – wie noch auszuführen sein wird[357] – bestimmte vertragliche Sanktionsinstrumente (nicht: Sanktionsmechanismen) dar, die den Vertragspartner zur Projektrealisierung veranlassen, ohne dass der Vertrag gleichzeitig zwingend eine konkrete Projektrealisierungsverpflichtung enthält. Jede indirekte Bauverpflichtung wäre demnach automatisch auch Grundlage für die rechtliche Durchsetzbarkeit.

### 2. Abgrenzung zur Obliegenheit

Dem Merkmal der Einklagbarkeit kommt vielmehr eine entscheidende Abgrenzungsfunktion zu. Der Gerichtshof will hiermit sicherstellen, dass solche Vertragsverpflichtungen, die den Charakter einer Obliegenheit[358] haben, erst gar nicht vom Anwendungsbereich des europäischen Vergaberechts erfasst werden. So ermöglicht § 12 Abs. 6 BauGB der Gemeinde, den Bebauungsplan im Falle der Nichtdurchführung einer Baumaßnahme innerhalb der vereinbarten Frist entschädigungslos aufzuheben.[359] Die Durchführungsvereinbarung ist allerdings nicht auf den Erhalt einer Bauleistung gerichtet, so dass auch kein Erfüllungsanspruch auf die Projektentwicklung besteht. Die Bebauung ist deshalb von der Gemeinde allein mit der Aufhebung des Bebauungsplanes nicht durchsetzbar[360], es sei denn, es wurde zusätzlich eine sogenannte indirekte Bauerrichtungspflicht, etwa eine Vertragsstrafe oder ein Rückfallrecht, vereinbart.[361] Daran ändert auch

---

357 Vgl. unten, § 6 C. IV.

358 Die Obliegenheit ist von der Rechtspflicht zu unterscheiden. Der Begriff Obliegenheit bezeichnet Verhaltensanforderungen von geringer Intensität. Zwar werden Obliegenheiten dem hiervon Belasteten im Interesse seines Vertragspartners auferlegt, doch kann deren Befolgung nicht erzwungen werden. Allerdings liegt die Befolgung im Interesse des Belasteten, da ansonsten Rechtsnachteile, wie etwa der Verlust einer vorteilhaften Rechtsposition drohen, *Walker*, in: Brox / Walker, BGB AT, Rn. 616.

359 Es kommen etwa die „Planungsschadensregelungen" der §§ 39 ff. BauGB nicht zur Anwendung, *Reidt*, BauR 2007, 1664, 1671.

360 OLG Schleswig, Beschl. v. 15.03.2013 – 1 Verg 4/12; vgl. hierzu *David*, DVBl. 2013, 804.

361 *Löhr*, in: Battis / Krautzberger / Löhr, BauGB, § 11, Rn. 24g; *Reidt*, BauR 2007, 1664, 1671. Näher hierzu unten, § 6 C. IV. Dagegen gehen *Vetter / Bergmann*, NVwZ 2008, 133, 136; *Keller*, Kooperativer Städtebau und Kartellvergaberecht, S. 134 f., *Amelung*

der Umstand einer möglicherweise erheblichen Entwertung des Grundstücks nichts.[362] Ebenso stellt die Aufnahme einer Vorhabenbeschreibung in die Präambel oder den Anhang des Grundstückskaufvertrags keine einklagbare Bauverpflichtung dar.[363]

Eine kartellvergaberechtliche Ausschreibungspflicht kann also nur bestehen, wenn eine gerichtlich durchsetzbare Bauverpflichtung vereinbart wurde. Der Gerichtshof bleibt aber – ebenso wie der Generalanwalt *Mengozzi* in seinen Schlussanträgen vom 17.11.2009 – Ausführungen zu der Frage nach der Rechtsqualität einer solchen Verpflichtung, die von der Frage nach der Notwendigkeit einer Bauverpflichtung zu trennen ist, schuldig. Hinsichtlich der Implementierung in das jeweilige Vertragswerk ist zu unterscheiden, ob die Bauverpflichtung den Auftragnehmer „direkt" oder „indirekt" trifft.

### *III. Direkte Bauverpflichtung*

Unter einer „direkten" Bauverpflichtung ist der klassische Fall einer dem Auftraggeber gegenüber eingegangen „bauvertraglichen Primärpflicht"[364] zu verstehen. Mit dem Vertragsschluss verpflichtet sich der Auftragnehmer, die Bauleistung zu erbringen, die den Gegenstand des öffentlichen Bauauftrags bildet. Ist der Auftragnehmer eine bauvertragliche Primärpflicht eingegangen, spielt es keine

---

/ *Dörn*, VergabeR 2007, 644, 647, *Ziekow*, DVBl. 2008, 137, 141 davon aus, dass in diesem Falle die kausale Verknüpfung von Leistung und Gegenleistung für die Annahme einer rechtlich durchsetzbaren Leistungspflicht ausreicht. Die Gemeinde übereigne ihr Grundstück nämlich nur, weil der Kooperationspartner eine Bauerrichtungsverpflichtung eingeht. Dies widerspricht aber der Erkenntnis, dass die versprochenen Leistungen rechtsverbindlich sein müssen. Wenn der Auftragnehmer die Gegenleistung einklagen kann, muss gleiches auch für die Leistung gelten. Zudem untermauern *Vetter / Bergmann* sowie *Keller* ihre Überlegungen mit dem Hinweis auf zusätzlich vereinbarte Rückfall- bzw. Wiederkaufsrechte. Eine solche Konstellation geht aber mit oben Gesagten über eine bloße Obliegenheit hinaus. Davon zu unterscheiden ist die Frage, ob etwa ein Wiederkaufsrecht oder ein Rückfallrecht eine taugliche indirekte Bauverpflichtung darstellt, die die Zweckerreichung der Gegenleistung sicherstellen kann.

362 Vgl. aber *Keller*, Kooperativer Städtebau und Kartellvergaberecht, S. 134.

363 Vgl. *Enderle / Rehs*, NVwZ 2009, 413, 415. So war etwa in dem der EuGH-Entscheidung „Stadt Roanne" zugrunde liegendem Sachverhalt die städtebauliche Aufwertung des Bahnhofsviertels in der Präambel des Vertrages als Vertragsziel vereinbart worden.

364 So die treffende Formulierung von *Kühling*, NVwZ 2010, 1257, 1259.

Rolle, ob der Auftragnehmer die Leistungen mit eigenen Mitteln erbringt oder sich der Hilfe von Subunternehmern bedient.[365]

### *IV. Indirekte Bauverpflichtung*

Darüber hinaus deutet der EuGH an, dass indirekt begründete Bauverpflichtungen den direkten Bauverpflichtungen gleichgestellt werden können. Auch wenn die Entscheidungsgründe konkretere Ausführungen zur indirekten Bauverpflichtung vermissen lassen, übernimmt der Gerichtshof die in der Vorlagefrage des OLG Düsseldorf enthaltene Differenzierung zwischen einer direkten und einer indirekten Bauverpflichtung in den diesbezüglichen Leitsatz.

Für die vergaberechtliche Relevanz indirekter Bauverpflichtungen spricht auch das europarechtliche Gebot der praktischen Wirksamkeit, nach dem Umgehungstatbestände zu verhindern sind. Denn andernfalls hinge es allein von der vertraglichen Ausgestaltung als direkter oder indirekter Bauverpflichtung ab, ob das Projekt auszuschreiben ist.[366] Das Vergaberecht würde aber seinen Zweck als Marktöffnungsrecht verlieren, wenn es durch geschickte Vertragskonstellationen umgangen werden könnte. Nachfolgend werden die Voraussetzungen für eine indirekte Bauverpflichtung konkretisiert (1.), bevor der Kreis vergaberechtlich relevanter indirekter Bauverpflichtungen umrissen wird (2.).

#### 1. Die indirekte Bauverpflichtung als Steuerungs- und Sanktionsinstrument

Der Wortsinn verlangt in Abgrenzung zur direkten Bauverpflichtung eine einklagbare Rechtsposition, die den Auftragnehmer zur Erbringung der Bauleistung veranlassen soll, ohne dass diese sich ausdrücklich auf die Erbringung der Bauleistung bezieht. Sie muss aber der Gemeinde als Steuerungsinstrument hinsichtlich der Bebauung dienen können.[367]

Ein wesentliches Anforderungsmerkmal einer Bauverpflichtung ist, dass sie den Auftragnehmer auch tatsächlich zur Erbringung der vereinbarten Bauleistung drängt.[368] Deswegen ist eine gewisse Erheblichkeitsschwelle einzufordern,

---

365 EuGH, Urt. v. 25.03.2010 – C-451/08 „Helmut Müller", Rn. 60 f. (Slg 2010, I-2673) unter Verweis auf seine frühere Rechtsprechung in den Urt. v. 12.07.2001 – C-399/98 „Mailänder Scala", Rn. 90 (Slg 2001, I-5409) und v. 18.01.2007 - C-220/05 „Stadt Roanne", Rn. 44 (Slg 2007, I-385).

366 *Kühling*, NVwZ 2010, 1257, 1259; *Hanke*, ZfBR 2010, 562, 563; *Keller*, Kooperativer Städtebau und Kartellvergaberecht, S. 141. A.A. *Gartz*, NZBau 2010, 293, 295.

367 *Hanke*, ZfBR 2010, 562, 563; *Hertwig*, VergabeR 2010, 554, 559.

368 Zu restriktiv ist die Auffassung, dass eine indirekte Bauverpflichtung nur dann anzunehmen sei, „wenn eine Klage gegen den Vertragspartner aus der jeweiligen

um die einklagbare Rechtsposition der Gemeinde als indirekte Bauverpflichtung einordnen zu können. Denn schon aus systematischen Gründen kann nicht jede indirekte Bauverpflichtung zu einer Ausschreibungspflicht führen, sondern nur eine solche, die in ihrer Wirkung mit einer direkten einklagbaren Bauverpflichtung vergleichbar ist. Diese Auffassung deckt sich auch mit der dogmatischen Herleitung der Bauverpflichtung durch den EuGH. Der Gerichtshof leitet das Tatbestandsmerkmal aus dem zugrunde liegenden Austauschverhältnis ab. Dieses impliziert eine Verpflichtung des Auftragnehmers, die vertragsgegenständliche Leistung für eine Gegenleistung des öffentlichen Auftraggebers zu erbringen. An einer solchen Verpflichtung fehlt es allerdings, wenn der Vertrag bei Nichterfüllung der Leistung ohne Schaden für den Wirtschaftsteilnehmer rückabgewickelt wird. Daraus ergibt sich, dass die Geltendmachung des Sekundäranspruchs durch die öffentliche Hand zu – spürbaren – Vermögenseinbußen[369] des Wirtschaftsteilnehmers führen muss.[370] Eine pauschale Größenordnung kann nicht vorgeben werden. Der wirtschaftliche Schaden hat sich aber an der Größe des jeweiligen Projekts zu orientieren.[371] Den von Generalanwalt *Mengozzi* ins Spiel gebrachten Folgen „Auflösung des Vertrages" sowie „Vergabe an einen anderen Auftragnehmern"[372] fehlt es jedoch ersichtlich an einem wirtschaftlichen Sanktionscharakter.

### 2. Der Kreis vergaberechtlich relevanter Verpflichtungen

Als Steuerungsinstrument der Gemeinde können grundsätzlich einklagbare Sekundäransprüche dienen: Also solche kommen etwa Rückkaufrechte, Rückauflassungsvormerkungen, Rückfallrechte, Dienstbarkeiten, Bürgschaften, Baulasten, Vertragsstrafen oder Rücktrittsrechte in Betracht. Dagegen zählt die Bedingung nicht hierzu. Ihr fehlt es schon an der Einklagbarkeit, da sie nur suspendiert, hingegen nicht zwingt.[373]

---

Rechtsposition heraus tatsächlich zum Bauen verpflichtet" (*Tomerius*, ZfBR 2012, 332, 335). So wird die Grenze zur direkten Bauverpflichtung eingerissen und der indirekten Bauverpflichtung der Anwendungsbereich abgeschnitten.

369 A. A. *Scharen*, ZWeR 2011, 422, 426, der einen mittelbaren Zwang über Vermögenseinbußen für nicht ausreichend erachtet.

370 Siehe *Hertwig*, VergabeR 2010, 554, 559.

371 Ein weiterer Indikator könnte etwa die Leistungsfähigkeit des Unternehmers sein.

372 *GA Mengozzi*, Schlussanträge v. 17.11.2009 – C-451/08 „Helmut Müller", Rn. 80 (Slg. 2010 I-2673).

373 *Hanke*, ZfBR 2010, 562, 563; ***Brambring / Vogt***, NJW 2008, 1855, 1856.

Regelmäßig werden Rücktrittsrechte für den Fall einer nicht fristgerechten bestimmungsgemäßen Bebauung und Nutzung vereinbart.[374] Ob die Vereinbarung den Auftragnehmer zur Erbringung der Bauleistung drängt, hängt von der konkreten Ausgestaltung der Rücktrittsregelung ab. Wenn die Nichtbebauung lediglich dazu führen kann, dass die Gemeinde vom Grundstückskaufvertrag zurücktritt und das Vertragsverhältnis rückabgewickelt wird, unterliegt der Grundstückskäufer keinem besonderen Zwang, die gewünschte Bebauung auch tatsächlich durchzuführen.[375] Weil lediglich der vorherige Zustand wiederhergestellt ist, wird die Erheblichkeitsschwelle nachvollziehbar nicht überschritten.

Etwas anderes muss gelten, wenn der Grundstückskäufer durch die Rückabwicklung des Vertrages einseitig belastet wird. Dies kann beispielsweise in einer unvollständigen Rückabwicklung liegen, bei der der Käufer nur einen Teil des Kaufpreises erstattet bekommt.[376] Einseitige Belastungen sind ebenso beim automatischen Rückfall oder bei der Ausübung eines Wiederkaufsrechts durch den öffentlichen Auftraggeber denkbar.[377] Auch die Vereinbarung einer an der Größe des Projekts angelehnten Vertragsstrafe[378] für den Fall der Nichtbebauung kann zu spürbaren finanziellen Einbußen und somit zum Überschreiten der Erheblichkeitsschwelle führen.[379] Dabei kommt einer Vertragsstrafe in Höhe von 5% des Projektwertes eine ausreichende Druckfunktion zu.[380] Auch die vertraglich vereinbarte Bereitstellung einer Bankbürgschaft zugunsten der Gemeinde kann als indirekte Bauverpflichtung eingeordnet werden, weil im Sicherungsfalle der

---

374 *Hertwig*, NZBau 2011, 9, 14.

375 Vgl. VK Darmstadt, Beschl. v. 05.03.2008 – 69 d-VK-06/2008 „Stadtallendorf" = NZBau 2008, 339, 341; *Reidt*, VergabeR 2008, 11, 12; *Gartz*, NZBau 2010, 293, 296; *Hertwig*, NZBau 2011, 9, 14; *Keller*, Kooperativer Städtebau und Kartellvergaberecht, S. 142.

376 *Hertwig*, NZBau 2011, 9, 14.

377 *Krautzberger*, in: Battis / Krautzberger / Löhr, BauGB, § 12, Rn. 18.

378 *Krautzberger*, in: Ernst / Zinkahn / Bielenberg / Krautzberger, BauGB, § 11, Rn. 176; § 12, Rn. 100.

379 *Reidt*, VergabeR 2008, 11 f., der richtigerweise hinsichtlich der Höhe der jeweiligen Vertragsstrafe eine Bagatellgrenze einfordert; So auch *Tomerius*, ZfBR 2012, 332, 335; *Kühling*, NVwZ 2010, 1257, 1259; *Hertwig*, VergabeR 2010, 554, 559. A.A. *Gartz*, NZBau 2010, 293, 296, der aber zugleich den Hinweis des EuGH zur „indirekten Bauverpflichtung" nicht näher thematisiert.

380 Vor dem Hintergrund der BGH-Rechtsprechung zur in Allgemeinen Geschäftsbedingungen vereinbarten Vertragsstrafe wegen Nichterfüllung sollte dies auch gleichzeitig die Obergrenze darstellen. Vgl. BGH, Urt. v. 23. Januar 2003 – VII ZR 210/01, Tz. 58 nach juris.

Anspruch der Gemeinde gegenüber dem Investor gemäß § 774 Abs. 1 Satz 1 BGB auf die Bank übergeht.

Schließlich ist ebenso die Eintragung einer Baulast[381] ein geeignetes Sanktionsmittel. Mit der Eintragung einer Baulast, verpflichtet sich der Grundstückseigentümer, grundstücksbezogene Maßnahmen vorzunehmen, zu unterlassen oder zu dulden. Die Baulast stellt eine öffentlich-rechtliche Verpflichtung dar, deren Durchsetzung[382] lediglich der zuständigen Bauaufsichtsbehörde obliegt.[383] Soweit diese Teil derjenigen Gebietskörperschaft ist, die auch den öffentlichen Auftrag vergibt, kann durch die Eintragung einer Baulast in das Baulastenverzeichnis die Bebauung gesteuert werden, so dass eine der direkten Bauverpflichtung vergleichbare Wirkung eintritt. Fallen dagegen öffentlicher Auftraggeber und zuständige Bauaufsichtsbehörde auseinander, entfällt diese Steuerungsmöglichkeit des Auftraggebers.

Indirekte Bauverpflichtungen sind demnach grundsätzlich geeignet, die Anforderungen des Gerichtshofs an das ungeschriebene Tatbestandsmerkmal der einklagbaren Bauverpflichtungen zu erfüllen. Die Gleichstellung der indirekten mit der direkten Bauverpflichtung erfordert jedoch das Überschreiten einer gewissen – am Einzelfall orientierten – Erheblichkeitsschwelle.[384]

### *V. Geltung für alle Tatbestandsalternativen*

Weil der Gerichtshof im Rahmen des Vorabentscheidungsverfahrens explizit den Oberbegriff „öffentlicher Bauauftrag“ auslegt, werden von der ungeschriebenen Tatbestandsvoraussetzung „einklagbare Bauverpflichtung“ alle Alternativen der Erbringung einer Bauleistung erfasst, so dass sie sich nicht als ein Unterfall einer oder mehrerer Tatbestandsalternativen darstellt.[385] Vor dem Hintergrund,

---

381 Vgl. etwa die landesrechtlichen Regelungen in § 83 BauO NRW oder § 75 HBO. Dagegen kennen Bayern und Brandenburg dieses Rechtsinstitut nicht. Vgl. *Wenzel*, in: Gädtke / Czepuck / Johlen / Plietz / Wenzel, BauO NRW, § 83, Rn. 3.

382 Auf Grundlage von § 61 BauO NRW bzw. vergleichbarer landesrechtlicher Regelung.

383 Vgl. *Wenzel*, in: Gädtke / Czepuck / Johlen / Plietz / Wenzel, BauO NRW, § 83, Rn. 51.

384 Bei Investorenprojekten, die für den Investor mit dem Kauf eines kommunalen Grundstücks verbunden sind, wird oftmals auch der hohe Kaufpreis dazu führen, dass das gewünschte Projekt schnellstmöglich realisiert wird, *Keller*, Kooperativer Städtebau und Kartellvergaberecht, S. 140.

385 Vgl. auch *Keller*, Kooperativer Städtebau und Kartellvergaberecht, S. 109, 135. Bereits vor dem EuGH-Urteil *Löhr*, in: Battis / Krautzberger / Löhr, BauGB, 11. Auflage 2009, § 11, Rn. 24e.

dass der EuGH in den Tatbestand des öffentlichen Bauauftrags eine einklagbare Bauverpflichtung als ungeschriebenes Tatbestandsmerkmal hineinliest, muss dies bei funktionaler Betrachtung insbesondere auch unabhängig davon gelten, ob der Auftragnehmer selbst oder in dessen Auftrag ein Dritter die Immobilie errichtet.[386] Der EuGH führt in diesem Zusammenhang wörtlich aus:

> *„Mit dem Vertragsschluss im Rahmen des öffentlichen Bauauftrags verpflichtet sich der Auftragnehmer somit, die Bauleistungen, die dessen Gegenstand bilden, durchzuführen oder durchführen zu lassen. Es spielt keine Rolle, ob der Auftragnehmer die Leistungen mit eigenen Mitteln oder unter Inanspruchnahme von Subunternehmern erbringt.“*[387]

Die letzteren Fällen zugrunde liegenden Vertragsgestaltungen zwischen dem öffentlichen Auftraggeber und dem Wirtschaftsteilnehmer enthalten regelmäßig keine unmittelbare Bauverpflichtung, sondern vielmehr anderweitige Vertragsklauseln, aus denen hervorgeht, dass das später zu beziehende Gebäude zunächst noch errichtet werden muss und den Vertragspartner der öffentlichen Hand eine Realisierungsverpflichtung trifft.[388] Die unmittelbare Bauverpflichtung bürdet der Auftragnehmer aber tatsächlich einem Dritten auf. Um jedoch die praktische Wirksamkeit des Öffentlichen Auftragsrechts abzusichern und keine Umgehungstatbestände zu schaffen, muss die vertragliche Bindung mit einem Dritten, mit der sich der Auftragnehmer die benötigte Bauleistung verschafft, ebenso als Bauverpflichtung eingeordnet werden.[389]

## D. Zusammenfassung

Bereits auf der Leistungsseite des Bauauftragsbegriffs werden bei der Prüfung der kartellvergaberechtlichen Relevanz kommunaler Investorenprojekte wichtige Weichenstellungen getroffen. Eine Ausschreibungspflicht kommt für Projekte, bei denen der Investor nicht direkt Bauleistungen für den öffentlichen Auftraggeber erbringt, nur dann in Betracht, wenn die Kommune „Erfordernisse

---

386 A.A. noch OLG Düsseldorf, Beschl. v. 12.12.2007 - VI-Verg 30/07 „Wuppertal-Vohwinkel“ = NZBau 2008, 138, 140; dem zustimmend *Diemon-Wies / Kapellhoff*, KommJur 2008, 361, 364.

387 EuGH, Urt. v. 25.03.2010 - C-451/08 „Helmut Müller“, Rn. 60 f., unter Verweis auf seine frühere Rechtsprechung in den Urt. v. 12.07.2001 - C-399/98 „Mailänder Scala“ , Rn. 90 (Slg 2001, I-5409) sowie v. 18.01.2007 - C-220/05 „Stadt Roanne“, Rn. 44 (Slg 2007, I-385).

388 Vgl. *Jenn*, ZfIR 2010, 405, 408.

389 Hierfür mit Blick auf die Implementierung einer Vertragsstrafe im Verhältnis Auftraggeber und Auftragnehmer zu Recht *Kühling*, NVwZ 2010, 1257, 1259; *Hertwig*, VergabeR 2010, 554, 559.

nennt". Dies verlangt jedoch das Bestehen einer Definitionsmacht über die Art oder die Gestaltung des Bauwerks. Eine solche fehlt bei der „bloßen Ausübung städtebaulicher Regelungszuständigkeiten". Diese Negativabgrenzung erfasst jedoch all diejenigen Handlungsinstrumentarien nicht, die eine einzelvertragliche Einflussnahme der Gemeinde auf das Bauvorhaben zulassen. Der vom Gerichtshof geforderte entscheidende Einfluss ist zumindest bei Vorgaben anzunehmen, deren Rückbau einen erheblichen Aufwand erfordern.

Zudem grenzt das ungeschriebene Tatbestandsmerkmal der einklagbaren Bauverpflichtung die Reichweite des Bauauftragsbegriffs ein. Fehlt es an der Übernahme einer solchen vertraglichen Bauverpflichtung, mit der das „Ob" der Bebauung abgesichert wird, besteht keine kartellvergaberechtliche Ausschreibungspflicht. Das Erfordernis der „Einklagbarkeit" schließt Obliegenheiten vom Anwendungsbereich des Vergaberechtsregimes aus. Eine partielle Ausweitung seiner Reichweite hat der Bauauftragsbegriff dagegen durch die Aufnahme des Merkmals „indirekte Bauverpflichtung" erfahren. Die Nichtbefolgung der so „konstruierten" Bauerrichtungspflicht muss jedoch zu spürbaren finanziellen Folgen beim Vertragspartner führen, um eine der direkten Bauverpflichtung vergleichbaren Wirkung annehmen zu können.

## § 7 Eingrenzung des Leistungselements – Der Beschaffungsbezug

### A. Allgemeines

Kommunale Investorenprojekte rückten auch deshalb erst mit der Ahlhorn-Entscheidung des OLG Düsseldorf in den Fokus der vergaberechtlich interessierten Öffentlichkeit, weil am Ende des kooperativen Planungsprozesses nicht selten ein privater Bauherr im eigenen Namen und auf eigene Rechnung eine Immobilie errichtet und betreibt.[390] Darin mag zwar im Einzelfall die Vereinbarung einer einklagbaren Bauleistung liegen, mit staatlichem Einkauf und demzufolge mit einer Beschaffung durch die öffentliche Hand hat dies jedoch auf den ersten Blick nichts zu tun.[391] Aber gerade das Beschaffungsmerkmal wurde bis dahin in Deutschland nahezu einhellig in Rechtsprechung und Literatur als zentrale

---

390 Siehe zur dritten Tatbestandsalternative des Art. 1 Abs. 2 lit. b) VKR, § 99 Abs. 3 GWB „Erbringung von Bauleistungen nach den Erfordernissen des öffentlichen Auftraggebers" oben, § 6 B. III.

391 Vgl. *Keller*, Kooperativer Städtebau und Kartellvergaberecht, S. 22, 57. Zwar können ebenso Bauvorhaben Gegenstand einer Kooperation mit Privaten sein, die einer Nutzung durch die Gemeinde dienen, z.B. Verwaltungsgebäude, Schulen,

Voraussetzung für die Bestimmung der Reichweite des Anwendungsbereichs des Vergaberechts aufgefasst.[392]

Erst die Ahlhorn-Entscheidung hat dieses Dogma unter Berufung auf die EuGH-Entscheidungen „Mailänder Scala"[393] und „Stadt Roanne"[394] in Frage gestellt, gar mittelbare Interessen am Vertragsgegenstand für ausreichend erachtet und somit weite Teile des – ehemals rein hoheitlich geprägten, um etliche Privatisierungselemente ergänzten – Städtebaurechts dem Vergaberechtsregime unterstellt.[395] Damit war die Grenzlinie zwischen ausschreibungspflichtigen öffentlichen Bauaufträgen und rein privatnützigen Bauvorhaben deutlich verschoben worden. Dies ist dem Wortlaut des insoweit maßgeblichen Bauauftragsbegriffs aus Art. 1 Abs. 2 lit. b) VKR nicht direkt zu entnehmen. Führt aber eine Auslegung der maßgeblichen Vorschriften der VKR zu demselben Ergebnis, bedeutet das – auch über die Behandlung kommunaler Investorenprojekte hinaus – zwangsläufig, dass das Vergaberecht nicht mehr nur „das besondere Recht des staatlichen Einkaufs", sondern vielmehr einen „übergreifenden Rechtsrahmen der Strukturierung von Wettbewerbsverhältnissen" darstellen würde.[396]

In der Folge wurde in der Diskussion um die Notwendigkeit des Beschaffungsbezugs eines öffentlichen Auftrags ein breites Meinungsspektrum vertreten. Dieses reichte von einer völligen Loslösung des Beschaffungsbezugs vom öffentlichen Auftragswesen über ein erweitertes Verständnis des Beschaffungsbezugs bis hin zum Festhalten an der Forderung nach einer gegenständlichen Beschaffungstätigkeit.

Der EuGH hat mit der Entscheidung „Helmut Müller" durch Präzisierung seiner bisherigen Rechtsprechung zum Bauauftragsbegriff des Art. 1 Abs. 2 lit. b) VKR das ungeschriebene Tatbestandsmerkmal des „unmittelbaren wirtschaftlichen Interesses" entwickelt und somit den Beschaffungscharakter des

---

Sporthallen etc. Diese unterfielen aber schon vor der Ahlhorn-Rechtsprechung unstreitig dem Vergaberecht (s. dortige Fn. 128).

392 Vgl. statt vieler: BayObLG, Urt. v. 19.10.2000, NZBau 2002, 108; *Dietlein*, NZBau 2004, 472.

393 EuGH, Urt. v. 12.07.2001 – C-399/98 = Slg 2001, I-5409.

394 EuGH, Urt. v. 18.01.2007 – C-220/05 = Slg 2007, I-385.

395 OLG Düsseldorf, Beschl. v. 13.06.2007 – VII-Verg 2/07 = NZBau 2007, 530. Auch in anderen Rechtsbereichen, denen wettbewerbliche Strukturen implementiert wurden, wird eine Überlagerung mit kartellvergaberechtlichen Ausschreibungsregeln diskutiert. Vgl. zu Arzneimittel-Rabatt- und Hilfsmittelverträgen *Burgi*, NZBau 2008, 480.

396 So *Burgi*, NVwZ 2008, 929, 931.

öffentlichen Auftragswesens einmal mehr herausgestellt. Die Frage, wo die Grenzlinie der Ausschreibungspflicht nun verläuft, beantwortet der Gerichtshof dagegen nur rudimentär. An dieser Stelle setzt die vorliegende Untersuchung an. Der Begriff des unmittelbaren wirtschaftlichen Interesses ist zwar das Produkt der Auslegung der VKR, bedarf demzufolge aber seinerseits der Auslegung bzw. der Konkretisierung. Zudem bedarf die auch im Rahmen der Ausführungen zum Beschaffungsbedarf entwickelte Negativabgrenzung „bloße Ausübung städtebaulicher Regelungszuständigkeiten" einer weiteren Präzisierung. Um eine belastbare Auslegung der Rechtsprechung zu entwickeln, muss zunächst die „Entwicklungsgeschichte" des Beschaffungsbegriffs dargestellt werden (unter B.). Da das EuGH-Urteil in der Tradition der bisherigen Rechtsprechung zu kommunalen Investorenprojekten steht[397], sind die dort getroffenen Festlegungen auch heute noch gültig und bilden somit das Fundament der Auslegung des ungeschriebenen Tatbestandsmerkmals „unmittelbares wirtschaftliches Interesse". An die hierdurch gewonnenen Ergebnisse schließt sich eine ausführliche Analyse der Vorgaben des EuGH sowie eine Konkretisierung des Begriffs „unmittelbares wirtschaftliches Interesse" an (unter C.).

## B. Rechtsentwicklung

### *I. Ursprüngliches Verständnis vom Vergaberecht als besonderes Einkaufsrecht des Staates*

In der Tradition der Verankerung des Öffentlichen Auftragswesens im Haushaltsrecht hat sich in Deutschland auch nach der Implementierung der europarechtlichen Vorgaben in das GWB-Wettbewerbsrecht lange die Auffassung gehalten, die Bedarfsdeckung der öffentlichen Hand sei die zentrale Voraussetzung für die Anwendbarkeit des Vergaberechtsregimes. Denn das Vergaberecht stelle die Gesamtheit der Regelungen für den Einkauf des Staates und staatsnaher Rechtsträger zur Erfüllung der Aufgaben des jeweiligen Rechtsträgers dar.[398] So hat etwa das BayObLG im Zusammenhang mit der Herstellung einer städtischen Tiefgarage die Notwendigkeit einer eigenen physischen Beschaffung durch den öffentlichen Auftraggeber hervorgehoben.[399] Auch der BGH ging davon aus, dass der Zweck des Vergaberechts darin bestehe, die Vergabe des im Verantwortungsbereich des öffentlichen Auftraggebers auftretenden eigenen Beschaffungsbedarfs

397 Vgl. hierzu oben, § 1 A.

398 *Rudolf*, in: Byok / Jaeger, Vergaberecht, 2. Aufl. 2005, Einf., Rn. 1 unter Verweis auf *Pietzcker*, Staatsauftrag, S. 1; *Boesen*, Vergaberecht, Einl., Rn. 1.

399 BayObLG, Urt. v. 19.10.2000 – Verg 9/00 „Parkgarage" = NZBau 2002, 108.

zu erfassen und zu regeln.[400] Demzufolge wurde der Tatbestand des öffentlichen Auftrags um das ungeschriebene Merkmal der Beschaffung ergänzt und somit eine deutliche Grenzlinie für die Ausschreibungspflicht gezogen.

### *II. Die bisherige Position des EuGH*

Der Gerichtshof hat bereits im Jahre 2001 in seiner Entscheidung „Mailänder Scala" zum italienischen Städtebaurecht erste Grenzlinien hinsichtlich einer Ausschreibungspflicht eingezogen und damit die fachwissenschaftliche Debatte um die Ausschreibungspflicht kommunaler Investorenprojekte eröffnet.[401] Die Argumentation der Düsseldorfer Richter zum Erfordernis und der Reichweite des Beschaffungszwecks gründet insbesondere auf den EuGH-Entscheidungen „Donauwald"[402] sowie „Stadt Roanne"[403].[404] Die Entscheidungen sind zunächst einzeln zu betrachten. Erst dann kann festgestellt werden, inwieweit das OLG Düsseldorf diese Grenzlinien berücksichtigt und durch diesen Beschluss ein neues Verständnis hinsichtlich der Beurteilung des Beschaffungszwecks begründet hat. Nicht zuletzt bilden die Entscheidungen „Mailänder Scala", „Donauwald" und „Stadt Roanne" die Basis für die Konkretisierung der im Urteil „Helmut Müller" angelegten Einschränkung des Bauauftragsbegriffes.

#### 1. Entscheidung „Mailänder Scala"

Das Verfahren betraf das verschiedene Maßnahmen umfassende Bauprojekt „Scala 2001". Ein Teil dessen war die städtebauliche Aufwertung eines alten Mailänder Industriegrundstücks, des sog. „Bicocca-Viertels", welches im Eigentum von Pirelli und anderen Privatunternehmen stand. Pirelli versprach gegenüber der Stadt Mailand, sowohl das Teatro alla Scala zu sanieren, ein vorhandenes städtisches Gebäude umzubauen, als auch im Bicocca-Viertel den äußeren Baukörper eines weiteren Theaters, des Teatro alla Bicocca, zu errichten.[405] Der zwischen der Stadt Mailand und dem Unternehmen Pirelli als Grundstückseigentümer geschlossene öffentlich-rechtliche Vertrag sah die kostenlose Herstellung

---

400 BGH, Urt. v. 01.02.2005 – X ZB 27/04 „Altpapier" = NZBau 2005, 290, 292; so auch schon OLG Düsseldorf, Beschl. v. 28.04.2004 – VII-Verg 2/04 „DSD AG" = NZBau 2004, 400, 401.

401 EuGH, Urt. v. 12.07.2001 – C-399/98 = Slg 2001, I-5409.

402 EuGH, Urt. v. 18.11.2004 – C-126/03 = Slg 2004, I-11197.

403 EuGH, Urt. v. 18.01.2007 – C-220/05 = Slg 2007, I-385.

404 Vgl. OLG Düsseldorf, Beschl. v. 13.06.2007 – VII-Verg 2/07 „Ahlhorn" = NZBau 2007, 530.

405 EuGH, Urt. v. 12.07.2001 – C-399/98 „Mailänder Scala", Rn. 29 ff. (Slg 2001, I-5409).

einer öffentlichen kommunalen Erschließungsanlage (äußerer Baukörper des Teatro alla Bicocca[406]) durch ein drittes Bauunternehmen und die anschließende Übereignung des Grundstücks vor. Im Gegenzug für die Erstellung dieser Erschließungsanlage sollte der private Vorhabenträger Pirelli die Kosten von für das Gesamtprojekt geschuldeten Erschließungsbeiträgen abziehen können.[407]

Der Gerichtshof stufte das Bauvorhaben als öffentlichen Bauauftrag ein, da es nach den funktionellen Eigenschaften über bloße Einzelwohnstätten hinausgehende Erschließungszwecke zu erfüllen hätte. Insbesondere sichere der zwischen dem Bauherrn und der Gemeinde geschlossene Vertrag,

> *„die rechtliche Befugnis der Gemeinde, die Verfügbarkeit der darin bezeichneten Anlagen im Interesse ihrer öffentlichen Zweckbestimmung sicherzustellen.“*[408]

In der wissenschaftlichen Nachbetrachtung dieser EuGH-Entscheidung wurde weniger die Leistung des Unternehmers als die Gegenleistung der Gemeinde in den Blick genommen. Dies war der Tatsache geschuldet, dass der Beschaffungszweck für die Entscheidung letztlich nicht virulent war, da die Erschließungsanlagen ohnehin an die Gemeinde übertragen werden sollten und somit unzweifelhaft eine Beschaffungstätigkeit vorlag. Zugleich enthält das Urteil aber Hinweise darauf, dass sich der durch eine Gemeinde bei der Vergabe öffentlicher Aufträge verfolgte Beschaffungszweck nicht notwendigerweise in der Erlangung von Eigentum oder Besitz physisch manifestieren muss. Diese Erkenntnis ergibt sich aus der Feststellung des Gerichtshofes, dass der Vertrag die rechtliche Befugnis der Gemeinde sichere, die Verfügbarkeit der in Auftrag gegebenen Anlagen im Interesse ihrer öffentlichen Zweckbestimmung sicherzustellen.[409] Denn letztlich beschafft die Stadt Mailand auf diesem Wege für alle örtlichen Nutzer verfügbare Erschließungsanlagen, ohne dass sie selbst Eigentümerin wird.

### 2. Entscheidung „Donauwald“

Der Entscheidung „Donauwald“ lag der Sachverhalt zugrunde, dass die Stadt München 1997 als Betreiberin des Heizkraftwerkes München-Nord einen Vertrag mit einem privaten Entsorgungsunternehmen schloss, in dem sie sich verpflichtete, den Transport der Abfälle von den Übergabestellen zu ihrem

---

406 Der äußere Baukörper eines Theaters kann nach italienischem Recht eine sekundäre Erschließungsanlage darstellen.

407 EuGH, Urt. v. 12.07.2001 – C-399/98 „Mailänder Scala“, Rn. 32 (Slg 2001, I-5409).

408 EuGH, Urt. v. 12.07.2001 – C-399/98 „Mailänder Scala“, Rn. 71 (Slg 2001, I-5409).

409 Im Ergebnis so auch OLG Düsseldorf, Beschl. v. 12.12.2007 – VII-Verg 30/07 „Wuppertal-Vohwinkel“ = NZBau 2008, 138, 140; *Burgi*, NVwZ 2008, 929, 933.

Kraftwerk auf das Unternehmen zu übertragen. Dieser Vertrag war an die Bedingung geknüpft, dass die Stadt München in einem Ausschreibungsverfahren der Abfallwirtschaftsgesellschaft Donau-Wald mbH den Zuschlag für den Auftrag zur Entsorgung der Abfälle im Gebiet Donauwald erhält.[410] Die Stadt München gewann diesen Auftrag, der eine bessere Auslastung des Heizkraftwerkes garantieren sollte, und übertrug gemäß der Vereinbarung die Transportleistungen. Dies geschah jedoch ohne diese Leistungen selbst europaweit auszuschreiben, obwohl der Wert der betroffenen Transportdienstleistungen den Schwellenwert bei Weitem überstieg.[411]

Der EuGH sah in dem Vertragsverhältnis einen ausschreibungspflichtigen Dienstleistungsvertrag.[412] Zunächst sei die Stadt München bezüglich der Vergabe von Teilleistungen an einen Nachunternehmer als öffentliche Auftraggeberin einzuordnen, auch wenn sie hier selbst als Anbieterin auf dem Markt tätig werde und der betreffende Auftrag in diesem Rahmen die Vergabe eines Teils der Tätigkeiten an einen Subunternehmer darstelle. Für die Auftraggebereigenschaft sei es nach ständiger Rechtsprechung des Gerichtshofes unerheblich, worauf sich der Auftrag beziehe. Wörtlich heißt es, dass

> *„[...]Artikel 1 Buchstabe a dieser Richtlinie [Anm. d. Verf.: Vorgänger-Richtlinie BKR] nicht zwischen jenen Aufträgen unterscheidet, die ein öffentlicher Auftraggeber vergibt, um seine im Allgemeininteresse liegenden Aufgaben zu erfüllen, und jenen Aufträgen, die in keinem Zusammenhang mit derartigen Aufgaben stehen.“*[413]

Der Grund für das Fehlen einer solchen Unterscheidung liege darin, dass die Gefahr einer Bevorzugung einheimischer Bieter oder Bewerber bei der Auftragsvergabe durch öffentliche Auftraggeber verhindert werden solle.[414] Die

---

410 EuGH, Urt. v. 18.11.2004 – C-126/03 „Donauwald“, Rn. 6 (Slg 2004, I-11197).

411 EuGH, Urt. v. 18.11.2004 – C-126/03 „Donauwald“, Rn. 7 (Slg 2004, I-11197).

412 EuGH, Urt. v. 18.11.2004 – C-126/03 „Donauwald“, Rn. 15 (Slg 2004, I-11197).

413 EuGH, Urt. v. 18.11.2004 – C-126/03 „Donauwald“, Rn. 18 (Slg 2004, I-11197) unter Verweis auf seine frühere Rechtsprechung EuGH, Urt. v. 15.01.1998 – C-44/96 „Mannesmann Anlagenbau“, Rn. 32 (Slg 1998, I-73). So bereits *GA Geelhoed*, Schlussanträge v. 14.06.2004 – C-126/03 „Donauwald“, Rn. 26 (Slg 2004, I-11197), der feststellt, der Auftragsgegenstand könne „sich vielmehr auch auf die Tätigkeiten beziehen, die keinen öffentlichen Charakter haben.“ Vgl. hierzu noch ähnliche Formulierung in EuGH, Urt. v. 11.01.2005 – C-26/03 „Stadt Halle“, Rn. 26 (Slg 2005, I-1).

414 Im Übrigen sei auch die Verwendung öffentlicher Mittel kein konstitutives Element eines öffentlichen Auftrags im Sinne der Richtlinie, EuGH, Urt. v. 18.11.2004 – C-126/03 „Donauwald“, Rn. 18, 20 (Slg 2004, I-11197). So auch *GA Geelhoed*,

Entscheidung vermag zu überzeugen. Zwar gehörte der Abtransport von Abfällen aus dem Entsorgungsgebiet Donauwald nicht zu den zugewiesenen Pflichtaufgaben oder den Selbstverwaltungsangelegenheiten der Stadt München. Dennoch wurde ihr durch den Abschluss des Entsorgungsvertrages ebendiese Aufgabe der Gemeinde Donauwald übertragen. Alle Leistungen, die die Stadt München im Rahmen ihrer Verpflichtung zur Aufgabenerledigung benötigt, gehören somit zu ihrem eigenen Beschaffungsbedarf.[415]

Obwohl also im konkreten Fall durch den „Einkauf" von Transportdienstleistungen unzweifelhaft ein Beschaffungsbezug gegeben war, wird aus diesem Urteil zuweilen eine völlige Loslösung des Auftragsbegriffs von irgendeinem Beschaffungszweck abgeleitet. Dies würde bedeuten, dass die öffentliche Hand selbst solche Aufträge vergaberechtlich auszuschreiben hätte, die nicht Gegenstand der eigenen Aufgabenerfüllung sind, sondern lediglich im Interesse eines beliebigen Dritten stehen.

*Keller* interpretiert das Urteil in der Weise, dass es allein auf die „formale Eigenschaft als öffentlicher Auftraggeber" ankomme, um jeden von dieser öffentlichen Stelle vergebenen Auftrag zu einem öffentlichen Auftrag im Sinne des GWB zu machen. Aus der Feststellung, öffentliche Auftraggeber stünden immer in der Gefahr, aus „anderen als wirtschaftlichen Erwägungen zu handeln", unabhängig davon, welche Zwecke sie mit dem Auftrag verfolgten, folgert er sogar eine Irrelevanz eines jeden hinter der Auftragsvergabe stehenden Zweckes.[416]

Ein sehr weitgehendes Verständnis des Gerichtshofs vom Beschaffungszweck, aber auch die Irrelevanz desselben, kann nach dem EuGH-Urteil in der Rechtssache „Donauwald" zumindest nicht völlig ausgeschlossen werden. Der Wortlaut des Urteils lässt ebenso die Interpretation zu, dass auch solche Aufträge ausschreibungspflichtig sind, die keinen Beschaffungszweck der öffentlichen Stelle erfüllen, da auch diese in keinem Zusammenhang mit der Erfüllung von im Allgemeininteresse liegenden Aufgaben der öffentliche Stelle stehen.

---

Schlussanträge v. 14.06.2004 – C-126/03 „Donauwald", Rn. 30 (Slg 2004, I-11197). Anders noch OLG Düsseldorf, Urt. v. 28.04.2004 – VII-Verg 2/04 „DSD AG" = NZBau 2004, 400, 401, das auf Basis eines „funktionalen Verständnisses" davon ausging, dass die Finanzierung aus Haushaltsmitteln ein konstituierendes Merkmal des Auftragsbegriffs sei.

415 Vgl. *Keller*, Kooperativer Städtebau und Kartellvergaberecht, S. 73 f., der zurecht feststellt: „Die Notwendigkeit der Subunternehmerbeauftragung resultierte aus einer eigenen Verpflichtung der Stadt München, diesen Vertrag zu erfüllen."

416 *Keller*, ebenda.

Jedoch löst sich diese isolierte Sichtweise zu sehr von dem zu entscheidenden Fall. Die vom Gerichtshof vorgenommene Auslegung des Regelungsgehalts des Artikel 1 Buchstabe a der Richtlinie 92/50 ist vielmehr im Zusammenhang mit dem vorhergehenden Absatz[417] zu sehen, der auf die verschiedenen Arten der Aufgabenerfüllung durch die Stadt München abstellt, nämlich solchen zur Erfüllung von im Allgemeininteresse stehenden Aufgaben und jenen zur Erfüllung anderer (z.B. kommerzieller) Zwecke. Diese Feststellungen betreffen aber die darüber liegende Ebene der Aufgabenerfüllung.

Der EuGH unterscheidet jedoch gerade nicht zwischen solchen Aufträgen, die der Erfüllung einer im Allgemeininteresse stehenden Aufgabe dienen und solchen, die dies nicht tun.[418] Die Primäraufgabe ist hier die Erfüllung der gegenüber der Gemeinde Donauwald eingegangen Verpflichtungen. Der einen eigenen Bedarf deckende „Einkauf" der Transportdienstleistungen ist – vergaberechtlich – davon unabhängig zu betrachten. Dies versteht sich vor dem Hintergrund der Ziele des Vergaberechts, die Beschränkungen der Grundfreiheiten zu beseitigen und einen echten Wettbewerb zu fördern, auch von selbst. Denn das maßgebliche Interesse desjenigen Privaten, der sich um den zu vergebenden Auftrag bemüht, wird sich nicht danach richten, was die öffentliche Hand mit der nachgefragten Leistung später anfangen möchte.[419]

Grundsätzlich kann der Beschaffungszweck also der Erfüllung aller staatlichen Aufgaben dienen, auch solchen, die keinen Bezug zu den im Allgemeininteresse stehenden Aufgaben haben. Dass darüber hinaus auch Aufträge ohne jeglichen Beschaffungszweck ausschreibungspflichtig sind, kann diesem Urteil dagegen nicht entnommen werden.[420] Denn vom Richtlinienzweck ist nicht

---

417 EuGH, Urt. v. 18.11.2004 – C-126/03 „Donauwald", Rn. 17 (Slg 2004, I-11197).

418 Die Abkopplung von Beschaffung und Aufgabenerfüllung wird sehr anschaulich bei *Ziekow*, DVBl. 2008, 137, 139 dargestellt: *„Betrachtet man das öffentliche Beschaffungswesen strukturell, so wirkt es subsidiarisch: Der – sekundäre – Beschaffungsakt soll dem Auftraggeber die Mittel dafür verschaffen, eine – primäre – Aufgabe zu erfüllen. Eine Beschaffung ohne diese subsidiarische Beziehung zu einer Primäraufgabe gibt es im Bereich des öffentlichen Auftragswesens nicht. Welcher Gestalt die Primäraufgabe ist, ist allerdings unerheblich."*; vgl. auch *Burgi*, NVwZ 2008, 929, 931.

419 Siehe auch *GA Mengozzi*, Schlussanträge v. 17.11.2009 – C-451/08 „Helmut Müller", Rn. 34 (Slg. 2010 I-2673).

420 Im Ergebnis so auch *Ziekow*, DVBl. 2008, 137, 140; *Vetter / Bergmann*, NVwZ 2008, 133, 135; *Rosenkötter / Fritz*, NZBau 2007, 559, 560; *Krohn*, ZfBR 2008, 27 ff.; *Pietzcker*, NZBau 2008, 293, 294; *Schotten*, NZBau 2008, 741, 743; *Burgi*, NVwZ 2008, 929, 931; a.A. *Amelung / Dörn*, VergabeR 2007, 644, 648; *Keller*, Kooperativer Städtebau und Kartellvergaberecht, S. 74.

irgendeine Beschaffungstätigkeit erfasst, sondern immer nur eine solche durch öffentliche Stellen, die mit der Auftragsvergabe zumindest auch einen eigenen Bedarf und nicht bloß den eines Dritten decken. Dass der öffentliche Auftraggeber den Auftrag erteilt, kann jedenfalls nicht für die Anwendbarkeit des Vergaberegimes genügen.

### 3. Entscheidung „Stadt Roanne"

Die französische Stadt Roanne hatte eine gemischtwirtschaftliche Stadtentwicklungsgesellschaft (SEDL), an der sie selbst beteiligt war, mit der Planung und Realisierung einer Freizeiteinrichtung beauftragt, die unter anderem ein Multiplexkino, Geschäftsgebäude und später ein Hotel umfassen sollte. Der in der Präambel des Vertrags fixierte Zweck des Vorhabens war die städtebauliche Aufwertung des Bahnhofsviertels. Die SEDL wurde damit beauftragt, die betreffenden Grundstücke zu erwerben, ein Auswahlverfahren für Planungsbüros zu organisieren und die Bauarbeiten durchzuführen.[421] Ein Teil der geplanten Anlage – ein Parkplatz, Zugangswege und öffentliche Plätze – war für die Stadt selbst bestimmt und sollte demnach später gegen Entgelt auf sie übertragen werden. Weitere bauliche Anlagen waren dagegen für die Veräußerung durch die Stadtentwicklungsgesellschaft an Dritte vorgesehen, wodurch ein großer Teil der Gesamteinnahmen der Gesellschaft erwirtschaftet werden sollte. Diese baulichen Anlagen wurden allerdings durch die Stadt mitfinanziert. Sie verpflichtete sich, die Anlagen im Nichtverkaufsfalle zu übernehmen. Zum Projektende war vorgesehen, dass eine von der Gemeinde zu genehmigende Schlussrechnung aufgestellt wird und etwaige Überschüsse an die Stadt Roanne ausgekehrt werden.[422] Letztlich trug die Stadt Roanne insgesamt das wirtschaftliche Risiko des Projekts.[423]

Der EuGH ordnete das Vorhaben als öffentlichen Bauauftrag im Sinne der dritten Tatbestandsalternative ein. Gleich aus mehreren Punkten im Vertragswerk ergebe sich, dass die Stadt Roanne durch die Verwirklichung des Freizeitzentrums in seiner Gesamtheit versucht habe, das Bahnhofsviertel aufzuwerten und zu beleben.[424] Der Beschaffungscharakter des öffentlichen Auftrags war in

---

421 EuGH, Urt. v. 18.01.2007 – C-220/05 „Stadt Roanne", Rn. 13 ff. (Slg 2007, I-385).

422 EuGH, Urt. v. 18.01.2007 – C-220/05 „Stadt Roanne", Rn. 18 (Slg 2007, I-385).

423 Vgl. *GA'in Kokott*, Schlussanträge v. 15.06.2006, Rs. C-220/05 „Stadt Roanne", Rn. 1 (Slg 2007, I-385).

424 EuGH , Urt. v. 18.01.2007 – C-220/05 „Stadt Roanne", Rn. 42 (Slg 2007, I-385). So auch schon die *GA'in Kokott*, Schlussanträge v. 15.06.2006, Rs. C-220/05 „Stadt Roanne", Rn. 33 (Slg 2007, I-385).

dieser Konstellation offensichtlich gegeben.[425] Der Gerichtshof hob zur Bestimmung des Beschaffungsbezuges auf den entgeltlichen Charakter des öffentlichen Bauauftrags ab. So stehe bei der Beurteilung der Ausschreibungspflicht naturgemäß die Gegenleistung, die der Unternehmer erhält, im Mittelpunkt. Die Vereinbarung sehe eine Gegenleistung aus drei Elementen vor:

> *„Nach der Vereinbarung erhält die SEDL einen Geldbetrag von der Stadt R. als Gegenleistung für die Überlassung des Parkplatzes. Die Stadt verpflichtet sich gleichermaßen, sich an den Ausgaben für alle zu errichtenden baulichen Anlagen zu beteiligen. Schließlich stehen der SEDL nach der Vereinbarung Einnahmen aus der Veräußerung der errichteten Bauwerke an Dritte zu.“*[426]

Daraus folgert der Gerichtshof, dass ein öffentlicher Bauauftrag unabhängig davon vorliege, ob vorgesehen sei, dass der öffentliche Auftraggeber Eigentümer des gesamten Bauwerks oder eines Teils davon sei oder werde und bestätigt somit das Urteil „Mailänder Scala“.[427] Die Entgeltlichkeit könne auch in wirtschaftlichen Vorteilen der Nutzung oder Veräußerung der baulichen Anlagen bzw. in der finanziellen Beteiligung im Falle eines wirtschaftlichen Fehlschlags des Bauwerks bestehen.

Der EuGH erweitert mit dieser Entscheidung den Anwendungsbereich des Kartellvergaberechts gegenüber seinen bisherigen Entscheidungen insoweit, als er die Sicherung wirtschaftlicher Vorteile oder die finanzielle Beteiligung an einem Bauprojekt der Erlangung von Eigentum bzw. der Absicherung der Verfügbarkeit durch einen Rechtstitel gleichstellt. Damit begegnet er unzähligen Umgehungskonstellationen, die durch eine geschickte vertragliche Gestaltung erreicht werden können.[428] Denn das Ziel des Gesamtvorhabens, die städtebauliche Aufwertung des Bahnhofsviertels, hätte dabei ebenso gut durch eine direkte Beauftragung von Baufirmen sowie eine anschließende Direktvermarktung durch die Stadt Roanne erreicht werden können.[429]

---

425 *Keller*, Kooperativer Städtebau und Kartellvergaberecht, S. 76, der zurecht feststellt, dass weder die Generalanwältin noch der Gerichtshof das Problem des Beschaffungsbedarfs ausdrücklich benennen. Gleichwohl sind den jeweiligen Ausführungen eindeutige Hinweise auf die Problematik zu entnehmen.

426 EuGH , Urt. v. 18.01.2007 - C-220/05 „Stadt Roanne“, Rn. 45 (Slg 2007, I-385).

427 EuGH , Urt. v. 18.01.2007 - C-220/05, „Stadt Roanne“, Rn. 47 (Slg 2007, I-385).

428 Dadurch wird eine effektive Umsetzung der Zielsetzungen des Vergaberechts sichergestellt, mehr Wettbewerb auf dem Gebiet der öffentlichen Bauaufträge herzustellen und die Beschränkungen der Niederlassungsfreiheit und des freien Dienstleistungsverkehrs zu beseitigen.

429 *Keller*, Kooperativer Städtebau und Kartellvergaberecht, S. 76.

Die Generalanwältin Kokott ging anscheinend noch ein wenig über die Annahmen des Gerichtshofs hinaus und stellte im Hinblick auf die geplante Übereignung eines Großteils des Areals an Dritte fest, dass es keinen Unterschied mache, ob der öffentliche Aufraggeber das zu errichtende Bauwerk selbst nutzen wolle oder es der Allgemeinheit oder einzelnen Dritten zur Verfügung zu stellen gedenke. Denn das Risiko einer Wettbewerbsverzerrung infolge Bevorzugung einzelner Marktteilnehmer bestehe immer schon dann, wenn ein öffentlicher Auftraggeber sich entschließe, einen Unternehmer mit einem Bauvorhaben zu beauftragen, gleichviel, aus welchen Gründen und in welchem Zusammenhang das Bauwerk errichtet werde und welchen Verwendungszweck es haben solle.[430]

Bei isolierter Betrachtung einzelner Passagen des Urteils und der Schlussanträge könnte man vermuten, dass es einer eigenen Beschaffungstätigkeit nicht bedarf. So wird vorgebracht, dass der EuGH die Einordnung des Projekts als öffentlichen Bauauftrag zumindest auch mit der Verwirklichung von städtebaulichen Vorstellungen begründe. Dies spreche dafür, dass der öffentliche Bauauftrag keinen eigenen Beschaffungszweck des öffentlichen Auftraggebers voraussetze und eine Bauleistung nach vom Auftraggeber genannten Erfordernissen ausreiche.[431] Auch die vorgenannte Aussage der Generalanwältin könnte man – ohne Berücksichtigung des Begründungszusammenhangs – als völlige Loslösung vom Beschaffungsbegriff deuten.[432]

Diese Sichtweise vernachlässigt, dass der EuGH durch die Verfolgung städtebaulicher Ziele das Tatbestandsmerkmal „Erstellung des Bauwerks nach den Erfordernissen des öffentlichen Auftraggebers" als erfüllt ansieht.[433] Im Anschluss prüft er das – von der Bauleistung zu trennende – Tatbestandsmerkmal des Beschaffungsbezugs. Letzteres wird also keinesfalls aufgegeben. Und auch der Passage aus den Schlussanträgen der Generalanwältin lässt sich nichts anderes entnehmen. Denn die Feststellungen beziehen sich auf den Zweck, den die öffentliche Hand mit der von ihr bezogenen Leistung erreichen will. Für die Zweckerreichung kommt es nicht darauf an, wer die bauliche Anlage später

430 *GA'in Kokott*, Schlussanträge v. 15.06.2006, Rs. C-220/05 „Stadt Roanne", Rn. 42 f. (Slg 2007, I-385) unter Verweis auf EuGH, Urt. v. 15.01.1998 – C-44/96 „Mannesmann Anlagenbau Austria" = Slg 1998, I-73 und EuGH, Urt. v. 18.11.2004, Rs. C-126/03 „Donauwald" = Slg 2004, I-11197.

431 *Vetter / Bergmann*, NVwZ 2008, 133, 135; *Schotten*, NZBau 2008, 741, 743; *Wagner / Görs*, NVwZ 2007, 900; *Hertwig / Öynhausen*, KommJur 2008, 121.

432 So wohl das OLG Düsseldorf, Beschl. v. 13.06.2007 – VII-Verg 2/07 „Ahlhorn" = NZBau 2007, 530, 531.

433 EuGH , Urt. v. 18.01.2007 – C-220/05 „Stadt Roanne", Rn. 42 (Slg 2007, I-385).

nutzt.[434] Eine Aufgabe des Beschaffungszwecks lässt sich den Schlussanträgen also ebenso wenig entnehmen. Mit der Entscheidung in der Rechtssache „Stadt Roanne“ hat der Gerichtshof aber deutlich gemacht, dass der vergaberechtliche Bauauftragsbegriff nicht dort aufhört, wo ein Dritter Eigentümer der durch einen öffentlichen Auftraggeber vergebenen Bauleistungen wird.

### 4. Zwischenergebnis

Die drei näher betrachteten Entscheidungen des Gerichtshofes durchzieht hinsichtlich des Beschaffungsbezugs durchaus ein roter Faden, so dass eine – wenn auch fragmentarische – Grenzlinie der kartellvergaberechtlichen Ausschreibungspflicht kommunaler Grundstücksgeschäfte ausgemacht werden kann. Es ist offenkundig, dass der Gerichtshof keinesfalls auf einen Beschaffungszweck verzichten möchte. Dies ist bereits im EuGH-Urteil „Mailänder Scala“ angelegt. Danach muss sich das Beschaffungsinteresse der öffentlichen Hand insoweit manifestieren, als dass sie sich die rechtliche Befugnis sichert, die Verfügbarkeit des Bauwerks im Interesse der öffentlichen Zweckbestimmung zu gewährleisten. Dies bedeutet im Umkehrschluss auch, dass die Gemeinde nicht zwingend etwas körperlich beschaffen bzw. Eigentum oder Besitz erlangen muss. Schließlich kann sich bei einer Gesamtbetrachtung des Projekts und der zugrunde liegenden Verträge das Beschaffungsinteresse der Gemeinde auch aus verschiedenen Entgeltkomponenten, etwa wirtschaftlichen Vorteilen aus der Nutzung oder einer finanziellen Beteiligung ergeben.

Durch die EuGH-Rechtsprechung ist zudem hinreichend geklärt, dass es auf die Art der zu erfüllenden Aufgabe, für die beschafft wird, nicht ankommt und grundsätzlich mit dem beschafften Bauwerk auch solche Aufgaben erfüllt werden können, die nicht im Allgemeininteresse stehen. Diese Feststellung eignet sich gleichwohl nicht als Beleg für die Annahme, ein Beschaffungszweck sei gänzlich irrelevant. Letztlich heißt dies nur, dass Beschaffungen sowohl hoheitlichen als auch primär erwerbswirtschaftlichen Aufgaben dienen können.[435]

Dennoch wurde durch die zuvor besprochenen Entscheidungen nicht grundsätzlich geklärt, wo das Beschaffungsinteresse der öffentlichen Hand endet und somit die Vergaberechtsfreiheit anfängt. So könnte etwa ein mittelbares Interesse des öffentlichen Auftraggebers ausreichen, bei dem der wirtschaftliche Vorteil, den die öffentliche Stelle erlangt, bloß ein Reflex des Auftrags ist. Dies würde

---

434 So bereits EuGH, Urt. v. 18.11.2004 – C-126/03 „Donauwald“, Rn. 18 m.w.N (Slg 2004, I-11197). Siehe auch oben, § 7 B. II. 2.

435 *Burgi*, NVwZ 2008, 929, 931 f.

gleichzeitig bedeuten, dass sämtliche städtebaulichen Anforderungen oder Vereinbarungen, die mittelbar zu wirtschaftlichen Vorteilen führen, dem Vergaberechtsregime unterfielen.

### *III. Die Ahlhorn-Rechtsprechung*

In diese Lücken, die der EuGH auch nach den drei Entscheidungen hinterließ, ist der Vergabesenat des OLG Düsseldorf gestoßen und ordnete eine städtebauliche Vereinbarung über die zivile Nachnutzung eines stillgelegten Fliegerhorstes als öffentlichen Bauauftrag in der Form einer Baukonzession ein.[436] Der Bund wollte die Grundstücke verkaufen, wobei der gesuchte Investor in seinem Konzept insbesondere Vorschläge zur Stärkung des Wirtschaftsstandortes mit dem Ziel einer „gewerblich-fliegerischen Nutzung" einbringen sollte. Ein förmliches Ausschreibungsverfahren unterblieb, vielmehr wurden die bekannten Interessenten angeschrieben und zur Abgabe von Nutzungskonzepten aufgefordert. Die Veräußerung des Grundstücks sollte nur an einen Investor erfolgen, der bereit war, zugleich über den Grundstückskaufvertrag mit dem Bund und einen städtebaulichen Vertrag mit der Gemeinde, sich diesem Nutzungskonzept zu unterwerfen.

Entgegen der Annahme früherer Entscheidungen nationaler Gerichte[437], führte der Vergabesenat zum Beschaffungsbedarf wörtlich aus:

> *„Für die Annahme eines Bauauftrags (oder einer Baukonzession) reicht es aus, dass der Auftraggeber den Auftragnehmer mit der Erstellung (gegebenenfalls einschließlich Planung) von Bauwerken/Bauvorhaben entsprechend seinen Erfordernissen beauftragt. Demgegenüber ist es nicht Voraussetzung, dass der Auftraggeber damit einen eigenen Bedarf befriedigen will."*[438]

Dies stützte der Vergabesenat auf die Feststellung des EuGH in der Rechtssache „Donauwald", dass die Richtlinie nicht zwischen Aufträgen, die der öffentliche Auftraggeber zur Deckung seiner im Allgemeininteresse liegenden Aufgaben eingeht, und anderen Aufträgen unterscheide.[439] Es reiche danach vielmehr aus,

---

436 OLG Düsseldorf, Beschl. v. 13.06.2007 – VII-Verg 2/07 „Ahlhorn" = NZBau 2007, 530.

437 Vgl. etwa: BayObLG, Beschl. v. 19.10.2000 – Verg 9/00 „Parkgarage" = NZBau 2002, 108; OLG Düsseldorf, Beschl. v. 28.04.2004 – VII-Verg 2/04 „DSD AG" = NZBau 2004, 400.

438 OLG Düsseldorf, Beschl. v. 13.06.2007 – VII-Verg 2/07 „Ahlhorn" = NZBau 2007, 530, 531.

439 OLG Düsseldorf, Beschl. v. 13.06.2007 – VII-Verg 2/07 „Ahlhorn" = NZBau 2007, 530, 531; vgl. EuGH, Urt. v. 18.11.2004 – Rs. C-126/03 „Donauwald", Rn. 18 m.w.N (Slg 2004, I-11197). Siehe auch oben, § 7 B. II. 2.

dass der öffentliche Auftraggeber überhaupt Aufträge vergebe, zu welchen Zwecken auch immer. Durch die Entscheidung in der Rechtssache „Stadt Roanne" habe der EuGH seine bisherige Rechtsprechung zum Beschaffungszweck präzisiert und ergänzt. Demnach sei es für die Annahme eines öffentlichen Bauauftrags (oder einer Baukonzession) unerheblich, ob der öffentliche Auftraggeber die zu errichtenden Bauwerke selbst erwerben oder nutzen will. Es genüge deshalb, dass die Bauwerke entsprechend den Erfordernissen des Auftraggebers erstellt würden, und zwar auch dann, wenn der Auftragnehmer die Bauwerke an einen Dritten veräußere.

Diese Schlussfolgerungen des Vergabesenats lassen durchaus Spielraum für die Auffassung, dieser wolle auf das Merkmal des Beschaffungszwecks ganz verzichten[440], was sich allerdings nicht mehr mit der oben untersuchten EuGH-Rechtsprechung vereinbaren ließe. Der Ahlhorn-Beschluss des OLG Düsseldorf ist aber insoweit mehrdeutig, als sogleich darauf abgestellt wird, dass jedenfalls mittelbare Eigeninteressen (z.B. an einer geordneten städtebaulichen Entwicklung) der öffentlichen Verwaltung ausreichten, um eine Beschaffungstätigkeit anzunehmen.[441] Dies lässt bereits vermuten, dass auch der Vergabesenat nicht gänzlich auf einen Beschaffungszweck verzichten will.[442]

Sowohl das OLG Düsseldorf selbst als auch andere Vergabekammern und Vergabesenate bestätigten den Beschluss und nahmen die Ahlhorn-Entscheidung zum Anlass, sie auch auf andere Konstellationen städtebaulicher Zusammenarbeit zu übertragen.[443] So führte der Vergabesenat des Düsseldorfer Oberlandesgerichts in einem weiteren Beschluss, der einen Grundstückskaufvertrag mit Bauverpflichtungen betraf, die inhaltlich über die bestehenden Festsetzungen des Bebauungsplans hinausgingen, zum Beschaffungszweck wörtlich aus:

> *„Entscheidend ist vielmehr, dass sich der öffentliche Auftraggeber kraft einer mit dem künftigen Bauauftrag zu vereinbarenden Verpflichtung des Auftragnehmers die rechtliche Befugnis sichert, die Verfügbarkeit des Bauwerks für die von ihm angestrebte öffentliche*

---

440 So etwa *Vetter / Bergmann*, NVwZ 2008, 133, 135; *Horn*, VergabeR 2008, 158, 159.

441 OLG Düsseldorf, Beschl. v. 13.06.2007 – VII-Verg 2/07 „Ahlhorn", Rn. 30.

442 Bestätigt wird diese Einschätzung auch durch einen Beitrag des Vorsitzenden des Düsseldorfer Vergaberechtssenat VRiOLG *Dicks*, in: DStGB Dokumentation Nr. 79 „Kommunale Immobiliengeschäfte und Ausschreibungspflicht", S. 6, 8: „Die Ahlhorn-Rechtsprechung des OLG Düsseldorf und die Folgeentscheidungen werden zuweilen dahin gedeutet, der öffentliche Bauauftrag erfordere keinerlei Beschaffungszweck, dürfe also gewissermaßen ‚zwecklos' sein. Diesem Eindruck ist entgegenzutreten."

443 Vgl. insoweit die Übersicht in Fn. 12.

*Zweckbestimmung, im Streitfall für eine bestimmte wirtschaftliche, das heißt städtebauliche Funktion, zu gewährleisten.“*[444]

Auch diese Entscheidung belegt den Willen des Vergabesenats, das Merkmal des Beschaffungsbezugs nicht gänzlich aufzugeben. Die „Ahlhorn“-Rechtsprechung zeichnet sich deshalb durch ein neues und weiteres Begriffsverständnis der „Beschaffung“ aus, das gleichwohl dogmatisch in der bis dahin ergangenen EuGH-Rechtsprechung verankert ist. Für die Annahme eines öffentlichen Bauauftrags hielt es das OLG Düsseldorf aber für ausreichend, dass die öffentliche Hand jedenfalls mittelbare Eigeninteresse – etwa an einer geordneten städtebaulichen Entwicklung – verfolgt.[445] Dies könne etwa in der Nutzung von Brachflächen oder der Steigerung der Attraktivität eines Stadtteils liegen.[446] In diesem Punkt reizt die „Ahlhorn“-Rechtsprechung den Beschaffungsbegriff also weiter aus, stellt die Notwendigkeit eines Beschaffungszweckes aber keinesfalls gänzlich in Frage. Letztlich ist der Beschluss in diesem Punkt eine vertretbare Analyse der zuvor untersuchten EuGH-Rechtsprechung.[447]

### *IV. Reaktionen*

Die Entscheidungen des OLG Düsseldorf und deren großzügige Interpretation des Beschaffungsbegriffs entfachten eine intensive wissenschaftliche Auseinandersetzung über die vergaberechtliche Einordnung kommunaler Investorenprojekte, wobei der Begriff „Beschaffungsbezug“ im Mittelpunkt der Diskussion stand.[448]

Einige Autoren schlossen sich der Ansicht des OLG Düsseldorf an, waren aber ebenfalls der Auffassung, dass auf einen irgendwie gearteten Beschaffungszweck – als gemeinsame Basis des europäischen Vergaberechts – nicht verzichtet

---

444 OLG Düsseldorf, Beschl. v. 12.12.2007 – VII-Verg 30/07 „Wuppertal-Vohwinkel“ = NZBau 2008, 138, 140.

445 OLG Düsseldorf, Beschl. v. 13.06.2007 – VII-Verg 2/07 „Ahlhorn“ = NZBau 2007, 530, 531 f.

446 *Ziekow*, DVBl. 2008, 137, 139.

447 Vgl. auch Eröffnungsrede des ltd. Ministerialrats Dr. Tobias *Traupel* zum 9. Düsseldorfer Vergaberechtstag am 19.07.2008, in: Tagungsband – 9. Düsseldorfer Vergaberechtstag, S. 3, 5. *Keller*, Kooperativer Städtebau und Kartellvergaberecht, S. 63. Dies stellt der gleiche Senat zudem in seinem Vorlagebeschluss v. 02.10.2008 – VII-Verg 25/08 „Wildeshausen“ = NZBau 2008, 727, 730 deutlich heraus: „Gleichwohl will der Senat nicht in dem Sinn verstanden werden, dass […] auf das Element der Beschaffung durch den öffentlichen Auftraggeber gänzlich zu verzichten sei.“

448 Ausführlich *Keller*, Kooperativer Städtebau und Kartellvergaberecht, S. 64 ff.

werden könne.[449] Viele lehnten dagegen ein derart weites Verständnis vom Beschaffungsbegriff ab.[450] Mit einem engen Verständnis des Beschaffungsbegriffs sei es unvereinbar, schon bei der Erfüllung einer bestimmten städtebaulichen Funktion durch das Bauwerk, von einem öffentlichen Bauauftrag auszugehen. Dies würde die strukturelle Verschiedenheit zwischen der mit der Beschaffung verfolgten Primäraufgabe sowie dem Beschaffungsakt selbst verwischen. Wenn gemeindliche Interessen sowie gemeindliche Beschaffung gleichgesetzt würden, wäre jede Handlung der Gemeinde ausschreibungspflichtig, da letztlich alles einem öffentlichen Zweck diene, was eine Gemeinde in ihrem Kompetenzbereich tue. Damit sei „der Gedanke des Vergaberechts als eines besonderen Rechts des staatlichen Einkaufs unvertretbar weit überschritten."[451]

Andere wiederum vertraten die Ansicht, dass der Beschaffungszweck gänzlich irrelevant sei und demnach kein geeignetes Abgrenzungskriterium für die vergaberechtliche Ausschreibungspflicht darstelle.[452] Der Beschaffungszweck

---

449 *Krohn*, ZfBR 2008, 27, 31; *Rosenkötter / Fritz*, NZBau 2007, 559, 560; *Kühling*, JZ 2008, 1117, 1118. *Burgi*, NVwZ 2008, 929, 932, begründet das Erfordernis des Beschaffungsbegriffs mit systematischen Überlegungen. Der Beschaffungszweck garantiere „die Unterscheidung von Beihilferecht, in der VKR geregeltem Vergaberecht und bereichsspezifisch geregeltem Wirtschaftsverwaltungsrecht." Dies bedeute, dass der Staat selbst etwas bekommen müsse, „und zwar nicht nur die Hoffnung, dass vielleicht die Allgemeinheit etwas bekommt." *Burgi* hält zudem die Vorstellung für „so primärrechtswidrig wie utopisch, dass die EG angesichts des Prinzips der begrenzten Einzelermächtigung nach Art. 5 I EG sämtliche mitgliedsstaatliche Entscheidungen mit Marktungerechtigkeitseffekt in einer einzigen Pauschal-Richtlinie regeln dürfte, […]". *Ziekow*, DVBl. 2008, 137, 140; *ders.*, VergabeR 2008, 151, 154 folgt dem OLG Düsseldorf sogar unter Berufung auf das Ziel des gemeinschaftlichen Vergaberechts, einen gemeinschaftsweiten Wettbewerb auf dem Markt der öffentlichen Aufträge sicherzustellen, das keine Differenzierung zwischen den Primärzielen der Auftraggeber zulasse insoweit, als dass auch mittelbare Interessen, etwa an einer geordneten städtebaulichen Entwicklung für einen Beschaffungsbezug genügen.

450 *Reidt*, BauR 2007, 1664; *Pietzcker*, NZBau 2008, 293, 296; *Horn*, VergabeR 2008, 158, 162; *Eisenreich / Barth*, NVwZ 2008, 635, 636; *Summa*, ZfBR 2008, 350, 352 f; *Greb / Rolshoven*, NZBau 2008, 163 f; *Gartz*, NZBau 2008, 476.

451 *Pietzcker*, NZBau 2008, 293, 296, der beispielhaft die Aufstellung von Bebauungsplänen oder eine Ansiedlungspolitik durch verbilligte Grundstücksverkäufe aufführt.

452 Mit einer intensiven Analyse der europarechtlichen Vorgaben der VKR – unter Berücksichtigung des bereits veröffentlichten EuGH-Urteils „Helmut Müller" *Keller*, Kooperativer Städtebau und Kartellvergaberecht, S. 84 ff.; *Wagner / Görs*, NVwZ

sei in der Begriffsdefinition der VKR nicht niedergelegt und daher auch keine Voraussetzung für einen öffentlichen Auftrag.[453] Zwar könne den Begrifflichkeiten, die in der VKR weiter präzisiert werden, eine bestimmte Rollenverteilung beim Vertragsschluss entnommen werden, nach der ein Wirtschaftsteilnehmer auf der Angebotsseite sowie der öffentliche Auftraggeber auf der Seite der Güternachfrage stehen müsse. Dies bedeute aber nicht, dass die Leistung auch zur Deckung eines eigenen Bedarfs des öffentlichen Auftraggebers erfolgen müsse.[454]

Während *Keller* davon ausgeht, dass selbst allgemeine Zweckerwägungen in Form eines ungeschriebenen Tatbestandsmerkmals entbehrlich seien,[455] gründet der Großteil derjenigen, die auf einen Beschaffungszweck ganz verzichten wollen, ihre Überlegungen auf den Gedanken der öffentlichen Zweckbestimmung eines öffentlichen Auftrags. So liege bei Erfordernissen, zu deren Beachtung sich der Auftragnehmer in einer vertraglich Vereinbarung gegenüber dem öffentlichen Auftraggeber verpflichtet, grundsätzlich der geforderte öffentliche Beschaffungszweck vor.[456] Sobald der öffentliche Auftraggeber Vorgaben mache, müssten diese – was sich bereits aus der Natur des Handelns der Gemeinden ergebe – einen öffentlichen Zweck verfolgen. Zudem sei die öffentliche Hand auch gar nicht befugt, Handlungen vorzunehmen, die weder unmittelbar noch mittelbar der Erfüllung ihrer öffentlichen Aufgaben dienen.[457] Demnach gebe es keinen Auftrag eines öffentlichen Auftraggebers, der nicht „öffentlicher Auftrag“ sei.[458]

---

2007, 900, 901; *Hertwig / Öynhausen*, KommJur 2008, 121, 122; *Schulz*, NZBau 2009, 18, 20; *Vetter / Bergmann*, NVwZ 2008, 133, 135; *Schotten*, NZBau 2008, 741, 743; *Brambring / Vogt*, NJW 2008, 1855, 1856 f.

453 *Keller*, Kooperativer Städtebau und Kartellvergaberecht, S. 84 ff.; *Hertwig / Öynhausen*, KommJur 2008, 121, 122; *Schulz*, NZBau 2009, 18, 20.

454 *Keller*, Kooperativer Städtebau und Kartellvergaberecht, S. 85, 94 ff. Zudem sei für eine Abgrenzung zu anderen Bereichen des Wirtschaftsverwaltungsrechts auf den geschriebenen Tatbestand des öffentlichen Auftrags abzustellen, da dieser bereits eine Ausdehnung des Vergaberechts in Bereiche verhindere, in denen die Verfahrensanforderungen unangemessen wären. Sodann führt er widersprüchlich zur Abgrenzung zum Beihilfenrecht durch das – gleichwohl ungeschriebene – Tatbestandsmerkmal „vertraglich vereinbarten durchsetzbaren Leistungsverpflichtung“ aus.

455 *Keller*, Kooperativer Städtebau und Kartellvergaberecht, S. 94.

456 Vgl. *Rosenkötter / Fritz*, NZBau 2007, 559, 560; *Vetter / Bergmann*, NVwZ 2008, 133, 135.

457 *Rosenkötter / Fritz*, NZBau 2007, 559, 560.

458 *Hertwig / Öynhausen*, KommJur 2008, 121, 122.

Die Entwicklung zeigte in der Praxis Wirkung: Die Ungewissheit über die Rechtssicherheit einer freihändigen Beauftragung führte dazu, dass sich private Investoren vielfach durch die vorab zu investierenden Planungskosten abschrecken ließen.[459] Hinderlich wirkte sich auch aus, dass die Konzeptvorschläge der Investoren im Rahmen eines öffentlichen Ausschreibungsverfahrens anderen Wettbewerbern zugänglich gemacht werden.[460] Zudem scheuten die Gemeinden nicht selten den administrativen, finanziellen und zeitlichen Aufwand für die Durchführung eines europaweiten Ausschreibungsverfahrens.[461] Dort, wo gehandelt wurde, sind Investorenprojekte vorsichtshalber europaweit ausgeschrieben worden, um einer etwaigen Nichtigkeit der geschlossenen Verträge bereits im Vorfeld zu begegnen.[462]

Auch der Bundesgesetzgeber beschäftigte sich im Nachgang zur Ahlhorn-Entscheidung mit der Problematik kommunaler Investorenprojekte. Im Zentrum der Reformbemühungen stand der Zusatz „unmittelbar wirtschaftlich zugutekommen" zum Bauauftragsbegriff des § 99 Abs. 3 GWB. Trotz grundsätzlicher Bedenken hinsichtlich der Europarechtskonformität[463], trat das Gesetz zur Modernisierung des Vergaberechts am 24.04.2009 in Kraft.[464] In Anbetracht des zu diesem Zeitpunkt bereits über ein halbes Jahr alten Vorlagebeschlusses des

459 *Krämer*, in: Dreizehnte Badenweiler Gespräche, S. 101, 103.

460 Dies kann etwa im Verhandlungsverfahren oder im wettbewerblichen Dialog geschehen.

461 *Amelung / Dörn*, VergabeR 2007, 644, 649.

462 Vgl. auch *Städtetag Nordrhein-Westfalen / Städte- und Gemeindebund NRW*, Gemeinsamer Leitfaden „Kommunale Grundstücksgeschäfte und Vergaberecht", S. 19; *Lamm*, KommJur 2010, 161, 163.

463 *Hertwig*, Praxis der öffentlichen Auftragsvergabe, 4. Aufl. 2009, Rn. 72, 76; *Große Hündfeld*, BauR 2010, 1504, 1505. Siehe auch: *Städtetag Nordrhein-Westfalen / Städte- und Gemeindebund NRW*, Gemeinsamer Leitfaden „Kommunale Grundstücksgeschäfte und Vergaberecht", S. 19.

464 Dieser Schritt war rechtspolitisch hochbrisant, da sich der Bundesgesetzgeber ausweislich der Begründung des Entwurfs für das Vergaberechtsmodernisierungsgesetz explizit gegen drei Entscheidungen des OLG Düsseldorf wandte: *„Die aus der Rechtsprechung des OLG Düsseldorf […] resultierenden rechtlichen Unklarheiten sollen durch eine Klarstellung des Bauauftragsbegriffs beseitigt werden. Hierfür soll der einem Bauauftrag immanente Beschaffungscharakter durch eine Textergänzung deutlicher hervorgehoben werden."*, siehe Antwort der Bundesregierung auf eine Anfrage von Abgeordneten BT-Drs. 16/10117, S. 2.

OLG Düsseldorf[465] war dieser Teil der Vergaberechtsnovelle nichts als eine Wette auf die anstehende EuGH-Entscheidung.[466]

## *V. EuGH-Entscheidung in der Rechtssache „Helmut Müller"*

### 1. Der Vorlagebeschluss des OLG Düsseldorf

Dass das OLG Düsseldorf ein weiteres Vergabenachprüfungsverfahren zu einem kommunalen Investorenprojekt[467] nutzte, um seine Ahlhorn-Rechtsprechung vor dem EuGH einer „endgültigen und vollumfänglichen Klärung" zuzuführen, wurde von den Kommunen und der Bauwirtschaft mit Erleichterung aufgenommen. Der Vergabesenat hatte noch in seiner Ahlhorn-Entscheidung mit Verweis auf die EuGH-Urteile „Mailänder Scala", „Donauwald" und „Stadt Roanne" eine Vorlagepflicht abgelehnt.[468]

Er neigte nun dazu, den Verkauf eines stillgelegten Militärgeländes unter die – maßgeblich von ihm entwickelten – Kriterien der Ahlhorn-Rechtsprechungslinie zu subsumieren.[469] Danach bewertete es den Verkäufer – die Bundesanstalt für Immobilienaufgaben – und die Gemeinde Bad Wildeshausen, in der das ehemalige Militärgelände belegen ist, als einheitlichen Auftraggeber. Durch die Gemeinde seien städtebauliche Ziele vorgegeben worden, so dass der Investor neue Einrichtungen auf dem Areal nach den Erfordernissen des öffentlichen Auftraggebers zu errichten hätte. Mit dem in noch nicht näher bestimmbarer Zukunft abzuschließenden Durchführungsvertrag für den vorhabenbezogenen

465 Hierzu siehe näher unten, § 7 B. V. 1.

466 *Raabe*, NordÖR 2010, 273, 274 bezeichnet den Vorgang treffend als „gesetzgeberische Pokerpartie".

467 OLG Düsseldorf, Beschl. v. 02.10.2008 – VII-Verg 25/08 „Wildeshausen" = NZBau 2008, 727.

468 OLG Düsseldorf, Beschl. v. 13.06.2007 – VII-Verg 2/07 „Ahlhorn" = NZBau 2007, 530, 531. Der Umstand, dass das OLG Düsseldorf in den drei Verfahren (Beschl. v. 13.06.2007 – VII-Verg 2/07 „Ahlhorn" / Beschl. v. 12.12.2007 – VII Verg 30/07 „Wuppertal" / Beschl. v. 06.02.2008 – VII-Verg 37/07 „Oer-Erkenschwick") unter Verletzung des § 124 GWB die Rechtssache nicht im Rahmen einer Divergenzvorlage dem BGH vorgelegte, wird von *Summa*, ZfBR 2008, 350, angegriffen. Damit habe der Vergabesenat den Beteiligten ihren gesetzlichen Richter gem. Art. 101 Abs. 1 S. 2 GG vorenthalten. A.A. *Dicks*, in: Kommunale Immobiliengeschäfte und Ausschreibungspflicht, DStGB – Dokumentation Nr. 79, März 2008, S. 6.

469 Die Vergabekammer des Bundes hatte zuvor das Vorliegen eines öffentlichen Bauauftrags abgelehnt, VK Bund, Beschl. v. 28.03.2008, VK 2–28/08.

Bebauungsplan nach § 12 BauGB würde somit ein öffentlicher Bauauftrag erteilt werden.[470]

Trotzdem sah sich das Gericht durch die anhaltende Kritik an seiner Rechtsprechung bewogen, dem EuGH im Wege eines Vorabentscheidungsersuchens[471] verschiedene Fragen zur Auslegung der VKR vorzulegen.[472] Dabei bezog es ausdrücklich die in Deutschland geplante Vergaberechtsreform ein, mit der die Bundesregierung „gegenläufige Änderungen" vornehmen wolle.[473]

### 2. Die Schlussanträge

Der *Generalanwalt Mengozzi* betonte in seinen Schlussanträgen[474], das Element der Beschaffung sei ein unverzichtbares Tatbestandsmerkmal des öffentlichen Auftrags. Hinsichtlich der Reichweite des Beschaffungsbezugs unternahm er den Versuch einer Konkretisierung, die eine vermittelnde Position zwischen dem ursprünglichen Verständnis vom Öffentlichen Auftragswesen als besonderes Einkaufsrecht des Staates einerseits und einem weiten Beschaffungsverständnis im Sinne der Ahlhorn-Rechtsprechung andererseits darstellt:

> „*Aus einer Gesamtschau des Normtextes und unter Berücksichtigung auch der bisher vom Gerichtshof insoweit vorgenommenen Auslegung scheint es mir möglich, das Grundprinzip abzuleiten, dass eine bestimmte Tätigkeit nur dann von den Vorschriften über die öffentlichen Bauaufträge erfasst wird, wenn eine triftige unmittelbare Verbindung* [Hervorhebung durch d. Verf.] *zwischen der öffentlichen Verwaltung und den zu verwirklichenden Arbeiten oder Werken besteht.*"[475]

Ein rein immaterieller und mittelbarer Nutzen genüge jedenfalls nicht, um eine solche triftige unmittelbare Verbindung anzunehmen. Ebenso könne nicht der bloße Umstand ausreichen, dass die zu beurteilende Tätigkeit allgemein im Einklang mit dem öffentlichen Interesse stehe, da sonst jedes genehmigungsfähige

470 OLG Düsseldorf, Beschl. v. 02.10.2008 – VII-Verg 25/08 „Wildeshausen" = NZBau 2008, 727, 733.

471 Vgl. Art. 267 AEUV (ex-Art. 234 EGV).

472 Zu den Vorlagefragen siehe im Einzelnen OLG Düsseldorf, Beschl. v. 02.10.2008 – VII-Verg 25/08 „Wildeshausen" = NZBau 2008, 727, 734.

473 OLG Düsseldorf, Beschl. v. 02.10.2008 – VII-Verg 25/08 „Wildeshausen" = NZBau 2008, 727, 734.

474 Die Positionen der übrigen Verfahrensbeteiligten werden in den Rn. 42–45 der Schlussanträge ausführlich dargestellt (Slg. 2010 I-2673).

475 *GA Mengozzi*, Schlussanträge v. 17.11.2009 – C-451/08 „Helmut Müller", Rn. 52 (Slg. 2010 I-2673).

Bauwerk – die Genehmigungsfähigkeit impliziere insoweit das öffentliche Interesse – in den Anwendungsbereich der Richtlinie fallen würde.[476]

Die triftige unmittelbare Verbindung lasse sich durch drei – abschließende[477] – Fallgestaltungen charakterisieren: Demnach sei die unmittelbare Erlangung von Eigentum der typischste Fall einer unmittelbaren Verbindung. Gleichzustellen seien solche Situationen, in denen die herzustellende Sache von der Verwaltung einen unmittelbaren wirtschaftlichen Vorteil darstelle. Eine weitere Fallgruppe umfasst die Konstellationen, in denen die öffentliche Verwaltung zur Realisierung der Arbeiten oder Werke öffentliche Mittel einsetzt, ohne selbst Eigentümerin zu werden. Neben dem Einsatz von Geld komme insbesondere die kostenlose oder unter dem Marktwert liegende Überlassung von Grundstücken an den Auftragnehmer oder Konzessionär als Einsatz öffentlicher Mittel in Betracht. Eine dritte Fallgestaltung mit Auffangcharakter betreffe die Situation, in denen die Werke oder Arbeiten jedenfalls das Ergebnis einer Initiative der öffentlichen Verwaltung selbst seien. Dies käme insbesondere dann in Betracht, wenn die Träger öffentlicher Gewalt aus eigenem Bestreben ein Verfahren in Gang setzten, das zur Realisierung der Werke oder Arbeiten führt.

### 3. Die Entscheidungsgründe

Der EuGH hat in der Entscheidung „Helmut Müller“ unter Berufung auf seine bisherige Rechtsprechung am Erfordernis eines Beschaffungszwecks grundsätzlich festgehalten und versucht, die Reichweite des Beschaffungsbegriffs näher zu bestimmen. Die Leistung, die den Gegenstand des durch einen schriftlichen entgeltlichen Vertrag erteilten Auftrags bildet, müsse zwar nicht gegenständlich oder körperlich sein. Aber der Tatbestand des öffentlichen Bauauftrags erfordere, dass dieser im „unmittelbaren wirtschaftlichen Interesse“ des öffentlichen Auftraggebers stehe.

Das entnimmt der EuGH dem entgeltlichen Charakter des Vertrages, der es mit sich bringe, dass der öffentliche Auftraggeber, der einen öffentlichen Bauauftrag vergeben habe, gemäß diesem Auftrage eine Leistung gegen eine Gegenleistung erhalte. Eine solche Leistung müsse aber nach ihrer Natur sowie nach dem System und den Zielen der VKR ein „unmittelbares wirtschaftliches Interesse“ für den öffentlichen Auftraggeber bedeuten. Die bloße Ausübung städtebaulicher Regelungszuständigkeiten genüge dafür jedenfalls nicht. Zur Präzisierung

476 *GA Mengozzi*, Schlussanträge v. 17.11.2009 – C-451/08 „Helmut Müller“, Rn. 53 (Slg. 2010 I-2673).

477 Der *Generalanwalt* bezeichnet die dritte Fallgruppe auch als gleichzeitig „letzte Fallgestaltung“, vgl. Schlussanträge, Rn. 60 (Slg. 2010 I-2673).

dieses unbestimmten Rechtsbegriffs bildet der Gerichtshof – in Anlehnung an die Vorgehensweise des Generalanwalts Mengozzi – mehrere Fallgruppen. Wörtlich heißt es hierzu:

> *„Dieses wirtschaftliche Interesse ist eindeutig gegeben, wenn vorgesehen ist, dass der öffentliche Auftraggeber Eigentümer der Bauleistung oder des Bauwerks wird, die bzw. das Gegenstand des Auftrags ist. Ein solches wirtschaftliches Interesse lässt sich ebenfalls feststellen, wenn vorgesehen ist, dass der öffentliche Auftraggeber über einen Rechtstitel verfügen soll, der ihm die Verfügbarkeit der Bauwerke, die Gegenstand des Auftrags sind, im Hinblick auf ihre öffentliche Zweckbestimmung sicherstellt. Das wirtschaftliche Interesse kann ferner in wirtschaftlichen Vorteilen, die der öffentliche Auftraggeber aus der zukünftigen Nutzung oder Veräußerung des Bauwerks ziehen kann, in seiner finanziellen Beteiligung an der Erstellung des Bauwerks oder in den Risiken, die er im Fall eines wirtschaftlichen Fehlschlags des Bauwerks trägt, bestehen."*[478]

## *VI. Eigene Bewertung*

Diese Auslegung der VKR kann nicht uneingeschränkt überzeugen. Nach hiesiger Auffassung ist dem Vergaberecht ein Beschaffungscharakter wesensimmanent. Zwar mag es Gründe geben, die auch nach der – hinsichtlich des „Ob" eines Beschaffungszwecks – unmissverständlichen Entscheidung des Gerichtshofs gegen die Notwendigkeit des Beschaffungscharakters eines öffentlichen Auftrags sprechen[479], durchzudringen vermögen sie dagegen nicht. Der Gerichtshof hat jedoch nicht ohne Grund eine Wortlautinterpretation der VKR unterlassen und anstatt dessen auf systematische und teleologische Erwägungen abgestellt. Denn der Wortlaut der Richtlinie erwähnt einen Beschaffungszweck weder in der Definition des öffentlichen Auftrags noch in der Beschreibung der einzelnen Auftragsarten Liefer-, Bau- oder Dienstleistung.[480] Demnach offenbart der Rückgriff des Gerichtshofs auf die Natur der Leistung sowie das dem öffentlichen Auftrag zugrundeliegende System und die Ziele, dass der VKR grundlegende – ihren Anwendungsbereich regulierende – Elemente fehlen. Lediglich den Erwägungsgründen der Vergabekoordinierungsrichtlinie ist ein Hinweis auf einen Beschaffungsbezug des Öffentlichen Auftragswesens zu entnehmen. In Erwägungsgrund 2 Satz 2 VKR heißt es, dass durch die vorgegebenen Verfahrensregelungen das

---

478 EuGH, Urt. v. 25.03.2010 – C-451/08 „Helmut Müller", Rn. 50 ff. (Slg 2010, I-2673).

479 Vgl. insoweit *Keller*, Kooperativer Städtebau und Kartellvergaberecht, S. 77.

480 Dies gilt sowohl für die Regelungen in den alten Vergaberichtlinien Art. 1 lit. a) der Dienstleistungskoordinierungsrichtlinie sowie Art. 1 lit. a) der Baukoordinierungsrichtlinie als auch für die Nachfolgeregelung in Art. 1 Abs. 2 lit. b) der Vergabekoordinierungsrichtlinie.

öffentliche Beschaffungswesen für den Wettbewerb geöffnet werden soll. Zudem soll die Vergabe von Aufträgen in den Mitgliedsstaaten „auf Rechnung“ des Staates Gegenstand der VKR sein.[481]

Jedoch würde – und dies stellt insbesondere *Generalanwalt Mengozzi* und weniger der EuGH heraus[482] – eine Irrelevanz des Beschaffungszwecks die Idee des Vergaberechts überstrapazieren. Das Vergaberecht soll dort als besonderes Korrektiv wirken, wo die öffentliche Hand eine große Nachfragemacht besitzt. Eine solche Nachfragemacht der öffentlichen Hand besteht grundsätzlich aber nicht, wenn sie an der Leistung keinerlei eigenes Interesse hat. Dieses Verständnis ergab sich bereits aus der vorherigen Rechtsprechung des Gerichtshofs, insbesondere aus der Entscheidung „Donauwald“. Insofern setzt das jüngste Urteil auch keinen Schlusspunkt hinter die Debatte um das „Ob“ des Beschaffungszwecks eines öffentlichen Auftrags, denn diesen setzte der Gerichtshof schon früher.

Offen war bislang lediglich, welche Qualität der Beschaffungszweck aufweisen muss, um eine Anwendung des vergaberechtlichen Verfahrensregimes zu rechtfertigen. Zunächst ist der EuGH dem engen Beschaffungsbegriff entgegengetreten. Eine Beschaffung im gegenständlichen oder körperlichen Sinne ist demnach nicht erforderlich. Dem weiten Beschaffungsbegriff im Sinne der Ahlhorn-Rechtsprechung entzieht der Gerichtshof durch die Implementierung eines unbestimmten Rechtsbegriffs die Grundlage: Die Leistung des Auftragnehmers muss im „unmittelbaren wirtschaftlichen Interesse“ des öffentlichen Auftraggebers stehen. Da nicht abzusehen ist, dass der EuGH den unbestimmten Rechtsbegriff „unmittelbares wirtschaftliches Interesse“ aufgeben wird, muss auch die Umsetzung dieses Tatbestandsmerkmals in § 99 Abs. 3 GWB als

481 Aber wie *Keller* zeigt, kann dieser Hinweis durchaus so verstanden werden, dass sich die Zielsetzung der VKR nicht auf die Öffnung staatlicher Beschaffungsmärkte für den Wettbewerb beschränkt, sondern zudem die Durchsetzung der Grundsätze des Primärrechts bezwecken soll. Der Verweis darauf, dass öffentliche Aufträge „auf Rechnung“ des Staates vergeben werden, bezieht sich demgegenüber auf die Entgeltlichkeit öffentlicher Aufträge, *Keller*, Kooperativer Städtebau und Kartellvergaberecht, S. 85 ff. unter Einbeziehung der französischen und englischen Sprachfassung der VKR. Ebenso *Kulartz*, VergabeR Sonderheft 2a / 2009, 282, 285. Im Ergebnis auch *Schotten*, NZBau 2008, 741, 743 f., der – wohl ohne die Erwägungsgründe der Vergabekoordinierungsrichtlinie in seine Überlegungen einzustellen – darauf abhebt, dass die Richtlinie einen Beschaffungsbegriff nicht kenne und der EuGH deshalb nationalstaatliche Sichtweise bzgl. eines Beschaffungserfordernisses mit Nichtbeachtung strafen würde.

482 *GA Mengozzi*, Schlussanträge v. 17.11.2009 – C-451/08 „Helmut Müller“, Rn. 35 ff., 50 (Slg. 2010 I-2673).

europarechtskonform gelten.[483] Der Versuch, die Qualität des Beschaffungszweckes durch das neue Tatbestandsmerkmal näher einzukreisen, muss jedoch als unzureichend bezeichnet werden. Dies – insbesondere mit Blick auf die verschiedenen Konstellationen des kooperativen Städtebaus – herauszuarbeiten, ist Gegenstand der nachfolgenden Untersuchung.

## C. Aktuelle Grenzlinien der vergaberechtlichen Ausschreibungspflicht

### *I. Methodisches Vorgehen des EuGH*

Der Gerichtshof folgert aus der „Natur der Leistung" sowie dem „System und den Zielen der Richtlinie 2004/18" einen Beschaffungszweck in Form eines unmittelbaren wirtschaftlichen Interesses.[484] Eine erste Konkretisierung nimmt er durch Bildung von Fallgruppen vor. Dabei arbeitet sich der EuGH vom Begriffskern des „unmittelbaren wirtschaftlichen Interesses" an die Grenze des Bedeutungsumfangs.[485] So reicht seine Aufzählung vom Eigentum als dem „umfassendsten Vollrecht" an einem Gebäude[486] über einen Rechtstitel, der dem öffentlichen Auftraggeber die Verfügbarkeit der Bauanlagen hinsichtlich ihrer öffentlichen Zweckbestimmung garantiert, bis hin zu einer rein wirtschaftlichen Betrachtungsweise des Beschaffungszwecks mit den Fallgruppen „wirtschaftlicher Vorteil", „finanzielle Beteiligung" sowie „Verlustausgleichsverpflichtung".

Statt ein übergeordnetes System zu entwickeln, entnimmt der Gerichtshof die Fallgruppen ausnahmslos früheren Urteilen zu kommunalen Investorenprojekten.[487] Durch die Verweisungen vermittelt dies zwar einerseits den „äußeren Eindruck großer dogmatischer Geschlossenheit"[488], lässt aber andererseits noch genügend Interpretationsspielraum – und damit Rechtsunsicherheit – für die Anwendung des Tatbestandes im Einzelfall. Denn innerhalb der einzelnen Fallgruppen und insbesondere an ihren Grenzen bestehen Spielräume.[489] Dies

---

483 So auch *Otting*, NJW 2010, 2167, 2168; *Lamm*, KommJur 2010, 161, 166; *Kühling*, NVwZ 2010, 1257, 1261. A.A. *Keller*, Kooperativer Städtebau und Kartellvergaberecht, S. 105.

484 EuGH, Urt. v. 25.03.2010 – C-451/08 „Helmut Müller", Rn. 49 (Slg 2010, I-2673).

485 Vgl. zu dieser Auslegungsmethode näher *Zippelius*, Juristische Methodenlehre, § 12 I a), S. 72.

486 *Vieweg / Werner*, Sachenrecht, § 3, Rn. 3.

487 EuGH, Urt. v. 12.07.2001 – C-399/98 „Mailänder Scala" = Slg 2001, I-5409; EuGH, Urt. v. 18.01.2007 – C-220/05 „Stadt Roanne" = Slg 2007, I-385.

488 *Streinz*, Europarecht, Rn. 617.

489 *Otting*, NJW 2010, 2167, 2169; *Röbke*, EWiR 2010, 571, 572; *Vetter / Bergmann*, NVwZ 2010, 569 f.

liegt insbesondere an der Methodik der Fallgruppenbildung, die zwangsläufig gegenüber einem übergeordneten System den Nachteil einer nur unvollständigen Erfassung aller denkbaren Fallkonstellationen aufweist. Dies gilt umso mehr, als dass lediglich einzelne Konstellationen aus früheren Entscheidungen „abstrahiert" wurden[490], sich die Reichweite des Beschaffungsbegriffs aber – wie dargelegt – nicht schon aus eben jenen vorangegangen Urteilen ergab.

Demzufolge bleibt nach der Entscheidung „Helmut Müller" weiterhin unklar, woraus sich die durch den unbestimmten Rechtsbegriff umrissene Reichweite des Beschaffungszwecks ergibt. Eine tiefere Auseinandersetzung mit den Vorgaben der VKR unterbleibt. Deswegen werden im Schrifttum Bedenken gegen den Begriff erhoben, da er zu wenig Flexibilität im Umgang mit neuen Fallkonstellationen biete und deshalb den Anwendungsbereich der VKR zu sehr einenge.[491]

### *II. Konkretisierungsmaßstäbe*

Im Folgenden soll die Auslegung der VKR durch den Gerichtshof untersucht werden und dessen Begriffsfindung präzisiert werden, um Vorgaben für die Einzelfallbetrachtung zu entwickeln. Dabei handelt es sich zunächst nicht um den klassischen Fall einer Auslegung normativer Vorgaben, sondern um eine Konkretisierung eines durch ein Gericht gewonnenen Auslegungsergebnisses. Dies erfordert besondere Konkretisierungsmaßstäbe.

Zur Präzisierung von in Gerichtsentscheidungen gewonnenen unbestimmten Rechtsbegriffen muss – mangels anderer Erkenntnisquellen – auf den Wortlaut der Entscheidung und deren Begründungszusammenhang zurückgegriffen werden. Rückschlüsse lassen sich auch aus den weiteren Sprachfassungen des Urteils und dem zugrunde liegenden Sachverhalt ziehen.[492] Weil es sich vorliegend nicht um ein Grundsatzurteil der Großen Kammer handelt und der Gerichtshof bei der Konkretisierung des unbestimmten Rechtsbegriffs explizit auf seine vorangegangene Rechtsprechung verweist, sind auch der Wortsinn und der Bedeutungszusammenhang der von der 3. Kammer des EuGH zitierten Entscheidungen „Mailänder Scala" sowie „Stadt Roanne" mit zu berücksichtigen.

Eine Konkretisierung der höchstgerichtlichen Vorgaben hat aber auch stets vor dem Hintergrund der Systematik und der Ziele zu erfolgen, die die VKR kennzeichnet bzw. erreichen soll, da das ungeschriebene Tatbestandsmerkmal in den Kanon der Tatbestandsvoraussetzungen des öffentlichen Bauauftrags

490 *Greim*, ZfBR 2011, 126, 129.

491 *Herrmann*, VergabeR 2010, 976; *Greim*, ZfBR 2011, 126, 130.

492 *Larenz*, Methodenlehre der Rechtswissenschaft, S. 358.

integriert wird. Dies ist bereits im zu untersuchenden Urteil selbst angelegt, in dem der EuGH zum Wesen der Leistung schlussfolgert, dass diese „nach ihrer Natur sowie den Systemen und den Zielen der Richtlinie 2004/18 ein unmittelbares wirtschaftliches Interesse für den öffentlichen Auftraggeber bedeuten“[493] müsse. Wenn aber die Ziele der VKR die Implementierung dieses unbestimmten Rechtsbegriffs erfordern sollen, dann muss auch die weitere Präzisierung den der VKR zugrunde liegenden Zielsetzungen gerecht werden. Nach Maßgabe des zweiten Erwägungsgrundes soll mit der Anwendung der besonderen Verfahrensregeln des Vergaberechts eine Öffnung der Beschaffungsmärkte für den Wettbewerb sowie die Wirksamkeit der Grundsätze des Primärrechts, insbesondere der Niederlassungs- und Dienstleistungsfreiheit erreicht werden.[494] Der Gerichtshof hat diesbezüglich entschieden, dass der Auftragsbegriff autonom nach dem Zweck des europäischen Vergaberechts, potentiellen Bietern den Zugang zu öffentlichen Aufträgen zu garantieren, die für sie von Interesse sind, auszulegen sei.[495]

### *III. Präzisierung des unbestimmten Rechtsbegriffs*

Anhand der aufgestellten Konkretisierungsmaßstäbe kann nun der vom EuGH entwickelte Begriff „unmittelbares wirtschaftliches Interesse“ weiter präzisiert werden. Der Gerichtshof hat es nicht vermocht, die verschiedenen Fallgruppen zunächst ins Verhältnis zum unbestimmten Rechtsbegriff und sodann ins Verhältnis untereinander zu setzen.[496] Dem eigenen Versuch einer Konkretisierung mangelt es insbesondere an jeglichem Bezug zum unbestimmten Rechtsbegriff.

Ein Erkenntnisgewinn liegt allerdings in der durch den EuGH geschaffenen Negativabgrenzung[497], dass jedenfalls die „bloße Ausübung städtebaulicher Regelungszuständigkeiten“ nicht dem „unmittelbaren wirtschaftlichen Interesse“ der Gemeinde dient. Eine genauere Bestimmung des Anwendungsbereichs der Fallgruppe oder aber eine potentielle Fortschreibung der Fallgruppen werden spätestens hier an die Grenzen des Anwendungsbereichs der VKR stoßen. Aber

---

493 EuGH, Urt. v. 25.03.2010 – C-451/08 „Helmut Müller“, Rn. 49 (Slg 2010, I-2673).

494 Siehe zur Trennbarkeit der Ziele „Wettbewerbsöffnung“ und „Wirksamkeit der Grundsätze des Primärrechts“ *Keller*, Kooperativer Städtebau und Kartellvergaberecht“, S. 86.

495 EuGH, Urt. v. 18.01.2007 – C-220/05 „Stadt Roanne“, Rn. 40, 53 (Slg 2007, I-385).

496 *Greim*, ZfBR 2011, 126, 129 sieht in diesem – der case-law-Methode geschuldetem – Mangel dann auch den Grund für „schlecht subsumtionsfähige Fallgruppen“.

497 So auch *Greim*, ZfBR 2011, 126, 129.

auch dieser Begriff lässt, gerade vor dem Hintergrund der Pluralität städtebaulicher Handlungsmöglichkeiten, Spielraum für unterschiedliche Interpretationen.

Zunächst wird zu klären sein, welche Auswirkungen die Negativabgrenzung „bloße Ausübung städtebaulicher Regelungszuständigkeiten" auf die Reichweite des Beschaffungsbegriffs hat (1.). Sodann ist der Bedeutungsumfang der einzelnen Fallgruppen herauszuarbeiten (2.). Schließlich wird der Frage nachgegangen, ob weitere Fallgruppen denkbar sind (3.).

### 1. Negativabgrenzung „bloße Ausübung städtebaulicher Regelungszuständigkeiten"

Es wird bislang vielfach ohne nähere Differenzierung die These vertreten, dass durch diese Negativabgrenzung sowohl bestimmte Handlungsinstrumente, wie etwa der städtebauliche Vertrag, als auch bestimmte Handlungsziele, insbesondere solche städtebaulicher Natur, vom Anwendungsbereich des Kartellvergaberechts ausgenommen sind.[498] Die hieraus folgende weitgehende Verdrängung städtebaulich motivierter Entwicklungsvorhaben aus dem Vergaberechtsregime ist allerdings bei genauer Betrachtung der EuGH-Rechtsprechung nicht haltbar. So heißt es unter Verweis auf die Entscheidung „Mailänder Scala" wörtlich:

> *„[...] dass nach der Rechtsprechung des Gerichtshofs die Tatsache, dass sich eine nationale Rechtsvorschrift, [...], in einen städtebaurechtlichen Regelungszusammenhang mit besonderen Merkmalen und einem spezifischen, von der Richtlinie 93/37 verschiedenen Zweck einfügt, nicht genügt, um die unmittelbare Erstellung der Anlage dem Anwendungsbereich dieser Richtlinie zu entziehen, wenn deren Tatbestandsmerkmale erfüllt sind [...]."*[499] (Hervorhebung d. Verf.).

Auch in der Entscheidung „Stadt Roanne" hat der Gerichtshof städtebauliche Gründe für ausreichend erachtet, um eine Durchführung von Bauleistungen entsprechend den genannten Erfordernissen des Auftraggebers zu begründen:

---

498 OLG Brandenburg, Urt. v. 24.04.2012 – 6 W 149/11 „Grundstücksverkauf" = KommJur 2012, 269, 270; *Vetter / Bergmann*, NVwZ 2010, 569, 570; *Brakalova*, EuZW 2010, 340 (Einleitung S. 336); *Hanke*, ZfBR 2010, 563, 564; *Kühling*, NVwZ 2010, 1257, 1258; *Haak*, VergabeR 2011, 351, 356; *Grothmann / Tschäpe*, ZfBR 2011, 442; *Tomerius*, ZfBR 2012, 332, 337; *Otting*, NJW 2010, 2167, 2169, der jedoch anmerkt: „Interessant ist in diesem Zusammenhang, dass der EuGH nicht von städtebaulich motivierten Vertragsinhalten, sondern von der ‚bloßen Ausübung städtebaulicher Regelungszuständigkeiten' spricht."

499 EuGH, Urt. v. 21.02.2008 – C-312/04 „Kommission./.Italien", Rn. 70 (Slg 2008, I-619).

*„Aus mehreren Punkten der Vereinbarung ergibt sich, dass die Stadt R. durch die Verwirklichung des Freizeitzentrums in seiner Gesamtheit versucht, das Bahnhofsviertel aufzuwerten und zu beleben."*[500]

Ein genereller Ausschluss sämtlicher städtebaulicher Maßnahmen kann damit nicht gewollt sein.[501] Die Verwendung des Begriffes „bloße Ausübung städtebaulicher Regelungszuständigkeiten" in der Entscheidung „Helmut Müller" zeigt, dass der Gerichtshof durchaus selbst zwischen städtebaulichen Zwecken einerseits und städtebaulichen Handlungsformen andererseits differenziert. Dabei sind mit „Regelungszuständigkeiten" lediglich bestimmte städtebauliche Handlungsinstrumentarien gemeint, die der Gemeinde keine nähere wirtschaftliche Beteiligung am Vorhaben ermöglichen, wie das anschließende Beispiel der Erteilung einer Baugenehmigung zeigt.[502] Davon ist strikt das Handlungsziel zu unterscheiden, welches die Gemeinde mit dem Bauprojekt verfolgt. Die rote Linie der kartellvergaberechtlichen Ausschreibungspflicht kommunaler Investorenprojekte verläuft deswegen nicht entlang des jeweils genutzten Handlungsinstruments, sondern sie ist vielmehr anhand der Beurteilung zu bestimmen, ob ein Vorhaben privatnützig ist oder aber zumindest auch im öffentlichen Interesse steht. Dies kann nur durch das Handlungsziel der jeweiligen öffentlichen Stelle bestimmt werden. Grundsätzlich können daher ebenso solche Verträge

500 EuGH, Urt. v. 18.01.2007 – C-220/05 „Stadt Roanne", Rn. 42 (Slg 2007, I-385); vgl. auch *Reidt*, BauR 2007, 1664, 1672.

501 Dies unter Berücksichtigung der bereits angeführten Tatsache, dass das jüngst zu kommunalen Investorenprojekten ergangene Urteil des Gerichtshofs kein Grundsatzurteil ist, sondern vielmehr in der Tradition älterer Rechtsprechung steht. So ist auch *GA Mengozzi*, Schlussanträge v. 17.11.2009 – C-451/08, Rn. 71 (Slg. 2010 I-2673), zu verstehen, der hierzu ausführt, dass eine Erfassung aller Genehmigungs- und Bauplanungstätigkeiten den Anwendungsbereich der Richtlinie übermäßig ausweiten würde. Ein grundsätzlicher Ausschluss soll aber gerade nicht erfolgen. Dies schließt gleichzeitig nicht aus, dass eine vergaberechtliche Ausschreibungspflicht an anderen Voraussetzungen – insbesondere den neuen ungeschriebenen Tatbestandsmerkmalen „Bauverpflichtung" sowie „unmittelbares wirtschaftliches Interesse" – scheitert. Doch gerade die jeweilige Einzigartigkeit eines kommunalen Investorenprojektes, die insbesondere aus der Verknüpfung verschiedener Elemente und Regelungen resultiert, macht eine genaue Analyse aller Tatbestandsmerkmale notwendig.

502 EuGH, Urt. v. 25.03.2010 – C-451/08 „Helmut Müller", Rn. 56 (Slg 2010, I-2673).

europaweit auszuschreiben sein, die etwa das Erreichen einer bestimmten städtebaulichen Gestaltung des Gebietes absichern.[503]

Konsequenterweise verwendet der EuGH in der Rechtssache „Helmut Müller" den Terminus „bloße Ausübung städtebaulicher Regelungszuständigkeiten" und nicht „städtebaulich motivierte Interessen".[504] Der Gerichtshof trennt sogar die von ihm verwendeten Bezeichnungen „städtebauliche Entwicklung" und „Kohärenz eines kommunalen Ortsteils" eindeutig vom Begriff „bloße Ausübung städtebaulicher Regelungszuständigkeiten".[505] Wörtlich heißt es:

> *„Die bloße Ausübung von städtebauliche Regelungszuständigkeiten im Hinblick auf die Verwirklichung des allgemeinen Interesses [Anm.: städtebauliche Entwicklung, Kohärenz eines kommunalen Ortsteils]..."[Hervorhebung durch d. Verf.].*[506]

Zudem sprechen auch praktische Gesichtspunkte für die vergaberechtliche Relevanz städtebaulicher Motive, da sich grundstücksbezogene und städtebauliche Elemente in den meisten Fällen nicht sauber voneinander trennen lassen.[507] Trotz der Begrenzung des Beschaffungsbegriffs durch den Ausschluss einiger städtebaulicher Handlungsinstrumentarien bleibt also noch ein weiter Anwendungsbereich, den es im Rahmen der Fallgruppenanalyse zu präzisieren gilt.

### 2. Bedeutungsumfang der einzelnen Fallgruppen

#### *a) Fallgruppe 1: Eigentum*

Seit jeher völlig unbestritten, eröffnet der Eigentumserwerb eines vertraglich geschuldeten Bauwerks durch die öffentlichen Hand den Anwendungsbereich des Kartellvergaberechts.[508] Jedes Bauwerk, das die öffentliche Hand zu administrativen Zwecken oder im Rahmen des Daseinsvorsorgeauftrags zu Eigentum

---

503 *GA Mengozzi*, Schlussanträge v. 17.11.2009 – C-451/08 „Helmut Müller", Rn. 61 (Slg. 2010 I-2673); Vorsichtig auch *Haak*, VergabeR 2011, 351, 356.

504 Vgl. *Otting*, NJW 2010, 2167, 2169.

505 A.A. *Greim*, ZfBR 2011, 126, 129, die beide Elemente als von der Negativabgrenzung erfasst ansieht.

506 EuGH, Urt. v. 25.03.2010 – C-451/08 „Helmut Müller", Rn. 57 (Slg 2010, I-2673).

507 Siehe auch *Burgi*, NVwZ 2008, 929, 931 unter Verweis auf die EuGH-Entscheidung „Stadt Roanne"; *Tomerius*, ZfBR 2012, 332, 337.

508 Das Eigentum im zivilrechtlichen Sinne ist das umfassendste Herrschaftsrecht, das eine Person zu einer Sache haben kann. Es beschränkt sich – im Unterschied zum Besitz – nicht auf eine tatsächliche Beziehung zur Sache. Es umfasst vielmehr alle Befugnisse zu tatsächlichen (etwa Benutzung oder Verbrauch) und rechtlichen (z.B. Belastung oder Veräußerung) Herrschaftshandlungen. Vgl. hierzu näher *Vieweg / Werner*, Sachenrecht, § 3, Rn. 3.

erwirbt, ist für diese offensichtlich von unmittelbarem wirtschaftlichem Interesse. Bei größeren Bauvorhaben ist auch die Übertragung einzelner Bauwerke oder von Teilen daran an die öffentliche Hand denkbar.[509]

Die zuweilen vertretene Auffassung, auch der Erwerb beschränkt dinglicher Rechte an einem Grundstück sei dieser Fallgruppe zuzuordnen, vermag dagegen nicht zu überzeugen.[510] Neben der im Wortlaut des Urteils „Helmut Müller" angelegten Beschränkung auf das „Eigentum", sprechen inhaltliche Diskrepanzen zwischen dem Eigentum und beschränkt dinglichen Rechten gegen diese Annahme. Zwar besitzen letztere ebenso einen absoluten Schutz gegenüber jedermann und leiten sich vom Eigentumsvollrecht ab, verleihen ihrem Inhaber aber nicht die vollumfängliche Nutzungs- und Verwertungsbefugnis an dem Grundstück.[511]

*b) Fallgruppe 2: Rechtstitel*

Ein unmittelbares wirtschaftliches Interesse des öffentlichen Auftraggebers ist zudem immer dann gegeben, wenn dieser einen Rechtstitel erhält, mit dem er die Verfügbarkeit der Bauleistung für die öffentliche Zweckbestimmung sicherstellen kann.[512]

*aa) Rechtstitel*

Der öffentliche Auftraggeber muss zunächst einen Rechtstitel erlangen. Welche Rechte erfasst sein sollen, erläutert der Gerichtshof nicht weiter, sondern verweist lediglich auf sein früheres Urteil „Mailänder Scala". Dessen Entscheidungsgründen lässt sich entnehmen, dass Bauvorhaben der „Herrschaft" der zuständigen Behörden unterliegen müssen, die die rechtlichen Befugnisse besitzen, mit denen sie die Verfügbarkeit der Anlagen sicherstellen können.[513] Ein Rechtstitel muss demzufolge die Gemeinde dazu ermächtigen, den von ihr verfolgten Zweck des Bauvorhabens durchzusetzen. Er ist im Vergleich zur

---

509 Siehe hierzu insbesondere den Sachverhalt EuGH, Urt. v. 18.01.2007 – C- 220/05 „Stadt Roanne", Rn. 12 ff. (Slg 2007, I-385).

510 So aber OLG Düsseldorf, Beschl. v. 09.06.2010 – VII-Verg 9/10 „Windhövel" = ZfBR 2010, 602, 605 ordnet dingliche Rechte der ersten Fallgruppe „Eigentum" zu. Dem OLG folgend *Hausmann*, VR 2011, 41, 44. Wie hier *Greim*, ZfBR 2011, 126, 127.

511 *Vieweg / Werner*, Sachenrecht, § 16, Rn. 1 f.

512 EuGH, Urt. v. 25.03.2010 – C-451/08 „Helmut Müller", Rn. 51 (Slg 2010, I-2673).

513 EuGH, Urt. v. 12.07.2001 – C-399/98 „Mailänder Scala", Rn. 67 (Slg 2001, I-5409).

Eigentümerstellung das Mittel zur Einflussnahme auf die Verwendung des zu erstellenden Bauwerks.

Vor dem Hintergrund der Wesentlichkeit des Vertragsbegriffs für die Anwendbarkeit des Kartellvergaberechts ist zumindest eine vertragliche Verpflichtung vorauszusetzen, die den Privaten zur Einhaltung der öffentlichen Zweckbestimmung anhält und auch einklagbar ist.[514] Die Ableitung rechtlicher Befugnisse aus der bestehenden Gesetzeslage erfüllt die Anforderungen des Gerichtshofs nicht, sondern stellt sich vielmehr als bloße Ausübung städtebaulicher Regelungszuständigkeiten dar.

Die zweite Fallgruppe umfasst zuvorderst schuldrechtliche Rechtstitel, die der Gemeinde unmittelbar den Gebrauch an der Sache einräumen.[515] Eine solche Vereinbarung kommt der ersten Fallgruppe „Erlangung von Eigentum" besonders nahe. Weil ein Beschaffungsvorgang aber nicht erfordert, dass der öffentliche Auftraggeber den Gegenstand körperlich in Empfang nimmt[516], muss der Rechtstitel nicht zu einer direkten Inbesitznahme führen. Vielmehr erfüllen auch solche vertraglich vereinbarten Rechtstitel die Anforderungen an die zweite Fallgruppe, die eine bloße „Reservefunktion" für den öffentlichen Auftraggeber haben, so dass eine Nutzung erst im Bedarfsfall erfolgt. Schließlich können auch beschränkt dingliche Rechte, die zu einer Belastung des Grundstücks führen, aber nicht die volle Nutzungs- und Verwertungsbefugnis einräumen, einen tauglichen Rechtstitel darstellen.[517]

Der Rechtstitel muss zudem ein Mehr gegenüber der bloßen Baupflicht darstellen, da ansonsten das zusätzliche Tatbestandsmerkmal der einklagbaren Bauverpflichtung seine Existenzberechtigung verlieren würde.[518] Zwar ist die Wirkung des Rechtstitels mit dem einer Bauverpflichtung vergleichbar, da beide auf den Erfolg des öffentlichen Bauauftrags abzielen. Jedoch ist die Zielrichtung

---

514 *Jenn*, ZfIR 2010, 405, 407.

515 Vgl. hierzu insbesondere EuGH, Urt. v. 29.10.2009 – C-536/07 „Messehallen Köln" = Slg 2009, I-10355.

516 EuGH, Urt. v. 18.01.2007 – C-220/05 „Stadt Roanne", Rn. 47 (Slg 2007, I-385); bestätigt durch EuGH, Urt. v. 25.03.2010 – C-451/08 „Helmut Müller", Rn. 54 (Slg 2010, I-2673).

517 Siehe *Hertwig*, NZBau 2011, 9, 14. Vgl. auch zu Versuchen, beschränkt dingliche Rechte der ersten Fallgruppe zuzuordnen oben, § 7 C. III. 2. a).

518 OLG Düsseldorf, Beschl. v. 09.06.2010 – VII-Verg 9/10 „Windhövel" = ZfBR 2010, 602, 605; anders wohl noch OLG Düsseldorf, Beschl. v. 02.10.2008 – VII-Verg 25/08 „Wildeshausen" = NZBau 2008, 727, 731; wie hier *Greim*, ZfBR 2011, 126, 127; *Gartz*, NZBau 2010, 293, 295; *Jenn*, ZfIR 2010, 405, 407.

unterschiedlich: Während die Bauverpflichtung sicherstellen soll, dass der Bauauftrag tatsächlich ausgeführt wird, setzt die Wirkung eines Rechtstitels bei der anschließenden Nutzung der baulichen Anlage ein. Der Kreis der in Betracht kommenden Rechtstitel ist demzufolge weiter zu fassen als jener der möglichen Bauverpflichtungen.

Die Vertragsform, die einen solchen Rechtstitel enthält, ist dagegen sekundär. Bei kommunalen Investorenprojekten mit Grundstücksveräußerungen kommt hierfür in erster Linie der Grundstückskaufvertrag selbst in Betracht. Die Gestaltungsmacht, die der Gemeinde aus ihrem Grundeigentum erwächst, ist zumindest nicht kleiner als die Gestaltungsmacht im Rahmen der Anwendung städtebaulicher Handlungsinstrumentarien.[519] Denkbar ist aber auch, dass der Rechtstitel in einem städtebaulichen Vertrag oder einem Durchführungsvertrag zu einem vorhabenbezogenen Bebauungsplan implementiert wird.[520] Diese Sichtweise scheint auch das OLG Düsseldorf nach der EuGH-Entscheidung „Helmut Müller" zu teilen. In seinem „Windhövel"-Beschluss ändert der Vergabesenat zwar insoweit seine frühere Rechtsprechung, als dass er die Aufnahme einer Bauverpflichtung in einen städtebaulichen Vertrag als für die Annahme eines öffentlichen Bauauftrags allein für nicht ausreichend erachtet. Gleichwohl untersucht er sodann, ob sich aus anderen Umständen ein Beschaffungsbezug ergibt. Da der Vergabesenat die Möglichkeit prüft, ob die über das Bebauungskonzept in den städtebaulichen Vertrag integrierte Stellplatzverpflichtung[521] einen Rechtstitel im Sinne der EuGH-Rechtsprechung darstellt, geht er offensichtlich davon aus, dass der städtebauliche Vertrag durchaus ausschreibungspflichtige

519 *Otting*, NJW 2010, 2167, 2169; *Greim*, ZfBR 2011, 126, 129. A.A. *Reidt*, in: Gelzer / Bracher / Reidt, Bauplanungsrecht, Rn. 928; *ders.*, BauR 2007, 1664, 1672, der diesbezügliche, in den Grundstückskaufvertrag aufgenommene Regelungen, gleichwohl als städtebaulichen Vertrag bzw. als Durchführungsvertrag zum vorhabenbezogenen Bebauungsplan ansieht, so dass die jeweiligen Anforderungen und Grenzen einzuhalten sind.

520 *Raabe*, NordÖR 2010, 273, 275; *Herrmann*, VergabeR 2010, 976, 977; *van Kann / Hettich*, ZfIR 2010, 783, 786; a.A. *Otting*, NJW 2010, 2167, 2169; *Hausmann*, VR 2011, 41, 44. So wohl auch *Burgi*, NVwZ 2008, 929, 933, der als notwendige Verbindung zwischen Gemeinde und Investor ein „Trägergrundstück" voraussetzt.

521 Zum rechtlichen Charakter der Stellplatzverpflichtung näher *Herrmann*, VergabeR 2010, 976, 978. *Remmert*, JZ 2010, 512, 514 sieht in der Errichtung und Bereitstellung von Parkplätzen eine städtebauliche Infrastrukturmaßnahme zur Wahrnehmung einer freiwilligen Selbstverwaltungsaufgabe.

Tatbestände enthalten kann.[522] Zu weit gehen dürfte dagegen die Ansicht, dass bereits Mittel der städtebaulichen Gestaltungshoheit als „Trägermedium" ausreichend sind. Hiernach sollen auch „Mittel des Bauordnungsrechts" oder „Befugnisse zur Durchsetzung einer Bauverpflichtung durch Verwaltungsakt" als Rechtstitel im Sinne der EuGH-Rechtsprechung gelten.[523] Eine solche großzügige Auslegung des Begriffs „Rechtstitel" dürfte aber gegen das vom EuGH aufgestellte Unmittelbarkeitserfordernis verstoßen. Dies kann nur so verstanden werden, dass die öffentliche Stelle den Rechtstitel gleichsam in der Hand hält und nicht lediglich die Möglichkeit besitzt, sich den Titel in einem späteren Zeitpunkt zu beschaffen.

*bb) Öffentliche Zweckbestimmung*

Der Rechtstitel muss die öffentliche Zweckbestimmung des Bauvorhabens absichern. Der Begriff „öffentliche Zweckbestimmung" verlangt ein über die reine Privatnützigkeit hinausgehendes Interesse. So hat der Gerichtshof bereits in der Entscheidung „Mailänder Scala" festgestellt, dass öffentliche Bauvorhaben sich durch „über bloße Einzelwohnstätten hinausgehende Zwecke" definierten.[524] Die öffentliche Zweckbestimmung ist jedenfalls erfüllt, wenn das zu errichtende Bauwerk durch die Gemeinde selbst genutzt wird oder sonstigen öffentlichen Zwecken dienen soll.[525]

Allerdings ist die Grenze der ausschließlichen Privatnützigkeit noch nicht erreicht, wenn die Gemeinde aus öffentlichem Interesse für die Bebauung bestimmte Erfordernisse aufstellt und diese dann vertraglich absichert. Demnach können grundsätzlich auch Ziele wie die städtebauliche Entwicklung oder Attraktivitätssteigerung das Kriterium der öffentlichen Zweckbestimmung erfüllen.[526]

Die vom EuGH in der Rechtssache „Helmut Müller" aufgestellte Negativabgrenzung erfasst solche Handlungsziele – wie bereits dargelegt – jedenfalls nicht. Entscheidend ist auch hier die gedankliche Trennung von Handlungsinstrument und Handlungsziel. Mit dem Handlungsinstrument als Trägermedium beschafft sich die Gemeinde einen Rechtstitel, mit dem sie ein bestimmtes Handlungsziel, die Verfügbarkeit des Bauwerks für die öffentliche Zweckbestimmung, sicherstellt. Dies erfordert über die Einhaltung bestimmter bauwerksbezogener

---

522 OLG Düsseldorf, Beschl. v. 09.06.2010 – VII-Verg 9/10 „Windhövel" = ZfBR 2010, 602, 605.

523 *Herrmann*, VergabeR 2010, 976, 977 f.

524 EuGH, Urt. v. 12.07.2001 – C-399/98 „Mailänder Scala", Rn. 67 (Slg 2001, I-5409).

525 *Jenn*, ZfIR 2010, 405, 407.

526 Insoweit zutreffend auch *Raabe*, NordÖR 2010, 273, 275.

Vorgaben hinaus die Absicherung nutzungsbezogener Erfordernisse, die die zukünftige Verwendung des Bauwerks betreffen.[527]

Bereits in der Entscheidung „Mailänder Scala“ hatte der Gerichtshof auf die Sicherstellung der Verfügbarkeit der baulichen Anlagen für örtliche Nutzer abgestellt. Die Reduzierung auf nutzungsbezogene Erfordernisse ergibt sich besonders deutlich aus englischen Sprachfassung des Urteils „Helmut Müller“. Dort heißt es wörtlich: „*[...] a legal right over the use of the works [...]*“. (Anm.: Hervorhebung d. Verf.). Demnach erfüllen nur solche Handlungsziele das Kriterium der öffentlichen Zweckbestimmung, die durch das Aufstellen nutzungsbezogener Erfordernisse abgesichert werden können.[528] Vergaberechtlich relevant kann damit grundsätzlich auch die vertragliche Sicherung der Verfügbarkeit der baulichen Anlagen für bestimmte städtebauliche Zwecke werden.[529] Die davon zu unterscheidende Frage, ob ein Handlungsinstrumentarium noch zur „bloßen Ausübung städtebaulicher Regelungszuständigkeiten“ gehört, ist eine solche der Qualität des jeweiligen Rechtstitels und nicht eine der Qualität der öffentlichen Zwecksetzung.

---

527 Diesen Aspekt übersehend *Brakalova*, EuZW 2010, 340, 342; *Kühling*, NVwZ 2010, 1257, 1259; *Raabe*, NordÖR 2010, 273, 275; *Gartz*, NZBau 2010, 293, 295 f.; *Greim*, ZfBR 2011, 126, 129 f.; *Otting*, NJW 2010, 2167, 2169, der die Ausführungen des Gerichtshofes zur „bloßen Ausübung städtebaulicher Regelungszuständigkeiten“ im Zusammenhang mit den durch den öffentlichen Auftraggeber genannten Erfordernissen einerseits und mit dem „unmittelbaren wirtschaftlichen Interesse“ andererseits nicht sauber trennt. Wie hier wohl auch *Ganske*, in: Reidt / Stickler / Glahs, Vergaberecht, § 99 GWB, Rn. 165; *Vetter / Bergmann*, NVwZ 2010, 569; *Hertwig*, VergabeR 2010, 554, 559.

528 Der Begriff der öffentlichen Zwecksetzung weist eine große inhaltliche Nähe zum Tatbestandsmerkmal „Nennung von Erfordernissen“ gemäß § 99 Abs. 3 Var. 3 GWB auf. Die im Schrifttum vertretene Ansicht, das Kriterium „unmittelbar wirtschaftlich zugutekommen“ gehe daher bereits in diesem Tatbestandsmerkmal auf (vgl. *Hertwig*, NZBau 2011, 9, 13), geht dagegen zu weit. Diese Sichtweise missachtet zunächst die Differenzierung des Gerichtshofs hinsichtlich der Bauleistung sowie dem ungeschriebenen Tatbestandsmerkmal des „unmittelbaren wirtschaftlichen Interesses“. Weil die Verfolgung einer öffentlichen Zwecksetzung zwingend nutzungsbezogene Vorgaben einschließt, kann sich die Nennung von Erfordernissen lediglich auf bauwerksbezogene Vorgaben beziehen. Daher ist der Begriff der Nennung von Erfordernissen gegenüber dem der öffentlichen Zwecksetzung weiter zu verstehen.

529 Vgl. insoweit EuGH, Urt. v. 18.01.2007 – C-220/05 „Stadt Roanne“, Rn. 42 (Slg 2007, I-385).

*cc) Sicherstellung der Verfügbarkeit*

Das letzte Kriterium der zweiten Fallgruppe besteht darin, dass der Rechtstitel die Verfügbarkeit im Sinne der öffentlichen Zweckbestimmung sicherstellen muss. Der Entscheidung in der Rechtssache „Helmut Müller" lässt sich diesbezüglich keinerlei Konkretisierung entnehmen. Der Rückgriff auf das Urteil „Mailänder Scala" zeigt, dass die Sicherstellung der Verfügbarkeit insbesondere in der Gewährleistung des Zugangs für örtliche Nutzer besteht, wobei örtlich nicht zwingend auch öffentlich zu bedeuten hat.[530] Die Sicherstellung der Verfügbarkeit muss dabei auf das Interesse an der öffentlichen Zweckbestimmung gerichtet sein.[531] Demzufolge hat sich der öffentliche Auftraggeber durch den Rechtstitel zumindest die Möglichkeit des jederzeitigen Zugriffs auf die Verwendung der baulichen Anlage zu sichern.

*c) Fallgruppe 3: Wirtschaftlicher Vorteil*

Die bisherige Konturenlosigkeit der Fallgruppenbildung belegt auch die dritte Fallgruppe „wirtschaftlicher Vorteil". Sie ist der Entscheidung in der Rechtssache „Stadt Roanne" entnommen und umfasst diejenigen Konstellationen, in denen die öffentliche Hand ihre Eigentums- oder Nutzungsrechte nicht selbst ausübt, sondern im Wege der Vermietung oder des Verkaufs an andere weitervermittelt und dadurch Einnahmen erzielt.[532] Die Gemeinde wird jedoch, um Miet- oder Pachteinnahmen generieren zu können, in der Regel auch Eigentümerin der baulichen Anlage oder zumindest Inhaberin eines Rechts sein, mit dem die Verfügbarkeit des Bauwerks für die öffentliche Zweckbestimmung sichergestellt werden kann, so dass bereits die ersten beiden Fallgruppen einschlägig sind.[533] Mithin kommt der dritten Fallgruppe lediglich eine Reservefunktion zu. Die praktische Relevanz der Fallgruppe „wirtschaftlicher Vorteil" als allein einschlägige Fallgruppe ist gering. Dennoch unterstreicht sie das Bemühen des EuGH, einem funktionalen Begriffsverständnis des öffentlichen Auftrags nicht die Grundlage zu entziehen.

Rein begrifflich impliziert ein wirtschaftliches Interesse die Einräumung einer Rechtsposition oder den Erhalt eines finanziellen Vorteils, sei es durch einen

---

530 Vgl. *Herrmann*, VergabeR 2010, 976, 979.

531 EuGH, Urt. v. 12.07.2001 – C-399/98 „Mailänder Scala", Rn. 71 (Slg 2001, I-5409).

532 EuGH, Urt. v. 25.03.2010 – C-451/08 „Helmut Müller", Rn. 52 (Slg 2010, I-2673); *Hausmann*, VR 2011, 41, 43; *Hanke*, ZfBR 2010, 562, 564. Das Erbringen der Bauleistung „für" den öffentlichen Auftraggeber ist dagegen nicht erforderlich.

533 *Vetter / Bergmann*, NVwZ 2010, 569 f.

Mittelzufluss oder aber durch das Ersparen von Aufwendungen.[534] Nicht dem Anwendungsbereich der dritten Fallgruppe unterfallen dagegen solche wirtschaftlichen Vorteile, die nicht aus der Nutzung der Bauleistung oder deren Verkauf resultieren. Dies ergibt sich insbesondere aus der Urteilsbegründung in der Rechtssache „Helmut Müller". Hier heißt es wörtlich:

> *„Das wirtschaftliche Interesse kann ferner in wirtschaftlichen Vorteilen, die der öffentliche Auftraggeber aus der zukünftigen Nutzung oder Veräußerung des Bauwerks ziehen kann, [...]bestehen."*[535]

Der Gerichtshof verknüpft dabei die Nutzungs- bzw. Verkaufskomponente mit dem herzustellenden Bauwerk. Diese Verknüpfung dient auch als wesentliche Hilfestellung für die Frage, wie ein unmittelbares nutzungsbezogenes bzw. verkaufsbezogenes Interesse von einem bloß mittelbaren wirtschaftlichen Interesse abzugrenzen ist. Dabei hat das Kriterium der Unmittelbarkeit zwei Stoßrichtungen. Zum einen soll vermieden werden, dass schon bloß mittelbare Vorteile den Anwendungsbereich des Vergaberechts eröffnen. Daher muss die Bauleistung selbst den wirtschaftlichen Vorteil der öffentlichen Hand abbilden.[536] Lediglich mittelbare wirtschaftliche Vorteile sind etwa die Erzielung höherer Gewerbesteuereinnahmen durch die Ansiedlung eines guten Gewerbesteuerzahlers oder ein durch neu geschaffene Arbeitsplätze verursachtes höheres Lohn- und Einkommenssteueraufkommen. Auch die Generierung von Grunderwerbssteuern für den Fall des Verkaufs des Bauwerks ist ein bloß mittelbarer Vorteil für die Gemeinde.[537] Zum anderen beinhaltet das Unmittelbarkeitskriterium ein Zeitmoment, so dass sich das wirtschaftliche Interesse nicht erst in ferner unbestimmter Zukunft realisieren darf.

#### *d) Fallgruppe 4: Finanzielle Beteiligung*

Die vierte Fallgruppe „finanzielle Beteiligung" entspringt einem funktionalen Begriffsverständnis. Sie hat ebenfalls ihren Ursprung im EuGH-Urteil in der Rechtssache „Stadt Roanne" und umfasst nicht nur positive Geldleistungen der

---

534 *Greim*, ZfBR 2011, 126, 130. So ist die Fallgruppe einschlägig, wenn eine Vereinbarung getroffen wird, wonach überschießende Beträge aus einem Bauprojekt an die öffentliche Stelle auszukehren sind, vgl. EuGH, Urt. v. 18.01.2007 - C-220/05 „Stadt Roanne", Rn. 18 (Slg 2007, I-385).

535 EuGH, Urt. v. 25.03.2010 - C-451/08 „Helmut Müller", Rn. 52 (Slg 2010, I-2673).

536 *Hertwig*, VergabeR 2010, 554, 559.

537 Siehe *Jenn*, ZfIR 2010, 405, 407.

öffentlichen Hand, sondern auch Maßnahmen, die in verschiedenster Form Belastungen des privaten Investors vermindern.

Im Kampf der Kommunen um Wirtschaftskraft und Arbeitsplätze gilt es den jeweiligen Standort für potentielle Investoren attraktiv zu machen. Nicht selten beteiligt sich die Gemeinde an den Investitionskosten. Neben einer direkten Geldzahlung, ist ein Nachlass auf den Kaufpreis eines gemeindlichen Grundstücks ein beliebtes Lockmittel.[538] Aufgrund der immensen Konkurrenz unter den Standorten, ist es durchaus gängige Praxis, dass Gemeinden Grundstücke unter Marktwert verkaufen.[539] Da der öffentlichen Hand beihilfen- und haushaltsrechtlich untersagt ist, Grundstücke unter dem erzielbaren Marktniveau zu verkaufen[540], indiziert eine Veräußerung unter Marktwert im Umkehrschluss ein wirtschaftliches Interesse der Kommune.[541] Eine finanzielle Beteiligung kann aber auch durch die kostenlose Erschließung von Grundstücken für Unternehmen oder die verbilligte Vermietung oder Verpachtung von Grundstücken bzw. Gebäuden begründet werden.

Gegen die vorbeschriebene Einordnung der verbilligten Grundstücksüberlassung zwecks Ansiedlung von Industrie und Gewerbe wird vorgebracht, dass es sich hierbei nur um eine „allgemeine kommunalpolitische Fördermaßnahme“ zur Stärkung des Wirtschaftsstandortes oder zur allgemeinen

538 Diese politisch motivierte Vorgehensweise wird vorwiegend bei Kommunen praktiziert. Dennoch wurden infolge der angekündigten Standortschließungen der Bundeswehr Forderungen laut, auch auf Bundesebene Grundstücke verbilligt an Investoren zu veräußern (Neue Westfälische v. 29./30. Oktober 2011, S. 2).

539 *Greim*, ZfBR 2011, 126, 128. Das OLG München, Beschl. v. 27.09.2011 – Verg 15/11 „M-Modell“, Rn. 51 (zitiert nach juris) zweifelt daran, ob eine finanzielle Beteiligung an einem Bauwerk bereits vorliegt, wenn lediglich das Baugrundstück verbilligt abgegeben wird. Da eine Gemeinde jedoch zur Vermeidung von Grundstücksspekulationen ein Grundstück in den seltensten Fällen unter dem Verkehrswert verkaufen wird, ohne gleichzeitig den Käufer zu einer Bebauung zu verpflichten, kann man einen solchen Zusammenhang durchaus sehen.

540 Siehe zur beihilfen- und haushaltsrechtlichen Beurteilung von kommunalen Investorenprojektenunten, § 15 B. I. 2. sowie § 15 D.

541 *Otting*, NJW 2010, 2167, 2169. So auch OLG Düsseldorf, Beschl. v. 09.06.2010 – Verg 9/10 „Windhövel“ = ZfBR 2010, 602, 605 f. Unter Rückgriff auf die „Mitteilung der Kommission betreffend Elemente staatlicher Beihilfe bei Verkäufen von Bauten oder Grundstücken durch die öffentliche Hand“ (ABl. EG C 209/1997, S. 3) hält der Senat ein bedingungsfreies Bietverfahren bzw. ein Sachverständigengutachten für ausreichend, um dem Vorwurf einer finanziellen Beteiligung entgegenzutreten. Dies kann unter bestimmten Umständen auch mittels einer Wertfestsetzung durch einen Umlegungsausschuss erfolgen.

Attraktivitätssteigerung handele, die regelmäßig keinen unmittelbaren wirtschaftlichen Vorteil begründe.[542] Richtig daran ist, dass nicht jede finanzielle Beteiligung zu einer kartellvergaberechtlichen Ausschreibungspflicht des Investorenkonzepts führt. Vielmehr können – und das kann vor dem Hintergrund der bisher erzielten Ergebnisse kaum überraschen – nur bauwerksbezogene Zuwendungen die Anforderungen an einen öffentlichen Bauauftrag erfüllen. Eine darüber hinausgehende Vereinbarung eines Nutzungszwecks ist allerdings nicht erforderlich, denn das unmittelbare wirtschaftliche Interesse der Kommune besteht bei einer finanziellen Beteiligung schon unabhängig vom konkreten Nutzungszweck.[543] Hierfür spricht zunächst der Wortlaut der Entscheidung „Helmut Müller":

> *„Das wirtschaftliche Interesse kann ferner [...] in seiner finanziellen Beteiligung an der Erstellung des Bauwerks [...] bestehen."*

Die Verwendung des Begriffes „Interesse" statt „Vorteil" bedeutet, dass der Grad der Verbindung der Gemeinde zum Bauvorhaben geringer sein kann. Ein sich etwa aus einem Rechtstitel ergebender Zugriff auf das Bauwerk oder ein wirtschaftlicher Vorteil aus der Nutzung werden gerade nicht gefordert.[544] Zudem ist vor dem Hintergrund der Zwecksetzung der VKR aus der Sicht eines potentiellen Bieters zu bestimmen, ob eine Maßnahme im unmittelbaren wirtschaftlichen Interesse der Gemeinde steht oder nicht. Eine finanzielle Beteiligung an der – einer Nutzung vorgelagerten – Erstellung indiziert für Dritte eindeutig ein unmittelbar wirtschaftliches Interesse. Welche sonstigen Zwecke der öffentlichen Auftraggeber mit der finanziellen Beteiligung verfolgt, wird potentiellen Bietern oftmals verborgen bleiben, so dass es auf die Nutzungsbezogenheit der Zuwendung nicht ankommen kann. Ob mit der Beteiligung mittelbar ein erhöhtes Steueraufkommen generiert wird, neue Arbeitsplätze geschaffen werden oder

---

542 *Kühling*, NVwZ 2010, 1257, 1260 f., der in diesen Fällen lediglich ein beihilfenrechtliches Problem sieht. Dieser Sichtweise hat sich auch das OLG München, Beschl. v. 27.09.2011 – Verg 15/11 „M-Modell", Rn. 51 f. (zitiert nach juris) angeschlossen.

543 Im Ergebnis ebenso *Jenn*, ZfIR 2010, 405, 407. Eine solche Differenzierung zwischen bauwerks- und nutzungsbezogenen Zuwendungen wird im Schrifttum vielfach nicht vorgenommen. So etwa bei *Hanke*, ZfBR 2010 562, 565; *Kühling*, NVwZ 2010, 1257, 1259.

544 A.A. OLG München, Beschl. v. 27.09.2011 – Verg 15/11 „ M-Modell", Rn. 52 (zitiert nach juris), das in seinen Urteilsgründen die verschiedenen Fallgruppen miteinander verknüpft. So setze die Fallgruppe der „finanziellen Beteiligung" zudem voraus, dass der öffentliche Auftraggeber „einen Zugriff auf das Bauwerk" erhalte oder von einer „ihn selbst unmittelbar treffenden Aufgabe entlastet wird".

der öffentliche Auftraggeber gar von einer ihn unmittelbar treffenden Aufgabe entlastet wird, ist für die Beurteilung der Ausschreibungspflicht unerheblich und kann damit nicht aus dem Vergaberechtsregime herausführen.

Dass die Nutzungsbezogenheit der Leistung vielmehr unterstellt wird, lässt sich auch mit dem umgekehrten Mittelfluss in solchen Konstellationen erklären. Während bei den ersten drei Fallgruppen die öffentliche Hand unmittelbar – wenn auch nicht zwingend körperlich – die Leistung erhält, kommt den letzten beiden Fallgruppen eine Auffangfunktion zu. Der öffentliche Auftraggeber soll bei wirtschaftlicher Betrachtungsweise an der Leistung ein unmittelbares Interesse haben, wenn er sich finanziell an der Erstellung des Bauwerks beteiligt oder zumindest eine Verlustausgleichsverpflichtung für den Fall des wirtschaftlichen Scheiterns des Projekts eingeht. Die finanzielle Beteiligung wird über die Verknüpfung mit einer einklagbaren Bauverpflichtung regelmäßig bauwerksbezogen sein.[545] Zur Vermeidung von Umgehungskonstellationen, bei denen die Gemeinde Geldzahlungen zur Erstellung von baulichen Anlagen als bauwerksunabhängige Zuschüsse deklariert, ist eine Gesamtwürdigung der vertraglichen Vereinbarung vorzunehmen.

Wird ein kommunales Grundstück also unter Wert verkauft und dem Erwerber eine Bauverpflichtung auferlegt, muss das gesamte Investorenprojekt nach kartellvergaberechtlichen Grundsätzen ausgeschrieben werden. Inwiefern ein objektives Wertgutachten den Beweis erbringen kann, dass das öffentliche Grundstück zum Marktwert verkauft wird, ist dagegen weiterhin ungeklärt.[546] Insbesondere ist – soweit ersichtlich – bislang noch nicht entschieden, ob ein Sachverständigengutachten auch noch dann eine finanzielle Beteiligung zu widerlegen vermag, wenn ein weiterer Interessent einen über dem durch das Gutachten taxierten Wert liegenden Kaufpreis bietet.[547]

---

545 Durch die Vereinbarung einer einklagbaren Bauverpflichtung können auch Abgrenzungsprobleme zum Beihilfenrecht erst gar nicht entstehen. Vgl. auch *Greim*, ZfBR 2011, 126, 128. A.A. OLG München, Beschl. v. 27.09.2011 – Verg 15/11 „M-Modell“, Rn. 52 (zitiert nach juris).

546 Der Vorschlag von *Haak*, VergabeR 2011, 351, 356, ein objektives Wertgutachten einzuholen, um einen Beschaffungszweck zu widerlegen, birgt deshalb die erhebliche Gefahr eines vergaberechtlichen Nachprüfungsverfahrens. Etwas anderes kann nur aus beihilfenrechtlichen Überlegungen gelten. Vgl. hierzu noch § 15 B. I. 2.

547 Siehe hierzu die Überlegungen von *Hertwig*, NZBau 2011, 9, 11.

*e) Fallgruppe 5: Verlustausgleichungsverpflichtung*

Schließlich entstammt auch die letzte Fallgruppe der „Verlustausgleichsverpflichtung“ der Entscheidung „Stadt Roanne“. Hier hatte die Stadt für den Fall, dass die Entwicklungsgesellschaft nicht alle Bauwerke an Dritte verkaufen kann, die Verpflichtung übernommen, diese zurückzukaufen. Diese Fallgruppe umfasst sämtliche Sicherungsversprechen wie Garantien oder Bürgschaften sowie die Entbindung von der Leistungspflicht und schirmt letztlich das Ausfallrisiko für den Fehlschlag des Investorenprojekts ab. Wie bei Rechtstiteln, die der Gemeinde lediglich die Möglichkeit einer zukünftigen zweckentsprechenden Nutzung eröffnen, genügt auch hier die „Reservefunktion“ der jederzeitigen Möglichkeit einer finanziellen Inanspruchnahme. Das unmittelbare wirtschaftliche Interesse des öffentlichen Auftraggebers resultiert aus der Übernahme des Schuldversprechens. Hinsichtlich der Zweckbezogenheit gilt das zur Fallgruppe der „finanziellen Beteiligung“ Gesagte, wonach es auf eine Nutzungsbezogenheit der Verlustausgleichsverpflichtung nicht ankommen kann.

*f) Bagatellgrenze*

Immer dann, wenn das Investitionsvorhaben nicht ausschließlich für den öffentlichen Auftraggeber bestimmt ist, stellt sich die Frage, welches Gewicht der jeweilige wirtschaftliche Vorteil, die finanzielle Beteiligung oder die Verlustausgleichsverpflichtung an dem Bauprojekt – gerade im Hinblick auf die anderen Fallgruppen „Eigentum“ und „Rechtstitel“ – aufweisen muss, um eine Erstreckung des Vergaberechtsregimes auch auf diese Fälle zu rechtfertigen. Der EuGH-Rechtsprechung sind hierzu keinerlei Anhaltspunkte zu entnehmen. Zwar sollen durch die letztgenannten Fallgruppen ersichtlich solche Konstellationen erfasst werden, bei denen die Bindung der öffentlichen Stelle zum Bauwerk etwas lockerer ausgestaltet ist. Dagegen wurde eine Bagatellgrenze, deren Erreichen eine vergaberechtliche Ausschreibungspflicht rechtfertigen würde, nicht benannt.

Die Bestimmung einer Bagatellgrenze ist umso virulenter, als dass sie unabhängig von der Festsetzung der Schwellenwerte erfolgen muss, da sich diese nicht zwangsläufig nur aus den Beiträgen der öffentlichen Hand berechnen.[548] Es bedarf auch aus Sicht eines potentiellen Bieters einer gewissen Erheblichkeit des wirtschaftlichen Vorteils, der finanziellen Beteiligung oder der Verlustausgleichsverpflichtung. Die genaue Bestimmung einer Wertgrenze muss der

548 Vgl. hierzu noch näher § 10.

Einzelfallprüfung obliegen. Insoweit erscheint aber eine Bagatellgrenze von 5–10% des Projektwertes als sinnvoll.

### 3. Weitere denkbare Fallgruppen

#### *a) Bildung weiterer Fallgruppen grundsätzlich möglich*

Der Gerichtshof hat nicht ausreichend deutlich gemacht, ob seine Fallgruppenbildung zur Präzisierung des unbestimmten Rechtsbegriffs als ein abschließender Katalog zu verstehen ist.[549] Gegen eine abschließende Aufzählung spricht – neben dem „Case-Law-Charakter von EuGH-Entscheidungen"[550] – zunächst, dass der EuGH diese Problematik nicht explizit aufgreift, obwohl der Generalanwalt in seinen Schlussanträgen die eigene Fallgruppenbildung als abschließend bezeichnet.[551] Zudem legt die Tatsache, dass der Gerichtshof in seiner Fallgruppenbildung ausschließlich auf seine eigene Rechtsprechung zurückgreift und keine grundlegenden Kriterien vorgibt, die Vermutung nahe, dass er selbst nicht vorherzusehen vermag, ob es zukünftig andere Fallkonstellationen gibt, die ebenfalls unter den unbestimmten Rechtsbegriff subsumierbar sind. Auch die Schaffung einer Negativabgrenzung, mit welcher der Gerichtshof den Bereich dessen festlegt, was zumindest nicht in den Anwendungsbereich der VKR fallen soll, spricht dafür, dass zumindest potentiell weitere Regelbeispiele folgen könnten. Diese müssten sich dann aber an der Negativabgrenzung messen lassen.

#### *b) Mögliche weitere Fallgruppe: Erstellung des Bauwerks auf Initiative der Gemeinde*

Der *Generalanwalt Mengozzi* hat in seinen Schlussanträgen in der Rechtssache „Helmut Müller" die Fallgruppe „Initiative der öffentlichen Verwaltung" entwickelt.[552] Sie dient der Präzisierung seines Vorschlags, den Tatbestand des öffentlichen Bauauftrags um ein ungeschriebenes Merkmal der „unmittelbare Verbindung" zu ergänzen. Die Fallgruppe soll die Erstellung solcher Bauwerke erfassen, die auf Initiative der öffentlichen Verwaltung erfolgen. Eine

---

549 Für einen abschließenden Charakter *Vetter / Bergmann*, NVwZ 2010, 569, die für ihre Auffassung auf den Wortlaut abstellen; A.A. *Brakalova*, EuZW 2010, 340, 341; *Greim*, ZfBR 2011, 126, 129; *van Kann / Hettich*, ZfIR 2010, 783, 786; *Grothmann / Tschäpe*, ZfBR 2011, 442, 446; *Tomerius*, ZfBR 2012, 332, 335; dies offen lassend *Jenn*, ZfIR 2010, 405, 407.

550 *Tomerius*, ZfBR 2012, 332, 335.

551 Siehe oben, § 7 B. V. 2.

552 *GA Mengozzi*, Schlussanträge v. 17.11.2009 – C-451/08 „Helmut Müller", Rn. 59 ff. (Slg. 2010 I-2673).

entsprechende Fallgestaltung liege insbesondere vor, wenn die Träger der öffentlichen Gewalt aus eigenem Bestreben ein Verfahren in Gang setzen, das zur Realisierung der Werke oder Arbeiten führe. Dabei wird man eine Beeinflussung des konkreten Ergebnisses durch eine Initiative des Trägers der öffentlichen Gewalt als ausreichend erachten müssen.[553] Der *Generalanwalt Mengozzi* hat zugleich durch den Einschub des Wortes „insbesondere" deutlich gemacht, dass mit seiner dritten Fallgruppe ein Auffangtatbestand geschaffen wird.

Der Gerichtshof greift diese Fallgruppe in seinem späteren Urteil jedoch nicht auf, schließt sie allerdings auch nicht ausdrücklich aus. Unter Beachtung des vom EuGH geschaffenen Oberbegriffs „unmittelbares wirtschaftliches Interesse" wird man aber feststellen müssen, dass diese Auffanggruppe nicht darauf ausgerichtet ist, ein „unmittelbares wirtschaftliches Interesse" des öffentlichen Auftraggebers zu erfüllen. Dieser Begriff ist durch die Implementierung des Merkmals „wirtschaftlich" bewusst restriktiver gefasst als der Vorschlag des Generalanwalts.[554]

Gleichwohl nennt der Gerichtshof selbst mehrere Fallgruppen zur Konkretisierung seines Begriffes, die im Sinne einer funktionellen Sichtweise Auffangtatbestände darstellen. Deshalb erscheint es abwegig, neue Fallgruppen zu bestimmen, zumal der Gerichtshof mit der Implementierung des Merkmals „wirtschaftlich" eine hohe Hürde für eine potentielle Erweiterung geschaffen hat. Dabei ist es aber nicht gänzlich ausgeschlossen, dass die Rechtsprechung im Sinne einer dynamischen Fortentwicklung des Begriffs des öffentlichen Bauauftrags auch in Zukunft weitere Fallgestaltungen entwickelt.

## D. Zusammenfassung

Durch die Entscheidung in der Rechtssache „Helmut Müller" hat der EuGH den Bestand des Beschaffungsbezugs als Einschränkung des Anwendungsbereichs des Vergaberechts bestätigt. Grundsätzlich eignet sich das ungeschriebene Tatbestandsmerkmal „unmittelbares wirtschaftliches Interesse" als taugliches Abgrenzungsmerkmal zwischen ausschreibungspflichtigen öffentlichen Bauaufträgen und rein privatnützigen Bauvorhaben. Die genaue Analyse der Reichweite des

553 So ist auch *GA Mengozzi*, Schlussanträge v. 17.11.2009 – C-451/08 „Helmut Müller", Rn. 59 (Slg. 2010 I-2673) zu verstehen.

554 Eine Abgrenzung danach, ob eine „unmittelbare Verbindung zwischen der öffentlichen Verwaltung und den zu verwirklichenden Arbeiten oder Werken" (vgl. *GA Mengozzi*, Schlussanträge v. 17.11.2009 – C-451/08 „Helmut Müller", Rn. 52 ff.; Slg. 2010 I-2673) vorliegt, wäre sicherlich ein trennschärferes Kriterium, das somit ein weitaus größeres Maß an Rechtssicherheit gebracht hätte. A.A. offenbar *Greim*, ZfBR 2011, 126, 129.

unbestimmten Rechtsbegriffes konnte aber entgegen der im Schrifttum vorherrschenden Meinung zeigen, dass die Rechtsprechung des Gerichtshofes nicht zu einer weitgehenden Freistellung kommunaler Investorenprojekte vom Vergaberecht geführt hat.

Insbesondere sind städtebauliche Handlungsinstrumentarien und städtebauliche Zielvorstellungen, die eine Gemeinde mit der jeweiligen Projekt-realisierung verbindet, strikt voneinander zu trennen. Zentral ist die Erkenntnis, dass sowohl diejenigen Handlungsinstrumentarien, die der Gemeinde eine wirtschaftliche Beteiligung am Investorenvorhaben ermöglichen, als auch städtebaulich motivierte Interessen nicht von der Negativabgrenzung erfasst werden und somit grundsätzlich als vergaberechtlich relevant einzustufen sind. Die rote Linie der vergaberechtlichen Ausschreibungspflicht ist vielmehr anhand der Beurteilung zu bestimmen, ob ein Vorhaben privatnützig ist oder aber zumindest auch im öffentlichen Interesse steht.

In der Fallgruppenanalyse haben sich erhebliche Unterschiede zwischen den einzelnen Fallgruppen hinsichtlich des Erfordernisses eines nutzungsbezogenen Interesses des öffentlichen Auftraggebers offenbart. Während der Erlangung des Eigentums ein nutzungsbezogenes Interesse auf die Stirn geschrieben steht, ergibt sich ein solches im Rahmen der zweiten Fallgruppe aus der – nutzungsbezogenen – öffentlichen Zwecksetzung des Bauwerks. Auch die wirtschaftlichen Vorteile, die ein öffentlicher Auftraggeber erzielt, müssen sich aus der Nutzung bzw. der Veräußerung des Bauwerks ergeben. Ein vergaberechtliches Einfallstor sind die letzten beiden Fallgruppen, die finanzielle Beteiligung und die Übernahme einer Verlustausgleichsverpflichtung. Es ergibt sich insofern ein Bruch in der Systematik der Fallgruppenbildung durch den Gerichtshof, als dass eine vergaberechtlich relevante Beteiligung der öffentlichen Hand unabhängig von der beabsichtigten Nutzung durch den Auftraggeber erfolgen kann. Hier indiziert die finanzielle Beteiligung bzw. die Risikoübernahme das nutzungsbezogene Interesse der Gemeinde an dem Bauvorhaben.

Viele Fallkonstellationen können dagegen wieder rechtssicher ohne Anwendung des strengen Vergabeverfahrensrechts vergeben werden. So löst das mittelbare Interesse an der Bauleistung keine Ausschreibungspflicht aus[555] Die Umsetzung der europarechtlichen Vorgaben in § 99 Abs. 3 GWB ist nach der vorhergehenden Untersuchung als europarechtskonform zu bezeichnen.[556] Die

555 *Hertwig*, VergabeR 2010, 554, 559.

556 Vgl. auch *Lamm*, KommJur 2010, 161, 166; *Gartz*, NZBau 2010, 293, 296; *van Kann / Hettich*, ZfIR 2010, 783, 787. A.A. *Keller*, Kooperativer Städtebau und Kartellvergaberecht, S. 103 ff., der die Veränderungen des Tatbestands des öffentlichen Auftrags

Einfügung des Tatbestandsmerkmals „unmittelbar wirtschaftlich zugutekommen“ deckt sich im Wesentlichen mit dem ungeschriebenen Merkmal der VKR „unmittelbares wirtschaftliches Interesse“. § 99 Abs. 3 GWB ist allerdings dahingehend einschränkend auszulegen, dass ein Bauvorhaben oder ein Bauwerk nicht „für den öffentlichen Auftraggeber“ ausgeführt werden muss. Der öffentliche Auftraggeber kann – wie gezeigt – auch dann ein unmittelbares wirtschaftliches Interesse an der Bauleistung haben, wenn diese nicht für ihn erbracht wird, etwa im Falle einer finanziellen Beteiligung an dem geplanten Projekt.[557]

## § 8 Die Gegenleistung des öffentlichen Auftraggebers

Der Auftragsbegriff setzt nach Art. 1 Abs. 2 lit. a) VKR und § 99 Abs. 1 GWB das Vorliegen eines „entgeltlichen Vertrag“ voraus. Ein solcher erfordert – neben der Leistung des Auftragnehmers – eine Gegenleistung der öffentlichen Hand. Der Anwendungsbereich des Kartellvergaberechts ist demnach nur dann eröffnet, wenn sich der öffentliche Auftraggeber verpflichtet, für die erhaltene Leistung auch etwas zurückzugeben. Dementsprechend muss der öffentliche Auftraggeber eine eigene geldwerte Gegenleistung erbringen, die mit der Hinleistung des Auftragnehmers untrennbar verbunden ist.[558] Das Merkmal der Gegenleistung verlangt jedoch nicht, dass die Leistungen, zu denen sich die Vertragsparteien verpflichtet haben, in einem synallagmatischen Verhältnis stehen. Grundsätzlich können somit auch zusammenhangslose Vermögensvorteile durch ausdrückliche Vereinbarung miteinander verknüpft werden und so eine gemeinsame Verrechnungsbasis darstellen.[559] Diese kann entweder in der Zahlung eines Entgelts

---

durch das Vergaberechtsmodernisierungsgesetz als nicht richtlinienkonform eingeordnet. Die mit der Änderung einhergehende Einschränkung des Auftragsbegriffs sei mit der Zweckneutralität des öffentlichen Auftrags unvereinbar. Letztlich müsse aufgrund des Anwendungsvorrangs des Unionsrechts von einer Unanwendbarkeit der neu eingefügten Tatbestandsmerkmale ausgegangen werden.

557 *Hertwig*, NZBau 2011, 9, 12 f.

558 Grundlegend: EuGH, Urt. v. 12.07.2001 – Rs. C-399/98 „Mailänder Scala“, Rn. 77 (Slg 2001, I-5409); BGH, Beschl. v. 01.02.2005 – X ZB 27/04 „Altpapierverkauf“ = NZBau 2005, 290, 293; *Keller*, Kooperativer Städtebau und Kartellvergaberecht, S. 117.

559 BayObLG, Beschl. v. 27.02.2003 – Verg 1/03 „Entsorgungspark Freimann“ = VergabeR 2003, 329, 330; OLG Düsseldorf, Beschl. v. 08.09.2004 – VII-Verg 35/04 = NZBau 2005, 650, 651 f.; OLG Düsseldorf, Beschl. v. 22.09.2004 – VII-Verg 44/04 = NZBau 2005, 652, 653; *Walz*, Die Bau- und Dienstleistungskonzession, S. 230. A.A. *Gartz*, NZBau 2010, 293, 296.

(hierzu A.) oder in der Gewährung eines Nutzungsrechts, einer Konzession (hierzu B.), liegen. Bei der Realisierung kommunaler Investorenprojekte ist insbesondere die Grundstücksüberlassung ein Vehikel für eine vergaberechtliche Ausschreibungspflicht. Für die Reichweite des kartellvergaberechtlichen Rechtsregimes ist dabei vor allem die Frage relevant, ob auch eine Grundstücksveräußerung zum Marktpreis eine Entgeltkomponente darstellen kann.

## A. Entgeltlichkeit des öffentlichen Bauauftrags

### *I. Der weite Entgeltbegriff*

Klassischerweise liegt dem öffentlichen Auftrag eine Gegenleistung in der Form einer Entgeltzahlung durch den öffentlichen Auftraggeber zugrunde. Der Entgeltbegriff ist – ganz im Sinne des europarechtlichen Grundsatzes des „effet utile" – weit auszulegen. Hierdurch werden nicht nur Geldzahlungen, sondern jedwede Formen der Vergütung erfasst, die einen geldwerten Vorteil bedeuten.[560] Dementsprechend grenzt das Merkmal der Entgeltlichkeit den öffentlichen Auftrag als „wirtschaftlich ausgerichtete zweiseitig verpflichtende Rechtsbeziehung" lediglich von vergabefreien Gefälligkeitsverhältnissen oder außerrechtlichen Beziehungen ab, mithin von „unentgeltlichen" Verträgen wie der Schenkung oder der Leihe.[561] Ein derart weites Verständnis vom Entgeltbegriff lässt sich insbesondere auf die Rechtsprechung des EuGH stützen: Bereits in seiner Entscheidung „Mailänder Scala" führte der Gerichtshof aus, ein Entgelt liege auch

---

560 So auch OLG Naumburg, Beschl. v. 03.11.2005 – 1 Verg 9/05 = NZBau 2006, 58, 62; OLG Düsseldorf, Beschl. v. 12.01.2004 VII-Verg 71/03 „PPK-Abfallverwertung" = NZBau 2004, 343; OLG Celle, Beschl. v. 05.02.2004 13 Verg 26/03 = NZBau 2005, 51; OLG Frankfurt a.M., Beschl. v. 07.09.2004 – 11 Verg 11/04 = NZBau 2004, 692; *Ganske*, in: Reidt / Stickler / Glahs, Vergaberecht, § 99 GWB, Rn. 31; *Willenbruch*, in: ders. / Bischoff, Vergaberecht, § 99 GWB, Rn. 26; *Ruhland*, Die Dienstleistungskonzession, S. 190 f.; *Hüser*, Ausschreibungspflichten bei der Privatisierung öffentlicher Aufgaben, S. 110 m.w.N., der wie *Ruhland* den weiten Entgeltbegriff mit dem zusätzlichen Argument der Parallelwertung zum ebenfalls weit auszulegenden Entgeltbegriff der Dienstleistungsfreiheit aus Art. 50 EGV (nunmehr Art. 57 AEUV) stützt. A.A. noch *Thieme*, in: Langen / Bunte, Kartellrecht, 9. Aufl. 2001, § 99 GWB, Rn. 5; *Werner / Köster*, NZBau 2003, 420 (sog. „enger Entgeltbegriff").

561 OLG Naumburg, Beschl. v. 03.11.2005 – 1 Verg 9/05 = NZBau 2006, 58, 62; *Dreher*, in: Immenga / Mestmäcker, Wettbewerbsrecht, § 99 GWB, Rn. 20; *Ganske*, in: Reidt / Stickler / Glahs, Vergaberecht, § 99 GWB, Rn. 31; *Eschenbruch*, in: Kulartz / Kus / Portz, GWB-Vergaberecht, § 99, Rn. 35 ff.; *Keller*, Kooperativer Städtebau und Kartellvergaberecht, S. 117; *Walz*, Die Bau- und Dienstleistungskonzession, S. 229 f.

dann vor, wenn zwar für die Erstellung von Erschließungsanlagen keine direkte Geldzahlung durch den öffentlichen Auftraggeber erfolge, aber der die Anlagen errichtende Bauherr in gleicher Höhe gegenüber der Gemeinde bestehende Schulden begleichen könne.[562] Dieses weite Verständnis wurde ausdrücklich für Fälle bestätigt, bei denen sich der öffentliche Auftraggeber an Ausgaben des privaten Investors wirtschaftlich beteiligte oder Einnahmen abtrat, die er aus einer nachfolgenden Weiterveräußerung erlangte.[563]

In Rechtsprechung und Schrifttum war schon vor der EuGH-Entscheidung „Helmut Müller" anerkannt, dass ein Entgelt für die Bauleistung ebenso durch Übertragung oder Überlassung von Vermögensgegenständen, wie Grundstücken oder Gebäuden, erbracht werden kann.[564] Kein Entgelt ist dagegen die Gewährung von Baurecht, da es als Akt der Rechtsetzung ausschließlich im Sinne der Allgemeinheit und demnach unabhängig von der Erbringung einer Bauleistung geschaffen wird. Ein vertraglicher Anspruch auf die Schaffung von Baurecht könnte wegen § 1 Abs. 3 Satz 2 BauGB auch gar nicht wirksam vereinbart werden.[565] Das Baurecht ist vielmehr notwendige Voraussetzung der Bauleistung und die mit dessen Gewährung verbundene Werterhöhung lediglich die Kalkulationsgrundlage eines potentiellen Investors. Dies gilt erst recht, wenn das Grundstück im Eigentum der Gemeinde steht und in Erwartung der baldigen Schaffung von Baurecht für einen entsprechend höheren Kaufpreis an den Investor verkauft wird.[566] An einer vertraglich vereinbarten Gegenleistung fehlt es

562 EuGH, Urt. v. 12.07.2001 – Rs. C-399/98 „Mailänder Scala", Rn. 77 (Slg 2001, I-5409).

563 EuGH, Urt. v. 18.01.2007 – C-220/05 „Stadt Roanne", Rn. 45, 49 (Slg 2007, I-385); *Burgi*, NVwZ 2008, 929, 933.

564 Europäische Kommission, Leitfaden öffentliches Auftragswesen in der Europäischen Union, ZVgR 1998, 386, 387; *Dreher*, in: Immenga / Mestmäcker, Wettbewerbsrecht, § 99 GWB, Rn. 20; *Keller*, Kooperativer Städtebau und Kartellvergaberecht, S. 117. Zur Parallelproblematik der Übertragung von Gesellschaftsanteilen *Frenz*, WRP 2006, 1216, 1217 f.

565 *Kühling*, NVwZ 2010, 1257, 1260; *Remmert*, JZ 2010, 512, 514; *Pietzcker*, NZBau 2008, 293, 296 f.; *Vetter / Bergmann*, NVwZ 2008, 133, 137; vgl. hierzu auch die ausführliche Darstellung bei *Keller*, Kooperativer Städtebau und Kartellvergaberecht, S. 146 ff. A.A. *Amelung / Dörn*, VergabeR 2007, 644, 647 f. Siehe hierzu bereits oben, § 2 B. I. 2.

566 *Reidt*, BauR 2007, 1664, 1669 f.; *Keller*, Kooperativer Städtebau und Kartellvergaberecht, S. 147 f.

ebenso, wenn die Geldleistung an den Auftragnehmer auf der Grundlage allgemeinverbindlicher Regelungen, wie etwa Förderrichtlinien, erbracht wird.[567]

### *II. Insbesondere: Grundstücksüberlassung als Entgelt*

Bei kommunalen Grundstücksverkäufen, die mit einer einklagbaren Bauverpflichtung verknüpft werden, zahlt der öffentliche Auftraggeber typischerweise kein Entgelt in der Form eines Werklohns.[568] Ein geldwerter Vorteil liegt hier regelmäßig in der Übertragung bzw. Überlassung von Grundstücken zu einem Preis, der unter dem Marktniveau liegt.[569] Dies wurde auch in der Rechtsprechung für den Fall einer als solchen grundsätzlich vergaberechtsfreien Grundstücksüberlassung ausdrücklich bestätigt.[570] In dem der Entscheidung zugrunde liegenden Sachverhalt wollte die Kommune sich einen möglichst großen Anteil an Abfallmengen zur höheren Auslastung einer Deponieanlage sichern. Zu diesem Zweck hatte sie einem Unternehmen ein Grundstück zu einem reduzierten Pachtzins überlassen und die Verpachtung mit einer Andienungspflicht für die auf dem Grundstück anfallenden Abfälle verbunden. Zwar ist die Verpachtung isoliert betrachtet vergaberechtlich unbedeutend. Durch die Verknüpfung mit einer Lieferleistung des Pächters kann die verbilligte Grundstücksüberlassung jedoch einen entgeltlichen Vertragscharakter begründen.[571]

Von bedeutender Tragweite für den Anwendungsbereich des Vergaberechts ist die darüber hinausgehende Frage, ob bei der gebotenen wirtschaftlichen Betrachtungsweise, die sämtliche wirtschaftliche Vorteile einbezieht[572], grundsätzlich auch der Verkauf des Grundstücks zu einem marktgerechten Preis für sich genommen die Gewährung eines wirtschaftlichen Vorteils durch die Gemeinde darstellen kann. Eindeutig nicht erfasst von der Ausschreibungspflicht sind die

---

567 *Schaller*, Der Gemeindehaushalt 2011, 158, 159.

568 Vgl. *Hertwig*, VergabeR 2010, 554, 556.

569 *Raabe*, NordÖR 2010, 273, 277; *Kühling*, NVwZ 2010, 1257, 1260; *Greim*, ZfBR 2011, 126, 132.

570 BayObLG, Beschl. v. 27.02.2003 – Verg 1/03 „Entsorgungspark Freimann“ = VergabeR 2003, 329.

571 BayObLG, Beschl. v. 27.02.2003 – Verg 1/03 „Entsorgungspark Freimann“ = VergabeR 2003, 329, 331; *Keller*, Kooperativer Städtebau und Kartellvergaberecht, S. 118; *Otting*, VergabeR 2002, 11, 16; *Ganske*, in: Reidt / Stickler / Glahs, Vergaberecht, § 99 GWB, Rn. 32; *Eschenbruch*, in: Kulartz / Kus / Portz, GWB-Vergaberecht, § 99, Rn. 78; *Otting*, VergabeR 2002, 11, 16.

572 *Bungenberg*, in: Loewenheim / Meessen / Riesenkampff, Kartellrecht, § 99 GWB, Rn. 29 f.; *Burgi*, NZBau 2008, 480, 485.

einfachen Veräußerungsgeschäfte, da sie keine Beschaffung einer Bauleistung bezwecken.[573] Doch auch beim Verkauf eines Grundstücks zum marktüblichen Preis kann die notwendige Verknüpfung zwischen der Bauleistung und der Gewährung eines wirtschaftlichen Vorteils erreicht werden. Wegweisend ist in diesem Zusammenhang die Altpapier-Entscheidung des Bundesgerichtshofs. Dieser hatte die Ausschreibungspflicht eines Altpapier-Verwertungsvertrages zu beurteilen, bei dem die Gemeinde neben der Überlassung des werthaltigen Gutes noch einen „Kaufpreis" vom weiterverarbeitenden Unternehmen erhielt. Der BGH wörtlich:

> *„Vor allem erfordert die Vorschrift [§ 99 Abs. 1 GWB, Anm. d. Verf.] nicht, in Fällen, in denen die von dem Unternehmen übernommene (Dienst-)Leistung in der weiteren Behandlung eines Guts von Wert liegt und in denen der öffentlichen Auftraggeber wegen dieser Eigenschaft eine Bezahlung durch das Unternehmen erreichen kann, Entgeltlichkeit erst dann anzunehmen, wenn feststeht, dass und gegebenenfalls inwieweit bei der Höhe des von dem Unternehmen zu zahlenden Preises die Pflicht zur Erbringung der übernommenen (Dienst-)Leistung preismindernd berücksichtigt worden ist. […] Die Altpapierverwertung einerseits und die Veräußerung des Altpapiers andererseits stellen nicht zwei voneinander trennbare Leistungsaustauschgeschäfte dar, […].“*[574]

Der Bundesgerichtshof stellt also allein auf die Überlassung des Altpapiers als geldwerten Vorteil ab. Sein Verkauf ist lediglich das rechtliche Gewand, in dem sich der Auftraggeber die von ihm gewünschten Leistungen beschafft, demnach das Mittel zur Bedarfsdeckung. Übertragen auf kommunale Investorenprojekte bedeutet dies, dass eine ausreichende vertragliche Verknüpfung zwischen dem Grundstücksverkauf und der Bebauung erreicht werden muss. Irrelevant ist dagegen, ob die Pflicht zur Bebauung preismindernd berücksichtigt wurde. Die ausreichende vertragliche Verknüpfung liegt in den Fällen des kooperativen Städtebaus, in denen die Gemeinde zugleich Eigentümerin des zu bebauenden Grundstücks ist, immer dann vor, wenn die Übertragung des Grundstücks auf den Investor unzertrennbar mit der Übernahme einer einklagbaren

---

573 In aller Deutlichkeit EuGH, Urt. v. 25.03.2010 – C-451/08 „Helmut Müller", Rn. 41 ff. (Slg 2010, I-2673). So auch eine weitere Entscheidung des BGH, in der er über einen zivilrechtlichen Schadensersatzanspruch mangels vergaberechtlicher Ausschreibung eines Grundstücksverkaufs durch die öffentliche Hand entschieden hat: BGH, Urt. v. 22.02.2008 – V ZR 56/07, Rn. 10 = ZfBR 2008, 506.

574 BGH, Beschl. v. 01.02.2005 – X ZB 27/04 „Altpapierverkauf" = NZBau 2005, 290, 293; vgl. auch OLG Düsseldorf, Beschl. v. 09.01.2013 – VII-Verg 26/12 „Münsterlandwerke", Rn. 58 (zitiert nach juris).

Bauverpflichtung verbunden ist.[575] Erreicht die Gemeinde trotz der Vereinbarung einer Baupflicht einen marktgerechten Preis, ist dies vielmehr ihrem Verhandlungsgeschick geschuldet.[576] Der Auffassung, der öffentliche Auftraggeber müsse dem Auftragnehmer darüber hinaus noch etwas zuwenden[577], ist mit dem so verstandenen Entgeltbegriff die Grundlage entzogen.[578] Dies bedeutet letztlich eine deutliche Ausweitung des Anwendungsbereichs des Vergaberechts.

Diese Auslegung durch den Bundesgerichtshof vermag aus gleich mehreren Gründen überzeugen. Zunächst unterstreicht sie die Funktion des Tatbestandsmerkmals als Abgrenzungskriterium zu vergabefreien Gefälligkeitsverhältnissen sowie außerrechtlichen Leistungsbeziehungen.[579] Überträgt die Kommune im Gegenzug für eine Bauleistung ein Grundstück, besteht vielmehr eine wirtschaftliche Leistungsbeziehung zwischen den Parteien, die als solche die Anwendung des Vergaberechtsregimes rechtfertigt. Zudem ist nicht nachvollziehbar, warum die Übertragung eines Vermögensgegenstands nur dann die Hingabe eines geldwerten Vorteils bedeuten soll, wenn ein Kaufpreis unter Marktwert erreicht wird. Denn die Bauleistung des Auftragnehmers erhält die öffentliche Hand nicht deshalb unentgeltlich, weil sie diesem keinen Rabatt auf den Grundstückspreis zukommen lässt.[580]

Darüber hinaus lässt sich durch diese Einordnung auch eine sinnvolle Trennlinie zur vierten Fallgruppe des Beschaffungszwecks ziehen. Im Schrifttum wird immer wieder auf die Nähe der Fallgruppe „finanzielle Beteiligung“ zum

---

575 Verstärkt wird die Bindung zwischen den beiden Leistungsaustauschgeschäften vom ungeschriebenen Tatbestandsmerkmal des „unmittelbaren wirtschaftlichen Interesses“ des öffentlichen Auftraggebers an der Bauleistung. Ein Verkauf wird für die öffentliche Hand regelmäßig dann nicht in Betracht kommen, wenn sie keine ausreichende Sicherheit dafür hat, dass das von ihr erhoffte Bauprojekt eine Chance auf Realisierung hat.

576 *Keller*, Kooperativer Städtebau und Kartellvergaberecht, S. 118 ff., 149.

577 So noch OLG Celle, Beschl. v. 01.07.2004 – 13 Verg 8/04, Rn. 21 (zitiert nach juris).

578 *Eisenreich / Barth*, NVwZ 2008, 635, 637; in diesem Sinne wohl auch *Kus*, VergabeR 2010, 807, 809. Dies wurde bereits vorher für den vergleichbaren Fall der Grundstücksverpachtung obergerichtlich entschieden. Im betreffenden Fall ließ das BayObLG, Beschl. v. 27.02.2003 – Verg 1/03 „Entsorgungspark Freimann“ = VergabeR 2003, 329 eine „Leistung in Form der Grundstücksüberlassung samt Infrastrukturrahmen“ als ein vergaberechtlich relevantes Entgelt genügen.

579 *Keller*, Kooperativer Städtebau und Kartellvergaberecht, S. 119; vgl. insoweit auch die Ausführungen bei § 8 A. I.

580 *Keller*, Kooperativer Städtebau und Kartellvergaberecht, S. 119.

Tatbestandsmerkmal der Gegenleistung verwiesen.[581] Dem ist insoweit zu folgen, als dass der Grundstücksverkauf unter Marktpreis stets eine finanzielle Beteiligung darstellt und somit ein Beschaffungsinteresse der öffentlichen Hand indiziert. Die finanzielle Beteiligung der öffentlichen Hand an einem Bauprojekt erfüllt also regelmäßig eine Doppelfunktion, hinsichtlich des Beschaffungszwecks als auch der Gegenleistung. Es erscheint jedoch problematisch, umgekehrt einfach von der Gegenleistung auf das Vorliegen eines unmittelbaren wirtschaftlichen Interesses zu schließen, weil das Tatbestandsmerkmal der Gegenleistung Gefahr liefe, marginalisiert zu werden.[582] Jede Gegenleistung wäre gleichsam das entscheidende Kriterium für die Annahme einer finanziellen Beteiligung. Würde man unterstellen, dass die finanzielle Beteiligung und der Entgeltbegriff deckungsgleich seien, gäbe es keinen entgeltpflichtigen Vertrag mehr, der nicht zumindest die Kriterien der vierten Fallgruppe erfüllen würde. Der Begriff des Entgelts ist aber – wie dargelegt – weiter als jener der finanziellen Beteiligung, so dass im Einzelfall weiterhin eine Prüfung der übrigen Fallgruppen stattfinden muss. Nur mit dem hier vertretenen Entgeltbegriff behält das Tatbestandsmerkmal der Gegenleistung eine eigenständige Bedeutung gegenüber dem neugeschaffenen Tatbestandsmerkmal „unmittelbares wirtschaftliches Interesse".

Zudem werden durch diese Sichtweise Abgrenzungsschwierigkeiten vermieden. Der Kaufpreis besteht bei Investorenverträgen häufig nicht nur aus dem Gegenwert des Grundstücks, sondern umfasst auch noch Infrastrukturbeiträge[583], Projekt- und Planungskosten oder sonstigen Entwicklungskosten. Würde man unterstellen, dass beim Verkauf eines Grundstücks nur solche Konstellationen dem Vergaberecht unterfallen, bei denen der Kaufpreis unter dem Marktniveau liegt, würde man Missbrauch Tür und Tor öffnen. Die öffentliche Hand könnte durch die Generierung weiterer – nicht bauwerksbezogener – Beträge die kartellvergaberechtliche Ausschreibungspflicht umgehen. Wenn also eine Gemeinde sich im Rahmen einer Projektrealisierung zuzüglich zu einem Kaufpreis unter

581 Vgl. *Hanke*, ZfBR 2010, 562, 564 f.; *Kühling*, NVwZ 2010, 1257, 1259; *Raabe*, NordÖR 2010, 273, 277; *Schaller*, Der Gemeindehaushalt 2011, 158, 159 f.

582 Nur so ist die These von *Schaller*, Der Gemeindehaushalt 2011, 158, 159 f. zu verstehen, man bräuchte das Vorliegen eines unmittelbaren wirtschaftlichen Interesses nur bei befristeten Grundstücksgeschäften zu prüfen und zwar auch nur dann, wenn keine zusätzlichen Entgeltzahlungen durch den öffentlichen Auftraggeber erfolgen.

583 Siehe nur die Fallgestaltung VK Karlsruhe, Beschl. v. 12.01.2011 – 1 VK 67/10, Rn. 39 (zitiert nach juris).

Marktwert einen Infrastrukturbeitrag o.ä. versprechen lässt, was letztlich dazu führt, dass die Gemeinde einen Grundstückskaufpreis zum oder über Marktniveau erhält, fällt die Beauftragung nach der hier vertretenen Auffassung nicht mangels Entgeltlichkeit aus dem Anwendungsbereich des Vergaberechts.

### *III. Entgeltzahlung durch Dritte*

Die Finanzierung städtebaulicher Vorhaben ist – vor dem Hintergrund meist hoher Investitionsvolumina – häufig komplex. Für die Beurteilung, ob ein entgeltlicher Auftrag der Gemeinde vorliegt, ist es grundsätzlich unerheblich, von wem das Entgelt an den Auftragnehmer gezahlt wird. Es muss lediglich vom öffentlichen Auftraggeber zurechenbar veranlasst worden sein. Diese Veranlassung kann sich etwa aus der im Grundstückskaufvertrag niedergelegten Verquickung von einklagbarer Bauverpflichtung sowie der Forderung des öffentlichen Auftraggebers an den privaten Investor, auch Teilbauleistungen im öffentlichen Interesse zu realisieren, ergeben. So hat der EuGH in seiner Entscheidung „Stadt Roanne“ die Entgeltlichkeit des Bauauftrags unter anderem mit dem Erlös aus der Veräußerung der zu errichtenden Bauwerke an Dritte, welcher einer Projektgesellschaft zufloss, begründet.[584] Das Recht, die Einnahmen aus der Veräußerung der Grundstücke behalten zu dürfen, wurde der Projektgesellschaft durch eine Vereinbarung mit der Stadt vermittelt, so dass die Entgeltzahlungen letztendlich der Stadt zugerechnet werden können.[585]

Um Abgrenzungsprobleme zur Baukonzession zu vermeiden, deren Wesenselement die Finanzierung durch Entgelte Dritter darstellt, ist der Anwendungsbereich dieser Form der Entgeltzahlung aber auf diejenigen Fälle zu begrenzen, in denen sie wirtschaftlich eine Leistung des Auftraggebers darstellt.[586] Dies

584 EuGH, Urt. v. 18.01.2007 – C-220/05 „Stadt Roanne“, Rn. 45 (Slg 2007, I-385). Dabei lag dem Sachverhalt keine Baukonzession zugrunde, so dass es sich um Gebäudeteile handelte, die im privatwirtschaftlichen Interesse errichtet wurden.

585 *Walter*, Der Erschließungsvertrag im System des Erschließungsrechts, S. 197.

586 Dementsprechend ist auch die Formulierung des Gerichtshofs in seiner Entscheidung EuGH, Urt. v. 12.07.2001 – Rs. C-399/98, „Mailänder Scala“, Rn. 77 (Slg 2001, I-5409) zu verstehen, die Entgeltlichkeit des Vertrages beziehe sich auf die Gegenleistung der *öffentlichen Verwaltung* für die Ausführung von Bauvorhaben. Bestätigt durch EuGH, Urt. v. 18.01.2007 – C-220/05 „Stadt Roanne“, Rn. 45 (Slg 2007, I-385). Vgl. *Dreher*, in: Immenga / Mestmäcker, Wettbewerbsrecht, § 99 GWB, Rn. 21; *Keller*, Kooperativer Städtebau und Kartellvergaberecht, S. 120 f.; *Kühling*, JZ 2008, 1117, 1122 explizit für den Fall des echten Erschließungsvertrages; *Gartz*, NZBau 2008, 473, 476; *Vetter / Bergmann*, NVwZ 2008, 133, 136 f., die allerdings

entspricht auch dem Zweck der VKR, die Öffnung des Binnenmarktes im Bereich der öffentlichen Auftragsvergabe zu erreichen, die auf Rechnung der öffentlichen Hand erfolgt.[587] Eine solche Zielsetzung schließt jedenfalls Zahlungen Dritter aus, die völlig unabhängig vom öffentlichen Auftraggeber geleistet werden.[588]

### *IV. Zwischenergebnis*

Der so verstandene Entgeltbegriff führt in Konstellationen, in denen die Gemeinde Eigentümerin des zu bebauenden Grundstücks ist, auf der Gegenleistungsseite zu einer Ausweitung des Anwendungsbereiches des Vergaberechts. Die Grundstücksüberlassung durch die Gemeinde ist somit ein Einfallstor für die kartellvergaberechtliche Ausschreibungspflicht. Besondere Vorsicht ist zudem bei Investorenprojekten geboten, die mit einer Grundstücksveräußerung durch die öffentliche Hand einhergehen, die nicht zum Verkehrswert erfolgt. Denn hier erfüllt das Grundstücksgeschäft gar eine Doppelfunktion: Den entgeltlichen Charakter des Vertrages sowie das unmittelbare wirtschaftliche Interesse des Auftraggebers an der Bauleistung. Auf eine Preisminderung kann es dabei nicht ankommen. Vielmehr ist nach der „Altpapier-Entscheidung" des Bundesgerichtshofs geklärt, dass allein die Vermögensübertragung und deren Verbindung mit dem erwünschten Bauauftrag relevant sind. Die Ahlhorn-Rechtsprechung setzt sich mit dieser Entscheidung genauso wenig auseinander wie die in deren Gefolge zahlreich erschienenen Fachbeiträge.[589] Der vom OLG Düsseldorf beschrittene Umweg über die Einordnung eines Grundstücksverkaufs als Baukonzession ist aber durch den weiten Entgeltbegriff in vielen Fällen überflüssig. Welcher Bedeutungsumfang der entgeltersetzenden Baukonzession verbleibt, wird nachfolgend untersucht.

## B. Die entgeltersetzende Baukonzession

### *I. Überblick*

Sowohl die Beschaffung einer Bauleistung als auch einer Dienstleistung kann durch die Erteilung einer Konzession vergütet werden. Die öffentliche Stelle

---

die vorstehende Sichtweise insoweit begrenzen, als dass jedenfalls auch Zahlungen durch den öffentlichen Auftraggeber erfolgen müssen.

587 Zweiter Erwägungsgrund der VKR.

588 *Walter*, Der Erschließungsvertrag im System des Erschließungsrechts, S. 199.

589 *Keller*, Kooperativer Städtebau und Kartellvergaberecht, S. 148, der zu Recht darauf hinweist, dass dies insoweit überraschend sei, als sich der EuGH in seinen Entscheidungen zu kommunalen Investorenprojekten stets mit Bauaufträgen und nicht mit Baukonzessionen zu beschäftigen hatte.

zahlt in diesem Fall kein Entgelt für die Erbringung der gewünschten Leistung, sondern räumt dem Auftragnehmer ein ausschließliches Nutzungsrecht – ggf. zuzüglich der Zahlung eines Preises – ein. Der Konzessionär erhält dadurch das Recht, das Grundstück zu nutzen bzw. eine Dienstleistung aus dem Aufgabenkreis des öffentlichen Auftraggebers anzubieten. Die Refinanzierung erfolgt durch die Erhebung eines Nutzungsentgelts bei Dritten, was gegenüber dem herkömmlichen öffentlichen Auftrag eine Verschiebung der Risikoverteilung mit sich bringt.[590] In der Praxis wird vom Mittel der Baukonzessionen bei vielfältigen Bauprojekten der öffentlichen Hand Gebrauch gemacht, beispielsweise bei der Errichtung von Straßen, öffentlichen Gebäuden, Sportstadien, Schwimmbädern, Parkhäusern, Ver- und Entsorgungsanlagen, Kraftwerken, Brücken oder Tunnelanlagen.[591]

Konzessionen haben in der deutschen Rechtsordnung eine lange Tradition[592] und werden im Verwaltungsrecht in verschiedenen Regelungsbereichen eingesetzt, ohne dass sich hieraus eine einheitliche Typologie ableiten ließe. Sie werden etwa im Taxigewerbe, im Marktgewerbe, für sozial schädliche Betätigungen, wie den Betrieb einer Spielbank[593], oder bei der Nutzung von gemeindlichen Verkehrswegen zum Betrieb von Netzen zur Strom- und Gasversorgung vergeben.[594]

Konzessionen lassen sich in zumindest zwei Gruppen einteilen: Die verwaltungsrechtlichen Konzessionen dienen als Instrumente zur Wirtschaftsaufsicht und Wirtschaftslenkung. Typischerweise werden sie in Knappheitssituationen vergeben, die durch die privatwirtschaftlichen Marktmechanismen nicht befriedigend gelöst werden können. Verwaltungsrechtliche Konzessionen unterliegen immer einem Bewirtschaftungs-, Lenkungs- oder Bedürfnisvorbehalt. Die öffentliche Hand tritt hier als Anbieterin einer Rechtsgewährung auf, die das

---

590 Hierzu EuGH, Urt. v. 10.09.2009 – C-206/08 „Eurawasser", Rn. 59, 77 (Slg 2009, I-8377); EuGH, Urt. v. 13.10.2005 – C-458/03 „Parking Brixen", Rn. 40 (Slg 2005, I-8585); näher *Storr*, in: FS Stober, S. 417, 427 ff.; *el-Barudi*, Die Anwendbarkeit des GWB-Vergaberechts auf Öffentlich-Private-Partnerschaften, S. 141 ff; *Ruhland*, Die Dienstleistungskonzession, S. 48 ff.

591 *Horn*, VergabeR 2008, 158, 163 f.

592 Ausführlich hierzu *Storr*, in: FS Stober, S. 417 ff.

593 Vgl. im Glücksspielrecht die Vergabe von Konzessionen für Anbieter von Sportwetten nach § 4a des Staatsvertrags zum Glücksspielwesen in Deutschland (GlüStV) vom 15.12.2011.

594 Vgl. näher *Jasper / von der Recke*, ZfBR 2008, 561, 565; *Ruhland*, Die Dienstleistungskonzession, S. 25 ff. Siehe auch Nr. 2.1.2 der Mitteilung der Kommission zu Auslegungsfragen im Bereich Konzessionen, ABl. EG Nr. C 121 v. 29.04.2000, S. 2 f.

privatwirtschaftliche Handeln erst erlaubt.[595] Im Unterschied dazu begibt sich die öffentliche Hand bei Konzessionen im unionsrechtlichen bzw. vergaberechtlichen Sinne (Bau- bzw. Dienstleistungskonzessionen) in die Position eines Nachfragers, der als Gegenleistung für die Einbindung in die staatliche Aufgabenerfüllung oder Übernahme einer staatlichen Aufgabe[596] gegenüber Privaten ein Entgelt in Form eines Nutzungsrechts, ggfs. zuzüglich einer Geldzahlung erbringt.[597]

Für die Baukonzession sind in der VKR im Hinblick auf das durchzuführende Vergabeverfahren – mit Ausnahme der Pflicht zur europaweiten Bekanntmachung – erhebliche Erleichterungen vorgesehen.[598] Der Rechtsschutz wird zwar

---

595 Zum Ganzen m.w.N. *Wieland*, Die Konzessionsabgaben, S. 89, 125 ff.; *Ruhland*, Die Dienstleistungskonzession, S. 27.

596 An dieser Stelle ergeben sich regelmäßig Abgrenzungsschwierigkeiten, die nachfolgend exemplarisch an der Vergabe von Wegenutzungsverträgen zur Energieversorgung dargestellt werden sollen. So vertritt *Ruhland*, Die Dienstleistungskonzession, S. 29 f., 64 (dortige Fn. 240), die Auffassung, dass die – max. auf 20 Jahre befristete – Vergabe von Wegenutzungsverträgen (Strom- bzw. Gaskonzessionsverträge) nach § 46 Abs. 2 EnWG keine Dienstleistungskonzessionen seien, da es insoweit an einer entsprechenden staatlichen Aufgabe fehle und die Gemeinde als Konzessionsgeberin eine regelmäßige Abgabe erhalte. Dies vermag jedoch nicht zu überzeugen, da die Gemeinde mit der Konzessionierung ihrer aus Art. 28 Abs. 2 Satz 1 GG resultierenden Daseinsvorsorgeverpflichtung zur Grundversorgung mit Energie nachkommt (vgl. BGH, Urt. v. 17.12.2013 – KZR 66/12 = NVwZ 2014, 807, 810). *Hellermann*, Örtliche Daseinsvorsorge und gemeindliche Selbstverantwortung, S. 274 sieht darin „eine verfassungsrechtlich garantierte Befugnis der Kommunen zur hoheitlich-regulierenden Einwirkung auf die Energieversorgung". Zur Aufgabenverantwortung der Gemeinden vgl. auch *Albrecht*, in: Schneider / Theobald, Recht der Energiewirtschaft, § 9, Rn. 17. Zur Einordnung als Dienstleistungskonzession siehe *Hellermann*, in: Britz / Hellermann / Hermes, Energiewirtschaftsgesetz, § 46, Rn. 66 m.w.N. Die Zahlung einer Konzessionsabgabe kann jedenfalls kein zulässiges Abgrenzungskriterium darstellen. Ist das befristete Verwertungsrecht, das der Private durch die Konzessionierung erhält, so lukrativ, dass sich die Zahlung einer Konzessionsabgabe rechtfertigt, ist das Tatbestandsmerkmal der Gegenleistung erfüllt. *Bungenberg*, in: Loewenheim / Meessen / Riesenkampff, Kartellrecht, § 98 GWB, Rn. 52 geht sogar wegen der hohen Investitionskosten von einer Baukonzession aus. A.A. mit Verweis auf die Gesamtaufgabe „Energieversorgung" *Byok / Dierkes*, RdE 2011, 126, 130. Die Frage ausdrücklich offen lassend *Bundesnetzagentur / Bundeskartellamt*, Gemeinsamer Leitfaden zur Vergabe von Strom- und Gaskonzessionen, Rn. 15.

597 *Byok / Dierkes*, RdE 2011, 126; 127 f.; *Ruhland*, Die Dienstleistungskonzession, S. 29 f., 64 (dortige Fn. 240).

598 Vgl. insoweit Art. 56 ff. der VKR. Vgl. *Remmert*, JZ 2010, 512, 513.

im vergaberechtlichen Nachprüfungsverfahren gewährt, beschränkt sich jedoch auf die zwingenden Regelungen zur Bekanntmachung und Veröffentlichung.[599] Dagegen gelten in Deutschland durch § 99 Abs. 6 GWB[600] bzw. § 22 Abs. 1 u. 2 VOB/A verschärfte Anforderungen, da auf die Vergabe von Baukonzessionen die Regelungen für die Vergabe von öffentlichen Bauaufträgen (§§ 1 bis 21 VOB/A) sinngemäß anzuwenden sind.[601] Demnach sind grundsätzlich alle genannten Vorschriften zu berücksichtigen, soweit sie nicht dem besonderen Wesen der Baukonzession widersprechen.[602] Dies gilt auch für Baukonzessionen oberhalb der Schwellenwerte, die dem Regelungsbereich des § 22a VOB/A unterfallen, so dass letztlich der Kreis der im Vergabenachprüfungsverfahren relevanten Vorschriften gegenüber dem europarechtlichen Regelungsgeflecht deutlich größer ist.[603] Die Einbeziehung in das Vergaberechtsregime erfolgt vor dem Hintergrund, dass der Staat in solchen Konstellationen immer noch „wesentlich an der Erfüllung staatlicher Aufgaben mitwirkt und so in einem erweiterten Sinn immer noch Leistungen an ihn erbracht werden"; die Auslagerung auf Private soll demnach „nicht als Umweg um das Vergaberecht offenstehen".[604]

### *II. Abgrenzungsfragen*

Die Konzession lässt sich vom Auftrag durch die Verschiebung des wirtschaftlichen Risikos auf den Wirtschaftsteilnehmer abgrenzen. Das Betriebsrisiko muss dabei in erster Linie oder jedenfalls in einem erheblichen Umfang vom Konzessionsnehmer selbst getragen werden.[605] Ein gewichtiger Indikator für

---

599 *Walz*, Die Bau- und Dienstleistungskonzession, S. 29.

600 Eingeführt durch das Vergaberechtsmodernisierungsgesetz v. 20.04.2009. Bereits vorher unterfiel die Baukonzession in unionsrechtskonformer Auslegung des § 99 GWB dem Begriff des öffentlichen Auftrags. Vgl. *Wegener*, in: Pünder / Schellenberg, Vergaberecht, VOB/A, § 22, Rn. 2; *Ganske*, in: Reidt / Stickler / Glahs, Vergaberecht, § 99 GWB, Rn. 129; *Keller*, Kooperativer Städtebau und Kartellvergaberecht, S. 121 (dortige Fn. 347).

601 So bereits die Vorgängerregelung des § 32 Nr. 2 VOB/A. Zu Reformbemühungen, die eine Anpassung an die europarechtlichen Vorgaben erreichen wollen vgl. *Walz*, Die Bau- und Dienstleistungskonzession, S. 30, 46 f.

602 *Wegener*, in: Pünder / Schellenberg, Vergaberecht, VOB/A, § 22, Rn. 9 ff.

603 *Walz*, Die Bau- und Dienstleistungskonzession, S. 46.

604 *Pietzcker*, NZBau 2008, 293, 297; *Wegener*, in: Pünder / Schellenberg, Vergaberecht, VOB/A, § 22, Rn. 1.

605 EuGH, Urt. v. 10.09.2009 – C-206/08 „Eurawasser", Rn. 59, 77 (Slg 2009, I-8377); EuGH, Urt. v. 25.03.2010 – C-451/08 „Helmut Müller", Rn. 75 (Slg 2010, I-2673); EuGH, Urt. v. 10.11.2011 – C-348/10 „Norma A", Rn. 50 (Slg 2011, I-10983);

den Übergang des Betriebsrisikos auf den Auftragnehmer ist das Vorhandensein eines entwickelten Wettbewerbs in dem Bereich, der dem Privaten übertragen wurde.[606] Wendet die öffentliche Hand dagegen durch die Übernahme von Ausfallbürgschaften oder sonstigen Verlustausgleichsverpflichtungen eigene Mittel auf, verbleibt das Risiko in der Sphäre des öffentlichen Auftraggebers. In diesem Sinne definiert die Kommission das wesentliche Betriebsrisiko so:

> *„Es wird angenommen, dass der Konzessionsnehmer das wesentliche Betriebsrisiko übernimmt, wenn nicht garantiert ist, dass die getätigte Investition oder die Kosten des Betriebs [...] wieder hereingeholt werden können.“*[607]

Abgrenzungsfragen zwischen der Bau- und der Dienstleistungskonzession entstehen bei typengemischten Verträgen. Die jeweilige Einordnung ist von hoher praktischer Bedeutung für die Verfahrensbeteiligten: Während für die Baukonzession in Art. 56 ff. VKR ein spezielles Verfahrensregime entwickelt wurde, unterliegt die Dienstleistungskonzession ausweislich der Vorschriften der VKR sowie der SKR keinerlei vergaberechtlichen Bindungen.[608] Der Gerichtshof hat entschieden, dass die Durchführung von Bauarbeiten nicht als öffentliche

---

eingehend hierzu *Bultmann*, NVwZ 2011, 72. Einen anderen Ansatz vertritt *Keller*, Kooperativer Städtebau und Kartellvergaberecht, S. 151, der in Umkehrung der EuGH-Rechtsprechung unterstellt, dass der Vertrag solange den Charakter einer Konzession behalte, bis der entgeltliche Teil der Vergütung derart dominiere, dass nicht mehr von einer konzessionstypischen Risikotragung durch den Konzessionär ausgegangen werden könne.

606 EuGH, Urt. v. 10.09.2009 – C-206/08 „Eurawasser“, Rn. 67 (Slg 2009, I-8377).

607 EU-Kommission, „Vorschlag für Richtlinie über die Konzessionsvergabe“ v. 20.12.2011 KOM (2011) 897, Art. 2 Abs. 14 Nr. 2.

608 So bestimmt Art. 17 der VKR, dass die Richtlinie unbeschadet der Bestimmungen ihres Art. 3 nicht für Dienstleistungskonzessionen gilt. Zudem schließt Art. 18 SKR deren Geltung für Dienstleistungskonzessionen aus, die von Auftraggebern, die eine oder mehrere Tätigkeiten nach Art. 3 bis 7 SKR ausüben, zum Zwecke der Durchführung dieser Tätigkeiten vergeben werden. Zwar wird dies seitens der Befürworter einer solchen (Ausnahme-)Regelung mit dem Argument der Diversifizität etwaiger Dienstleistungskonzessionen, der unterschiedlichen Ausgestaltung in den Mitgliedsländern und der Komplexität der Austauschverhältnisse begründet, die sich schwerlich in das vergaberechtliche Korsett zwängen lassen würden, überzeugen kann diese Auffassung dagegen nicht. Sie führt vielmehr zu einer erheblichen Rechtsunsicherheit, deren Beseitigung bislang in mehreren Anläufen gescheitert ist. Hierzu ausführlich *Ruhland*, Die Dienstleistungskonzession, S. 175 ff. Siehe auch EuGH, Urt. v. 07.12.2000 – C-324/98 „Teleaustria“, Rn. 57 (Slg 2000, I-10745); EuGH, Urt. v. 21.07.2005 – C-231/03 „Coname“, Rn. 17 (Slg

Baukonzession eingeordnet werden kann, wenn diese im Verhältnis zum Hauptgegenstand der fraglichen Konzession, der in der Erbringung einer bestimmten Dienstleistung besteht, von untergeordneter Bedeutung ist. Letztlich ist im Rahmen einer Gesamtbetrachtung der wirtschaftlichen und rechtlichen Umstände der Schwerpunkt des jeweiligen typengemischten Vertrages zu ermitteln.[609] Dieser Ansatz ergibt sich nunmehr auch aus § 99 Abs. 7, 8 GWB.[610] Eine schematische Beurteilung des Hauptgegenstandes allein anhand des Wertes der jeweiligen Auftragsbestandteile verbietet sich zwar, kann aber ein gewichtiges Indiz bei der Abgrenzung ausmachen. Jedoch wird den Bauleistungen eines typengemischten Vertrages grundsätzlich eine größere Bedeutung zugemessen, so dass ein geringfügiger Wert nichts an der Einordnung als Baukonzession ändert.[611] Lassen sich die bauvertraglichen bzw. dienstleistungsvertraglichen Elemente sauber voneinander trennen, kann das jeweils einschlägige Regelwerk angewandt werden, wobei zum Schutz vor Umgehungen im Zweifel vom Vorliegen einer Baukonzession ausgegangen werden muss.[612]

### *III. Merkmal der Befristung*

Erst durch die Ahlhorn-Rechtsprechung des OLG Düsseldorf wurde die Frage aufgeworfen, ob die Definition der Baukonzession in Art. 1 Abs. 3 der VKR ein ungeschriebenes Tatbestandsmerkmal der „Befristung“ enthalte. In diesem Zusammenhang wurde diskutiert, ob auch dann noch eine Übertragung eines Nutzungsrechts vorliege, wenn der Konzessionär Eigentümer des Bauwerks werde und somit die Möglichkeit erhalte, sich aus dem Veräußerungserlös zu refinanzieren. Der EuGH hat im Rahmen seiner Entscheidung in der Rechtssache

---

2005, I-7287); *Kühling*, JZ 2008, 1117, 1121; *Reidt*, BauR 2007, 1664, 1675; *Bultmann*, NVwZ 2011, 72.

609 Grundlegend EuGH, Urt. v. 19.04.1994 – C-331/92 „Gestión Hotelera Internacional“, Rn. 26 ff. (Slg 1994, I-1329); EuGH, Urt. v. 29.10.2009 – C-536/07 „Messehallen Köln“, Rn. 53 ff. (Slg 2009, I-10355); *Ganske*, in: Reidt / Stickler / Glahs, Vergaberecht, § 99 GWB, Rn. 138, 140; *Wegener*, in: Pünder / Schellenberg, Vergaberecht, § 99 GWB, Rn. 92; *Byok / Dierkes*, RdE 2011, 126, 130. Vgl. insoweit auch den zehnten Erwägungsgrund der VKR.

610 Eingefügt durch das Vergaberechtsmodernisierungsgesetz v. 20.04.2009.

611 EuGH, Urt. v. 29.10.2009 – C-536/07 „Messehallen Köln“, Rn. 61 (Slg 2009, I-10355); *Ganske*, in: Reidt / Stickler / Glahs, Vergaberecht, § 99 GWB, Rn. 141 f.; *Wegener*, in: Pünder / Schellenberg, Vergaberecht, § 99 GWB, Rn. 92.

612 EuGH, Urt. v. 22.12.2010 – C-215/09 „Oulun kaupunki“, Rn. 37 ff. (Slg 2010, I-13749); vgl. hierzu *Ruhland*, Die Dienstleistungskonzession, S. 51.

„Helmut Müller" die Gelegenheit bekommen, zu dieser Problematik Stellung zu beziehen, und die Reichweite des Konzessionsbegriffes eingeschränkt.

### 1. Weiter Konzessionsbegriff

Die Ahlhorn-Rechtsprechung verfolgte den Ansatz eines weiten Konzessionsbegriff, der insbesondere die Übertragung des Eigentumsrechts „als das umfassendste Nutzungsrecht" miterfasst. Aus der unionsrechtlichen Definition der Baukonzession ergäben sich diesbezüglich keinerlei Einschränkungen. Dem Begriff der Überlassung des Rechts zur „Nutzung" lasse sich nicht entnehmen, dass damit nur eine Nutzung durch Selbstnutzung oder Vermietung, nicht aber eine Veräußerung gemeint sei. Vielmehr müsse der Begriff der „Baukonzession" weit ausgelegt werden, um sämtliche Fallkonstellationen einer Beauftragung mit Bauleistungen nach den Erfordernissen des öffentlichen Auftraggebers zu erfassen. Es komme nicht darauf an, ob der erfolgreiche Bieter sich über die Verkaufserlöse oder aber über eine Vermietung der von ihm – entsprechend den Erfordernissen der öffentlichen Hand bebauten – Grundstücke refinanzieren werde. Die Voraussetzung der Risikotragung sah das Gericht derweil in der Unwägbarkeit begründet, ob die Behörde dem privaten Investor auch eine Baugenehmigung erteilen werde. Schließlich stehe die Verschaffung des Eigentums an dem Grundstück bereits in engem Zusammenhang mit der beabsichtigten Realisierung von Baumaßnahmen, so dass bei wirtschaftlicher Betrachtung bereits die Weiterveräußerungsmöglichkeit eröffnet werde.[613] Nach dieser Auffassung wird demnach jegliche Verwertungshandlung durch den Erwerber – auch in Form einer Veräußerung an Dritte – zur Nutzung im Sinne einer Baukonzession.[614]

613 OLG Düsseldorf, Beschl. v. 13.06.2007 – VII-Verg 2/07 „Ahlhorn" = NZBau 2007, 530, 532; OLG Düsseldorf, Beschl. v. 06.02.2008 – VII-Verg 37/07 „Oer-Erkenschwick" = NZBau 2008, 271, 274 f.; OLG Karlsruhe, Beschl. v. 13.06.2008 – 15 Verg 3/08 „Lebensmittelverbrauchermarkt"= NZBau 2008, 536, 539; dem mit unterschiedlichen Ansatzpunkten folgend *Löhr*, in: Battis / Krautzberger / Löhr, BauGB, § 11, Rn. 24d; *Regler*, DNotZ 2010, 24, 34; *Prieß / Hölzl*, NZBau 2009, 159, 161; *Burgi*, NVwZ 2008, 929, 933 f.; *Brambring / Vogt*, NJW 2008, 1855, 1857; *Scheffczyk / Wolff*, KommJur 2008, 409; *Losch*, ZfBR 2008, 341, 346; *Diemon-Wies / Kappelhoff*, KommJur 2008, 361, 364; *Schotten*, NZBau 2008, 741, 745 f.; vorsichtiger nach der EuGH-Entscheidung „Helmut Müller" *Jarass*, VergabeR 2010, 562, 566; bereits früher: *Busch*, VergabeR 2003, 622.

614 *Keller*, Kooperativer Städtebau und Kartellvergaberecht, S. 122.

## 2. Enger Konzessionsbegriff

Dieser Sichtweise wurde insbesondere die Überlegung entgegengehalten, dass das Eigentum am Bauwerk dem am Grundstück folge und dieses wiederum bereits mit der Eintragung ins Grundbuch und nicht erst mit der Errichtung des Bauwerks auf den Käufer übergehe. Der Käufer könne kraft seines Eigentums mit dem Grundstück nach Belieben verfahren, so dass die Vergabe einer Baukonzession nichts am bereits geltenden Rechtszustand ändere. Eine etwaige (Weiter-) Veräußerung des Grundstücks sei somit der Ausfluss der verfassungsrechtlich durch Art. 14 GG geschützten Eigentümerstellung und weniger die Refinanzierung einer Baukonzession. Demgegenüber stelle das Nutzungsrecht ein „Minus" gegenüber dem Vollrecht dar, welches beim Konzessionsgeber verbleibe, der mit der Konzessionierung lediglich die Möglichkeit zur Verwertung einräume.[615]

Durch die weite Auslegung des Merkmals „Nutzung", das schon begriffstechnisch nicht bei einer unmittelbaren Veräußerung des Bauwerks nach Erstellung einschlägig sei, werde der Begriff der Baukonzession und damit letztlich das Kriterium der Entgeltlichkeit entleert.[616] Deshalb setze eine Konzession zwingend eine befristete Rechtsübertragung und einen damit einhergehenden Rückfall des Nutzungsrechts an den öffentlichen Auftraggeber voraus.[617]

---

615 VK Darmstadt, Beschl. v. 05.03.2008 – 69 d VK 06/08 „Stadtallendorf" = NZBau 2008, 339, 344. So auch *el-Barudi*, Die Anwendbarkeit des GWB-Vergaberechts auf Öffentlich-Private-Partnerschaften, S. 144; *Pietzcker*, NZBau 2008, 293, 297; *Reidt*, BauR 2007, 1664, 1673; *Horn*, VergabeR 2008, 158, 164; *Kühling*, JZ 2008, 1117, 1120; *Jasper / von der Recke*, ZfBR 2008, 561, 565; *Vetter / Bergmann*, NVwZ 2008, 133, 137 f.; *Gartz*, NZBau 2010, 293, 296; *Remmert*, JZ 2010, 512, 514. Ebenso die Begründung des Regierungsentwurfs zum Vergaberechtsmodernisierungsgesetz v. 13.08.2008, BT-Drs. 16/10117, S. 18.

616 Die Baukonzession im Sinne der Ahlhorn-Rechtsprechungslinie werde vielmehr als Instrument verstanden, sämtliche nicht als öffentlichen Bauauftrag zu qualifizierende Bauleistungen, die ein Investor nach den Erfordernissen der Gemeinde erbringt, von der Ausschreibungspflicht zu erfassen, *Ziekow*, DVBl. 2008, 137, 139.

617 VK Darmstadt, Beschl. v. 05.03.2008 – 69 d VK 06/08 „Stadtallendorf" = NZBau 2008, 339, 344; *Vetter / Bergmann*, NVwZ 2008, 133, 138; *Horn*, VergabeR 2008, 158, 165; *Gartz*, NZBau 2008, 473, 477; *Greb / Rolshoven*, NZBau 2008, 163, 165; *Köster / Häfner*, NVwZ 2007, 413, 414. Ebenfalls mit überzeugender Analyse der europarechtlichen Vorgaben *Keller*, Kooperativer Städtebau und Kartellvergaberecht, S. 127 ff. Andere schließen sich grundsätzlich dem engen Konzessionsbegriff an, nehmen aber dann im Zusammenhang mit einem Veräußerungsvorgang eine Baukonzession an, wenn dieser zusätzlich einen „spezifischen Konnex zur Nutzung der baulichen Anlage" aufweist. Demnach müsse durch die verkaufende öffentliche Stelle Einfluss auf die Gestaltung Bauleistung genommen werden, was insoweit

Die Kritik am weiten Konzessionsbegriff hat sodann in der Neuregelung des § 99 Abs. 6 GWB seinen Niederschlag gefunden, die ausweislich der Gesetzesbegründung als Korrektur zur Ahlhorn-Rechtsprechung gemeint war.[618]

### 3. Positionierung des EuGH in der Rs. „Helmut Müller"

In Kenntnis der Reformbemühungen des Bundesgesetzgebers hat das OLG Düsseldorf in seinem Vorlagebeschluss diese Streitfrage aufgeworfen.[619] Der Generalanwalt vertrat in seinen Schlussanträgen den engen Konzessionsbegriff. Unbefristet erteilte Konzessionen widersprächen Sinn und Zweck der Richtlinie, den Wettbewerb zu fördern. Denn die öffentliche Hand müsse die Möglichkeit besitzen, im Sinne des Fortwirkens der öffentlichen Aufgabe zu einem späteren Zeitpunkt die Konzession erneut zu vergeben. Zum anderen könne an jemanden, der bereits Eigentümer der Sache sei, grundsätzlich keine Konzession erteilt werden. Das dem Konzessionsbegriff immanente Betriebsrisiko schlage bei einer unbefristeten Rechtsübertragung gerade nicht durch, da sich die Investition des Privaten über die Zeit – auch über schwierige Phasen der Bewirtschaftung hinweg – immer refinanziere.[620] Dem schloss sich der EuGH an, wenn auch mit einer vorsichtigeren Formulierung. Der Gerichtshof urteilte, gewichtige Gründe, zu denen insbesondere die Aufrechterhaltung des Wettbewerbs gehöre, gäben Grund zu der Annahme, dass eine ausschreibungspflichtige Baukonzession nur dann vorliege, wenn ein zeitlich begrenztes Nutzungsrecht übertragen werde und die Nutzung mit wirtschaftlichen Vorteilen für den öffentlichen Auftraggeber verbunden sei. Die Einräumung einer unbefristeten Konzession verstoße nicht nur gegen vergaberechtliche Vorschriften, sondern darüber hinaus auch

---

wieder eine Prüfung des Tatbestandsmerkmals „Bauen nach den Erfordernissen des öffentlichen Auftraggebers" nach sich zieht. Vgl. insoweit *Ziekow*, DVBl. 2008, 137, 139 ff.; *ders.* VergabeR 2008, 151, 154. So auch *Amelung / Dörn*, VergabeR 2007, 644, 646 f., die allerdings eine konstituierende Rechtseinräumung bzw. Rechtsbegründung fordern. Diese Ansicht stützt sich auch auf Nr. 2.1.2 der Mitteilung der Kommission zu Auslegungsfragen im Bereich Konzessionen, ABl. EG Nr. C 121/02 v. 29.04.2000, S. 2 f., die vorgibt, dass Konzessionen nur für eine bestimmte Dauer verliehen werden können.

618 Gesetzesbegründung zum Vergaberechtsmodernisierungsgesetz v. 20.04.2009, BT-Drs. 16/10117, S. 18.

619 OLG Düsseldorf, Beschl. v. 02.10.2008 – Verg 25/08 „Wildeshausen" = NZBau 2008, 727, 732.

620 *GA Mengozzi*, Schlussanträge v. 17.11.2009 – C-451/08 „Helmut Müller", Rn. 92 ff. (Slg. 2010 I-2673).

gegen die Rechtsordnung der Union.[621] Zudem fehle es in der Regel an der Einräumung eines Nutzungsrechts, wenn dieses allein im Eigentumsrecht des Auftragnehmers verwurzelt sei, da dieser über die Berechtigung verfüge, das Grundstück unter Beachtung der anwendbaren Rechtsvorschriften zu nutzen.

### *IV. Eigene Bewertung*

Es ist dem Gerichtshof gelungen, mit seinen Feststellungen einen Schlusspunkt unter die Debatte über die Baukonzession zu setzen. Durch den Verweis auf die in der Wortwahl noch deutlicheren Schlussanträge des Generalanwalts muss davon ausgegangen werden, dass der EuGH in die Begriffsbestimmung der Baukonzession in Art. 1 Abs. 3 VKR das Merkmal einer Befristung hineinliest. Die Feststellung, der Verkauf eines Gebäudes sei jedenfalls keine Nutzung im Sinne einer Konzessionierung, engt den Anwendungsbereich der Baukonzession im Zusammenhang mit städtebaulichen Investorenprojekten gegenüber der Ahlhorn-Rechtsprechung erheblich ein und sorgt somit auf diesem Feld für ein spürbares Mehr an Rechtssicherheit. Entscheidend ist, dass neben den Risiken, die mit der Errichtung des Werkes verbunden sind auch jene Risiken auf den Konzessionär übertragen werden, die sich aus der Natur der Verwaltung und der Auslastung des Bauwerks ergeben.[622] Diese Voraussetzungen sind jedenfalls bei einem reinen Grundstücksverkauf nicht gegeben, da dem Käufer schon mit der Übertragung des Grundstücks das Recht eingeräumt wird, dieses durch eine Bebauung bzw. Weiterveräußerung zu nutzen.[623] Demnach erfordert der Tatbestand der Baukonzession, dass der öffentliche Auftraggeber auch über das Nutzungsrecht verfügen kann.[624]

---

621 EuGH, Urt. v. 25.03.2010 – C-451/08 „Helmut Müller“, Rn. 79 (Slg 2010, I-2673) unter Verweis auf sein Urteil v. 19.06.2008 – C-454/06 „pressetext Nachrichtenagentur“, Rn. 73 (Slg 2008, I-4401). Hierzu näher *Hertwig*, NZBau 2011, 9, 17.

622 *Jasper / von der Recke*, ZfBR 2008, 561, 565; So auch Nr. 2.1.2 der Mitteilung der Kommission zu Auslegungsfragen im Bereich Konzessionen, ABl. EG Nr. C 121 v. 29.04.2000, S. 2 f. Daran fehlt es allerdings, wenn der öffentliche Auftraggeber kein befristetes Verwertungsrecht, sondern das Eigentum überträgt. Diesen Unterschied missachtend *Raabe*, NordÖR 2010, 273, 276.

623 Das Recht zur baulichen Nutzung von Bauwerken auf eigenen Grundstücken resultiert bereits aus dem Eigentumsrecht aus Art. 14 GG und findet seine Beschränkungen lediglich in Gesetz und Bebauungsplänen.

624 Soll die Konzessionierung an einen privaten Grundstückseigentümer erfolgen, ist aufgrund der Alleinstellung des Grundstückseigentümers in dieser Situation kein wettbewerbliches Verfahren notwendig, so dass der öffentliche Auftraggeber die

Genauere Beachtung verdient daneben die Feststellung, die Erteilung unbefristeter Konzessionen verstoße gegen die Unionsrechtsordnung. Überträgt die öffentliche Stelle einem privaten Investor Bau und Betrieb einer Anlage, ist demnach im Konzessionsvertrag sicherzustellen, dass der öffentliche Auftraggeber zu einem späteren Zeitpunkt in der Lage ist, den Betrieb der Anlage erneut zu vergeben. Dies kann entweder dadurch erreicht werden, dass die öffentliche Hand Eigentümerin des Grundstücks bleibt oder eine entsprechende Rückübertragungsverpflichtung vereinbart wird.

Im Übrigen hat die Entscheidung des EuGH in der Sache „Helmut Müller" ihren Beitrag dazu geleistet, dass sich der Fokus der Diskussion in Zukunft wieder mehr auf den „klassischen" Entgeltbegriff erstrecken wird. Die Rechtsfigur der Baukonzession ist zumindest für solche städtebaulichen Projekte irrelevant, die mit einer Grundstücksveräußerung durch die Gemeinde verknüpft sind. Die Veräußerung von Vermögensgegenständen stellt bei entsprechender Verbindung mit dem weiteren Projekt – unabhängig von einer Preisminderung – ein Entgelt der Gemeinde dar. Der Vertragspartner akzeptiert diesen geldwerten Vorteil als Gegenleistung, weil er ihn zu einem späteren Zeitpunkt selbst verwerten kann. In Anwendung des weiten Konzessionsbegriffs wäre dann aber jede Grundstücksüberlassung gleichzeitig auch die Erteilung einer Konzession, was zur Aufweichung der Grenze zwischen Bauauftrag und Baukonzession führen würde.[625] Ein Rückgriff auf die Konstruktion einer unbefristeten Baukonzession ist aber mit dem hier vertretenen Entgeltbegriff nicht notwendig, vielmehr unterfallen solche Verträge dem schärferen Verfahrensregime des öffentlichen Bauauftrags.

Die vorbeschriebene Sichtweise kann auch deshalb überzeugen, weil bei einer Grundstücksübertragung ein erheblicher Mittelabfluss aus dem Vermögen der Gemeinde erfolgt. Eine Privilegierung durch die Anwendung der Vorschriften über die öffentliche Baukonzession, bei der keine oder geringere Zahlungen erfolgen, erscheint daher als nicht gerechtfertigt.[626] Die Relevanz der Baukonzession

---

„Konzession" freihändig vergeben kann. Vgl. § 3 Abs. 5 Satz 1 Nr. 1 VOB/A. Näher hierzu *Jasper / von der Recke*, ZfBR 2008, 561, 565; *Pünder*, in: ders. / Schellenberg, Vergaberecht, § 3 VOB/A, Rn. 19.

625 So zu Recht *Ziekow*, DVBl. 2008, 137, 140; *ders.* VergabeR 2008, 151, 154; *Keller*, Kooperativer Städtebau und Kartellvergaberecht, S. 128 f., der es letztlich auf den einfachen Nenner bringt, dass beim Vorliegen einer Vermögensverschiebung zwischen Auftraggeber und Auftragnehmer immer ein Entgelt als Gegenleistung gegeben sei.

626 *Keller*, Kooperativer Städtebau und Kartellvergaberecht, S. 130.

im Zusammenhang mit städtebaulichen Investorenprojekten reduziert sich somit auf die Fälle einer Grundstücksverpachtung oder -vermietung, der Einräumung eines Erbbaurechts, einer befristeten Eigentumsübertragung sowie der Vereinbarung eines Rückkaufrechts.[627]

# § 9 Vergaberechtliche Infizierung des Vorhabens durch Gesamtbetrachtung mehrerer Verträge

## A. Ausgangslage

Kommunale Investorenprojekte werden nicht selten in einem mehraktigen Verfahren realisiert, bei dem der Grundstücksverkauf und die Auftragsvergabe in Form einer vertraglichen Absicherung von bestimmten Bauleistungen in einem städtebaulichen Vertrag förmlich und zeitlich künstlich aufgespalten werden. So tritt die Bundesanstalt für Immobilienaufgaben im Rahmen der Konversion militärischer Flächen regelmäßig mit der oder den betreffenden Gemeinden in Kontakt. Die Gemeinde teilt dann der Bundesanstalt mit, dass möglichst der Käufer den Vorzug bekommen soll, der das unter städtebaulichen oder wirtschaftlichen Gesichtspunkten beste Konzept vorlegt. Nur dann, wenn das entsprechende Baurecht schon besteht und somit die Vereinbarung von städtebaulichen Vorgaben auch allein im Grundstückskaufvertrag möglich ist, wird ein „flankierender städtebaulicher Vertrag" überflüssig.[628]

In diesem Zusammenhang gilt es die Frage zu beantworten, ob die Aufteilung der Verträge Einfluss auf die Beurteilung der vergaberechtlichen Ausschreibungspflicht des gesamten Projektes hat. Auch in diesem Punkt konnte der EuGH in seiner Entscheidung in der Rechtssache „Helmut Müller" Stellung beziehen, da die vorbeschriebene Konstellation auch dem Vorlagebeschluss des OLG Düsseldorf zugrunde lag. Dieser führte im Vorlagebeschluss aus, dass im vorliegenden Fall bewusst eine enge Verknüpfung des Kaufvertrags mit einem städtebaulichen Vertrag vorgenommen worden sei, so dass sich der Bund – dem die planungsrechtliche Sicherung der Nutzbarkeit des Areals einen höheren Kaufpreis einbringen würde – als Auftraggeber die städtebaulichen Gestaltungsinteressen der Gemeinde zurechnen lassen müsse.[629]

---

627 Vgl. *Hanke*, ZfBR 2010, 562, 566; *Gartz*, NZBau 2010, 293, 297; *Vetter / Bergmann*, NVwZ 2010, 299; *dies.*, NVwZ 2010, 569; *Greim*, ZfBR 2011, 126, 132; *Jenn*, ZfIR 2010, 405, 409; *Raabe*, NordÖR 2010, 273, 276.

628 *Keller*, Kooperativer Städtebau und Kartellvergaberecht, S. 152.

629 OLG Düsseldorf, Beschl. v. 02.10.2008 – VII-Verg 25/08 „Wildeshausen" = NZBau 2008, 727, 733.

Auch der Generalanwalt schloss sich dieser Auffassung grundsätzlich an, fügte aber einschränkend hinzu, dass zwischen der Grundstücksveräußerung und der Auftragsvergabe keine übermäßige Zeitspanne liegen dürfe und, dass bereits in der ersten Phase plausible Anhaltspunkte für die Absicht der Gemeinde gegeben sein müssten, einen solchen Auftrag zu vergeben.[630] Dem schloss sich der Gerichtshof an, fügte aber hinzu, dass es im zugrunde liegenden Sachverhalt an einer tauglichen vertraglichen Verknüpfung zwischen Grundstücksvertrag und städtebaulichen Vertrag fehle.[631] Daher entbehren die Urteilsgründe auch einer weiteren Konkretisierung der Voraussetzungen, unter denen eine solche vergaberechtliche Einheit anzunehmen wäre.

## B. Maßstäbe für eine Gesamtbetrachtung

Die Maßstäbe für die Beurteilung der Vergabepflichtigkeit einer solchen Gesamtbetrachtung können aber aus anderen Judikaten des Gerichtshofs abgeleitet werden. Dieser hat bereits für einen weiteren Fall der Vermögensveräußerung durch die öffentliche Hand einen Ansatz zur Vermeidung von Umgehungsgeschäften entwickelt: der Veräußerung von Gesellschaftsanteilen an öffentlichen Unternehmen. Die Kriterien, die der EuGH für den vergleichbaren Fall einer Verknüpfung von Auftragsvergabe und Veräußerung eines Geschäftsanteils an einem ganz oder teilweise im öffentlichen Besitz stehenden Unternehmen aufgestellt hat, sind auf die Veräußerung öffentlicher Grundstücke übertragbar. Denn Gemeinsamkeiten bestehen nicht nur beim fehlenden Beschaffungscharakter des Veräußerungsvorgangs, sondern auch in der Möglichkeit, die Veräußerung mit einer Aufgabenübertragung im Bau- oder Dienstleistungsbereich zu verknüpfen. Ist eine solche vorhanden, ist das „Transaktionsgewand" nachrangig und daher gleich zu bewerten.[632]

So hat der Gerichtshof entschieden, dass die – isoliert betrachtet – vergaberechtlich irrelevante Anteilsveräußerung oder die Gründung eines gemischtwirtschaftlichen Unternehmens dann vergaberechtlich infiziert wird und auszuschreiben ist, wenn im zeitlichem und sachlichem Zusammenhang mit der Transaktion in dem Unternehmen ein – unter Inanspruchnahme des Inhouse-

630 *GA Mengozzi*, Schlussanträge v. 17.11.2009 – C-451/08 „Helmut Müller", Rn. 105 f. (Slg. 2010 I-2673).

631 EuGH, Urt. v. 25.03.2010 – C-451/08 „Helmut Müller", Rn. 82 ff. (Slg 2010, I-2673).

632 *Grotelüschen / Lübben*, VergabeR 2008, 169, 173.

Privilegs[633] – freihändig an das Unternehmen vergebener Auftrag enthalten ist.[634] Zur Vermeidung von Rechtslücken muss der vergaberechtlich irrelevante Veräußerungsvorgang[635] demnach ausgeschrieben werden.[636]

Dies gilt auch nach zwei jüngeren Urteilen des EuGH zum Unternehmensrecht. Hier hat der Gerichtshof mit Blick auf die vergaberechtliche Bewertung der Ausschreibungspflicht von Anteilsveräußerungen einer Aktiengesellschaft[637] sowie einer Gesellschaftsgründung[638], die jeweils mit einer – isoliert betrachtet

---

633 Vgl. hierzu die Entscheidungen EuGH, Urt. v. 18.1.1999 – C-107/98 „Teckal" = Slg 1999, I-8121; Urt. v. 11.01.2005 – C-26/03 „Stadt Halle" = Slg 2005, I-1; Urt. v. 13.10.2005 – C-458/03 „Parking Brixen" = Slg 2005, I-8585; Urt. v. 06.04.2006 – C-410/04 – „ANAV" = Slg 2006, I-3303. Ausführlich zu In-house-Geschäften *Hardrath*, In-house-Geschäfte und europäisches Vergaberecht, S. 21 ff. Siehe auch *Dünchheim / Bremke*, KommJur 2012, 128.

634 Grundlegend EuGH, Urt. v. 10.11.2005 – C-29/04 „Stadt Mödling", Rn. 38 ff. (Slg 2005, I-9705); *Jasper / Arnold*, NZBau 2006, 24; *Braun*, VergabeR 2006, 657, 658; *Frenz*, WRP 2006, 1216, 1219 f.; *Kühling*, ZfBR 2006, 661, 662 f.; *Regler*, DNotZ 2010, 24, 33 f.; schon früher OLG Brandenburg, Beschl. v. 03.08.2001 – Verg 3/01 = VergabeR 2002, 45; *Otting*, VergabeR 2002, 11, 13; *Dreher*, NZBau 2002, 24, 247; *Dietlein*, NZBau 2004, 472, 477; *Eggers / Malmendier*, NJW 2003, 780, 781; a.A. dagegen: *Graf Kerssenbrock*, WuW 2001, 122, 123 f., der sämtliche, also auch rein fiskalisch motivierte, Unternehmens- bzw. Anteilsveräußerungen als klassische Beschaffungsgeschäfte betrachtet.

635 Zur grundsätzlichen Ausschreibungsfreiheit zuletzt für die Anteilsveräußerung EuGH, Urt. v. 06.05.2010 – C-145/08 und C-149/08 „Club Hotel Loutraki", Rn. 59 (Slg 2010, I-4165). Für die Veräußerung eines Grundstücks EuGH, Urt. v. 25.03.2010 – C-451/08 „Helmut Müller", Rn. 41 ff. (Slg 2010, I-2673).

636 Wird also etwa einem Stadtwerk, das sich zu 100 % im Anteilsbesitz einer Gemeinde befindet, die Stromversorgung öffentlicher Gebäude oder die Instandhaltung und der Betrieb der Straßenbeleuchtung im Wege der vergaberechtsfreien Inhouse-Vergabe als „Mitgift" übertragen und später das Stadtwerk oder Anteile daran verkauft, ist der Gesamtvorgang als ausschreibungspflichtiger Tatbestand zu behandeln. Gerade kleinere Stadtwerke suchen zur Gewinnung von Know-how sowie Abfederung des Kostenrisikos einer Übernahme des Strom- und oder Gasnetzes im jeweiligen Gemeindegebiet immer häufiger einen strategischen Partner, der sich im Wege einer Kapitalerhöhung am Stadtwerk beteiligt. In solchen Konstellationen tritt aber der private Erwerber des Geschäftsanteils in den öffentlichen Dienstleistungsauftrag ein, an den er sonst nur im Wege einer Ausschreibung gekommen wäre.

637 EuGH, Urt. v. 06.05.2010 – C-145/08 und C-149/08 „Club Hotel Loutraki AE" = Slg 2010, I-4165.

638 EuGH, Urt. v. 22.12.2010 – C-215/09 „Oulon Kaupunki" = Slg 2010, I-13749.

– vergaberechtlich ausschreibungspflichtigen Leistung verbunden wurden, entschieden, dass der ausschreibungspflichtige Vertragsteil möglichst abzutrennen ist. Dies hat zur Folge, dass zwar einerseits der Leistungsbestandteil gesondert auszuschreiben ist, die Anteilsveräußerung oder die Gesellschaftsgründung aber als Entschaffungsvorgänge nicht dem Vergaberecht unterfallen. Diese Einzelfallentscheidungen unterscheiden sich aber von den zuvor diskutierten Umgehungskonstellationen insoweit, als dass hier nicht die Veräußerung des Geschäftsanteils sowie die Auftragsvergabe künstlich in zwei verschiedene, aber sachlich und zeitlich zusammenhängende, Rechtsakte aufgeteilt wurden, sondern – eher atypisch – in einem Rechtsakt erfolgten. Dementsprechend liegt der Schwerpunkt der Entscheidungen in der Frage, ob der beschaffungs- und der gesellschaftsrechtliche Teil des Vertrags untrennbar miteinander verbunden sind. Ist dies der Fall, ist die gesamte Vertragskonstruktion auszuschreiben.[639]

Letztlich ist also entscheidend, dass der öffentliche Auftraggeber bereits zum Zeitpunkt der Inhouse-Vergabe die spätere Veräußerung des Geschäftsanteils beabsichtigt.[640] Für kommunale Investorenprojekte muss umgekehrt gelten, dass bereits im Falle der Grundstücksveräußerung der spätere Abschluss eines flankierenden städtebaulichen Vertrages oder eines Durchführungsvertrages zum Vorhaben- und Erschließungsvertrag mit einer ausschreibungspflichtigen Bauverpflichtung geplant sein muss. Dies liegt immer nahe, wenn ein enger zeitlicher Zusammenhang zwischen beiden Vertragsabschlüssen besteht.[641] Im Fall der Stadt Mödling hat der EuGH eine Zeitspanne von vier Wochen als ausreichend erachtet.[642] In der Praxis wird man auf den Einzelfall abstellen müssen, so dass auch deutlich längere Zeiträume zwischen Veräußerungsvorgang und

639 Lässt sich der Leistungsbestandteil nicht abtrennen, weil das Rechtsgeschäft ein unteilbares Ganzes darstellt, wird dagegen nach der Schwerpunkttheorie des EuGH abgegrenzt. Fällt demnach der Hauptteil des gemischten Vertrages unter die Vergaberichtlinien, ist der ganze Vertrag ausschreibungspflichtig. Besteht der Hauptteil dagegen in dem Entschaffungsvorgang, ist das Gesamtgeschäft ausschreibungsfrei, vgl. EuGH, Urt. v. 06.05.2010 – C-145/08 und C-149/08 „Club Hotel Loutraki AE", Rn. 55 (Slg 2010, I-4165). Hierzu *Scharf / Dierkes*, VergabeR 2011, 543 ff. Grundlegend hierzu EuGH, Urt. v. 19.04.1994 – C-331/92 „Gestión Hotelera Internacional" (Slg 1994, I-1329).

640 *Jasper / Arnold*, NZBau 2006, 24, 25; *Grotelüschen / Lübben*, VergabeR 2008, 169, 171.

641 *Jarass*, VergabeR 2010, 562, 567; *Grotelüschen / Lübben*, VergabeR 2008, 169, 173; *Amelung / Dörn*, VergabeR 2007, 644, 649; *Frenz*, WRP 2006, 1216, 1219.

642 EuGH, Urt. v. 10.11.2005 – C-29/04 „Stadt Mödling", Rn. 8 f., 39 (Slg 2005, I-9705).

Auftragsvergabe in Betracht kommen.[643] Schließlich ist gerade bei größeren kommunalen Entwicklungsvorhaben in der Regel eine lange Planungsphase notwendig.[644] Gleichwohl genügt ebenso ein enger sachlicher Zusammenhang, der insbesondere vorliegt, wenn die im Rahmen des Veräußerungsgeschäfts beschaffte Leistung zwingend vom Erwerber erbracht werden muss oder der wirtschaftliche Schwerpunkt des kommunalen Investorenprojekts in der Beschaffung einer Bauleistung durch die öffentliche Hand liegt.[645] Diese Konstellation wird bei kommunalen Investorenprojekten in aller Regel gegeben sein, da Grundstückskaufvertrag und anschließende Bauverpflichtung gerade das Ergebnis des kooperativen Verfahrens und somit untrennbar miteinander verbunden sind.[646]

Der Wille einer späteren Beauftragung des Käufers mit Bauleistungen durch die veräußernde Stelle oder einen anderen öffentlichen Auftraggeber muss jedoch durch eine rechtsverbindliche Vereinbarung in Schriftform zwischen den Parteien abgesichert sein.[647] Dies kann entweder explizit im Kaufvertrag, aber auch durch die Bekundung des Beauftragungswillens an vergleichbarer Stelle

---

643 Die Entscheidung des EuGH, Urt. v. 10.09.2009 – C-573/07 „Se.T.Co.SpA", Rn. 53 (Slg 2009, I-8127) legt sogar die Vermutung nahe, dass Anteilsveräußerungen noch während der gesamten Laufzeit eines inkorporierten Auftrags ausschreibungspflichtig sind.

644 *Frenz*, WRP 2006, 1216, 1220; *Grotelüschen / Lübben*, VergabeR 2008, 169, 173, die jeweils einen Zeitraum von einem Jahr als Anhaltspunkt für einen engen zeitlichen Zusammenhang nennen. Bei der Vergabe von Stromlieferungsverträgen oder Straßenbeleuchtungsverträgen durch eine Gemeinde an ihr Stadtwerk im Wege der Inhouse-Vergabe wird man einen Zeitraum von ca. drei Jahren vor dem Auslaufen der Konzessionsverträge und einer etwaigen Aufnahme eines strategischen Partners als einen engen zeitlichen Zusammenhang werten müssen. Diesbezügliche Überlegungen und Planungen beginnen in der Regel ab diesem Zeitpunkt. Auch bei kommunalen Investorenprojekten wird man im Einzelfall den Zeitraum für einen engen zeitlichen Zusammenhang analog zum Beginn der Planungsphase ausdehnen müssen.

645 *Grotelüschen / Lübben*, VergabeR 2008, 169, 176; *Frenz*, WRP 2006, 1216, 1219.

646 *Keller*, Kooperativer Städtebau und Kartellvergaberecht, S. 153.

647 EuGH, Urt. v. 25.03.2010 – C-451/08 „Helmut Müller", Rn. 84 ff. (Slg 2010, I-2673). An dieser Manifestation des Beauftragungswillens fehlte es im vorliegenden Sachverhalt. Der Gerichtshof fordert dagegen keine Personenidentität von Grundstücksverkäufer und der öffentlichen Stelle, die eine entsprechende Bauverpflichtung vereinbart, so dass Grundstücksverkäufe durch Bundes- oder Landesimmobilienverwaltungen mit anschließender Vereinbarung zwischen Erwerber und Kommune grundsätzlich weiterhin dem Vergaberecht unterfallen können. Vgl. auch *Jenn*,

manifestiert werden.[648] Die Willensbekundung im Rahmen eines Ratsbeschlusses erfüllt die Anforderungen an einen schriftlichen Vertrag jedoch nicht.[649]

## § 10 Das Erreichen der Schwellenwerte

Ein entscheidender Parameter für die Bestimmung der Reichweite des Anwendungsbereichs des Kartellvergaberechts ist schließlich der Auftragswert. Das Vergaberechtsregime ist gemäß Art. 7 VKR, § 100 Abs. 1 GWB nur dann zu berücksichtigen, wenn die maßgeblichen Schwellenwerte erreicht werden. Mit der Implementierung von Schwellenwerten sollen solche Vergaben, die zwar alle Anforderungen an den Tatbestand des öffentlichen Auftrags erfüllen, aber wegen ihres geringen Auftragswertes eine komplexe Verfahrensdurchführung unwirtschaftlich erscheinen lassen, vom Vergaberegime ausgenommen werden. Ähnlich wie bei der de-minimis-Ausnahme im Beihilfenrecht[650] geht der Richtliniengeber davon aus, dass nur solche Vergaben eine Binnenmarktrelevanz haben, die die jeweiligen Schwellenwerte erreichen.[651] Der Schwellenwert für Bauaufträge beträgt derzeit gemäß § 2 Nr. 3 VgV 5.000 TEUR.[652] Ob dieser Wert erreicht wird, ist vom öffentlichen Auftraggeber unter Berücksichtigung der Vorgaben des § 3 VgV ex ante zu schätzen. Nach Art. 9 Abs. 1 VKR bildet der Gesamtwert, der vom öffentlichen Auftraggeber voraussichtlich zu zahlen ist, die Grundlage für die Berechnung des geschätzten Auftragswertes.[653] Welche Kostenbestandteile eines Projekts allerdings in die Berechnung einfließen, ist stark

ZfIR 2010, 405, 407; *Schabel*, VergabeR 2010, 449; 451; *Brambring / Vogt*, NJW 2008, 1855, 1857; a.A. *Hanke*, ZfBR 2010, 562, 565; *Reidt*, BauR 2007, 1664, 1673.

648 Ebenso *Hanke*, ZfBR 2010, 562, 565; *Haak*, VergabeR 2011, 351, 357.

649 So aber noch für die Rechtslage vor der EuGH-Entscheidung in der Rechtssache „Helmut Müller“ *Frenz*, WRP 2006, 1216, 1220.

650 Siehe hierzu § 15 B. I. 2.

651 Vgl. EuGH, Urt. v. 18.01.2007 – C-220/05 „Stadt Roanne“, Rn. 52 (Slg 2007, I-385); *GA'in Kokott*, Schlussanträge v. 15.06.2006 – C-220/05 „Stadt Roanne“, Rn. 63 (Slg 2007, I-385). Die durch die Schwellenwerte hervorgerufene Zweiteilung des Vergaberechts wurde durch das Bundesverfassungsgericht als verfassungskonform bestätigt, BVerfG, Urt. v. 13.07.2006 – 1 BvR 1160/03 „Unterschwellenvergabe“, Rn. 62 = NJW 2006, 3701.

652 Zum Verhältnis der national geltenden Schwellenwerten zu den durch EG-Verordnung (zuletzt EU-Verordnung Nr. 1251/2011 v. 30.11.2011) festgesetzten Werten *Ganske*, in: Reidt / Stickler / Glahs, Vergaberecht, § 100 GWB, Rn. 9.

653 Werden neben einer Bauleistung auch Planungsleistungen ausgeschrieben, muss der öffentliche Auftraggeber bei der Schätzung des Auftragswertes beides berücksichtigen, OLG München, Beschl. v. 31.10.2012 – Verg 19/12.

umstritten. Denn die Beantwortung dieser Frage hat weitreichende Folgen für den Kreis der ausschreibungspflichtigen Investorenvorhaben.

So erhält dieses Tatbestandsmerkmal dann besondere Bedeutung, wenn der öffentliche Auftraggeber seinen Beschaffungsbedarf nicht durch ein von ihm allein genutztes Bauwerk deckt, sondern – in der Praxis nicht unüblich – eine gemischte öffentlich-private Nutzung anstrebt. Unbestritten ist lediglich, dass durch die Verknüpfung von Bauleistungen im öffentlichen als auch privaten Interesse das gesamte Vertragspaket ausschreibungspflichtig wird, wenn die Schwellenwerte erreicht oder überschritten werden.[654] Die Entscheidung „Helmut Müller" hat dagegen keine Klärung der Frage herbeigeführt, ob bei gemischten kommunalen Investorenprojekten dieser Schwellenwert auch aus den privat getragenen Kosten errechnet wird. Anders ausgedrückt, ob allein die Gegenleistung des öffentlichen Auftraggebers den maßgeblichen Schwellenwert erreichen muss.[655] Die Bandbreite dieser Mischfälle[656] reicht von der Errichtung eines Einkaufszentrums mit öffentlicher Tiefgarage, angrenzenden öffentlichen Grünflächen oder eigenem Autobahnanschluss bis hin zu Wohnkomplexen mit integriertem städtischem Kindergarten, Sportzentrum oder Bibliotheksgebäude. Ein klassisches Beispiel für Mischfälle ist schließlich die Herstellung von Erschließungsanlagen.[657] Nachdem der bisherige Meinungsstand skizziert wurde (A.), soll anhand einer Auslegung der europarechtlichen Vorgaben eine eigene Bewertung der Problematik vorgenommen werden (B.).

## A. Meinungsstand

Ausgangspunkt der Diskussion ist die unterschiedlich interpretierte EuGH-Entscheidung in der Rechtssache „Stadt Roanne". Bereits die *Generalanwältin Kokott* merkte zur Schwellenwertberechnung an, dass aus der Perspektive der potentiellen Bieter das Gesamtvolumen des Bauauftrags maßgeblich sei, also der seitens des Unternehmers erzielbare Gesamtumsatz. Seien nur Teile der zu errichtenden baulichen Anlage für den öffentlichen Auftraggeber selbst bestimmt,

---

654 *Hertwig*, VergabeR 2010, 554, 560; *ders.*, NZBau 2011, 9, 15; *Otting*, NJW 2010, 2167, 2168; *Haak*, VergabeR 2011, 351, 357.

655 Dies offen lassend OLG Düsseldorf, Beschl. v. 09.06.2010 – Verg 9/10 „Windhövel" = ZfBR 2010, 602, 606; erhebliche Bedenken hat die VK Kiel, Beschl. v. 17.08.2012 – VK-SH 17/12, Rn. 32, 52 (zitiert nach juris).

656 Begriff nach *Hertwig*, VergabeR 2010, 554, 560. Gleichbedeutend ist der Begriff „eingekapselte Bauaufträge" von *Otting*, NJW 2010, 2167, 2168.

657 Vgl. *Hertwig*, VergabeR 2010, 554, 560; *ders.*, NZBau 2011, 9, 15; *Otting*, NJW 2010, 2167, 2168; *Haak*, VergabeR 2011, 351, 356.

während das Bauwerk ansonsten unmittelbar an Dritte veräußert werden solle, so müsse man auch die für Dritte bestimmten Teile bei der Berechnung des Auftragswertes mit einbeziehen.[658] Dieser Beurteilung hat sich der Gerichtshof angeschlossen:

> *„Da der Zweck der Verfahren zur Vergabe öffentlicher Bauaufträge nach dieser Richtlinie gerade den in der Europäischen Gemeinschaft niedergelassenen potenziellen Bietern den Zugang zu öffentlichen Aufträgen, die für sie von Interesse sind, garantieren soll, folgt daraus, dass aus ihrer Perspektive heraus zu bestimmen ist, ob der Wert eines Auftrags den in Art. 6 der Richtlinie [Anm.: die Vorgängerrichtlinie BKR] festgelegten Schwellenwert erreicht. Wenn sich der Wert eines Bauauftrags aus Entgelten zusammensetzt, die sowohl vom öffentlichen Auftraggeber als auch von Dritten stammen, hängt das Interesse eines potenziellen Bieters an einem solchen Auftrag ganz offensichtlich von dessen Gesamtwert ab.“*[659]

Die Konsequenzen, die aus dem Urteil „Stadt Roanne“ gezogen werden, sind dagegen höchst unterschiedlich. Mehrheitlich wird vertreten, dass bei Mischfällen sowohl der Gegenwert für die im öffentlichen Interesse errichteten Teilbauleistungen[660] als auch die Beträge aus der Veräußerung oder Vermietung der im eigenen wirtschaftlichen Interesse des Investors errichteten Teilbauwerke in die Berechnung einfließen. Die mit dem Urteil einhergehende Reduzierung auf die Sicht eines potentiellen Bieters sei vor dem Hintergrund des europarechtlichen „effet utile“ zu verstehen. Die Wirtschaftlichkeit des Projektes ergebe sich für den potentiellen Bieters aus dem Gesamtwert des geplanten Projekts.[661]

Teilweise werden die Ausführungen des Gerichtshofs in der Entscheidung „Stadt Roanne“ dagegen so gedeutet, dass lediglich die im öffentlichen Interesse errichteten Gebäudeteile Eingang in die Schwellenwertberechnung finden. Entgelte Dritter müssten somit lediglich im Falle einer Konzessionierung berücksichtigt werden. Entscheidend sei vielmehr, ob die Verpflichtung zur Herstellung des Bauwerks dem Beschaffungsinteresse der öffentlichen Hand entspringe. Das

---

658 *GA’in Kokott*, Schlussanträge v. 15.06.2006, Rs. C-220/05 „Stadt Roanne“, Rn. 64 ff. (Slg 2007, I-385).

659 EuGH, Urt. v. 18.01.2007 – C-220/05 „Stadt Roanne“, Rn. 53 f. (Slg 2007, I-385).

660 Sei es durch direkte Zahlungen des öffentlichen Auftraggebers oder im Falle einer Baukonzession durch Nutzungsentgelte Dritter.

661 *Glahs*, in: Reidt / Stickler / Glahs, Vergaberecht, § 3 VgV, Rn. 16; *Keller*, Kooperativer Städtebau und Kartellvergaberecht, S. 153; *Burgi*, NVwZ 2008, 929, 931; *Haak*, VergabeR 2011, 351, 357; *Hertwig*, VergabeR 2010, 554, 556; *ders.*, NZBau 2011, 9, 15; wohl auch *Lamm*, KommJur 2010, 161, 165; *Bayerisches Staatsministerium des Innern*, Handreichung v. 20.12.2010 „Anwendung des Vergaberechts bei kommunalen Grundstücksgeschäften“.

Interesse des Investors am öffentlichen Bauauftrag könne sich jedenfalls nicht aus dem in seinem eigenen Interesse errichteten Bauwerk ergeben. Der Gesamtvertrag sei demnach lediglich dann ausschreibungspflichtig, wenn die im öffentlichen Interesse genutzten Gebäudeteile für sich den Schwellenwert übersteigen.[662]

## B. Eigene Bewertung

Ausgangspunkt einer eigenen Bewertung muss der Wortlaut der maßgeblichen unionsrechtlichen Vorschrift sein. Die Formulierung des Art. 9 Abs. 1 Satz 1 VKR, „Grundlage der Berechnung des geschätzten Auftragswertes ist der Gesamtwert ohne MwSt., der vom öffentlichen Auftraggeber voraussichtlich zu zahlen ist", legt nahe, dass auch bei gemischten kommunalen Investorenprojekten lediglich der Bauleistungsanteil berücksichtigt wird, der im Interesse des öffentlichen Auftraggebers errichtet wurde. Das Urteil in der Rechtssache „Stadt Roanne" kann in dieser Hinsicht keine andere Auslegung rechtfertigen, denn es erging noch zur Vorgängerrichtlinie 93/37, deren Art. 6 eine solche Formulierung nicht vorsah, so dass man insoweit von einer Verschärfung der europarechtlichen Vorgaben durch die VKR ausgehen muss.

Doch auch die Sichtweise, die lediglich auf die im öffentlichen Interesse errichteten Bauleistungen abstellt und Entgelte Dritter nur im Falle einer Baukonzession berücksichtigen möchte, findet in der Entscheidung „Stadt Roanne" keinen Anknüpfungspunkt. Letztere bezog sich vielmehr auf den Fall eines öffentlichen Bauauftrags. Wenn der Gerichtshof dann feststellt, dass für die Schwellenwertberechnung alle Beträge einzuschließen sind, die vom öffentlichen Auftraggeber oder von Dritten stammen, sind keine Entgelte Dritter für die Nutzung des öffentlichen Gebäudeteils als Refinanzierung des Investors gemeint, sondern Zahlungen Dritter, die der Investor für den Verkauf oder die Vermietung seines Gebäudeteils erlangt. Auch der Umstand, dass in die Schwellenwertberechnung solche Beträge einfließen, die der Investor aus der Vermarktung seiner Bauleistung an Dritte erzielt, macht den argumentativen Rückgriff auf die Rechtsfigur der Baukonzession entbehrlich.[663]

662 VK Stuttgart, Beschl. v. 12.01.2011 – 1 VK 67/10, Rn. 70 (zitiert nach juris); so wohl auch VK Kiel, Beschl. v. 17.08.2012 – VK-SH 17/12, Rn. 32, 52 (zitiert nach juris); OLG Schleswig, Beschl. v. 15.03.2013 – 1 Verg 4/12 mit Anm. *Horn*, VergabeR 2013, 587; *Otting*, NJW 2010, 2167, 2168; *Regler*, DNotZ 2010, 24, 42.

663 *Hertwig*, NZBau 2011, 9, 15.

Dem Wortlaut des Art. 9 Abs. 1 Satz 1 VKR wird aber ebenso eine Berechnung gerecht, die sowohl den Gegenwert der im öffentlichen Interesse realisierten Bauleistungen, als auch im privaten Interesse errichteter Bauwerke mit einbezieht. Um die Berücksichtigung der Entgelte Dritter zu rechtfertigen, müssen diese allerdings auf Veranlassung des öffentlichen Auftraggebers gezahlt werden. Diese Veranlassung manifestiert sich jedenfalls in der im Grundstückskaufvertrag verankerten Verquickung von Bauverpflichtung sowie der Forderung des öffentlichen Auftraggebers nach Realisierung von Bauleistungen im eigenen wirtschaftlichen Interesse.[664] Letztlich beurteilen Bieter, die über die Staatsgrenze hinweg in einem anderen Mitgliedstaat tätig werden wollen, die Attraktivität eines Projekts nach den insgesamt zu erwartenden Erlösen, gleichgültig, ob diese aus öffentlichen oder privaten Mitteln stammen. In Anlehnung an den oben vertretenen Entgeltbegriff, erscheint es geboten, nur diejenigen Entgelte Dritter mit in die Berechnung einfließen zu lassen, die gleichsam auf den öffentlichen Auftraggeber zurückführbar sind, mithin durch ihn veranlasst wurden. Durch diese Betrachtungsweise kann der Richtlinie zur größtmöglichen praktischen Wirksamkeit[665] unter gleichzeitiger Beachtung des Wortlauts verholfen werden.

In die Schwellenwertberechnung fließen also nicht nur direkte Zahlungen des öffentlichen Auftraggebers, sondern ebenso Zahlungen Dritter ein. Somit können auch Einnahmen berücksichtigt werden, die der Auftragnehmer aus der Veräußerung der zu errichtenden Bauwerke erzielen will. Gleichwohl müssen diese Zahlungen auf den öffentlichen Beschaffungsakt zurückzuführen sein.

Der hier vertretene Entgeltbegriff erfordert jedoch eine Klarstellung in Bezug auf die Schwellenwertberechnung. Der mit einer Grundstücksüberlassung übertragene Grundstückswert muss in die Schwellenwertberechnung einfließen, denn der Gesamtwert eines Auftrages ergibt sich eben nicht nur aus direkten Zahlungen des öffentlichen Auftraggebers, sondern für das Erreichen des Schwellenwertes sind die dem Auftragnehmer zufließenden Leistungen maßgeblich. Dies gilt sowohl für Zahlungen Dritter als auch für Entgeltzahlungen in

---

664 Vgl. *Hertwig*, VergabeR 2010, 554, 560. Zur Entgeltzahlung durch Dritte vgl. oben, § 8 A. III.

665 Grundsätzlich sind nationale Umsetzungsvorschriften nach ständiger Rechtsprechung des EuGH im Sinne einer größtmöglichen praktischen Wirksamkeit der europarechtlichen Vorgaben auszulegen. So etwa EuGH, Urt. v. 12.07.2001 – Rs. C-399/98 „Mailänder Scala", Rn. 55 (Slg 2001, I-5409); zur weiterhin fortschreitenden Tendenz, *Burgi*, NZBau 2009, 609, 610.

Form einer Übertragung von Vermögensgegenständen.[666] Da die bei Dritten erzielten Erlöse aber regelmäßig den Wert des Grundstücks als Kalkulationsposten enthalten, muss bei der Schätzung des Schwellenwerts in diesen Konstellationen der Grundstückswert in Abzug gebracht werden.[667]

In den Fällen, bei denen im Rahmen einer Baukonzessionierung eine entgeltliche Nutzung des Bauwerks oder von Teilen davon durch den öffentlichen Auftraggeber vorgesehen ist, bleibt zu berücksichtigen, dass derart ausgestaltete Verträge typischerweise für eine lange Laufzeit vereinbart werden. Ein Erreichen oder Überschreiten des Schwellenwerts wird hierdurch sehr wahrscheinlich.[668]

## § 11 Abschnittsfazit

Die den Anlass der Untersuchung bildende Entscheidung des EuGH in der Rechtssache „Helmut Müller" ermöglicht es Gemeinden und privaten Investoren, rein privatnützige Bauvorhaben auf im Privateigentum stehenden Grundstück nun wieder rechtssicher ohne eine vergaberechtliche Ausschreibung durchzuführen. Dies ist angesichts der massiven Verunsicherung auf beiden Seiten ein gutes Signal. Dennoch hat der Gerichtshof aus den vorbeschriebenen Gründen nicht vermocht, eine klare Grenzlinie im Hinblick auf die Ausschreibungspflicht kommunaler Investorenprojekte zu ziehen. Die im Nachgang

666 *Harms / Schmidt-Wottrich*, LKV 2011, 537, 538; ablehnend: *Bayerisches Staatsministerium des Innern*, Handreichung v. 20.12.2010 „Anwendung des Vergaberechts bei kommunalen Grundstücksgeschäften", S. 12 f., die aber gleichzeitig vor einem Prozessrisiko wegen der unklaren Rechtslage warnt. So aber für die von der Ahlhorn-Rechtsprechung vertretenen Konzessionierung durch Eigentumsübertragung OLG Düsseldorf, Beschl. v. 02.10.2008 – VII-Verg 25/08 „Wildeshausen" = NZBau 2008, 727, 728 OLG Karlsruhe, Beschl. v. 13.06.2008 – 15 Verg 3/08 „Lebensmittelverbrauchermarkt" = NZBau 2008, 537, 539; mit Bedenken *Greb*, NZBau 2008, 735; *Enderle / Rehs*, NVwZ 2009, 413, 414. Dagegen noch ablehnend: OLG Düsseldorf, Beschl. v. 13.06.2007 – VII-Verg 2/07 „Ahlhorn" = NZBau 2007, 530, 532; ebenso OLG Brandenburg, Beschl. v. 27.06.2008 – Verg W 4/08, BeckRS 2008, 15473; *Glahs*, in: Reidt / Stickler / Glahs, Vergaberecht, § 3 VgV, Rn. 16; *Regler*, DNotZ 2010, 24, 42 f.

667 Vgl. *Keller*, Kooperativer Städtebau und Kartellvergaberecht, S. 153 f., der zugleich darauf hinweist, dass es der Kommune bei der ex-ante vorzunehmenden Schätzung kaum möglich sein wird, die Erlöse des Kooperationspartners zu prognostizieren. Aus diesem Grunde schlägt er vor, die Baukosten zugrunde zu legen, zu denen dann der Wert des Grundstücks ebenso wie eine kalkulatorische Rendite hinzugerechnet werden müssten. A.A. *Harms / Schmidt-Wottrich*, LKV 2011, 537, 538.

668 Vgl. auch *Raabe*, NordÖR 2010, 273, 276.

zu dieser EuGH-Entscheidung vielfach vertretene These einer weitgehenden Freistellung kommunaler Investorenprojekte vom kartellvergaberechtlichen Anwendungsbereich hat sich als voreilige Fehleinschätzung erwiesen. Durch die Präzisierung des Beschaffungsbegriffs konnte belegt werden, dass die Frage der Ausschreibungspflicht anhand der mit dem Bauvorhaben verbundenen gemeindlichen Zielvorstellung zu beurteilen ist und das verwandte städtebauliche Handlungsinstrumentarium nur eine untergeordnete Rolle spielt. Der Anwendungsbereich des Kartellvergaberechts beginnt vielmehr dort, wo die bloße Privatnützigkeit aufhört. So können durchaus auch rein städtebaulich motivierte Zielvorstellungen der Gemeinde eine kartellvergaberechtliche Ausschreibungspflicht auslösen. Ein Türöffner für die Eröffnung des Anwendungsbereichs des Vergaberechts ist die Beschaffung eines Rechtstitels, mit dem die öffentliche Zweckbestimmung (im Sinne einer nutzungsbezogenen Einflussnahme) sichergestellt wird. Auf der Gegenleistungsseite sorgen insbesondere Kaufpreisnachlässe auf öffentliche Grundstücke und die Vergabe von befristeten Baukonzessionen für eine vergaberechtliche Ausschreibungspflicht. Eine Gegenleistung in der Form eines Entgelts liegt aber nach der hier vertretenen Auffassung auch im Verkauf eines städtischen Grundstücks zum Marktpreis, sofern eine hinreichende Verknüpfung zur Bauverpflichtung besteht.

Die Gemeinde ist zur Vorabeinschätzung verpflichtet. Dabei wird man häufig zu Beginn der Verhandlungen über kommunale Investorenprojekte nicht hinreichend genau abschätzen können, ob das spätere Ergebnis eine vergaberechtliche Ausschreibungspflicht begründen wird. So ist es in der Praxis durchaus nicht unüblich, dass städtebaulich motivierte Auflagen oder Finanzierungszusagen erst im Verlaufe der Verhandlungen Eingang in das Vertragskonstrukt finden.[669] Die jeweilige Prüfung hat sich somit streng an den mit dem Vorhaben verbundenen Zielvorstellungen auszurichten. Den ausschreibenden Stellen kann nur zu einer sorgsamen Einzelfallprüfung geraten werden, denn die Nichtigkeitsfolge einer unterbliebenen Ausschreibung ist vielfach eine zu große Hypothek für ein einmal begonnenes Projekt. Das Verfahren um die Kölner Messehallen dürfte – auch wenn die Vergabewirklichkeit freilich anders aussieht[670] – als mahnendes Beispiel genügen. Im Zweifel muss getreu dem Grundsatz „in dubio pro

669 Vgl. *Otting*, NJW 2010, 2167, 2169 f.; *Haak*, VergabeR 2011, 351, 357.

670 So moniert der Bundesrechnungshof seit Jahren einen zu hohen Anteil von Aufträgen, die ohne jedwede Ausschreibung vergeben werden. Etwa für den Geschäftsbereich des Bundesinnenministeriums: *Bundesrechnungshof*, Bemerkungen 2010 zur Haushalts- und Wirtschaftsführung des Bundes, S. 124 f.

Vergaberecht“ eine Ausschreibung nach kartellvergaberechtlichen Maßstäben erfolgen.[671]

## 3. Abschnitt: Der aktuelle vergaberechtliche Anwendungsbereich bei kommunalen Investorenprojekten

Für die kommunale Praxis ist insbesondere die Frage virulent, ob ein konkretes Projekt vom Tatbestand des öffentlichen Bauauftrags erfasst wird oder nicht. Dem soll in der nachfolgenden Fallanalyse nachgegangen werden, die sich an den im 2. Abschnitt ermittelten Maßstäben orientiert. Eine vergaberechtliche Ausschreibungspflicht kommt dann in Betracht, wenn die öffentliche Hand ein Grundstück verkauft oder ein Nutzungsrecht an ihm gewährt, und dies mit einer direkten bzw. indirekten Bauverpflichtung verknüpft.[672] Eine Herausstellung der Fälle, die mit einer Grundstückstransaktion verknüpft sind, ist dem Umstand geschuldet, dass die Übertragung eines Grundstücks zum einen die bedeutendste Entgeltkomponente in diesem Zusammenhang darstellt[673] und zum anderen – isoliert oder in Verbindung mit städtebaulichen Verträgen – ein häufig gebrauchtes Trägermedium für vergaberechtlich relevante Vereinbarungen ist.[674]

Zentrales Tatbestandsmerkmal ist schließlich der Beschaffungsbezug des jeweiligen Projekts. Die vom privaten Investor zu erbringende Leistung muss im unmittelbaren wirtschaftlichen Interesse des öffentlichen Auftraggebers stehen. Vielfach wird eine Darstellung der ausschreibungspflichtigen Fallkonstellationen anhand einer Auflistung der verschiedenen städtebaulichen Handlungsinstrumentarien vorgenommen.[675] Wie gezeigt, ist die rote Linie der

---

671 *Otting*, NJW 2010, 2167, 2168.

672 Der Übersichtlichkeit wegen, wird noch einmal herausgestellt, dass bereits vor der Entscheidung „Helmut Müller“ allgemein anerkannt war, dass der bloße Verkauf eines städtischen Grundstücks nicht dem Vergaberecht unterfällt, vgl. etwa *Pietzcker*, NZBau 2008, 293, 295; *Dietlein*, NZBau 2004, 472, 473; *Kühling*, NVwZ 2010, 1257, 1258. Diese Erkenntnis hat auch der Gerichtshof erneut ausdrücklich bestätigt. Siehe insoweit EuGH, Urt. v. 25.03.2010 – C-451/08 „Helmut Müller“, Rn. 41 (Slg 2010, I-2673).

673 Vgl. insbesondere oben, § 8 A. II.

674 Siehe hierzu oben, § 2 B. VI.

675 Vgl. etwa *Lamm*, KommJur 2010, 161, 165 ff.; *van Kann / Hettich*, ZfIR 2010, 783, 786 f.; *Grothmann / Tschäpe*, ZfBR 2011, 442, 448 ff. Vor der EuGH-Entscheidung „Helmut Müller“ u.a. *Reidt*, BauR 2007, 1664, 1667 ff.; *Hertwig / Öynhausen*, KommJur 2008, 121, 122 ff.; *Burgi*, NVwZ 2008, 929, 934 f.; *Hüser*, Ausschreibungspflichten bei der Privatisierung öffentlicher Aufgaben, S. 324.

Ausschreibungspflicht jedoch anhand der Zielsetzung zu ziehen, die mit dem Bauvorhaben verbunden wird.

Hiervon ausgehend werden die verschiedenen städtebaulichen Konstellationen beleuchtet. Die nachfolgende Untersuchung von Grundstücksgeschäften mit einer Bauerrichtungsverpflichtung (§ 12) gliedert sich daher in solche, die lediglich im privatnützigen Interesse des Investors erfolgen (A.), die ausschließlich im öffentlichen Interesse abgeschlossen werden (B.) sowie in Mischfälle (C.). Letztere kennzeichnet, dass sie sowohl im privaten als auch im öffentlichen Interesse vereinbart werden. Zudem werden einzelne Sonderprobleme betrachtet, die sich aus der rechtlichen Ausgestaltung ausgewählter städtebaulicher Handlungsinstrumentarien ergeben (D.).

Ein Grundstücksgeschäft kann jedoch nicht nur mit einer Bauerrichtungsverpflichtung, sondern ebenso mit Liefer- sowie Dienstleistungsverpflichtungen (§ 13) des privaten Investors kombiniert werden. Im Rahmen einer umfassenden Betrachtung kommunaler Investorenprojekte verdienen sie ebenso Beachtung. Schließlich werden auch solche Kooperationsverfahren beleuchtet, die ohne ein Grundstücksgeschäft der öffentlichen Hand abgewickelt werden (§ 14).

# § 12 Grundstücksgeschäfte der öffentlichen Hand mit Bauerrichtungsverpflichtung

## A. Privatnützige Bauvorhaben

Veräußert die Gemeinde ein Grundstück an einen privaten Investor und verbindet dies mit der Verpflichtung, die geplanten baulichen Anlagen auch zu errichten, führt dies allein noch nicht zu einer vergaberechtlich begründeten Pflicht zur europaweiten Ausschreibung. Dies gilt jedenfalls dann, wenn sich der Investor verpflichtet, privatnützige Vorhaben wie Einkaufszentren, Kinos oder Wohngebäude zu errichten. Hier fehlt es regelmäßig an einem unmittelbaren wirtschaftlichen Interesse der öffentlichen Hand. Mittelbare Beschaffungszwecke, etwa an einer geordneten städtebaulichen Entwicklung oder der Generierung von Steuereinnahmen, besitzen keine vergaberechtliche Relevanz. Insoweit besteht eine klare Abgrenzung zur Ausschreibungspflicht.

Ein privatnütziges Bauvorhaben kann jedoch dann in einen ausschreibungspflichtigen Tatbestand umschlagen, wenn sich der öffentliche Auftraggeber darüber hinaus finanziell an der Realisierung des Projekts beteiligt oder eine Verlustausgleichungsverpflichtung gegenüber dem Auftragnehmer übernimmt.[676]

676 *Lamm*, KommJur 2010, 161, 165.

Die so gewährte Unterstützung löst – wie gezeigt – unabhängig von der tatsächlich erstrebten Nutzung eine vergaberechtliche Ausschreibungspflicht aus. Eine finanzielle Beteiligung der öffentlichen Hand ist in verschiedensten Modellen durchführbar. Sie kann das Projekt in erster Linie durch Gewährung von Subventionen[677] unterstützen. Denkbar sind Zuschüsse, verbilligte Darlehen, die Befreiung oder Ermäßigung von Abgaben sowie ein Verzicht, eine Stundung oder Nichtdurchsetzung von bestehenden Forderungen.[678] Zudem liegt bei der „künstlichen Verringerung der Kosten" durch eine Kapitalbeteiligung an einer den Bauauftrag ausführenden privaten Gesellschaft eine finanzielle Beteiligung vor.[679] Eine Beteiligung kann schließlich auch durch eine Sachleistung erfolgen, etwa wenn eine Gemeinde dem Investor im Gegenzug für die Bauleistung andere Gemeindeflächen überlässt oder Erschließungsmaßnahmen durchführt bzw. auf ihre Kosten durchführen lässt.[680]

## B. Bauvorhaben im öffentlichen Interesse

Bei kommunalen Investorenprojekten, die eine Realisierungsverpflichtung für den Bau eines Rathauses, Parkhauses, Schwimmbads, Theaters, Kindergartens oder einer Schule vorsehen, ist schon seit jeher unbestritten, dass sie vergaberechtlich auszuschreiben sind.[681] Die Errichtung solcher Bauvorhaben steht offensichtlich im unmittelbaren wirtschaftlichen Interesse des öffentlichen Auftraggebers. In diesem Zusammenhang ist es gleichgültig, ob der öffentlichen Hand das Bauwerk später übereignet wird oder diese lediglich einen Rechtstitel erhält, mit dem sie die öffentliche Zweckbestimmung sicherstellen kann.

---

677 Subventionen sind alle Leistungen einer rechtsfähigen Einrichtung der öffentlichen Hand an eine von ihr zu unterscheidende rechtsfähige Einrichtung oder an eine Person, die ohne marktmäßige Gegenleistung gewährt werden und helfen sollen, Ziele im öffentlichen Interesse zu verwirklichen. Vgl. näher *Ziekow*, Öffentliches Wirtschaftsrecht, § 6 Rn. 2 ff.

678 *Storr*, in: Ruthig / Storr, Öffentliches Wirtschaftsrecht, Rn. 746.

679 Da über die Kapitalbeteiligung eine Haftung für Verluste der Gesellschaft besteht, wird man solche Konstellationen eher als Verlustausgleichsverpflichtung im Sinne der fünften Fallgruppe einordnen müssen, *Tomerius*, ZfBR 2012, 332, 336.

680 *Jenn*, ZfIR 2010, 405, 407; *Greim*, ZfBR 2011, 126, 128. In diesem Fall ist jedoch genau zu überprüfen, ob die Gemeinde hinsichtlich der vom privaten Dritten zu erbringenden Bauleistung Erfordernisse genannt hat und somit letztlich das Bauwerk prägend beeinflusst hat.

681 Vgl. *Gartz*, NZBau 2010, 293, 297; *Greim*, ZfBR 2011, 126, 127.

Ein unmittelbares wirtschaftliches Interesse besteht für den öffentlichen Auftraggeber auch dann, wenn der Private Infrastruktureinrichtungen wie Straßen oder Kanäle errichtet.[682] Die Nutzung erfolgt in diesem Fall nicht durch den öffentlichen Auftraggeber selbst, sondern durch die Allgemeinheit. Der öffentliche Auftraggeber wird nach der Errichtung in der Regel entweder Eigentümer oder erhält einen schuldrechtlichen bzw. dinglichen Titel mit dem er die Verfügbarkeit im Sinne der öffentlichen Zwecksetzung sicherstellen kann.

Zu differenzieren ist dagegen bei der – viel diskutierten – Verpflichtung des Investors zur Erstellung von ausreichendem Parkraum. An dieser Stelle kann es nur um die vergaberechtliche Beurteilung einer Verpflichtung zum Bau von ausreichenden Stellplätzen gehen, die durch das privatnützige Investorenprojekt ausgelöst wird. Dabei ist richtigerweise zu unterstellen, dass die Zweckbestimmung der Verpflichtung zur Herstellung von Stellplätzen gerade bei solchen Bauprojekten eine öffentliche ist, die einen nicht fest umrissenen Kreis von Nutzern anziehen und nur durch die Schaffung einer ausreichenden Anzahl von Stellplätzen der mit der Errichtung von baulichen Anlagen zu erwartende Zu- und Abgangsverkehr abgewickelt werden kann.[683] Das Einfordern einer ausreichenden Anzahl von Parkplätzen auf dem Grundstück oder in dessen Nähe ist bauordnungsrechtlich geboten.[684] Es handelt sich bei der bauordnungsrechtlichen Maßnahme solange um eine bloße Ausübung städtebaulicher Regelungszuständigkeiten, wie die konkrete Anforderung im Rahmen der gesetzlichen Vorgaben bleibt. Wenn die Gemeinde jedoch – über die bauordnungsrechtlich vorgesehene Anzahl hinaus – weitere Stellplätze verlangt, kann dies eine vergaberechtliche Ausschreibungspflicht auslösen. Denn die Kommune kann bei entsprechender vertraglicher Gestaltung über einen Rechtstitel die öffentliche Zweckbestimmung, den Zu- und Abgangsverkehrs aufzunehmen, sicherstellen und somit ein unmittelbares wirtschaftliches Interesse an der Erstellung haben.

## C. Inkorporierte Beschaffungsvorgänge

Die in diesem Zusammenhang weitaus schwierigste Materie bilden jedoch diejenigen städtebaulichen Entwicklungsvorhaben, die sowohl im privaten als auch im öffentlichen Interesse realisiert werden. Häufig werden private Investorenvorhaben im Kooperationsprozess mit öffentlichen Beschaffungszwecken

---

682 *Otting*, NJW 2010, 2167, 2168; *Haak*, VergabeR 2011, 351, 356 m.w.N.

683 *Herrmann*, VergabeR 2010, 976, 978; a.A. OLG Düsseldorf, Beschl. v. 09.06.2010 – VII-Verg 9/10 „Windhövel" = ZfBR 2010, 602, 605; *Hausmann*, VR 2011, 41, 44.

684 Vgl. etwa § 51 BauO NRW oder Art. 47 BayBO.

verknüpft. Dabei kann der Grad des öffentlichen Interesses höchst unterschiedlich ausfallen und von gemeindlichen Nutzungsvorgaben bis hin zur Errichtung von baulichen Anlagen reichen. Alle Projekte haben jedoch gemeinsam, dass derjenige Teil, der im öffentlichen Interesse erbracht wird, in das im privatnützigen Interesse erstellte Gesamtprojekt eingekapselt ist.

### *I. Errichtung von Teilbauten für die öffentliche Hand*

Vielfach wird die Veräußerung von größeren Grundstücksflächen mit Bauerrichtungsverpflichtungen verknüpft, die sich zumindest teilweise auf die Durchführung von Bauvorhaben im öffentlichen Interesse beziehen. Die Verpflichtung eines Grundstückserwerbers, als Kompensationsmaßnahme technische oder soziale Infrastruktur zu errichten, ist grundsätzlich ausschreibungspflichtig. Die Notwendigkeit, Teilbauten im öffentlichen Interesse zu errichten, ist dabei häufig auf die privatnützigen Baumaßnahmen selbst zurückzuführen, da diese Auswirkungen auf die gemeindliche Infrastruktur mit sich bringen. Die notwendigen Maßnahmen reichen vom Bau neuer Gehwege oder Abbiegespuren über die Anlage öffentlicher Grün- oder Platzflächen bis hin zur Errichtung von Parkhäusern, Kitas oder Sportplätzen.[685] Diese Bauvorhaben bedienen unzweifelhaft das unmittelbare wirtschaftliche Interesse der jeweiligen Kommune, da ihr regelmäßig das Eigentum an diesen Anlagen übertragen wird oder die Kommune zumindest einen Rechtstitel erhält, mit dem sie deren öffentliche Zweckbestimmung sicherstellen kann.[686]

Bei der Untersuchung der vergaberechtlichen Relevanz von Teilbauten bereitet regelmäßig die Entgeltfrage Probleme. Während beim Bau von öffentlichen Parkhäusern, Kitas oder Sportplätzen unterstellt werden darf, dass die hierfür anfallenden Baukosten in der Gesamtkalkulation berücksichtigt werden, wird dies für kleinere bauliche Maßnahmen bislang verneint.[687] Insbesondere könne nicht davon ausgegangen werden, dass das Grundstück allein auf Grund solcher Vereinbarungen zu einem Preis unterhalb seines Marktwerts überlassen werde und somit ein entgeltlicher Auftrag vorliege. Vielmehr gewinne

685 Zur Berechnung des Schwellenwertes in diesen Konstellationen siehe oben, § 10 B.

686 Wird einem privaten Investor etwa im Rahmen eines städtebaulichen Vertrages die Verpflichtung auferlegt, eine Tiefgarage zu errichten, in der 100 Parkplätze für die öffentliche Hand bestimmt und durch eine Grunddienstbarkeit gesichert sind, steht das Projekt zweifellos im unmittelbaren Interesse der Gemeinde.

687 OLG Düsseldorf, Beschl. v. 09.06.2010 – VII-Verg 9/10 „Windhövel“ = ZfBR 2010, 602, 605.

das Grundstück durch die bauplanungsrechtliche Zulassung an Wert und die Anpassungsmaßnahmen seien erforderlich, um das Grundstück in dieser Wert erhöhenden Weise bebauen zu können.[688] Diese Argumentation kann jedoch nicht durchgreifen. Richtig ist, dass die planerische Zulassung des Projekts den Wert des Grundstücks mehrt. Auf eine Preisminderung, die die Kosten der Anpassungsmaßnahmen abdecken soll, kann es dagegen nach der hier vertretenen Auffassung vom Entgeltbegriff nicht ankommen. Denn schon allein der Grundstücksverkauf stellt in Verbindung mit der Leistungsverpflichtung eine ausreichende Entgeltkomponente dar. Ob die auf dem von der Gemeinde veräußerten Grundstück erbaute Infrastruktur lediglich die Folgen des privatnützigen Bauvorhabens ausgleichen soll oder einen darüber hinausgehenden Nutzen für die Öffentlichkeit schafft[689], kann dann aber dahinstehen.

Dies gilt auch unabhängig davon, ob die Anpassungsmaßnahmen als Nebenarbeiten zum staatlichen Grundstücksverkauf einordnet werden können. Es wird hierzu vertreten, dass in diesem Fall nach der vergaberechtlichen Schwerpunkttheorie der Gesamtvorgang als Entschaffungshandlung nicht ausgeschrieben werden muss.[690] Dabei wird auf Art. 1 Abs. 2 lit. d) Satz 3 der VKR verwiesen, der die Erbringung von Dienstleistungen auch dann als einen öffentlichen Dienstleistungsauftrag einordnet, wenn zudem Bauleistungen erbracht werden, die aber im Verhältnis zur Dienstleistungskomponente nur Nebenarbeiten darstellen. Diese Ansicht übersieht jedoch, dass Art. 1 Abs. 2 lit. d) Satz 3 VKR lediglich das Verhältnis auf der Leistungsseite ordnet und sich somit nicht als Referenz für das Verhältnis zwischen den – ohnehin streng zu trennenden – Leistungs- und Gegenleistungskomponenten eignet. Dennoch wird man nicht jede noch so kleine Anpassungsmaßnahme als ausschreibungspflichtig ansehen können. Bei der Bestimmung des unmittelbaren wirtschaftlichen Interesses ist eine im Einzelfall am Gesamtwert des Investorenprojekts zu bemessende Bagatellgrenze zu berücksichtigen.

---

688 *Hertwig*, NZBau 2011, 9, 15; *Stöcker*, Entwicklung des Verwaltungskooperationsvertrages unter Berücksichtigung des Vergaberechts, S. 351. Ohne nähere Begründung auch *Kühling*, NVwZ 2010, 1257, 1259.

689 Diese Unterscheidung nimmt *Hertwig*, NZBau 2011, 9, 15 f. vor, um sodann bei überschießenden Ausgleichsmaßnahmen einen Kaufpreisnachlass durch die Gemeinde zu unterstellen.

690 Siehe *Hertwig*, NZBau 2011, 9, 13 f.; *Grothmann / Tschäpe*, ZfBR 2011, 442, 450; *Otting*, VergabeR 2013, 343, 344 f.

## *II. Gemeindliche Vorgaben zur Nutzung des Bauwerks*

### 1. Vereinbarung einer Nutzungsverpflichtung

Mit der in der Praxis gebräuchlichen Vereinbarung einer Nutzungsverpflichtung kann die Art und Weise der Nutzung eines bestehenden oder noch zu errichtenden Gebäudes näher geregelt werden. Beispielsweise sind bei Einkaufszentren Anforderungen an Öffnungs- und Betriebszeiten und Vorgaben zur Ansiedlung bestimmter Branchen oder Marktsegmente nicht unüblich. Desweiteren werden etwa im Rahmen der Konversion ehemaliger militärischer Flächen bestimmte Nutzungsarten, wie „gewerblich-fliegerisch" oder „industriell", vorgegeben.[691]

Zentral ist bei der vergaberechtlichen Beurteilung von Nutzungsverpflichtungen das Tatbestandsmerkmal der Bauleistung. Mit der bloßen Verpflichtung, eine bestimmte Nutzungsart zu verfolgen, wird allerdings dem Investor noch keine Bauleistung abverlangt. Doch im Grundstückskaufvertrag oder im flankierenden städtebaulichen Vertrag vereinbarte nutzungsbezogene Vorgaben können zumindest dann eine vergaberechtliche Ausschreibungspflicht auslösen, wenn die gemeindlichen Vorgaben über das hinausgehen, was der Gerichtshof als eine bloße Ausübung städtebaulicher Regelungszuständigkeiten klassifiziert hat und somit die Anforderungen an die „Nennung von Erfordernissen" im Sinne der dritten Tatbestandsalternative des § 99 Abs. 3 GWB erfüllt werden.[692]

Im Rahmen der Untersuchung des Tatbestandes wurde nachgewiesen, dass der öffentliche Auftraggeber Erfordernisse an eine Bauleistung bereits dann vorgibt, wenn der private Investor durch diese Anforderungen zu nicht nur unerheblichen Baumaßnahmen veranlasst wird. Während Vorgaben zu Öffnungs- und Betriebszeiten in der Regel lediglich zu Personalmaßnahmen und Anpassungen im Betriebsablauf führen werden, verursacht die Anforderung, bestimmte energetische Standards einzuhalten, die Nutzung von erneuerbaren Energien voranzutreiben oder bestimmte Branchen bzw. Marktsegmente anzusiedeln, regelmäßig bauliche Vorkehrungen nicht nur unerheblicher Art. Werden solche Vorgaben beispielsweise im Verlauf der kooperativen Entwicklung eines größeren Einzelhandelsprojekts gemacht, muss der Vorhabenträger seine ursprünglichen Vorstellungen an die Ausstattung aufgeben und an diejenigen

---

691 *Reidt*, BauR 2007, 1664, 1668; vgl. auch OLG Düsseldorf, Beschl. v. 13.06.2007 – VII-Verg 2/07 „Ahlhorn" = NZBau 2007, 530.

692 *Hertwig*, VergabeR 2010, 554, 559. Schon vor der EuGH-Entscheidung in der Rs. „Helmut Müller" *Ziekow*, DVBl. 2008, 137, 143.

der Gemeinde anpassen.[693] Wird im Rahmen eines Kaufvertrages über ein bestehendes Gebäude eine Umnutzungsvereinbarung getroffen, muss ebenfalls anhand der Vorgaben der Gemeinde untersucht werden, ob der private Investor durch diese Vereinbarung zu baulichen Veränderungen gezwungen wird, die dazu führen, dass die öffentliche Hand in eine dem Bauherrn vergleichbaren Position gelangt und einen prägenden Einfluss auf die Gestaltung des Gebäudes nimmt.

Die Begründung eines unmittelbaren wirtschaftlichen Vorteils des öffentlichen Auftraggebers kann durch verschiedenste Vertragsgestaltungen erreicht werden. Neben der finanziellen Beteiligung durch eine verbilligte Grundstücksüberlassung sind auch vertragliche Sanktionsmechanismen wie die Vereinbarung eines Rücktrittsrechts[694] oder Wiederkaufsrechts für den Fall denkbar, dass der Investor das Bauwerk entgegen der Nutzungsverpflichtung gebraucht. Eine solche Vereinbarung stellt einen tauglichen Rechtstitel dar, der notfalls gerichtlich durchgesetzt werden kann.[695] Ferner kommt die Vereinbarung einer Vertragsstrafe für die Missachtung der Nutzungsvereinbarung in Betracht. Die Pflicht zur Zahlung einer Vertragsstrafe hat grundsätzlich dieselbe Wirkung wie ein Rücktrittsrecht oder ein Wiederkaufsrecht, wenn sie so bemessen ist, dass sie den Investor wirtschaftlich trifft und somit tatsächlich zum gewünschten Verhalten veranlasst. Um eine solche Wirkung zu entfalten, ist ihre Höhe anhand der Größe des Gesamtprojekts zu beurteilen.[696]

Auch durch die Einräumung beschränkt dinglicher Rechte erreicht die öffentliche Stelle eine ausreichende zivilrechtliche Sicherung der gewünschten

693 An dieser Feststellung ändert auch die Tatsache nicht, dass der private Investor die gemeindlichen Vorgaben nicht akzeptieren muss und im laufenden Kooperationsverfahren aussteigen kann. Wie *Keller*, Kooperativer Städtebau und Kartellvergaberecht, S. 137 zu Recht unterstreicht, liegt das Scheitern eines Vertragsschlusses bereits in der Natur eines jeden öffentlichen Auftrags begründet.

694 A.A. *Hertwig*, der Rückabwicklungsvereinbarungen nur dann als relevant einstuft, wenn sie zu einer unvollständigen Rückabwicklung führen, der Investor demnach nur Teile des von ihm bezahlten Kaufpreises zurückbekommt.

695 A.A. VK Stuttgart, Beschl. v. 12.01.2011 – 1 VK 67/10, Rn. 56 (zitiert nach juris), die aber offensichtlich nicht zwischen dem Erfordernis einer einklagbaren Bauverpflichtung und dem Tatbestandsmerkmal des „unmittelbaren wirtschaftlichen Interesses“ unterscheidet und demnach die unterschiedlichen Anforderungen nicht entsprechend würdigt.

696 Hier dürfte – parallel zur Vertragsstrafe als indirekte Bauverpflichtung – eine Sanktionszahlung in Höhe von 5 % des Projektwertes ausreichend und angemessen zugleich sein. Vgl. BGH, Urt. v. 23. Januar 2003 – VII ZR 210/01, Tz. 58 nach juris.

Grundstücksnutzung. So können durch die Vereinbarung einer Grunddienstbarkeit[697] Nutzungsrechte, etwa Wege- oder Leitungsrechte, sowie die Unterlassung oder Duldung einer bestimmten Handlung abgesichert werden.[698] Bei der vergaberechtlichen Einordnung der Eintragung einer Baulast[699] ist zu dagegen zu differenzieren. Mit der Eintragung verpflichtet sich der Grundstückseigentümer, grundstücksbezogene Maßnahmen vorzunehmen, zu unterlassen oder zu dulden. Die Baulast stellt eine öffentlich-rechtliche Verpflichtung dar, deren Durchsetzung[700] lediglich der zuständigen Bauaufsichtsbehörde obliegt.[701] Soweit diese ein Teil derjenigen Gebietskörperschaft ist, die auch den öffentlichen Auftrag vergibt, können durch die Eintragung einer Baulast in das Baulastenverzeichnis bestimmte Verhaltensweisen gesteuert werden, so dass die Anforderung an die zweite Fallgruppe erfüllt wären. Fallen dagegen öffentlicher Auftraggeber und zuständige Bauaufsichtsbehörde auseinander, kommt dem Auftraggeber durch die Baulast keine Steuerungsmöglichkeit zu.

### 2. Vereinbarung einer Nutzungsbeschränkung

Dem privaten Investor können ferner Nutzungsbeschränkungen auferlegt werden, die – über die möglichen Festsetzungen eines Bebauungsplans hinausgehend[702] – die Art und Weise der Verwendbarkeit des Grundstücks oder der bestehenden Immobilie einschränken und somit städtebauliche Zielvorstellungen realisieren.[703] So werden im Rahmen der Einzelhandelssteuerung Verkaufsflächenbegrenzungen oder Sortimentsbeschränkungen aufgegeben, im sozialen Wohnungsbau Vorgaben zur Mieterstruktur gemacht, bei der Veräußerung

---

697 Vgl. § 1018 BGB.

698 *Wenzel*, in: Gädtke / Czepuck / Johlen / Plietz / Wenzel, BauO NRW, § 83, Rn. 9.

699 Vgl. etwa die landesrechtlichen Regelungen in § 83 BauO NRW oder § 75 HBO. Dagegen kennen Bayern und Brandenburg dieses Rechtsinstitut nicht. Vgl. *Wenzel*, in: Gädtke / Czepuck / Johlen / Plietz / Wenzel, BauO NRW, § 83, Rn. 3.

700 Auf Grundlage von § 61 BauO NRW bzw. vergleichbarer landesrechtlicher Regelung.

701 Vgl. *Wenzel*, in: Gädtke / Czepuck / Johlen / Plietz / Wenzel, BauO NRW, § 83, Rn. 51.

702 Beschränkungen, die ausschließlich aus der allgemeinen Bauleitplanung resultieren, stellen allgemeine Schranken des Eigentums dar, die keine Erfordernisse der Gemeinde begründen, vgl. *Krohn*, ZfBR 2008, 27, 32. Bei der Auferlegung dieser Beschränkungen handelt es daher um die bloße Ausübung städtebaulicher Regelungszuständigkeiten.

703 Zur bauplanungsrechtlichen Zulässigkeit von Nutzungsbeschränkungen BVerwG, Urt. v. 11.02.1993 – 4 C 18/91 „Weilheimer Modell" = NJW 1993, 2695, 2696 f.

gewerblich nutzbarer Flächen Emissionsbegrenzungen benannt oder zur Vermeidung städtebaulich unerwünschte Nutzungen der Betrieb von Vergnügungsstätten oder Tankstellenbetrieben ausgeschlossen. Es wird vielfach vorgebracht, dass in der Aufnahme von über dem bestehenden Bauplanungsrecht hinausgehenden Nutzungsbeschränkungen grundsätzlich keine Anforderung von Bauleistungen zu sehen sei. Vielmehr lasse der Ausschluss einer Nutzung noch viele andere Nutzungen zu, so dass „keine hinreichende Determination durch die Vergabestelle" vorliege.[704] Dem ist insoweit zuzustimmen, als die Beschränkung allein keine Bauleistung des privaten Investors verursacht, da lediglich ein bestimmtes Unterlassen gefordert wird.[705] Werden solche Vorgaben aber im Rahmen der kooperativen Entwicklung eines Grundstücks gemacht, muss der Vorhabenträger – analog zur Situation bei der Nutzungsverpflichtung – seine ursprünglichen Vorstellungen an die Nutzung aufgeben. Will er das Kooperationsprojekt realisieren, bleibt ihm keine andere Wahl, als die Vorgaben der Gemeinde in seine Planungen zu übernehmen. Dies stellt dann nicht mehr nur die „bloße Ausübung städtebaulicher Regelungszuständigkeiten" dar, sondern ist – soweit es sich um nicht nur unerhebliche Änderungen handelt – eine prägende Einflussnahme auf die Bauleistung. Zu den weiteren Tatbestandsmerkmalen gilt im Übrigen das zur Nutzungsverpflichtung Gesagte.[706]

### 3. Gestaltungsvorgaben

Nach Maßgabe bauordnungsrechtlicher Vorschriften[707] können auch gestaltungsbezogene örtliche Bauvorschriften in einen vorhabenbezogenen Bebauungsplan aufgenommen werden.[708] Gemeinden können als Planungsbehörde Gestaltungsvorgaben etwa hinsichtlich der Fassade des zu errichtenden Gebäudes oder der Anlage von Grünflächen und Parkplätzen machen. Solange die Vorgaben im Rahmen des bauordnungsrechtlich Möglichen bleiben, stellen Gestaltungsvorgaben keine Nennung von Erfordernissen dar. Jedoch ist es denkbar, dass detaillierte Vorgaben, die „weit jenseits des baurechtlich in einer

---

704 So *Kühling*, JZ 2008, 1117, 1119. Vgl. auch *Löhr*, in: Battis / Krautzberger / Löhr, BauGB, § 11, Rn. 24a; *Krohn*, ZfBR 2008, 27, 33; *Burgi*, NVwZ 2008, 929, 932; *Reidt*, BauR 2007, 1664, 1668; *ders.*, VergabeR 2008, 11, 12; *Krohn*, ZfBR 2008, 27, 33; *Keller*, Kooperativer Städtebau und Kartellvergaberecht, S. 140.

705 *Keller*, Kooperativer Städtebau und Kartellvergaberecht, S. 140.

706 Vgl. insoweit § 12 C. II. 1.

707 Vgl. etwa § 86 Abs. 4 BauO NRW, Art. 81 Abs. 2 BayBO, § 98 NdsBauO.

708 *Wenzel*, in; Gädtke / Czepuck / Johlen / Plietz / Wenzel, BauO NRW, § 86, Rn. 64.

Gestaltungssatzung Regelbaren"[709] liegen, die Gemeinde in eine bauherrenähnliche Rolle drängen.[710] Entscheidender Prüfungsmaßstab ist insoweit das bereits geltende Baurecht.

### *III. Vorhalten sozialer Infrastruktur*

Zuweilen werden Grundstücksverkäufe mit der Verpflichtung verknüpft, bestimmte soziale Infrastruktur vorzuhalten. Dies kann sinnvoll sein, wenn für die konkrete Pflichtaufgabe momentan noch kein Bedarf besteht, ein solcher aber in absehbarer Zeit zu erwarten ist. Zudem werden derartige Vereinbarungen getroffen, wenn die Gemeinde für eine freiwillige Aufgabe oder eine Auffangverpflichtung[711] Räumlichkeiten vorhalten möchte. Auch hier stellt sich die Frage nach der kartellvergaberechtlichen Relevanz.

Zwar könnte man durchaus vorbringen, dass das Interesse an dem bloßen Vorhandensein einer solchen Einrichtung zunächst kein unmittelbar wirtschaftliches ist. Die Gemeinde bekommt das Bauwerk regelmäßig nicht zu Eigentum übertragen, da es nur eine Reservefunktion erfüllen soll. Einen wirtschaftlichen Vorteil wird sie lediglich dann erzielen können, wenn sie gleichzeitig Aufwendungen erspart. Zudem wird die Gemeinde eine substantielle finanzielle Beteiligung bzw. die Übernahme einer Verlustausgleichsverpflichtung für den Fall des wirtschaftlichen Fehlschlags des Bauwerks häufig nur übernehmen wollen, wenn sie das Bauwerk auch tatsächlich benötigt. Bei genauerer Betrachtung wird man aber in der vertraglichen Verpflichtung des Investors gegenüber der Gemeinde, bei Bedarf die Einrichtung zur Verfügung zu stellen, einen Rechtstitel im Sinne der zweiten Fallgruppe der EuGH-Rechtsprechung zum unmittelbaren wirtschaftlichen Interesse sehen müssen. Die öffentliche Zwecksetzung liegt hier in der sofortigen Nutzbarkeit im Bedarfsfall. Anders als bei der Vereinbarung von Rücktrittsrechten oder Wiederkaufsrechten für den Fall der Missachtung der öffentlichen Zwecksetzung, knüpft die Konstellation der Vorhaltung sozialer Infrastruktur jedoch nicht an ein Fehlverhalten des Investors, sondern an einen außerhalb seines Einflussbereichs liegenden Umstand an.

So ist die vertragliche Absicherung des Vorhaltens von Parkplätzen für einen in noch unbestimmter Zukunft zu errichtenden S-Bahnhof als ein unmittelbares

709 *Otting*, NJW 2010, 2167, 2169.

710 Zu den weiteren Tatbestandsmerkmalen gilt das zur Nutzungsverpflichtung Gesagte. Siehe hierzu unter § 12 C. II. 1.

711 *Schaller*, Der Gemeindehaushalt 2011, 158, 160.

wirtschaftliches Interesse der Gemeinde einzuordnen.[712] Eine Auffangverpflichtung besteht in einigen Bundesländern bei der Schaffung und dem Betrieb von Kindertageseinrichtungen. Nach Art. 3 Abs. 1 des bayerischen Kinderbildungs- und Betreuungsgesetz (BayKiBiG)[713] können neben kommunalen auch freigemeinnützige oder sonstige Träger Kindertageseinrichtungen schaffen oder betreiben. Die Kommunen trifft insoweit eine Auffangverpflichtung, als sie gemäß Art. 5 Abs. 1 BayKiBiG ein ausreichendes Betreuungsangebot sicherstellen müssen, wenn freigemeinnützige oder sonstige Träger dieses alleine nicht leisten können. Demnach liegt in der Verknüpfung von kommunalen Grundstücksgeschäft und der Verpflichtung zum Bau einer Kindertageseinrichtung grundsätzlich ein unmittelbarer wirtschaftlicher Vorteil der Gemeinde, wenn noch weiterer Bedarf an Plätzen besteht, der nicht rechtzeitig durch andere Träger gedeckt werden kann.[714] Die Entgeltlichkeit der Bauleistung wird nach der hier vertretenen Auffassung durch die Verknüpfung von Grundstücksverkauf und Bauverpflichtung erreicht. Ein Rückgriff auf die Rechtsfigur der entgeltersetzenden Baukonzession ist demzufolge nicht notwendig.[715]

Erfüllt die Gemeinde durch das Projekt freiwillige Aufgaben, ist ein unmittelbares wirtschaftliches Interesse an der Projektrealisierung insbesondere dann erfüllt, wenn sie an den entsprechenden baulichen Anlagen Eigentum erlangt oder sich Belegungsrechte einräumen lässt. Kann sie beispielsweise über die Belegung von einer bestimmten Anzahl von Plätzen in einem Seniorenheim entscheiden, sichert sie sich einen ausreichenden vertraglichen Einfluss auf die zukünftige Verwendung des Gebäudes im Sinne seiner öffentlichen Zwecksetzung, so dass ein solches Projekt vergaberechtlich auszuschreiben ist. Dies gilt auch im Zusammenhang mit staatlicher Wohnungsbauförderung[716], wenn dem öffentlichen

712 A.A. VK Stuttgart, Beschl. v. 12.01.2011 – 1 VK 67/10, Rn. 68 f., 72. (zitiert nach juris). Dabei kann es – entgegen der Auffassung der Vergabekammer – nicht darauf ankommen, ob die Gemeinde „derzeit und auf absehbare Zeit“ keinen Nutzen hat. Diese Unwägbarkeit liegt gerade im Wesen des Vorhaltens.

713 Vergleichbare landesgesetzliche Regelungen gibt es etwa in Hessen: §§ 25, 30 Abs. 4 HKJGB.

714 Vgl. *Bayerisches Staatsministerium des Innern*, Handreichung v. 20.12.2010 „Anwendung des Vergaberechts bei kommunalen Grundstücksgeschäften“, S. 9.

715 A.A. *Schaller*, Der Gemeindehaushalt 2011, 158, 160.

716 §§ 15 Abs. 1, Nr. 5; 13 Abs. 2; 26 WohnraumförderungsG.

Grundstücksverkäufer zeitlich befristete Belegungs-, Benennungs- oder Besetzungsrechte eingeräumt werden.[717]

Das Tatbestandsmerkmal der Bauleistung wird im Rahmen solcher Vereinbarungen häufig dadurch erfüllt, dass die Gemeinde nutzungsbezogene Anforderungen an die Errichtung stellt, die einen gewissen baulichen Aufwand verursachen, ohne die die gewünschte Reservefunktion nicht erfüllt werden kann. Damit ist aber die Schwelle zur Bauherrentätigkeit überschritten.

### *IV. Grundstücksverkauf mit Betriebsverpflichtung*

Städtebauliche Kooperationsvorhaben sind auch in der Form denkbar, dass sich der private Investor verpflichtet, eine bestimmte Einrichtung zu errichten und diese auch zu betreiben. Vereinbarungen, die das Bauwerk einer öffentlichen Nutzbarkeit zuführen und eine „Betriebsverpflichtung" des Investors für öffentliche Zwecke begründen, erfüllen regelmäßig die Anforderungen an einen Rechtstitel zur Sicherstellung der Verfügbarkeit im Sinne der öffentlichen Zwecksetzung. So reicht eine Festschreibung als „öffentliches Parkhaus"[718] oder als „Sozialer Wohnungsbau" aus, um ein unmittelbares wirtschaftliches Interesse der Gemeinde zu begründen. Auch die Bau- und Betriebsverpflichtung hinsichtlich einer Kindertagesstätte, eines Schwimmbads, eines Theaters, eines Altenheims oder eines Heizwerks eröffnet den Anwendungsbereich des Kartellvergaberechts.

Bei Betriebsverpflichtungen ergeben sich häufig Abgrenzungsschwierigkeiten zum Dienstleistungsauftrag, der insbesondere einen wesentlich niedrigeren Schwellenwert für die Anwendung des Vergaberechtsregimes vorsieht.[719] Nach Maßgabe des § 99 Abs. 7 Satz 2 GWB[720] gilt ein Vertrag als Dienstleistungsauftrag,

---

717 *Gartz*, NZBau 2010, 293, 297; *Hertwig*, VergabeR 2010, 554, 560; *ders.*, NZBau 2011, 9, 15; *Schaller*, Der Gemeindehaushalt 2011, 158, 160.

718 Vgl. OLG Düsseldorf, Beschl. v. 09.06.2010 – VII-Verg 9/10 „Windhövel" = ZfBR 2010, 602, 605.

719 Die Schwellenwerte wurden zuletzt durch die Verordnung (EU) Nr. 1336/2013 der EU-Kommission vom 13. Dezember 2013 zur Änderung der Richtlinien 2004/17/EG, 2004/18/EG und 2009/81/EG des Europäischen Parlaments und des Rates im Hinblick auf die Schwellenwerte für Auftragsvergabeverfahren angepasst. Für Bauaufträge gilt ein Schwellenwert von 5.186.000 €, für Liefer- und Dienstleistung von 207.000 €. Die Schwellenwerte sind über dynamische Verweisungen in § 2 Abs. 1 VgV bzw. in § 1 Abs. 2 SektVO unmittelbar anwendbar.

720 In Anlehnung an den zehnten Erwägungsgrund der VKR eingefügt durch das Vergabemodernisierungsgesetz vom 24.04.2009.

wenn die Bauleistungen im Verhältnis zum Hauptgegenstand lediglich Nebenarbeiten sind. Letztlich ist für die Unterscheidung von Neben- und Hauptarbeiten auf eine „Gesamtbetrachtung der wirtschaftlichen und rechtlichen Umstände des Auftrags abzustellen."[721] Der Rückgriff auf den zehnten Erwägungsgrund der VKR zeigt, dass die Bauleistung dann als Nebenarbeit eingeordnet werden soll, wenn diese „eine mögliche Folge oder Ergänzung" der vertraglich vereinbarten Hauptleistung ist. Dementsprechend hat die Vergabekammer Stuttgart die Bau- und Betriebsverpflichtung eines Möbelmarktes als Dienstleistung eingeordnet.[722] Vor dem Hintergrund, dass die Vergabekammer das wirtschaftliche Interesse der Gemeinde isoliert der Betriebsverpflichtung entnimmt, mag das zwar nahe liegen. Gerade im Zusammenhang mit kommunalen Investorenprojekten wird die Dienstleistung aber häufig die Folge der Bebauung des Grundstücks sein. Unabhängig davon, dass das konkrete Projekt „Möbelmarkt" schon als rein privatnütziges Vorhaben nicht dem Vergaberechtsregime unterfällt, vermag die Position der Vergabekammer nicht zu überzeugen. Denn die vorgelagerte Bauverpflichtung mit erheblichen Investitionskosten kann nicht einfach ausgeblendet werden oder als bloße Nebenarbeit eingeordnet werden, da sie die notwendige Bedingung für den späteren Betrieb darstellt.

Im Falle einer im öffentlichen Interesse stehenden, vertraglich abgesicherten Betriebsverpflichtung ist diese unter Einbeziehung der zu erbringenden Bauleistung demnach nichts anderes als ein Rechtstitel zur Sicherstellung der Verfügbarkeit im Sinne der öffentlichen Zweckbestimmung und muss – insbesondere unter Berücksichtigung der wesentlich höheren Schwellenwerte – nach den Regeln eines öffentlichen Bauauftrags ausgeschrieben werden. Lassen sich die bauvertraglichen bzw. dienstleistungsvertraglichen Elemente jedoch sauber voneinander trennen, kann das jeweils einschlägige Regelwerk angewandt werden, wobei im Zweifel vom Vorliegen eines Bauauftrags ausgegangen werden muss.[723]

### *V. Anteilsverkäufe*

Schließlich kann ebenso die Veräußerung von Anteilen an einer kommunalen Grundstücksgesellschaft im Rahmen der Suche nach einem privaten Gesellschafter vergaberechtlich auszuschreiben sein.[724] Anteilsverkäufe, aber auch

---

721 *Wegener*, in: Pünder / Schellenberg, Vergaberecht, § 99 GWB, Rn. 92.

722 VK Stuttgart, Beschl. v. 12.01.2011 – 1 VK 67/10.

723 EuGH, Urt. v. 22.12.2010 – C-215/09 „Oulun kaupunki", Rn. 37 ff. (Slg 2010, I-13749); siehe auch *Ruhland*, Die Dienstleistungskonzession, S. 51.

724 Vgl. *Hertwig*, NZBau 2011, 9, 17.

Gesellschaftsgründungen, tauchen in der vergaberechtlichen Judikatur immer wieder als mögliche Umgehungstatbestände für die Vergabe öffentlicher Aufträge auf.[725]

Bei der Entwicklung kommunaler Liegenschaften sind Kooperationen zwischen Gemeinden und privaten Investoren auch in gemeinsamer Organisationsform anzutreffen.[726] Wird für ein bestimmtes Projekt eine Gesellschaft gegründet, soll diese nach dem Willen der Kommune auch den Entwicklungsauftrag erhalten. Diese Zielsetzung ist aber vergaberechtlich schon bei der Suche nach einem privaten Gesellschafter zu berücksichtigen, denn über die Beteiligung der Kommune an der Projektgesellschaft wird sie auch die Risiken eines wirtschaftlichen Fehlschlages tragen müssen.[727]

Eine Ausschreibungspflicht besteht auch, wenn zum Zeitpunkt eines Anteilsverkaufs bereits öffentliche Aufträge im Unternehmen vorhanden sind, die ihrerseits ausschreibungspflichtig sind.[728] Dies muss selbstverständlich auch für den Fall gelten, dass sich ein privater Investor in einen bestehenden Bauauftrag „einkauft" oder ein Anteilsverkauf an einer kommunalen Grundstücksgesellschaft oder Wohnungsbaugesellschaft mit einer Realisierungsverpflichtung verbunden wird.[729]

## D. Sonderfälle

### *I. Kostenübernahmeverträge*

Private Investoren können sich im Rahmen städtebaulicher Verträge verpflichten, Kosten oder sonstige Aufwendungen zu übernehmen, die der Gemeinde für städtebauliche Maßnahmen entstehen oder entstanden sind.[730] Das unmittelbare

---

725 EuGH, Urt. v. 10.11.2005 - C-29/04 „Stadt Mödling" = Slg 2005, I-9705; EuGH, Urt. v. 06.05.2010 - C-145/08 „Club Hotel Loutraki AE" = Slg 2010, I-4165; EuGH, Urt. v. 22.12.2010 - C 215/09 „Oulun kaupunki" = Slg 2010, I-13749; VK Düsseldorf, Beschl. v. 07.07.2000 - Vk 12/2000 = NZBau 2001, 46; VK Stuttgart, Beschl. v. 24.01.2001 - 1 VK 34/00 und 1 VK 1/01 = NZBau 2001, 340.

726 Hierzu ausführlich *Tomerius*, ZfBR 2012, 332.

727 Siehe zur vergaberechtlichen Infizierung von Veräußerungsvorgängen oben, § 9 B. *Tomerius*, ZfBR 2012, 332, 338.

728 Vgl. zum notwendigen zeitlichen Zusammenhang oben, § 9 B.

729 Vgl. *Hertwig*, NZBau 2011, 9, 17 mit dem zutreffenden Hinweis, dass „teilweise der Verkauf eines Grundstücks (Asset Deal) und der Verkauf von Anteilen an einer das Grundstück haltenden Gesellschaft (Share Deal) austauschbare Vorgänge darstellen."

730 Vgl. § 11 Abs. 1 Satz 2 Nr. 3 BauGB. Siehe hierzu oben, § 2 B. I. 1.

wirtschaftliche Interesse der Gemeinde an den Ausgleichsmaßnahmen wird regelmäßig gegeben sein. Vergaberechtliche Relevanz erlangt die Kostenübernahmevereinbarung dagegen grundsätzlich nur dann, wenn sich der Kooperationspartner nicht lediglich verpflichtet, die Finanzierung dieser Maßnahmen sicherzustellen[731], sondern diese auch selbst zu errichten.[732] So kann die bloße vertragliche Übernahme von Planungs- oder Baukosten von vorherein nicht das Tatbestandsmerkmal einer Bauleistung im Sinne des § 99 Abs. 3 GWB erfüllen.[733] Die Ausschreibungsfreiheit von Kostenübernahmeverträgen kann auch aus praktischen Erwägungen überzeugen, da regelmäßig nur der jeweilige Vorhabenträger ein Interesse daran haben wird, die Kosten für Folgemaßnahmen zu übernehmen. Insofern macht eine wettbewerbliche Ausschreibung um eine Kostenübernahme keinen Sinn.[734]

Im Falle der Herstellung von baulichen Anlagen durch den privaten Investor, die als Folgelast für privatnützige Vorhaben errichtet werden, kann für die vergaberechtliche Beurteilung im Übrigen auf die Ausführungen zur Errichtung von Teilbauten im öffentlichen Interesse verwiesen werden.[735]

### *II. Erschließungsverträge*

Die Frage der kartellvergaberechtlichen Ausschreibungspflicht von Erschließungsverträgen zwischen Gemeinden und privaten Investoren wird schon seit geraumer Zeit diskutiert. Doch auch die Entscheidung des EuGH in der Rechtssache „Helmut Müller" hat diesbezüglich keine endgültige Klärung herbeigeführt. Zwar erhält die Gemeinde als öffentlicher Auftraggeber von einem Unternehmer Bauleistungen, die gemäß den Vorstellungen der Gemeinde errichtet werden und – da zu Eigentum übertragen – in ihrem unmittelbaren wirtschaftlichen Interesse stehen.[736] Umstritten ist die Frage, ob in den unterschiedlichen Varianten des Erschließungsvertrages jeweils ein entgeltlicher öffentlicher Auftrag liegt. Nachfolgend untersucht werden unechte Erschließungsverträge (1.), echte Erschließungsverträge mit einhergehender Grundstückstransaktion (2.),

---

731 Der Vertragspartner erbringt insoweit auch keine eigene Bau- oder Dienstleistung.

732 *Keller*, Kooperativer Städtebau und Kartellvergaberecht, S. 145.

733 *Reidt*, BauR 2007, 1664, 1669; *Ziekow*, DVBl. 2008, 137, 143; *Pietzcker*, VergabeR 2010, 735, 741 f.

734 Vgl. auch *el-Barudi*, Die Anwendbarkeit des GWB-Vergaberechts auf Öffentlich-Private Partnerschaften, S. 189 (dortige Fn. 1059).

735 Vgl. oben, § 12 C. I.

736 *Burgi*, NVwZ 2008, 929, 934; *Ganske*, in: Reidt / Stickler / Glahs, Vergaberecht, § 99 GWB, Rn. 167.

echte Erschließungsverträge ohne Grundstücksverkauf (3.) sowie die Überleitung der Ausschreibungspflicht auf den jeweiligen privaten Investor (4.).

### 1. Unechte Erschließungsverträge

Der Abschluss unechter Erschließungsverträge, bei denen der Erschließungsunternehmer sich zur Herstellung der Erschließungsanlage verpflichtet, die Erschließungskosten aber lediglich vorfinanziert und diese anschließend von der Gemeinde erstattet bekommt[737] oder aber mit den auf seinem Grundstück entfallenden Ablösebeträgen verrechnen[738] kann, begründet regelmäßig eine kartellvergaberechtliche Ausschreibungspflicht. Letztlich erfüllt der Auftragnehmer eine im unmittelbaren wirtschaftlichen Interesse der Kommune liegende Erschließungsleistung[739], für die er eine Vergütung erhält, so dass der Auftrag auch entgeltlich ist.[740] Es handelt sich zivilrechtlich betrachtet insoweit um einfache Werkverträge i.S.d. §§ 631 ff. BGB.[741]

Der Gegenwert des unechten Erschließungsvertrags muss zudem den vergaberechtlichen Schwellenwert für öffentliche Bauaufträge überschreiten. Weil nach der hier vertretenen Auffassung nur irgendeine Entgeltkomponente vom Auftraggeber stammen muss und auch Beträge in die Schwellenwertberechnung einfließen, die auf Veranlassung der öffentlichen Hand von Dritten erbracht werden, sind die gesamten Projektkosten zu berücksichtigen, wenn die Erschließungsleistung mit einem privatnützigen Vorhaben des Investors verknüpft wird.

---

737 Im Falle der Erschließung von Grundstücken Dritter, wird die Gemeinde regelmäßig Erschließungsbeiträge gemäß §§ 127 ff. BauGB erheben und dem Erschließungsträger die ihm entstandenen Kosten ersetzen.

738 Die Verrechnung erfolgt über eine Ablösungsvereinbarung nach § 133 Abs. 3 Satz 5 BauGB.

739 Diese obliegt der Kommune gemäß § 123 Abs. 1 BauGB.

740 *Löhr*, in: Battis / Krautzberger / Löhr, BauGB, § 124, Rn. 13a; *Hoffmann*, in: Spannowsky / Uechtritz, BauGB, § 124, Rn. 34.1; *Antweiler*, NZBau 2003, 93, 97; *Würfel / Butt*, NVwZ 2003, 153, 157; *Busch*, VergabeR 2003, 622, 625; *Grziwotz*, DVBl. 2005, 471, 475; *Burgi*, NVwZ 2008, 929, 934; *Hertwig / Öynhausen*, KommJur 2008, 121, 124; *Pietzcker*, NZBau 2008, 293, 299; *Ziekow*, DVBl. 2008, 137, 144; *Raabe*, NordÖR 2010, 273, 277; *Greim*, ZfBR 2011, 126, 132, die zu Recht darauf hinweist, dass dieses Ergebnis unabhängig von der Form der Kostenerstattung gilt.

741 *el-Barudi*, Die Anwendbarkeit des GWB-Vergaberechts auf Öffentlich-Private Partnerschaften, S. 185 m.w.N.

## 2. Echte Erschließungsverträge mit Grundstücksverkauf

Wesentlich schwieriger ist die Beurteilung der Entgeltlichkeit von echten Erschließungsverträgen, bei denen der Investor nicht nur die Erschließungslast, sondern auch die Kosten der Erschließung übernimmt. Im Nachgang zur Ahlhorn-Entscheidung des OLG Düsseldorf wurde vertreten, dass wenn sich der Erschließungsträger über den Verkauf der in seinem Eigentum befindlichen Grundstücke refinanzieren könne, darin die Entgeltkomponente eines echten Erschließungsvertrags liege.[742] Diese Ansicht vermag allerdings nicht zu überzeugen. Gehören dem Erschließungsträger bereits vorher die entsprechenden Grundstücke, kann die Gemeinde von Beginn an kein – die Baukonzession kennzeichnendes – Nutzungs- und Verwertungsrecht an dem Grundstück einräumen.[743] Überträgt die Gemeinde dem Unternehmer kommunale Grundstücke und verbindet dies mit einer Erschließungspflicht, stehen einer solchen Annahme die Ausführungen des EuGH in der Entscheidung zur Rechtssache „Helmut Müller" unmissverständlich entgegen.[744] Die Einräumung eines Nutzungsrechts kann nicht durch die Übertragung des Vollrechts „Eigentum" erreicht werden. Zudem erfordert sie eine entsprechende Befristung, die aber durch die Übertragung des Eigentums unmöglich gemacht wird.

Ein solcher Rückgriff ist aber auch gar nicht notwendig. Zwar wird die Gemeinde als Gegenleistung für Erschließungstätigkeiten keinen Kaufpreisnachlass auf das zu übertragene Grundstück gewähren, da diese Bauleistungen gesetzlich vorgesehene Voraussetzung für die Bebaubarkeit des Grundstücks sind.[745] Doch nach der hier vertretenen Auffassung liegt in der Veräußerung eines gemeindlichen Grundstücks an einen Investor eine ausreichende Entgeltkomponente, wenn das dort geplante privatnützige Projekt mit dem echten Erschließungsvertrag verbunden wird. In die Schwellenwertberechnung fließen

742 *Ziekow*, DVBl. 2008, 137, 144 f.; *Burgi*, NVwZ 2008, 929, 934; *Burmeister / Wortha*, VBlBW 2008, 265, 268; *Städtetag Nordrhein-Westfalen / Städte- und Gemeindebund NRW*, Gemeinsamer Leitfaden „Kommunale Grundstücksgeschäfte und Vergaberecht", S. 37; *Kulartz / Schilder / Duikers*, in: DStGB, Dokumentation Nr. 79, „Kommunale Immobiliengeschäfte und Ausschreibungspflicht, S. 13. A.A. *Köster / Häfner*, NVwZ 2007, 410, 414; *Hüser*, Ausschreibungspflichten bei der Privatisierung öffentlicher Aufgaben, S. 327. Bereits vor der Ahlhorn-Entscheidung für die Annahme einer Baukonzession VK Stuttgart, Beschl. v. 20.06.2002 – 1 VK 27/02 = ZfBR 2003, 81; *Busch*, VergabeR 2003, 622 f.

743 *Löhr*, in: Battis / Krautzberger / Löhr, BauGB, § 124, Rn. 13b; *Ganske*, in: Reidt / Stickler / Glahs, Vergaberecht, § 99 GWB, Rn. 170.

744 Vgl. oben, § 8 B. III. 3. Siehe auch *Raabe*, NordÖR 2010, 273, 277.

745 *Hertwig*, NZBau 2011, 9, 15.

wie bei einem unechten Erschließungsvertrag sämtliche Projektkosten ein, die vom öffentlichen Auftraggeber veranlasst wurden.[746] Eine vergaberechtliche Ausschreibungspflicht des echten Erschließungsvertrages kann in diesen Fällen im Übrigen auch vor dem Hintergrund des europarechtlichen Grundsatzes der praktischen Wirksamkeit überzeugen. Es liegt auf der Hand, dass die Wahlfreiheit des öffentlichen Auftraggebers zwischen einem unechten und echten Erschließungsvertrag, mithin zwischen der Frage, ob die Erschließung im Rahmen des Verkaufs eines kommunalen Grundstücks ausschreibungspflichtig ist oder nicht, dem Sinn und Zweck der Vergaberichtlinien zuwider läuft.[747]

### 3. Echte Erschließungsverträge ohne Grundstücksverkauf

Wenn der Erschließungsträger eigene Grundstücke oder Grundstücke Dritter erschließt (sog. „isolierter echter Erschließungsvertrag"[748]), ist die Gemeinde an den Zahlungsströmen einer solchen Abrede nicht beteiligt. Der Erschließungsunternehmer errichtet die Anlagen auf eigene Kosten und verwertet dann das Grundstück oder überträgt die baulichen Anlagen auf die begünstigten Grundstückseigentümer. Der Erschließungsunternehmer wird seinen Kostenaufwand auf den Grundstückskaufpreis schlagen bzw. mit den privaten Dritten direkt eine Kostentragungsvereinbarung schließen.[749] Die Gemeinde erhebt keine Erschließungsbeiträge, da ihr keine umlagefähigen Kosten entstanden sind.[750] Ferner wird dem Entschließungsträger beim isolierten echten Erschließungsvertrag mangels Erschließungsaufwand der Gemeinde die Möglichkeit genommen, einen eigenen Aufwand von einer

---

746 Diese Überlegungen gelten entsprechend für die regelmäßig in einem Durchführungsvertrag zum vorhabenbezogenen Bebauungsplan nach § 12 Abs. 1 BauGB übernommene Verpflichtung, die zur Baureife erforderlichen Erschließungsmaßnahmen vorzunehmen. Siehe insoweit mit anderem Ergebnis *Hertwig*, NZBau 2011, 9, 15.

747 Ähnlich mit der These der Entgeltlichkeit durch den Verzicht der Gemeinde auf die Beitragserhebung *Köster / Häfner*, NVwZ 2007, 410; *Greim*, ZfBR 2011, 126, 133; *Raabe*, NordÖR 2010, 273, 277.

748 Begriff nach *Hertwig / Öynhausen*, KommJur 2008, 121, 124 f.

749 *Antweiler*, NZBau 2003, 93, 97; *Walter*, Der Erschließungsvertrag im System des Erschließungsrechts, S. 193; *Ganske*, in: Reidt / Stickler / Glahs, Vergaberecht, § 99 GWB, Rn. 168.

750 *Antweiler*, NZBau 2003, 93, 97; *Würfel / Butt*, NVwZ 2003, 153, 157; *Wilke*, ZfBR 2004, 141, 144; *Grziwotz*, DVBl. 2005, 471, 475; *Köster / Häfner*, NVwZ 2007, 410, 413; *Pietzcker*, VergabeR 2010, 735, 740; *Greim*, ZfBR 2011, 126, 133.

Beitragsschuld gegenüber der Gemeinde abzuziehen[751], so dass es grundsätzlich an einem – den entgeltlichen Vertrag kennzeichnenden – Austauschverhältnis fehlt.[752]

Befürworter einer Ausschreibungspflicht vertreten, gestützt auf den europarechtlichen effet-utile-Grundsatz, dass lediglich eine Abkürzung des Zahlungsstroms vorliege, wenn die Gemeinde von vornherein auf die Erhebung von Erschließungsbeiträgen verzichtet und dem Erschließungsträger die Möglichkeit einräumt, sich direkt über zivilvertragliche Kostentragungsvereinbarungen zu refinanzieren. Es wird zudem vorgebracht, dass andernfalls ein erhebliches Volumen an Bau- und Planungsleistungen dem Vergaberechtsregime entzogen werden würde.[753] Diese Ansicht vermag nicht durchzudringen. Zwar fallen auch Entgelte Dritter unter den weiten Entgeltbegriff, dies gilt aber nur, soweit diese Entgelte vom öffentlichen Auftraggeber veranlasst wurden. Der isolierte echte Erschließungsvertrag zwischen der Gemeinde und dem Erschließungsträger regelt jedoch nur die Herstellung der Erschließungsanlagen auf Rechnung des Unternehmers. Er ist gerade nicht darauf gerichtet, dass der Unternehmer ein Entgelt von den privaten Dritten erhält. Die Vereinbarung über die Kostentragung erfolgt vielmehr zivilrechtlich ohne Beteiligung der öffentlichen Hand, so dass das Risiko von Zahlungsausfällen dem Erschließungsträger zugewiesen wird. Der geldwerte Vorteil des Unternehmers ergibt sich nicht aus dem Erschließungsvertrag, sondern aus der Verwertung seiner Grundstücke.[754] Eine Veranlassung durch die Gemeinde und damit eine Entgeltlichkeit des Erschließungsvertrags zwischen der Gemeinde und dem Erschließungsträger kann damit gerade nicht angenommen werden.

Eine Besonderheit ergibt sich dagegen, wenn der Erschließungsträger im Rahmen eines echten Erschließungsvertrages auch die Herstellung leitungsgebundener Einrichtungen der Ver- und Entsorgung übernimmt. Dies ist in der Praxis häufiger anzutreffen, da zu einer ordnungsgemäßen Erschließung auch

---

751 So die Sachverhaltskonstellation bei EuGH, Urt. v. 12.07.2001 – C-399/98 „Mailänder Scala" = Slg 2001, I-5409.

752 *Würfel / Butt*, NVwZ 2003, 153, 157; *Antweiler*, NZBau 2003, 93, 97; *Rosenkötter*, NZBau 2006, 630, 631; *Hertwig / Öynhausen*, KommJur 2008, 121, 124; *Pietzcker*, NZBau 2008, 293, 299; *ders.*, VergabeR 2010, 735, 740; *Ganske*, in: Reidt / Stickler / Glahs, Vergaberecht, § 99 GWB, Rn. 168; *Hüser*, Ausschreibungspflichten bei der Privatisierung öffentlicher Aufgaben, S. 325 f.; *el-Barudi*, Die Anwendbarkeit des GWB-Vergaberechts auf Öffentlich-Private Partnerschaften, S. 183.

753 *Köster / Häfner*, NVwZ 2007, 410, 414, *Busch*, VergabeR 2003, 622, 628; *Ziekow*, DVBl. 2008, 137, 145; *Löhr*, in: Battis / Krautzberger / Löhr, BauGB, § 124, Rn. 13c. Diese Idee aufgreifend *Greim*, ZfBR 2011, 126, 133; *Raabe*, NordÖR 2010, 273, 277.

754 *Walter*, Der Erschließungsvertrag im System des Erschließungsrechts, S. 199; *Hüser*, Ausschreibungspflichten bei der Privatisierung öffentlicher Aufgaben, S. 326.

die Sicherstellung der Versorgung mit Strom und Wasser sowie die Möglichkeit der Abwasserbeseitigung gehören. Ohne diese Anlagen kann die Baureife des Grundstücks nicht hergestellt werden.[755] Abgabenrechtlich[756] ist jedoch vorgesehen, die Aufwendungen der Gesamteinrichtung abzurechnen. Hierzu gehören auch die über die Grundstücksgrenze hinweg anfallenden Kosten (z.B. für Transportrohre, Wasserwerk, Klärwerk[757]). Um einer Unwirksamkeit des Vertrages wegen unangemessener Kostenbelastung des Erschließungsträgers[758] zuvor zu kommen, wird sich die Gemeinde regelmäßig an den Gesamtkosten finanziell beteiligen. Dann entrichtet die Gemeinde aber ein Entgelt an den Erschließungsunternehmer, so dass hier auch ohne Grundstücksgeschäft von einer Entgeltlichkeit des echten Erschließungsvertrages auszugehen ist.[759]

Schließlich kann die Beteiligung von Fremdanliegern dazu führen, dass der Erschließungsträger und die Gemeinde eine Vereinbarung treffen, diejenigen Kosten, die dem Unternehmer durch die Erschließung eines Fremdanliegers entstanden sind, im Rahmen eines echten Erschließungsvertrages durch die Gemeinde zu erstatten. Damit entsteht der Gemeinde ein beitragsfähiger Erschließungsaufwand, der wiederum den Fremdanliegern in Rechnung gestellt werden kann.[760] Da die Gemeinde den Erschließungsträger in einer solchen Konstellation für seine Bautätigkeit bezahlt, ist die Vereinbarung grundsätzlich vergaberechtlich auszuschreiben.

755 *Walter*, Der Erschließungsvertrag im System des Erschließungsrechts, S. 28.

756 § 8 Abs. 1 KAG NRW i.V.m. der örtlichen Beitragssatzung.

757 *Wilke*, ZfBR 2004, 141, 145.

758 Vgl. § 56 Abs. 1 S. 2 VwVfG.

759 Zur Problematik ausführlich *Walter*, Der Erschließungsvertrag im System des Erschließungsrechts, S. 199 ff.; *Köster / Häfner*, NVwZ 2007, 410, 413; *Grziwotz*, DVBl. 2005, 471, 475; *Löhr*, in: Battis / Krautzberger / Löhr, BauGB, § 124, Rn. 13 b.

760 Sog. *modifizierter Erschließungsvertrag*. Vgl. hierzu grundlegend BVerwG, Urt. v. 22.03.1996 – 8 C 17/94 = NJW 1996, 794; Siehe zur Ausgestaltung sowie der vergaberechtlichen Ausschreibungspflicht *Löhr*, in: Battis / Krautzberger / Löhr, BauGB, § 124, Rn. 11, 13a; *Grziwotz*, DVBl. 2005, 471, 475; *Walter*, Der Erschließungsvertrag im System des Erschließungsrechts, S. 127 m.w.N., S. 203 f.; A.A. *Hüser*, Ausschreibungspflichten bei der Privatisierung öffentlicher Aufgaben, S. 327, der unter der Nichtberücksichtigung der Parallele zum unechten Erschließungsvertrag von einer mangelnden „Zurechenbarkeit" derjenigen Beträge zum öffentlichen Auftraggeber ausgeht, die private Dritte an diesen für die Erschließung entrichten.

## 4. Überleitung der Ausschreibungspflicht auf den privaten Grundstückseigentümer

Ist der Erschließungsunternehmer Eigentümer der zu erschließenden Grundstücke, ergibt sich darüber hinaus das Problem der faktischen Alternativlosigkeit. Diese entsteht, wenn der Eigentümer die Erschließung durch einen fremden Vorhabenträger verweigert. Dann kann zwar theoretisch eine Ausschreibung der Bauleistung stattfinden, praktisch ist sie allerdings überflüssig, weil der Dritte niemals auf den zu erschließenden Grundstücken bauen dürfte und sich kein Unternehmer auf dieses Risiko einlassen würde.[761] Der Eigentümer kann sich hier aber nicht auf das Vorliegen eines Ausschließlichkeitsrechts und auf eine damit einhergehende Lockerung der Verfahrensvoraussetzungen berufen. Vielmehr ist die Gemeinde in diesem Fall gehalten, den Erschließungsunternehmer zu einer Ausschreibung zu zwingen und deren Einhaltung zu überwachen.[762] Die Auswahlentscheidung, die in der Regel die öffentliche Stelle treffen muss, wird somit in diesem Fall auf den privaten Dritten delegiert.

### *III. Besonderheiten bei Miet- und Erbbaurechtsverträgen*

## 1. Mietverträge über ein noch zu errichtendes bzw. erheblich umzubauendes Gebäude

Wenn eine Kommune eine Immobilie anmieten möchte, wird ein ihren Wünschen entsprechendes Gebäude nur selten zur Verfügung stehen, so dass eine Befreiung vom Vergaberechtsregime durch den eng auszulegenden Ausnahmetatbestand des § 100 Abs. 5 GWB nicht in Betracht kommt. Vielfach sind

761 *Ganske*, in: Reidt / Stickler / Glahs, Vergaberecht, § 99, Rn. 175; *Burmeister / Wortha*, VBlBW 2008, 265, 269; *Walter*, Der Erschließungsvertrag im System des Erschließungsrechts, S. 216 m.w.N.

762 Vgl. EuGH, Urt. v. 12.07.2001 – C-399/98 „Mailänder Scala", Rn. 75, 102 (Slg 2001, I-5409); *Jasper / von der Recke*, ZfBR 2008, 561, 567; *Löhr*, in: Battis / Krautzberger / Löhr, BauGB, § 124, Rn. 13c; *Ziekow*, DVBl. 2008, 137, 144; *Köster / Häfner*, NVwZ 2007, 410, 412; *Grziwotz*, DVBl. 2005, 471, 476; *Würfel / Butt*, NVwZ 2003, 153, 158; *Stöcker*, Entwicklung des Verwaltungskooperationsvertrages unter Berücksichtigung des Vergaberechts, S. 346 f. A.A. *Wilke*, ZfBR 2004, 141, 145; *Pietzcker*, NZBau 2008, 293, 298; *Hüser*, Ausschreibungspflichten bei der Privatisierung öffentlicher Aufgaben, S. 331 f.; *Hoffmann*, in: Spannowsky / Uechtritz, BauGB, § 124, Rn. 35, der diese Weitergabe der Verpflichtung zur Ausschreibung auf solche Erschließungsträger begrenzen möchte, die selbst als öffentliche Auftraggeber gemäß § 98 GWB zu qualifizieren sind.

Neubau- oder Umbauleistungen durch den zukünftigen Vermieter zu erbringen, die das Vermietungsprojekt vergaberechtlich infizieren.

Nach früher vertretener Auffassung sollte ein Mietvertrag über ein noch zu errichtendes Gebäude, das die Kommune im Anschluss etwa als Verwaltungsgebäude oder öffentliches Schwimmbad nutzen will, nur dann unter den Tatbestand des öffentlichen Bauauftrags fallen, wenn der Mieter zumindest die Möglichkeit hat, das Bauwerk auf Dauer zu erwerben.[763] Dieser Auffassung ist aber spätestens mit der EuGH-Entscheidung „Messehallen Köln" die Grundlage entzogen worden. Entscheidende Bedeutung kommt vielmehr dem Umstand zu, dass der öffentlichen Auftraggeber über den „Mietvertrag"[764] regelmäßig konkrete Bauleistungen nachfragt. Somit kann denknotwendigerweise nur die Errichtung der anzumietenden Gebäude das vorrangige Ziel des Vertrages sein.[765] Als zukünftiger Mieter der Immobilie erhält die öffentliche Hand einen Rechtstitel, mit dem sie die Verfügbarkeit für die öffentliche Zwecksetzung des Gebäudes ausreichend sicherstellen kann. Somit steht die Bauleistung auch im unmittelbaren wirtschaftlichen Interesse des Auftraggebers. Die Gegenleistung liegt hier in den fortgesetzten Mietzahlungen des öffentlichen Auftraggebers, die in der Regel eine Amortisation der Baukosten zuzüglich einer Marge für den Auftragnehmer abdecken. Schließlich kann bei derartigen Projekten auch nicht die verfahrensmäßige Erleichterung für solche Leistungen greifen, die aufgrund eines Ausschließlichkeitsrechts nur von einem bestimmten Unternehmer ausgeführt werden können.[766] Zwar wird nach einhelliger Auffassung auch das Eigentum an einem Grundstück zu den Ausschließlichkeitsrechten gezählt[767], jedoch muss die Gemeinde bei der Suche nach einem geeigneten Standort mehrere Varianten in den Blick nehmen, so dass sich kein Grundstückseigentümer auf die Anwendung des vereinfachten Verfahrens berufen kann.[768]

763 Siehe *Hertwig*, NZBau 2011, 9, 12.

764 Die genaue Bezeichnung des Vertragswerks ist hierbei irrelevant, da es auf den konkreten Vertragsinhalt ankommt. Vgl. EuGH, Urt. v. 29.10.2009 – C-536/07 „Messehallen Köln", Rn. 54 (Slg 2009, I-10355).

765 EuGH, Urt. v. 29.10.2009 – C-536/07 „Messehallen Köln", Rn. 56 (Slg 2009, I-10355).

766 Dies wäre in der hier zu untersuchenden Konstellation der Investor, der zugleich auch Grundstückseigentümer ist. Vgl. § 3 Abs. 5 Nr. 1 VOB/A.

767 Zuletzt OLG Frankfurt a.M., Beschl. v. 30.08.2011 – 11 Verg 3/11 „Rekommunalisierung der Wasserversorgung" = KommJur 2011, 462, 467.

768 *Hertwig / Öynhausen*, KommJur 2008, 121, 124; *Städtetag Nordrhein-Westfalen / Städte- und Gemeindebund NRW*, Gemeinsamer Leitfaden „Kommunale Grundstücksgeschäfte und Vergaberecht", S. 33.

Möchte der öffentliche Auftraggeber ein Gebäude „anmieten“, das bereits besteht, für die Zwecke des Auftraggebers aber erheblich umgebaut oder renoviert werden muss, besteht ebenfalls im Grundsatz eine vergaberechtliche Ausschreibungspflicht. Vor dem Hintergrund, dass Ausnahmetatbestände grundsätzlich eng auszulegen sind, darf an den Umfang der notwendigen Umbauarbeiten keine allzu hohen Anforderungen gestellt werden. Der Anwendungsbereich des Vergaberechts ist bereits eröffnet, wenn die Vorgaben des öffentlichen Auftraggebers über standardisierte Ausstattungsmerkmale hinausgehen.[769] Dann kann dem öffentlichen Auftraggeber eine bauherrenähnliche Stellung zugeschrieben werden. Das betrifft beispielsweise Kernsanierungen, die Änderung der Raumaufteilung[770] und die Anlage von Parkplätzen oder Grünflächen, weil der Rückbau jeweils einen nicht mehr nur unerheblichen Aufwand verursacht.[771]

### 2. Erbbaurechtsverträge

Die Einräumung eines Erbbaurechts ist gerade in hervorgehobenen städtebaulichen Lagen als Alternative zum Grundstücksverkauf praxisrelevant. Nach der Legaldefinition des § 1 ErbbauRG ist ein Erbbaurecht das veräußerliche und vererbliche Recht, auf oder unter einem fremden Grundstück ein Bauwerk zu haben. Der Eigentümer des belasteten Grundstücks bleibt trotz der Bestellung des Erbbaurechts Eigentümer des Grundstücks. Am Gebäude selbst entsteht aber ein vom Grundstückseigentum losgelöstes Sondereigentum des Erbbauberechtigten, das übertragbar und belastbar ist.[772] Dieser Weg sichert der Gemeinde langfristig den Rückgriff auf das Grundstück.

Als Ausgleich ist der Erbbauberechtigte verpflichtet, einen Erbbauzins zu zahlen, der von dem Wert des zu errichtenden Bauwerks abhängt. Häufig wird jedoch aus sozialen Erwägungen ein sehr niedriger Erbbauzins vereinbart, um

---

769 EuGH, Urt. v. 29.10.2009 – C-536/07 „Messehallen Köln“, Rn. 58 (Slg 2009, I-10355); *Dreher*, NZBau 2009, 542, 544.

770 Zumindest soweit dafür feste Wände versetzt werden müssen.

771 Bei der Anmietung eines zu renovierenden oder umzubauenden Gebäudes ist der „Mietvertrag“ bei Umbauarbeiten, die den Gesamtvertrag zwar aus dem Anwendungsbereich des Ausnahmetatbestands fallen lassen, aber im Verhältnis zum Mietvertrag lediglich Nebenarbeiten darstellen, ggfs. als öffentlicher Dienstleistungsauftrag einzuordnen. Ausführlich *Dreher*, NZBau 2009, 542, 544 ff. Aufgrund der niedrigeren Schwellenwerte für Dienstleistungsaufträge ist bei der Einzelfallprüfung besondere Vorsicht geboten.

772 Vgl. näher *Vieweg / Werner*, Sachenrecht, § 16, Rn. 61 ff.; *Dietlein*, NZBau 2004, 472, 474.

den Erbbauberechtigten finanziell zu unterstützen.[773] Eine solche Vereinbarung stellt dann aber eine finanzielle Beteiligung an dem zu errichtenden Bauwerk dar, so dass die Gemeinde ein unmittelbares wirtschaftliches Interesse an der Bebauung hat. In Verbindung mit Vorgaben an die Bebauung des Grundstücks kann sich demzufolge bei Erbbaurechtsverträgen eine vergaberechtliche Pflicht zur europaweiten Ausschreibung einstellen.

## § 13 Grundstücksverkäufe der öffentlichen Hand mit Liefer- oder Dienstleistungsverpflichtung

### A. Grundstücksverkauf mit eingekapselter Lieferverpflichtung

Kommunale Investorenprojekte können auch dann einer vergaberechtlichen Ausschreibungspflicht unterliegen, wenn sie das Mittel dafür sind, eine Lieferverpflichtung des privaten Investors zu erreichen. Überlässt die Gemeinde etwa einem privaten Investor ein öffentliches Grundstück mit der Auflage, der Gemeinde im Gegenzug eine bestimmte Menge an Abfall zur Entsorgung zu überlassen, liegt darin ein ausschreibungspflichtiger Vorgang[774]: Die einklagbare Lieferverpflichtung steht im unmittelbaren wirtschaftlichen Interesse des Auftraggebers, da dieser seine Entsorgungsanlage besser auslasten kann. Die Gegenleistung der öffentlichen Hand wird in Form der Grundstücksüberlassung erbracht.[775] Die gesamte Vertragskonstellation stellt ein inkorporiertes

---

773 Dass sich eine finanzielle Unterstützung der Gemeinde im Rahmen von Erbbaurechtsverträgen nicht etwa auf soziale Aspekte begrenzt, belegt ein Beispiel aus der Stadt Gütersloh. Hier hat die Stadt dem Bertelsmann-Konzern 1981 ein Grundstück zur Bebauung mit einem konzerneigenen Hotel gegen Zahlung eines jährlichen Erbbauzinses in Höhe von einer Deutschen Mark überlassen. Vgl. http://www.nw-news.de/ lokale_ news/guetersloh/guetersloh/4215967_Schnaeppchen-Zins_bis_ 2045.html (zuletzt abgerufen am 23.03.2013).

774 Vgl. BayObLG, Urt. v. 27.02.2003 – Verg 1/03 „Entsorgungspark Freimann" = VergabeR 2003, 329, 332. Das Urteil erging zu einem Pachtvertrag über ein städtisches Grundstück. Selbige Überlegungen müssen auch für einen Grundstücksverkauf gelten.

775 BayObLG, Urt. v. 27.02.2003 – Verg 1/03 „Entsorgungspark Freimann" = VergabeR 2003, 329, 332. Dies lässt hier *Hertwig*, NZBau 2011, 9, 16 auch als taugliches Entgelt genügen, während er bei Grundstücksgeschäften mit Bauverpflichtungen eine Geldzahlung oder einen Nachlass auf den Grundstückskaufpreis voraussetzt.

Beschaffungsverhältnis dar, bei dem die Gemeinde die Lieferleistung nicht direkt beschafft, sondern in den Mantel einer Grundstückstransaktion hüllt.[776]

### B. Grundstücksverkauf mit gleichzeitiger Sanierungsverpflichtung hinsichtlich im Grundstück vorhandener Altlasten

Bereits vor der Entscheidung in der Rechtssache „Helmut Müller" ist ein kommunaler Grundstücksverkauf, der mit einer Abrede verknüpft wurde, auf dem Grundstück vorhandene Bodenverunreinigungen zu beseitigen, als öffentlicher Dienstleistungsauftrag eingeordnet worden. Dass es sich bei Sanierungsarbeiten nicht um Bauleistungen handelt, ergibt sich aus einem Umkehrschluss zum Anhang I der VKR „Verzeichnis der Tätigkeiten nach Artikel 1 Absatz 2 Buchstabe b". Dieser führt Sanierungsarbeiten nicht als Bauleistung im Sinne des Art. 1 Abs. 2 lit. b) VKR auf.[777] Weil diese Verpflichtung ebenso keinen Lieferauftrag darstellt, handelt es sich gemäß § 99 Abs. 4 GWB um einen öffentlichen Dienstleistungsauftrag.

## § 14 Kooperationsverfahren ohne Grundstücksgeschäft der öffentlichen Hand

Städtebauliche Kooperationsverfahren werden selbstverständlich auch losgelöst von der Übertragung im gemeindlichen Eigentum befindlicher Grundstücke betrieben. Zwar fällt der Grundstückskaufvertrag als Trägermedium für die Auferlegung städtebaulicher Pflichten weg, diese können aber auch im Rahmen eines flankierenden städtebaulichen Vertrages oder eines Durchführungsvertrages zum vorhabenbezogenen Bebauungsplan vereinbart werden.

### A. Bauprojekte auf Flächen des Investors

Auch wenn dem privaten Investor vertraglich Bauerrichtungsverpflichtungen auferlegt werden, fehlt es bei Projekten auf Flächen des Investors in der Regel jedenfalls an der Entgeltkomponente. Ist der private Investor bereits Eigentümer der zu entwickelnden Flächen, ist eine vergaberechtliche Ausschreibungspflicht daher allenfalls denkbar, wenn die Gemeinde für den eigenen Bedarf ein

776 BGH, Beschl. vom 01.02.2005 - X ZB 27/04 „Altpapierverkauf" = NZBau 2005, 290, 293. Der Schwellenwert für Lieferaufträge beträgt gemäß § 100 Abs. 1 GWB, § 2 Nr. 2 VgV derzeit 200.000 €.

777 *Hertwig / Öynhausen*, KommJur 2008, 121, 122.

Bauwerk auf genau diesem Grundstück errichten lassen möchte und dafür eine Vergütung zahlt.

## B. Investorenprojekte auf privaten Flächen Dritter

Vorhaben des kooperativen Städtebaus auf Flächen, die weder der Gemeinde noch dem privaten Investor gehören, aber dennoch für eine bestimmte städtebauliche Entwicklung erforderlich sind, müssen in der Regel nicht kartellvergaberechtlich ausgeschrieben werden.[778] Es ist dann Sache des Vorhabenträgers, in die Grundstücksverhandlungen mit den Eigentümern einzutreten, um bis zum Abschluss des Kooperationsverfahrens auch über die zu entwickelnden Flächen verfügen zu können. Da die Gemeinde in diesen Konstellationen nicht über ein Grundstück verfügt bzw. ein Nutzungsrecht daran einräumen kann und sich nicht finanziell beteiligen wird, kann regelmäßig keine vergaberechtliche Ausschreibungspflicht begründet werden. Etwas anderes gilt nur, wenn es sich um Bauvorhaben im öffentlichen Interesse handelt.

Eine abweichende Beurteilung ergibt sich allerdings im Falle eines gemeindlichen Zwischenerwerbes, bei dem die benötigten Flächen angekauft und später an den privaten Investor weiterveräußert werden. Ein gemeindlicher Zwischenerwerb kann sinnvoll sein, wenn private Teilgrundstücke einbezogen werden sollen und nur auf diesem Wege eine Realisierbarkeit des Gesamtvorhabens gewährleistet werden kann. Die Weiterveräußerung stellt dann – wie bei den klassischen kommunalen Grundstücksgeschäften – einen geldwerten Vorteil für den Investor dar, so dass nach der hier vertretenen Ansicht die Gemeinde die Auswahl des Kooperationspartners vergaberechtlich auszuschreiben hat. Dies muss auch für die Fälle angenommen werden, in denen die Gemeinde und ein staatlicher oder staatlich beherrschter Eigentümer koordiniert vorgehen, so dass sich der Gesamtvorgang als eine wirtschaftliche Einheit darstellt.[779] Erforderlich ist aber eine entsprechende sachliche und zeitliche Verknüpfung der Vorgänge, die sich beispielsweise im Grundstückskaufvertrag manifestieren kann.

---

778 *Keller*, Kooperativer Städtebau und Kartellvergaberecht, S. 159 weist darauf hin, dass das große Brachflächenpotential, das vor allem durch den industriellen Strukturwandel, die Privatisierung staatseigener Betriebe wie Bahn und Post sowie die Stilllegung ehemaliger militärischer Anlagen entstanden sei, häufig dazu führe, dass Flächen von hohem städtebaulichen Interesse im Eigentum Dritter stehen, die aber nicht selbst die weitere Entwicklung betreiben wollen.

779 EuGH, Urt. v. 25.03.2010 – C-451/08 „Helmut Müller“, Rn. 82 (Slg 2010, I-2673); *Keller*, Kooperativer Städtebau und Kartellvergaberecht, S. 161. Zur Rechtsfigur der vergaberechtlichen Einheit vgl. § 9.

## C. Business Improvement Districts (BID)

BID-Projekte zeichnen sich durch eine „hochkomplexe Struktur aus privatem Konzept und gemeindlicher Realisierungshilfe“[780] aus. Schon vor der EuGH-Entscheidung „Helmut Müller“ war umstritten, ob deren Vereinbarung im Verhältnis zwischen der Kommune und dem Aufgabenträger vergaberechtlich auszuschreiben ist.[781] Dabei ist grundsätzlich zwischen zwei verschiedenen Ebenen zu differenzieren: der Auswahl des Aufgabenträgers sowie die sich daran anschließende Auftragsvergabe an Dritte durch den Aufgabenträger.[782]

Ein Anknüpfungspunkt für eine Ausschreibungspflicht liegt demnach in der vertraglichen Fixierung der konkreten Maßnahmen mit dem Aufgabenträger. Die Gemeinde sichert durch die Abrede eine bestimmte Leistung, die sie regelmäßig mit einer einklagbaren Leistungsverpflichtung verbinden wird.[783] Da die im Rahmen eines BID-Projekts umsetzbaren Maßnahmen auch solche mit Dienstleistungscharakter sein können[784], ist im Einzelfall nach dem Hauptgegenstand des Vertrages abzugrenzen.[785] Es spricht jedoch in der Regel viel dafür, dass die Durchführung der Baumaßnahmen den Schwerpunkt des BID-Vertrages bildet, so dass das Tatbestandsmerkmal der Bauleistung erfüllt ist.[786] Obwohl die Initiative für das BID-Konzept vom Aufgabenträger ausgeht, unterliegt dieses einem „Abstimmungsgebot“.[787] Das erarbeitete Konzept muss mit den Vorstellungen der zuständigen Behörden in Einklang gebracht werden und kann durch diese

---

780 *Burgi*, NVwZ 2008, 929, 935.

781 Für eine Ausschreibungspflicht *Dicks*, in: DStGB, Dokumentation Nr. 79, Kommunale Immobiliengeschäfte und Ausschreibungspflicht, S. 6, 9; *Ganske*, VergabeR 2008, 15, 17 ff.; *Köster*, NZBau 2008, 300, 303; gegen eine solche *Hellermann / Hermes*, Rechtliche Zulässigkeit der Beschaffung von BIDs, S. 101 f.; *Huber*, DVBl. 2007, 466, 469.

782 *Hellermann / Hermes*, Rechtliche Zulässigkeit der Schaffung von „Business Improvement Districts (BIDs)“, S. 91; *Ganske*, in: Reidt / Stickler / Glahs, Vergaberecht, § 99 GWB, Rn. 172; *ders.*, VergabeR 2008, 15, 16.

783 A.A. *Löhr*, in: Battis / Krautzberger / Löhr, BauGB, § 11, Rn. 25, der eine Verfahrensherrschaft der Gemeinde ablehnt.

784 Vgl. oben, § 2 B. V.

785 *Hellermann / Hermes*, Rechtliche Zulässigkeit von „Business Improvement Districts (BIDs)“, S. 93 f. gehen insoweit von einem Überwiegen der Dienstleistungskomponenten aus und ordnen den BID-Vertrag als Dienstleistungsauftrag ein.

786 So auch *Ganske*, VergabeR 2008, 15, 18 unter Verweis auf EuGH, Urt. v. 18.01.2007 – C-220/05 „Stadt Roanne“, Rn. 40 (Slg 2007, I-385).

787 Begriff nach *Fieseler*, in: Krautzberger, Städtebauförderungsrecht, § 171f BauGB, Rn. 3; hierzu auch *Köster*, NZBau 2008, 300, 303.

nachhaltig modifiziert werden.[788] Dass die beteiligten Privaten die durch die Gemeinde eingebrachten Änderungen nicht akzeptieren und insoweit das Projekt nicht weiter verfolgen möchten, ändert nichts an dieser Beurteilung.[789] Denn der Umstand, dass die öffentliche Stelle im Laufe des Kooperationsverfahrens Änderungen verlangt, die letztlich zu einem Scheitern des Vorhabens führen, liegt in der Natur eines solchen Verfahrens. Andernfalls würden nur bereits bis ins Detail durchgeplante Bauvorhaben dem Vergaberecht unterliegen. Schließlich erfolgt die Umsetzung der vereinbarten Maßnahmen auch gegen die Zahlung eines Entgelts durch die Erhebung einer Zwangsabgabe bei den Eigentümern und der Weiterleitung der Gelder an den Vorhabenträger. Der Unternehmer finanziert die Konzeptions- und Baukosten vor und erhält diese anschließend von der Gemeinde ersetzt.[790] Es entsteht insofern eine Situation, die mit derjenigen beim unechten Erschließungsvertrag vergleichbar ist.

Ein BID-Vertrag muss aber auch einen Beschaffungscharakter aufweisen.[791] Ein BID-Projekt stellt konzeptionell ein rein privatnütziges Projekt der Eigentümer dar. Der öffentlich-rechtliche Vertrag bezweckt lediglich die Absicherung der Verpflichtung des Aufgabenträgers gegenüber den Quartiersansässigen.[792] Grundsätzlich erhält die beauftragende Gemeinde die baulichen Anlagen weder zu Eigentum, noch wird sie sich durch den BID-Vertrag einen Rechtstitel beschaffen, mit dem sie auch nach dem Projektende die Verfügbarkeit im Sinne einer öffentlichen Zwecksetzung sicherstellen kann, denn das ist ersichtlich nicht der Sinn eines BIDs.[793] Einen wirtschaftlichen Vorteil wird sie allenfalls mittelbar erreichen. Beteiligt sich die Kommune dagegen finanziell am BID-Projekt oder

---

788 *Köster*, NZBau 2008, 300, 303.

789 So aber *Kersten*, in: Spannowsky / Uechtritz, BauGB, § 171f, Rn. 103; *Hecker*, Business Improvement Districts in Deutschland, S. 231.

790 *Hellermann / Hermes*, Rechtliche Zulässigkeit von „Business Improvement Districts (BIDs)“, S. 99; *Ganske*, VergabeR 2008, 15, 19; a.A. *Hecker*, Business Improvement Districts in Deutschland, S. 226 f.; *Huber*, DVBl. 2007, 466, 469, der den Auszahlungsanspruch des Aufgabenträgers nicht aus dem BID-Vertrag, sondern unmittelbar aus dem jeweiligen BID-Gesetz herleitet.

791 Vgl. zu der vor der EuGH-Entscheidung „Helmut Müller“ ausgetragenen Kontroverse *Hellermann / Hermes*, Rechtliche Zulässigkeit von „Business Improvement Districts (BIDs)“, S. 101 f.; *Ganske*, VergabeR 2008, 15, 21 ff.

792 *Hellermann / Hermes*, Rechtliche Zulässigkeit von „Business Improvement Districts (BIDs)“, S. 101 f.

793 Die Beurteilung dürfte allerdings dann anders ausfallen, wenn die Gemeinde über eine kommunale Wohnungsbaugesellschaft oder über einen anderen gemeindlichen Wirtschaftsbetrieb als Grundstückseigentümer im BID vertreten ist.

übernimmt sie eine Verlustausgleichsverpflichtung, ist die Auswahl des Aufgabenträgers im Einzelfall vergaberechtlich auszuschreiben.[794] Dies gilt auch, wenn im Rahmen eines BID-Projekts zugleich Teilbauleistungen im öffentlichen Interesse erstellt werden.[795] Dann ist eine Ausschreibung des Projekts – auch wenn es der Gesamtkonzeption des BIDs widersprechen mag[796] – angezeigt.[797]

Die zweite Ebene eines BID-Projekts, die Beauftragung Dritter durch den Aufgabenträger, kann überhaupt nur dann dem Vergaberecht unterliegen, wenn sich der Aufgabenträger als öffentlicher Auftraggeber i.S.d. § 98 Nr. 2 GWB einordnen lässt.[798] Dies setzt insbesondere voraus, dass der Aufgabenträger überwiegend staatlich finanziert wird, was im Umkehrschluss eine nicht-staatliche Finanzierung von weniger als 50 % erforderlich macht.[799] Grundsätzlich kommt dabei eine Finanzierung in Form einer gesellschaftsrechtlichen Kapitalbeteiligung, durch regelmäßige Subventionen oder Darlehen in Betracht.[800] Das Merkmal der Finanzierung muss sich dabei abstrakt auf den jeweiligen Rechtsträger in dessen Gesamtheit beziehen, so dass eine Einzelbetrachtung von Zuwendungen für konkrete öffentliche Aufträge irrelevant ist.[801] Eine Auftraggebereigenschaft wird bei großen privaten Entwicklungs- und Projektgesellschaften regelmäßig

---

794 *Burgi*, NVwZ 2008, 929, 935 (insbesondere dortige Fn. 87); *Ganske*, in: Reidt / Stickler / Glahs, Vergaberecht, § 99 GWB, Rn. 174.

795 Beispielhaft sei hier die Errichtung von Grünanlagen, öffentlichen Plätzen oder Spielplätzen verwiesen. Insoweit wird auf die Ausführungen unter § 12 C. I. Bezug genommen.

796 *Hellermann / Hermes*, Rechtliche Zulässigkeit der Schaffung von „Business Improvement Districts (BIDs)“, S. 102.

797 Zu etwaigen Verfahrenserleichterungen, die dieses Spannungsverhältnis abzumildern vermögen *Hecker*, Business Improvement Districts in Deutschland, S. 246; *Ganske*, in: Reidt / Stickler /Glahs, Vergaberecht, § 99 GWB, Rn. 174.

798 *Hellermann / Hermes*, Rechtliche Zulässigkeit der Schaffung von „Business Improvement Districts (BIDs)“, S. 102; *Ganske*, in: Reidt / Stickler / Glahs, Vergaberecht, § 99 GWB, Rn. 173.

799 EuGH, Urt. v. 03.10.2000 – C-380/98 „University of Cambridge“, Rn. 33 (Slg 2000, I-8035).

800 *Hellermann / Hermes*, Rechtliche Zulässigkeit der Schaffung von „Business Improvement Districts (BIDs)“, S. 95 f.; *Ganske*, in: Reidt / Stickler / Glahs, Vergaberecht, § 99 GWB, Rn. 173.

801 *el-Barudi*, Die Anwendbarkeit des GWB-Vergaberechts auf Öffentlich-Private Partnerschaften, S. 103; *Hecker*, Business Improvement Districts in Deutschland, S. 248 f.

nicht vorliegen, so dass eine dementsprechende Pflicht zur europaweiten Ausschreibung nicht besteht.[802]

## D. Sanierungs- und Entwicklungsverträge

Sanierungs- und Entwicklungsverträge haben lediglich dann eine vergaberechtliche Relevanz, wenn nicht der jeweilige Grundstückseigentümer in die Durchführung der jeweiligen Maßnahme einbezogen wird, sondern ein Dritter als Sanierungs- oder Entwicklungsträger[803] beauftragt wird.[804] Der Private verpflichtet sich sodann zur Vorbereitung und Durchführung der Sanierungs- oder Entwicklungsmaßnahme. Dabei wird er auf Kosten der Gemeinde und nicht auf eigene Rechnung tätig. Nach dem Schwerpunkt der von dem beauftragten Dritten wahrzunehmenden Pflichten, die von der Durchführung von Ordnungsmaßnahmen über den Grunderwerb bis hin zur Bewirtschaftung von Mitteln reichen können, liegt aber regelmäßig ein Dienstleistungsauftrag vor.[805]

---

802 *Ganske*, in: Reidt / Stickler / Glahs, Vergaberecht, § 99 GWB, Rn. 173, der zugleich auf eine nordrhein-westfälische Besonderheit hinweist: Gemäß § 2 Abs. 1 ISGG können sog. – örtlich radizierte – Interessen- und Standortgemeinschaften als Aufgabenträger fungieren. Hier liegt eine überwiegende staatliche Finanzierung zumindest nahe.

803 Siehe § 157 ff. BauGB.

804 *Ziekow*, DVBl. 2008, 137, 143; *Wagner / Görs*, NVwZ 2007, 900, 902; *Wilke*, ZfBR 2004, 131, 146; *Stöcker*, Entwicklung des Verwaltungskooperationsvertrages unter Berücksichtigung des Vergaberechts, S. 344.

805 *Krautzberger*, in: Battis / Krautzberger / Löhr, BauGB, § 159, Rn. 1; *Fieseler*, in: Krautzberger, Städtebauförderungsrecht, § 157 BauGB, Rn. 30; *Mösinger / Morscheid*, NZBau 2009, 413, 414; *Wilke*, ZfBR 2004, 131, 146.

# Dritter Teil: Pflicht zur strukturierten Bieterauswahl außerhalb des kartellvergaberechtlichen Verfahrensregimes

In der Debatte um eine Ausschreibungspflicht kommunaler Investorenprojekte wurde bislang kaum thematisiert, ob sich für die Suche nach einem städtebaulichen Kooperationspartner auch außerhalb des Kartellvergaberechts konkrete Verfahrensbindungen ergeben.[806] Die ersten Bewertungen des Urteils in der Rechtssache „Helmut Müller" können sogar so verstanden werden, dass einer Fortsetzung der unstrukturierten Auswahl von Investoren nichts im Wege steht.[807] Zwar dürften kommunale Entwicklungsvorhaben in der Praxis – zumindest, wenn die Initiative von der Gemeinde ausgeht – häufig gegenüber einigen wenigen privaten Dritten informell bekanntgegeben werden. Doch ein europaweiter Wettbewerb unter Berücksichtigung transparenter und diskriminierungsfreier Verfahrenselemente sowie mit der Schaffung einer Nachprüfungsmöglichkeit wird in den seltensten Fällen stattfinden.[808] An dieser Stelle soll anhand der Untersuchung unionsrechtlicher, verfassungsrechtlicher, haushaltsrechtlicher sowie kartellrechtlicher Rechtsgrundlagen gezeigt werden, dass die freihändige Auswahl eines privaten Investors – unabhängig von der kartellvergaberechtlichen Beurteilung – in der Regel rechtswidrig ist.

Nachdem Bestand und Reichweite der sich aus den einschlägigen Rechtsvorschriften für die Auswahl städtebaulicher Kooperationspartner erwachsenden materiell-rechtlichen und prozeduralen Maßstäbe herausgearbeitet (dazu § 15) sowie kursorisch derzeit diskutierte Probleme der praktischen Durchsetzbarkeit verbindlicher Maßstäbe untersucht wurden (§ 16), gilt es schließlich zu klären, wie ein solches Projekt rechtssicher im Wege eines dann näher zu umreißenden wettbewerblichen Bieterverfahrens vergeben werden kann. Vor dem Hintergrund der Vielgestaltigkeit möglicher Vorhaben und der besonderen Herausforderungen, die mit der Realisierung kommunaler Investorenprojekte

806 Darauf zu Recht hinweisend *Keller*, Kooperativer Städtebau und Kartellvergaberecht, S. 164 (dortige Fn. 453).

807 Vgl. die Nachweise in Fn. 20.

808 Vgl. zum Bereich der Dienstleistungskonzession *Ruhland*, Die Dienstleistungskonzession, S. 196.

einhergehen, soll durch die Herausbildung übergeordneter Strukturen ein gemeinsames Verfahrensregime entwickelt werden, das die aus den genannten Rechtsgebieten resultierenden prozeduralen Anforderungen umsetzt sowie die materiell-rechtlichen Direktiven an geeigneter Stelle aufgreift (hierzu § 17). Am Ende dieses Untersuchungsteils wird die Erkenntnis stehen, dass die Suche nach städtebaulichen Kooperationspartnern in vielen Fällen nur durch eine Ausschreibung im Wege eines strukturierten Bieterverfahrens[809] erfolgen kann. Nachfolgend bleiben jedoch solche Pflichten außer Betracht, die sich aus der Beachtung der einzelnen Landesvergabegesetze ergeben. In diesem Bereich kann zumindest für Nordrhein-Westfalen[810] konstatiert werden, dass mittlerweile auch im Bereich der Auftragsvergaben unterhalb der kartellvergaberechtlichen Schwellenwerte bestimmte Verfahrenspflichten bestehen.[811]

## § 15 Rechtsgrundlagen einer strukturierten Bieterauswahl außerhalb des Kartellvergaberechts

### A. Allgemeines

Die Suche nach städtebaulichen Kooperationspartnern mündet immer dann in eine Auswahlentscheidung der Gemeinde über ihren Vertragspartner, wenn zumindest potentiell mehrere Interessenten für die Entwicklung der betreffenden Fläche vorhanden sind.[812] Davon ist regelmäßig auszugehen, denn die Konkurrenz unter privaten Projektentwicklern oder Bauträgern ist groß und nicht selten geht die

---

809 Verfahren im Rechtssinne werden definiert als „planvoll geordnete Vorgänge der Informationsgewinnung und -verarbeitung […], die auf die Gestaltung oder Feststellung von Rechten, Pflichten oder Rechtslagen durch eine Entscheidung gerichtet sind“, *Ziekow / Siegel*, ZfBR 2004, 30, 31. Die Begrifflichkeiten „Ausschreibungsverfahren“, „wettbewerbliches Verfahren“ und „strukturiertes Bieterverfahren“ werden synonym verwandt und stehen für alle Aktivitäten im Rahmen eines Auswahlverfahrens von der Planung bis zur finalen Entscheidung. Mit dem Begriff des „Ausschreibungsverfahrens“ ist keinesfalls der kartellvergaberechtlich geprägte Rechtsbegriff gemeint, also die Ausschreibung im Sinne eines formalisierten Vergabeverfahrens.

810 Vgl. § 3 des Tariftreue- und Vergabegesetzes des Landes Nordrhein-Westfalen (TVgG NRW).

811 Zu Bestand, Reichweite und Durchsetzbarkeit eingehend *Dünchheim*, Kurzkommentar TVgG NRW, S. 31 ff.; *Otting*, VergabeR 2013, 343, 350 f.

812 Dies wird man immer dann annehmen können, wenn es sich nicht um ein rein privatnütziges Bauvorhaben auf einem im Privatbesitz befindlichen Grundstück handelt. Insofern scheidet eine regulierungsbedürftige Wettbewerbssituation bereits

Realisierung eines kommunalen Investorenprojekts zugleich einher mit einer Übertragung der – gerade in guten Innenstadtlagen – besonders begehrten und knappen Ressource „Bauland".

Auswahlentscheidungen der öffentlichen Hand zwischen privaten Wettbewerbern werden ständig und in verschiedenen Lebensbereichen getroffen. Die Bandbreite reicht von der Beschaffung von Wirtschaftsgütern, Dienstleistungen oder Beratungsleistungen, der Privatisierung von staatlichen Leistungen über die Veräußerung von Vermögensgegenständen bis hin zum Zugang zu staatlich reglementierten Märkten. Die Auswahl eines Vertragspartners aus mehreren konkurrierenden Unternehmen durch eine öffentliche Stelle stellt sich dann regelmäßig als „Verteilungsentscheidung im Rahmen eines wechselbezüglichen multipolaren Verwaltungsrechtsverhältnisses"[813] dar. Weil nur ein Auftrag vergeben oder das gemeindeeigene Grundstück nur einmal veräußert werden kann, entstehen „Verteilungskämpfe zwischen Privatpersonen", die zwangsläufig durch die vom Staat zu treffende finale Entscheidung zu einem „kapazitätsbedingtem" Ausschluss eines oder mehrerer Bewerber führen.[814] Die hiermit verbundene belastende Wirkung der Auswahlentscheidung besteht unabhängig davon, dass dem unterlegenen Bewerber nichts genommen, sondern nur etwas nicht gegeben wird.

Unterschiedliche Auswahlentscheidungen, die nicht dem Verfahrensregime des Kartellvergaberechts unterliegen, werden durch entsprechende verfahrensrechtliche Vorschriften – insbesondere solche, die im Unionsrecht wurzeln – determiniert. Es ist weitgehend anerkannt, dass für Dienstleistungskonzessionen[815], nicht

---

von vornherein aus. Im Einzelfall kann es jedoch zu beihilfenrechtlichen Verstößen kommen.

813 Zum multipolaren Verwaltungsrechtsverhältnis ausführlich *Schmidt-Preuß*, Kollidierende Privatinteressen im Verwaltungsrecht, S. 11, 34 f.; *ders.*, NVwZ 2005, 489, 490; *Huber*, JZ 2000, 877; *Wollenschläger*, DVBl. 2007, 589, 593.

814 *Schmidt-Preuß*, Kollidierende Privatinteressen im Verwaltungsrecht, S. 34 m.w.N; *ders.*, NVwZ 2005, 489, 490. Siehe auch *Voßkuhle*, in: VVDStRL 62 (2003), S. 266, 314; *ders.*, in: Hoffmann-Riem / Schmidt-Aßmann, Verwaltungsverfahren und Verwaltungsverfahrensgesetz, S. 277, 290 f.; *Pünder*, VerwArch 95 (2004), S. 38, 43; *Burgi*, WuV 2007, 173, 175. Will der benachteiligte Bieter gerichtlich gegen die Nichtberücksichtigung vorgehen, handelt es sich um den klassischen Fall eines Konkurrentenverdrängungsanspruchs. Ausführlich *Huber*, Konkurrenzschutz im Verwaltungsrecht, S. 441 ff.; *ders.*, JZ 2000, 877, 878; *Burgi*, Funktionale Privatisierung, S. 272; *Gers-Grapperhaus*, Das Auswahlrechtsverhältnis bei Auftragsvergaben unterhalb der Schwellenwerte, S. 150.

815 Im Rahmen der bereits eingangs beschriebenen Privatisierungsbestrebungen der öffentlichen Hand spielt insbesondere die Konzessionierung Privater eine wichtige

prioritäre Dienstleistungen[816], Aufträge, die ausdrücklich vom Anwendungsbereich des Vergaberechts befreit sind[817] sowie Unterschwellenvergaben[818] bestimmte

Rolle, da sie der öffentlichen Hand einerseits das gewünschte Leistungsangebot sichert und andererseits ermöglicht, private Aktivität zu entfalten und die öffentlichen Haushalte zu schonen. Zum Konzessionsbegriff siehe bereits oben, § 8 B. I. Vgl. hierzu auch *Storr*, in: FS Stober, S. 417, 423; *Burgi*, DVBl. 2003, 949, 950 ff.; *Ruhland*, Die Dienstleistungskonzession, S. 174; *Walz*, Die Bau- und Dienstleistungskonzession, S. 3. Im Bereich der Dienstleistungskonzession hat der Gerichtshof in ständiger Rechtsprechung primärrechtlich geprägte Verfahrensanforderungen entwickelt: EuGH, Urt. v. 07.12.2000 – C-324/98 „Teleaustria", Rn. 60 ff. (Slg 2000, I-10745); EuGH, Urt. v. 21.07.2005 – C-231/03 „Coname", Rn. 16 ff. (Slg 2005, I-7287); EuGH, Urt. v. 13.10.2005 – C-458/03 „Parking Brixen", Rn. 46 ff. (Slg 2005, I-8585); EuGH, Urt. v. 06.04.2006 – C-410/04 „ANAV", Rn. 18 ff. (Slg 2006, I-3303); EuGH, Urt. v. 10.09.2009 – C-206/08 „Eurawasser", Rn. 44 ff. (Slg 2009, I-8377); EuGH, Urt. v. 13.04.2010 – C-91/08 „Wall AG", Rn. 33 ff. (Slg 2010, I-2815). Zur Dienstleistungskonzession näher *Ruhland*, Die Dienstleistungskonzession, S. 108 ff., 174 f., 196 ff.; *Burgi*, NZBau 2005, 610 f.

816 Nachrangige Dienstleistungen gemäß Annex XVII B der Sektorenkoordinierungsrichtlinie SKR (Richtlinie 2004/17/EG des Europäischen Parlaments und des Rates vom 31. März 2004 zur Koordinierung der Zuschlagserteilung durch Auftraggeber im Bereich der Wasser-, Energie- und Verkehrsversorgung sowie der Postdienste, ABlEU. Nr. L 134, S. 1) sowie Annex II B der VKR unterliegen nur den Vorschriften über technische Spezifikationen und der Verpflichtung zur Bekanntmachung der Ergebnisse des Vergabeverfahrens. Zu Verfahrensbindungen vgl. Mitteilung der Kommission zu Auslegungsfragen in Bezug auf das Gemeinschaftsrecht, das für die Vergabe öffentlicher Aufträge gilt, die nicht oder nur teilweise unter die Vergaberichtlinien fallen v. 01.08.2006 – C 179/02; EuGH, Urt. v. 27.10.2005 – C-234/03 „Contse" , Rn. 49 (Slg 2005, I-9315); EuGH, Urt. v. 13.11.2007 – C-507/03 „An Post", Rn. 29 ff. (Slg 2007, I-9777); EuGH, Urt. v. 17.03.2011 – C-95/10 „Strong Segurança", Rn. 35 (Slg 2011, I-1865). Vgl. auch *Bitterich*, EuZW 2008, 14, 15 f. Die Kommission will allerdings die strenge Unterscheidung in prioritäre und nichtprioritäre Dienstleistungen aufweichen. Vgl. hierzu EU-Kommission, „Vorschlag für Richtlinie über die öffentliche Auftragsvergabe" v. 20.12.2011 – KOM (2011) 896/2, S. 9.

817 Hierzu *Frenz*, Handbuch Europarecht, Bd. 3, Rn. 1726.

818 EuGH, Beschl. v. 03.12.2001 – C-59/00 „Vestergaard", Rn. 19 ff. (Slg 2001, I-9505); EuGH, Urt. v. 21.02.2008 – C-412/04 „Kommission / Italien", Rn. 66 (Slg 2008, I-619); EuGH, Urt. v. 15.05.2008 – C-147/06 und C-148/06 „SECAP", Rn. 20 ff. (Slg 2008, I-3565); EuGH, Urt. v. 23.12.2009 – C-376/08 „Serrantoni", Rn. 21 ff. (Slg 2009, I-12169). Siehe auch Mitteilung der Kommission zu Auslegungsfragen in Bezug auf das Gemeinschaftsrecht, das für die Vergabe öffentlicher Aufträge gilt, die nicht oder nur teilweise unter die Vergaberichtlinien fallen v. 01.08.2006 – C 179/02.

Verfahrensschritte einzuhalten sind.[819] Das verbindende Element dieser Vorgänge ist, dass die öffentliche Hand in ihrer Eigenschaft als Träger öffentlicher Gewalt dem erfolgreichen Unternehmer Marktchancen zuteilt und zugleich Wettbewerber von der Teilhabe daran ausschließt. Es handelt sich häufig um beachtliche Geschäftsmöglichkeiten. Werden solche ohne geregeltes Verfahren eröffnet, besteht zugleich immer die Gefahr der Korruption oder Günstlingswirtschaft.[820]

Die Untersuchung der Ausschreibungspflicht kommunaler Investorenprojekte muss demnach beim Charakter der Auswahlentscheidung als „Verteilungsentscheidung" des Staates ansetzen.[821] Es liegt auf der Hand, dass staatliche Stellen

---

Siehe zur Diskussion um den Verfahrensbindungen im Unterschwellenbereich ausführlich *Widmann*, Vergaberechtsschutz im Unterschwellenbereich, S. 37 ff. m.w.N.; *Gers-Grapperhaus*, Das Auswahlrechtsverhältnis bei Auftragsvergaben unterhalb der Schwellenwerte, S. 169 ff.; *Keller*, Kooperativer Städtebau und Kartellvergaberecht, S. 164 ff.

819 Interessant ist desweiteren der Gedanke von *Huerkamp*, Gleichbehandlung und Transparenz, S. 163 ff., der auch bestimmte In-House-Vergaben nach primärrechtlichen und verfassungsrechtlichen Prinzipien ausschreiben lassen möchte. Danach soll eine solche Ausschreibungspflicht bestehen, wenn das Kontroll- sowie das Wesentlichkeitskriterium erfüllt sind, aber das öffentlich kontrollierte Unternehmen dennoch nicht zu 100 % für den öffentlichen Auftraggeber tätig wird.

820 Vgl. Mitteilung der Kommission zu Auslegungsfragen in Bezug auf das Gemeinschaftsrecht, das für die Vergabe öffentlicher Aufträge gilt, die nicht oder nur teilweise unter die Vergaberichtlinien fallen v. 01.08.2006 – C 179/02; siehe hierzu *Braun*, EuZW 2006, 683; *Schnieders*, DVBl. 2007, 287, 289 ff.; *Lutz*, WuW 2006, 890.

821 *Keller*, Kooperativer Städtebau und Kartellvergaberecht, S. 174. Zum „Verteilungsverfahren" näher *Voßkuhle*, in: Hoffmann-Riem / Schmidt-Aßmann, Verwaltungsverfahren und Verwaltungsverfahrensgesetz, S. 277, 290 ff. m.w.N. Für die Einordnung von staatlichen Verteilungsentscheidungen in einen größeren Kontext auch *Eggers / Malmendier*, NJW 2003, 780, 781; *Klein*, VergabeR 2005, 22, 23; *Berger*, ZfBR 2002, 134, 138; *Frenz*, VergabeR 2007, 1, 7; *ders.*, Handbuch Europarecht, Bd. 3, Rn. 1883 ff.; *Pietzcker*, Zweiteilung des Vergaberechts, S. 39; *Dietlein*, NZBau 2004, 472 f.; *Burgi*, WuV 2007, 173; *Kühling*, ZfBR 2006, 661, 664; *Hüser*, Ausschreibungspflichten bei der Privatisierung öffentlicher Aufgaben, S. 45. So auch *Gabriel*, NVwZ 2006, 1262, 1263. Eine Übertragung der Grundsätze für Dienstleistungskonzessionen auf Unterschwellenvergaben befürwortend *GA'in Kokott*, Schlussanträge v. 01.03.2005 – C-458/03 „Parking Brixen", Rn. 35 ff. (Slg 2007, I-385); Mitteilung der Kommission zu Auslegungsfragen in Bezug auf das Gemeinschaftsrecht, das für die Vergabe öffentlicher Aufträge gilt, die nicht oder nur teilweise unter die Vergaberichtlinien fallen v. 01.08.2006 – C 179/02; EuGH, Urt. v. 14.06.2007 – C-6/05 „Medipac-Kazantzidis", Rn. 33 (Slg 2007, I-4557); EuG, Urt. v. 20.05.2010 – T-258/06 „Unterschwellenmitteilung", Rn. 82 ff. (Slg 2010, II-2027).

in dieser Situation, in der sie die „wettbewerblichen Rahmenbedingungen der privaten Akteure“[822] beeinflussen, ihr Handeln an den sie bindenden Grundsätzen ausrichten müssen und keinesfalls wie private Dritte eine Auswahl des Vertragspartners vornehmen können.

Für eine Pflicht zur Anwendung eines mehr oder weniger formalisierten Verfahrensregimes für kommunale Investorenprojekte gibt es zwei tatsächliche Anknüpfungspunkte: Die Erteilung eines öffentlichen Bauauftrags im Unterschwellenbereich[823] sowie die Veräußerung eines innerstädtischen „Filetgrundstücks“ mit der Möglichkeit der privatnützigen Entwicklung.[824] Demnach sind

---

822 *Frenz*, VergabeR 2007, 1, 11.

823 Dabei werden in diesem Teil der Untersuchung Vergaben von Bauaufträgen im Bereich des Kartellvergaberechts ausgeklammert, obwohl auch hier grundsätzlich die gleichen Erwägungen gelten. So findet etwa das Primärrecht generell und unabhängig vom Erreichen der Schwellenwerte Anwendung. Bei Auftragsvergaben oberhalb der Schwellenwerte genießen jedoch die als Konkretisierung der primärrechtlichen Grundsätze niedergelegten strengen Verfahrensbindungen aus der VKR sowie der SKR Anwendungsvorrang, so dass eine entsprechende Ausschreibungspflicht an anderer Stelle dieser Untersuchung beleuchtet wird und nachfolgend die Unterschwellenvergaben im Mittelpunkt stehen. Der funktionale Zusammenhang zwischen den primärrechtlichen Grundsätzen und der Auftragsvergabe oberhalb der Schwellenwerte lässt sich am zweiten Erwägungsgrund der VKR erkennen. Danach ist die Vergabe von Aufträgen in den Mitgliedsstaaten an die Einhaltung der im Vertrag niedergelegten Grundsätze, insbesondere die Grundfreiheiten sowie die davon abgeleiteten Grundsätze der Gleichbehandlung, der gegenseitigen Anerkennung, der Verhältnismäßigkeit und der Transparenz gebunden. Vgl. GA'in *Stix-Hackl*, Schlussanträge v. 14.09.2006 – C-507/03 „An Post“, Rn. 40 ff. (Slg 2007, I-9777); *Braun*, EuZW 2006, 683, 684; *Wollenschläger*, NVwZ 2007, 388 f. Auf die im Unterschwellenbereich bereits gewonnen Erkenntnisse kann zurückgegriffen werden. Ebenso können Erkenntnisse aus dem Bereich der Dienstleistungskonzession sowie der nicht-prioritären Dienstleistungen entnommen werden, da auch diese auf einem Austauschverhältnis beruhenden Auswahlentscheidungen nicht dem Richtlinienrecht unterfallen.

824 Dabei werden in diesem Teil der Untersuchung Vergaben von Bauaufträgen im Bereich des Kartellvergaberechts ausgeklammert, obwohl auch hier grundsätzlich die gleichen Erwägungen gelten. So findet etwa das Primärrecht generell und unabhängig vom Erreichen der Schwellenwerte Anwendung. Bei Auftragsvergaben oberhalb der Schwellenwerte genießen jedoch die als Konkretisierung der primärrechtlichen Grundsätze niedergelegten strengen Verfahrensbindungen aus der VKR sowie der SKR Anwendungsvorrang, so dass eine entsprechende Ausschreibungspflicht an anderer Stelle dieser Untersuchung beleuchtet wird und nachfolgend die Unterschwellenvergaben im Mittelpunkt stehen. Der funktionale Zusammenhang

von der folgenden Untersuchung – unabhängig von der kartellvergaberechtlichen Einordnung als öffentlicher Bauauftrag – auch die klassischen Ahlhorn-Konstellationen[825] erfasst.

Entscheidend für eine Einbettung der Auswahlentscheidung über den Vertragspartner eines kommunalen Investorenprojekts in ein Verfahrensregime spricht, dass sowohl dem öffentlichen Bauauftrag als auch dem schlichten Grundstücksgeschäft ein Vertragsverhältnis zugrunde liegt, dass auf den Austausch von Leistungen gerichtet ist.[826] Die Gemeinde übereignet das Grundstück und zahlt gegebenenfalls noch einen Preis, während der Investor seinerseits eine

---

zwischen den primärrechtlichen Grundsätzen und der Auftragsvergabe oberhalb der Schwellenwerte lässt sich am zweiten Erwägungsgrund der VKR erkennen. Danach ist die Vergabe von Aufträgen in den Mitgliedsstaaten an die Einhaltung der im Vertrag niedergelegten Grundsätze, insbesondere die Grundfreiheiten des Warenverkehrs, der Niederlassung, der Dienstleistung sowie die davon abgeleiteten Grundsätze der Gleichbehandlung, der gegenseitigen Anerkennung, der Verhältnismäßigkeit und der Transparenz gebunden. Vgl. GA'in *Stix-Hackl*, Schlussanträge v. 14.09.2006 – C-507/03 „An Post", Rn. 40 ff. (Slg 2007, I-9777); *Braun*, EuZW 2006, 683, 684; *Wollenschläger*, NVwZ 2007, 388 f.

825 Siehe hierzu bereits oben, § 7 C. III. 1.

826 Dies gilt ebenso für die hier nicht untersuchten Auswahlentscheidungen bei der Dienstleistungskonzession, den nicht-prioritären Dienstleistungen oder den Rechtsgeschäften, die vom Vergaberecht kraft ausdrücklicher Anordnung ausgenommen sind. Teilweise wird sogar über den genannten Bereich von Austauschgeschäften hinaus eine Anwendung solcher Verfahrensvorgaben für hoheitliche Verwaltungsentscheidungen über den Zugang zu „grundfreiheitlich gewährleisteten, reglementierten Märkten" gefordert. So etwa *Gabriel*, NVwZ 2006, 1262, 1263, der den Zugang zur Erbringung von Hafendienstleistungen als Beispiel anführt. Es fehle zwar an einer Gegenleistung der privaten Wettbewerber, eine Diskriminierungsgefahr erscheine jedoch nicht grundsätzlich ausgeschlossen. Diesen Ansatz bestätigend *Prieß / Gabriel*, NZBau 2007, 617, 618 f. Mit gleicher Begründung *Potacs*, in: VVDStRL 69 (2010), S. 254, 276 f. (dortige Fn. 127). Nicht anders ist die Feststellung im Gemeinsamen Leitfaden von BKartA und BNetzA zur Vergabe von Strom- und Gaskonzessionen und zum Wechsel des Konzessionsnehmers v. 15.12.2010, Rn. 15 (siehe dortige Fn. 3) zu verstehen, dass das europäische Primärrecht bei der Entscheidung über die Frage von Wegekonzessionsverträgen nach § 46 EnWG umfassend zu berücksichtigen sei. Als Beleg wird angeführt, dass der EuGH eine Anwendung dieser Grundsätze auch für eine durch Verwaltungsakt zu erteilende Genehmigung zum Spielbankbetrieb anerkannt hat, vgl. EuGH, Urt. v. 09.09.2010 – C-64/08 „Engelmann", Rn. 52 (Slg 2010, I-8219). Eine solche Ausweitung des Verfahrensregimes auf die hoheitliche Entscheidung über beschränkte Zulassung soll aber in der Untersuchung außer Betracht bleiben.

Gegenleistung in Form der Zahlung eines Preises oder der Herstellung eines Bauvorhabens erbringt. Diese Austauschgeschäfte sind ferner einer wirtschaftlichen Tätigkeit, der gewerblichen Herstellung von Bauleistungen bzw. dem gewerblichen Erwerb von Grundstücken, zuzuordnen[827], so dass ein Wettbewerbsbezug gegeben ist. Dies gilt umso mehr, als es regelmäßig um lukrative Geschäfts- und Entwicklungsmöglichkeiten geht, die sich in ihrer Wertigkeit oft nicht von den dem Kartellvergaberecht unterfallenden Auftragsvergaben unterscheiden. Die hierdurch entstehende Diskriminierungsgefahr wird regelmäßig noch gesteigert, wenn die öffentliche Stelle ihre Auswahlentscheidung darüber hinaus wirtschaftspolitisch instrumentalisiert.[828]

Die Wettbewerbsrelevanz und somit auch die unionsrechtliche Dimension sind dann nicht weniger ausgeprägt.[829] Eine Diskriminierungsgefahr besteht auch ohne Rücksicht darauf, ob der Staat als Nachfrager oder eben als Anbieter von Wirtschaftsgütern am Markt auftritt, so dass dieser Umstand einer gemeinsamen Betrachtung von Unterschwellenvergaben und Grundstücksveräußerungen nicht entgegensteht. Denn die Wirkung der Entscheidung des Staates, einen öffentlichen Auftrag im Rahmen eines Beschaffungsvorgangs zu vergeben, ist vergleichbar mit der Entscheidung, eine attraktive öffentliche Liegenschaft zu vergeben. Dies gilt auch unabhängig von dem Umstand, dass eine Grundstücksüberlassung zum Verkehrswert erfolgt, da es entscheidend um die Eröffnung einer Geschäftsmöglichkeit geht.[830]

In der weiteren Untersuchung bleiben dagegen Vereinbarungen unberücksichtigt, die sich als bloße Ausübung städtebaulicher Regelungszuständigkeiten[831] darstellen oder die Verpflichtung zur Durchführung privatnütziger Vorhaben vorsehen und dabei im Privateigentum befindliche Grundstücke betreffen. Ist der Investor bereits Eigentümer des Grundstücks, wird eine Ausschreibung zur Suche eines Investors regelmäßig nicht zum Erfolg führen, weil

827 *Jasper / Seidel*, NZBau 2008, 427, 428.

828 *Dietlein*, NZBau 2004, 472, 473.

829 *Dietlein*, NZBau 2004, 472 f.; *Potacs*, in: VVDStRL 69 (2010), S. 254, 276.

830 Das anzuwendende Verfahren kann dann schon im Entstehungsprozess der Auswahlentscheidung helfen, Interessenverkürzungen zu verhindern und eine sachgerechte Verteilung der Geschäftsmöglichkeit zu gewährleisten, *Huber*, JZ 2000, 877; *Dietlein*, in: Stern, Das Staatsrecht der Bundesrepublik Deutschland, Bd. IV/1, S. 1865 f.; *Schmidt-Preuß*, NVwZ 2005, 489, 490; *Ruhland*, WuV 2007, 203; *Stöcker*, Die Entwicklung des Verwaltungskooperationsvertrages unter Berücksichtigung des Vergaberechts, S. 221.

831 Zur Konkretisierung vgl. oben, § 7 B. III.

der Grundstückseigentümer die Fläche anderen Projektentwicklern nicht zur Verfügung stellen wird.[832] Ist ein Dritter Eigentümer, wird ein kooperatives Verfahren in der Regel nur mit demjenigen begonnen, der glaubhaft machen kann, Eigentümer der Grundstücke werden zu können. Eine Benachteiligung von weiteren Interessenten ist in diesen Konstellationen grundsätzlich nicht denkbar.[833] Es fehlt insoweit an einer Wettbewerbssituation.

Die Pflicht, die Suche nach einem Investor auch außerhalb des Kartellvergaberechts in ein Verfahrensregime zu kleiden, wird nachfolgend anhand der Untersuchung verschiedener Regelungskomplexe bekräftigt. – Der Normhierarchie entsprechend, werden zunächst[834] diejenigen materiell-rechtlichen und prozeduralen Maßstäbe an die Auswahl städtebaulicher Kooperationspartner aufgezeigt, die sich aus dem Unionsrecht ergeben (B.), bevor verfassungs- (C.), haushalts- (D.) sowie kartellrechtliche Vorschriften (E.) auf entsprechende Implikationen untersucht werden.

## B. Unionsrechtliche Vorgaben

Verfahrensbindungen für die Auswahl des Vertragspartners eines kommunalen Investorenprojekts können sich insbesondere aus den primärrechtlichen Grundprinzipien, mithin dem Gleichbehandlungsgrundsatz sowie dem Diskriminierungsverbot, aber auch dem Beihilfenrecht ergeben (I.). Die Anwendung der unionsrechtlichen Vorgaben knüpft dabei an das Kriterium der Binnenmarktrelevanz an (II.).

### *I. Primärrechtliche Vorgaben*

Die im AEUV verankerten primärrechtlichen Grundsätze verfolgen insbesondere das Ziel, durch Förderung der Diskriminierungsfreiheit sowie des freien Waren- und Dienstleistungsverkehrs einen allgemein zugänglichen Wettbewerb zu etablieren. Dies gilt im besonderen Maße für Beschränkungen, die durch eine Marktteilnahme des Staates entstehen.[835] Für Auswahlentscheidungen, die nicht vom Kartellvergaberecht erfasst werden, stellt das Primärrecht grundlegende

832 Eingehend *Keller*, Kooperativer Städtebau und Kartellvergaberecht, S. 156 f.

833 *Keller*, Kooperativer Städtebau und Kartellvergaberecht, S. 159.

834 Die Reihenfolge der Untersuchung ergibt sich aus dem grundsätzlichen Anwendungsvorrang des europäischen vor dem nationalen Recht.

835 *Ruhland*, Die Dienstleistungskonzession, S. 201.

Prinzipien bereit (hierzu 1.)[836], die öffentliche Stellen auch bei der Suche nach dem geeigneten Kooperationspartner kommunaler Bauprojekte in prozeduraler sowie materiell-rechtlicher Hinsicht binden.[837] Es enthält aber lediglich eine Rahmenordnung, so dass die primärrechtlichen Vorgaben von vornherein abstrakter Natur sind und keine Grundlage für ein dem Kartellvergaberecht vergleichbares enges Verfahrenskorsett sein können.[838] Insbesondere, wenn es im Rahmen eines städtebaulichen Projekts zugleich zu einer Übertragung einer gemeindeeigenen Liegenschaft kommen soll, muss die Kommune bei der Auswahlentscheidung über den Vertragspartner des Investorenprojekts zusätzlich die Vorschriften des Beihilfenrechts (2.) beachten.[839]

### 1. Die primärrechtlichen Grundprinzipien

Zentral ist dabei der unionsrechtliche Gleichbehandlungsgrundsatz, nach dem vergleichbare Sachverhalte nicht unterschiedlich behandelt werden dürfen, es sei denn, dass eine Differenzierung objektiv gerechtfertigt ist.[840] Der Gleichbehandlungsgrundsatz gebietet, dass der Zugang zu wirtschaftlichen Tätigkeiten für potentielle Interessenten aus allen Mitgliedsstaaten im Hinblick auf alle tatsächlichen und rechtlichen Umstände diskriminierungsfrei eröffnet wird und die Behörden alle Maßnahmen ergreifen, um die Ausübung dieser Tätigkeit zu gewährleisten.[841]

---

836 Die primärrechtlichen Grundsätze werden im Bereich der Auftragsvergaben oberhalb der Schwellenwerte konkretisiert, dienen deshalb weiterhin als Auslegungshilfe. Vgl. hierzu den ersten und zweiten Erwägungsgrund der Vergabekoordinierungsrichtlinie 2004/18/EG sowie den neunten Erwägungsgrund der Sektorenrichtlinie 2004/17/EG.

837 Zur Problematik der mitgliedsstaatlichen Verfahrensautonomie *Ruhland*, Die Dienstleistungskonzession, S. 203 (in dortiger Fn. 132 m.w.N.).

838 *Burgi*, NZBau 2005, 610, 612.

839 Grundlegend zum Beihilfenrecht *Kühling*, in: Streinz, EUV / AEUV, Art. 107 AEUV, Rn. 1 ff. Zum Verhältnis von Beihilfenrecht und Vergaberecht siehe etwa *Pünder*, NZBau 2003, 530; *Kristoferitsch*, EuZW 2006, 428, 430 f.

840 EuGH, Urt. v. 08.10.1980 – Rs. 810/79 „Überschär“, Rn. 16 (Slg 1980, 2747). Zum primärrechtlichen Gleichbehandlungsgrundsatz *Sachs*, in: Stern, Das Staatsrecht der Bundesrepublik Deutschland, Bd. IV/2, 2011, S. 1458 f. Vgl. zur Entwicklung des allgemeinen Gleichbehandlungsgrundsatzes *Huerkamp*, Gleichbehandlung und Transparenz, S. 2 ff. Dies gilt etwa für unionsrechtlich anerkannte „vergabefremde Aspekte“ (Umweltschutz, soziale Anforderungen).

841 Mitteilung der Kommission zu Auslegungsfragen im Bereich Konzessionen im Gemeinschaftsrecht v. 29.04.2000 – C 121/06 unter Verweis auf EuGH, Urt.

Bereits im Jahre 1992 hat der *GA Tesauro* zum Wesen des Auswahlverfahrens sowie zur Bedeutung des Gleichbehandlungsgrundsatzes bei dessen Durchführung festgestellt:

> *„Es braucht kaum betont zu werden, dass im Rahmen einer Ausschreibung, bei der verschiedene Bieter miteinander konkurrieren, die Gleichheit aller an diesem Wettbewerb teilnehmenden Unternehmen gewährleistet sein muss. Alles in allem ist Gleichbehandlung die Grundlage jeglicher Ausschreibungsregelung, da sie das Wesen einer Ausschreibung ausmacht.“*[842]

Der Gerichtshof hat diesen Gedanken immer wieder aufgenommen, aus dem Gleichheitsbehandlungsgrundsatz sowie dem allgemeinen Diskriminierungsverbot[843] den Grundsatz der Transparenz abgeleitet[844] und unmittelbar aus den Grundfreiheiten sowie dem allgemeinen Diskriminierungsverbot aus Art. 18

---

v. 26.02.1992 – C-357/89 „Raulin“, Rn. 34 ff. (Slg 1992, I-1027). Vgl. auch *Koenig / Kühling*, NVwZ 2003, 779, 781; *Bitterich*, EuZW 2008, 14, 16.

842 *GA Tesauro*, Schlussanträge v. 17.11.1992 – C-243/89 „Storebaelt“, Rn. 18 (Slg 1993, I-3353).

843 Der EuGH verwendet den Grundsatz der Gleichbehandlung sowie das Diskriminierungsverbot uneinheitlich. So versteht er das Diskriminierungsverbot zuweilen als „spezielle Ausprägung des allgemeinen Gleichbehandlungsgrundsatzes“, vgl. EuGH, Urt. v. 13.10.2005 – C-458/03 „Parking Brixen“, Rn. 48 (Slg 2005, I-8585). Im Grundsatz zustimmend *Wollenschläger*, NVwZ 2007, 388, 394. In anderen Entscheidungen stehen beide Rechtsinstitute gleichberechtigt nebeneinander, vgl. EuGH, Urt. v. 06.04.2006 – C-410/04 „ANAV“, Rn. 20 f. (Slg 2006, I-3303). Zur dogmatischen Herleitung des Transparenzgrundsatzes siehe näher *Huerkamp*, Gleichbehandlung und Transparenz, S. 3 f.

844 EuGH, Urt. v. 18.11.1999 – C-275/98 „Unitron Scandinavia“, Rn. 31 (Slg 1999, I-8291); EuGH, Urt. v. 07.12.2000 – C-324/98 „Teleaustria“, Rn. 60 ff. (Slg 2000, I-10745); EuGH, Urt. v. 13.10.2005 – C-458/03 „Parking Brixen“, Rn. 49 (Slg 2005, I-8585); EuGH, Urt. v. 13.11. 2007 – C-507/03 „An Post“, Rn. 30 f. (Slg 2007, I-9777); EuGH, Urt. v. 13.11.2008 – C-324/07 „Coditel Brabant“, Rn. 25 (Slg 2008, I-8457); EuGH, Urt. v. 10.09.2009 – C-206/08 „Eurawasser“, Rn. 44 (Slg 2009, I-8377); EuGH, Urt. v. 15.10.2009 C-196/08 „Acoset“, Rn. 49 (Slg 2009, I-9913); EuGH, Urt. v. 13.04.2010 – C-91/08 “Wall AG”, Rn. 33 (Slg 2010, I-2815). Siehe auch Mitteilung der Kommission „zu Auslegungsfragen in Bezug auf das Gemeinschaftsrecht, das für die Vergabe öffentlicher Aufträge gilt, die nicht oder nur teilweise unter die Vergaberichtlinien fallen“ v. 01.08.2006 – C 179/03; bestätigt durch EuG, Urt. v. 20.05.2010 – T-258/06 „Unterschwellenmitteilung“, Rn. 74; 111. Statt vieler *Kühling / Huerkamp*, NVwZ 2009, 577, 578; *Huerkamp*, Gleichbehandlung und Transparenz, S. 3 f.; *Stöcker*, Die Entwicklung des Verwaltungskooperationsvertrages unter Berücksichtigung des Vergaberechts, S. 310.

Abs. 1 AEUV[845] verfahrensrechtliche Anforderungen an unterschiedliche Arten von Auswahlentscheidungen gefolgert.[846] Dabei sind die primärrechtlichen Grundprinzipien auf die Verhinderung solcher Auswahlpraktiken gerichtet, die auf eine Benachteiligung ausländischer Bieter hinauslaufen. Es ist aber gleichzeitig ein zumindest mittelbarer Einfluss auch auf die Stellung inländischer Bieter anzunehmen, da die Durchführung eines den Anforderungen des Gleichbehandlungsgrundsatzes genügenden Auswahlverfahrens denknotwendigerweise die strikte Gleichbehandlung aller Bieter erfordert.[847]

Die Anwendbarkeit der primärrechtlichen Grundsätze ist sowohl bei Auftragsvergaben im Unterschwellenbereich[848] als auch für Vermögensveräußerungen[849] weitgehend anerkannt und wird daher für die weitere Untersuchung vorausgesetzt.

*a) Prozedurale Vorgaben*

Aus den primärrechtlichen Verfahrensgrundsätzen ergeben sich für Auswahlentscheidungen insbesondere Anforderungen prozeduraler Art. Aus der Pflicht

---

845 ex-Art. 12 Abs. 1 EGV.

846 EuGH, Urt. v. 17.09.2002 – C-513/99 „Concordia Bus Finland", Rn. 81 ff. (Slg 2002, I-7213); EuGH, Urt. v. 07.12.2000 – C-94/99 „ARGE Gewässerschutz", Rn. 25 (Slg 2000, I-11037); EuGH, Urt. v. 13.10.2005 – C-458/03 „Parking Brixen", Rn. 48 (Slg 2005, I-8585); EuGH, Urt. v. 15.10.2009 – C-196/08 „Acoset", Rn. 46 (Slg 2009, I-9913). Im Bereich der öffentlichen Auftragsvergabe gilt dies sowohl für Vergaben im Oberschwellenbereich als auch im Unterschwellenbereich. Vgl. hierzu den ersten und zweiten Erwägungsgrund der Vergabekoordinierungsrichtlinie 2004/18/EG sowie den neunten Erwägungsgrund der Sektorenrichtlinie 2004/17/EG.

847 *Koenig / Kühling*, NVwZ 2003, 779, 781. Siehe zur Binnenmarktrelevanz näher unten, § 15 B. II.

848 EuGH, Beschl. v. 03.12.2001 – C-59/00 „Vestergaard", Rn. 19 ff. (Slg 2001, I-9505); EuGH, Urt. v. 21.02.2008 – C-412/04 „Kommission / Italien", Rn. 66 (Slg 2008, I-619); EuGH, Urt. v. 15.05.2008 – C-147/06 und C-148/06 „SECAP", Rn. 20 ff. (Slg 2008, I-3565); EuGH, Urt. v. 23.12.2009 – C-376/08 „Serrantoni", Rn. 21 ff. (Slg 2009, I-12169). Siehe auch Mitteilung der Kommission zu Auslegungsfragen in Bezug auf das Gemeinschaftsrecht, das für die Vergabe öffentlicher Aufträge gilt, die nicht oder nur teilweise unter die Vergaberichtlinien fallen v. 01.08.2006 – C 179/02. Hierzu auch *Widmann*, Vergaberechtsschutz im Unterschwellenbereich, S. 37 ff. m.w.N.; *Gers-Grapperhaus*, Das Auswahlrechtsverhältnis bei Auftragsvergaben unterhalb der Schwellenwerte, S. 169 ff.; *Keller*, Kooperativer Städtebau und Kartellvergaberecht, S. 164 ff.

849 *Dietlein*, NZBau 2004, 472, 473; *Eggers / Malmendier*, NJW 2003, 780, 781; *Gabriel*, NVwZ 2006, 1262, 1263, jeweils m.w.N.

zur Beachtung des Transparenzgrundsatzes folgt die Verpflichtung, das Verfahren zur Auswahlentscheidung in jedem Stadium so zu gestalten, dass alle Bieter, vor allem auch solche aus anderen Mitgliedsstaaten, bei der Aufstellung ihrer Angebote über die gleichen Chancen verfügen.[850] Eine Definition des primärrechtlichen[851] Begriffes der Transparenz ist bislang nicht vorgenommen worden. In ständiger Rechtsprechung stellt der Gerichtshof jedoch heraus:

> *„Kraft dieser Verpflichtung zur Transparenz muss der Auftraggeber zugunsten potenzieller Bieter einen angemessenen Grad von Öffentlichkeit sicherstellen, der [die Leistung] dem Wettbewerb öffnet und die Nachprüfung ermöglicht, ob die Vergabeverfahren unparteiisch durchgeführt wurden.“*[852]

Der Transparenzgrundsatz wirkt also in zwei Richtungen und enthält eine prozedurale sowie eine prozessuale Komponente: Zunächst soll er Verfahrensöffentlichkeit zum Zwecke der Wettbewerbsöffnung um den betreffenden Gegenstand oder die betreffende Leistung herstellen. Um die praktische Durchsetzbarkeit der primärrechtlichen Vorgaben sicherzustellen, soll die Verfahrensöffentlichkeit auch die Nachprüfung ermöglichen, ob das jeweilige Auswahlverfahren unparteiisch durchgeführt wurde.

In prozeduraler Hinsicht konkretisierungsbedürftig ist insbesondere der im Sinne einer Wettbewerbsöffnung sicherzustellende „angemessene Grad von Öffentlichkeit“. Unstreitig dürfte zunächst sein, dass diese Voraussetzung der Herstellung von Öffentlichkeit durch Verfahren dient und alle potentiellen Bewerber befähigen soll, von der anstehenden Auswahlentscheidung zu erfahren. Somit betrifft dieser Teil des Transparenzgrundsatzes die Bereitstellung bestimmter Informationen durch die Auswahlstelle als auch die Ausgestaltung des Verfahrens.[853] Ein solches Verfahren kann der Zielrichtung des Transparenzgrundsatzes nur dann genügen, wenn es von der Planung über die Veröffentlichung bis hin zur finalen Entscheidung und zum Vertragsschluss mit

---

850 EuGH, Urt. v. 25.04.1996 – C-87/94 „Wallonische Busse“, Rn. 54 (Slg 1996, I-2043).

851 Die mit dem Begriff „Transparenz“ überschriebenen sekundärrechtlichen Bekanntmachungs- und Informationspflichten des Kapitel VI der VKR sind von der Betrachtung auszunehmen.

852 Grundlegend EuGH, Urt. v. 07.12.2000 – C-324/98 „Teleaustria“, Rn. 62 (Slg 2000, I-10745); EuGH, Urt. v. 09.09.1999 – C-108/98 „RI.SAN“, Rn. 20 ff. (Slg 1999, I-5219); EuGH, Urt. v. 13.10.2005 – C-458/03 „Parking Brixen“, Rn. 49 (Slg 2005, I-8585); EuGH, Urt. v. 21.07.2005 – C-231/03 „Coname“, Rn. 16 ff. (Slg 2005, I-7287); EuGH, Urt. v. 06.04.2006 – C-410/04 “ANAV”, Rn. 21 (Slg 2006, I-3303); EuGH, Urt. v. 13.04.2010 – C-91/08 “Wall AG”, Rn. 36 (Slg 2010, I-2815).

853 *Huerkamp*, Gleichbehandlung und Transparenz, S. 314.

dem Privaten strukturiert sowie öffentlich durchgeführt wird. Diese Sichtweise vertritt mittlerweile auch der Gerichtshof: Während er zunächst zur Dienstleistungskonzession urteilte, dass die Transparenz nicht notwendigerweise eine Verpflichtung zur Vornahme einer Ausschreibung umfasse[854], stellte er später für unterschiedliche Auswahlentscheidungen fest, dass das völlige Fehlen einer Ausschreibung gegen die Niederlassungs- sowie Dienstleistungsfreiheit und die Grundsätze der Gleichbehandlung, der Nichtdiskriminierung und Transparenz verstoße.[855]

Der allgemeine Transparenzgrundsatz gebietet demzufolge für solche Sachverhalte eine Ausschreibungspflicht, die außerhalb des Anwendungsbereichs der Vergaberichtlinien liegen, aber gleichwohl durch die von der öffentlichen Hand zu treffende Auswahlentscheidung eine besondere Diskriminierungsgefahr in sich tragen.[856] Eine besondere Diskriminierungsgefahr ist bei kommunalen Investorenprojekten im Hinblick auf die regelmäßig großen Investitionsvolumina zu bejahen. In weniger bedeutsamen Fällen genügt dagegen die bloße Bekanntmachung der Absicht, eine Auswahlentscheidung zu treffen, die zumindest die für die Entscheidung möglicher Bewerber über ihre Beteiligung wesentlichen Informationen enthält.[857]

---

854 EuGH, Urt. v. 21.07.2005 – C-231/03 „Coname", Rn. 21 (Slg 2005, I-7287). So auch *Hüser*, Ausschreibungspflichten bei der Privatisierung öffentlicher Aufgaben, S. 45.

855 EuGH, Urt. v. 13.10.2005 – C-458/03 „Parking Brixen", Rn. 50 (Slg 2005, I-8585); EuGH, Urt. v. 13.09.2007 – C-260/04 „Pferdewetten", Rn. 25 (Slg 2007, I-7083); EuGH, Urt. v. 13.11. 2007 – C-507/03 „An Post", Rn. 30 f. (Slg 2007, I-9777); EuGH, Urt. v. 10.09.2009 – C-206/08 „Eurawasser", Rn. 44 (Slg 2009, I-8377); EuGH, Urt. v. 15.10.2009 – C-196/08 „Acoset", Rn. 49 (Slg 2009, I-9913). Etwas vorsichtiger dagegen EuGH, Urt. v. 13.11.2008 – C-324/07 „Coditel Brabant", Rn. 25 (Slg 2008, I-8457). Damit hat der EuGH eine eigenständige Verfahrensvoraussetzung geschaffen, *Wollenschläger*, NVwZ 2007, 388, 393. So auch *Ruhland*, Die Dienstleistungskonzession, S. 205.

856 *Frenz*, Handbuch Europarecht, Bd. 3, Rn. 1837 ff.; *ders.*, VergabeR 2007, 1, 2; *Knöbl*, Rechtsschutz bei der Vergabe von Aufträgen unterhalb der Schwellenwerte, S. 206 f.; *Kühling / Huerkamp*, in: MüKo Wettbewerbsrecht, Vor §§ 97 ff. GWB, Rn. 81; *Huerkamp*, Gleichbehandlung und Transparenz, S. 158 f.; *Braun*, VergabeR 2006, 657, 665. So auch *Hertwig*, NZBau 2011, 9, 10, der allerdings – darüber hinausgehend – unterstellt, dass die Transparenzerfordernisse im Ergebnis ein Vergabeverfahren analog den Vergaberichtlinien notwendig machen.

857 Dazu gehören der Gegenstand der Leistung, deren Art und Umfang sowie die Auswahl- und Zuschlagskriterien, Mitteilung der Kommission zu Auslegungsfragen im Bereich Konzessionen im Gemeinschaftsrecht v. 29.04.2000 – C 121/07.

*b) Materiell-rechtliche Maßstäbe*

Über die vorbeschriebene Verpflichtung zur Durchführung eines später noch näher zu umreißenden Ausschreibungsverfahrens hinaus, ergeben sich aus dem Primärrecht auch materiell-rechtliche Vorgaben. Materiell-rechtliche Maßstäbe für Auswahlentscheidungen, also insbesondere Vorgaben für die Art der Leistungsbeschreibung oder die Auswahl der Entscheidungskriterien, lassen sich sowohl dem allgemeinen Diskriminierungsverbot aus Art. 18 Abs. 1 AEUV[858] als auch den Grundfreiheiten, die ihrerseits besondere Anwendungsfälle des allgemeinen Diskriminierungsverbots darstellen[859], entnehmen.

*(aa) Die Grundfreiheiten*

Die Grundfreiheiten[860], auf die sich der einzelne Wirtschaftsteilnehmer unmittelbar als eigene Rechtsposition berufen kann[861], gewährleisten umfassend die Freiheit der wirtschaftlichen Betätigung.[862] Offene und versteckte Diskriminierungen sowie Beschränkungen sind primärrechtswidrig, wenn sie nicht durch zwingende Gründe des Allgemeinwohls als verhältnismäßig gerechtfertigt werden können.[863]

---

858 ex-Art. 12 Abs. 1 EGV.

859 Hierzu EuGH, Urt. v. 13.04.2010 - C-91/08 „Wall AG", Rn. 32 m.w.N. (Slg 2010, I-2815).

860 Zur Rechtswirkung der Grundfreiheiten sowie der Bindung des Staates bei Geschäften in privater Rechtsform *Dietlein*, in: Stern, Das Staatsrecht der Bundesrepublik Deutschland, Bd. IV/1, S. 1935 ff.; *Frenz*, Handbuch Europarecht, Bd. 1, Rn. 92 ff.; 318 ff. m.w.N.; *ders.*, VergabeR 2007, 1, 11. Grundfreiheiten verpflichten zumindest die Mitgliedsstaaten mit ihren Untergliederungen, so dass auch die Kommunen bei binnenmarktrelevanten Vorgängen unmittelbar marktfreiheitlichen Grundprinzipien unterliegen, vgl. EuGH, Urt. v. 29.11.2001 - C-17/00 „De Coster", Rn. 27 (Slg 2001, I-9445); zu dem von den primärrechtlichen Vorgaben erfassten Personenkreis näher *Wollenschläger*, NVwZ 2007, 388, 389 f.

861 Zur Einklagbarkeit von Grundfreiheiten grundlegend EuGH, Urt. v. 05.02.1963 - Rs. 26/62 „van Gend & Loos" = Slg 9, 1; vgl. auch *Dünchheim*, Verwaltungsprozeßrecht unter europäischem Einfluß, S. 131 f.; *Frenz*, Handbuch Europarecht, Bd. 3, Rn. 3424; *Wollenschläger*, NVwZ 2007, 288, 390; *Pietzcker*, Zweiteilung des Vergaberechts, S. 70.

862 *Frenz*, Handbuch Europarecht, Bd. 1, Rn. 2.

863 Dies bei Vorliegen ausdrücklich im AEUV verankerter oder von der Rechtsprechung anerkannter Rechtfertigungsgründe. Siehe auch *Kühling / Huerkamp*, NVwZ 2009, 577, 578, 560 ff.; *Frenz*, Handbuch Europarecht, Bd. 1, Rn. 473, 517, der auch näher zur Konnexität der Art der jeweiligen Beeinträchtigung sowie geschriebenen und ungeschriebenen Rechtfertigungsgründen ausführt.

Welche Grundfreiheit im konkreten Einzelfall einschlägig ist, richtet sich nach dem Gegenstand der grenzüberschreitenden Tätigkeit.[864]

Aus den einzelnen Grundfreiheiten leitet der EuGH konkrete materielle Anforderung an die Auswahlentscheidung ab.[865] Im Zusammenhang mit der Veräußerung eines gemeindeeigenen Grundstücks oder der Vergabe eines Auftrags im Unterschwellenbereich sind insbesondere die Warenverkehrsfreiheit[866], die Niederlassungsfreiheit[867] und die Dienstleistungsfreiheit[868] zu beachten.[869] In den Schutzbereich der betreffenden Grundfreiheiten wird immer dann eingegriffen, wenn bestimmte Vorgaben an den Auftragnehmer oder den Käufer des gemeindlichen Grundstücks gestellt werden, die direkt an die Staatsangehörigkeit anknüpfen oder von Bietern aus anderen Mitgliedsstaaten nicht oder nur sehr schwer erfüllt werden können.[870]

Die Warenverkehrsfreiheit[871] statuiert das Verbot mengenmäßiger Einfuhrbeschränkungen sowie von Maßnahmen gleicher Wirkung.[872] Der Gerichtshof

864 Bei gemischten Verträgen wird auf den Schwerpunkt der relevanten Handlung abgestellt. Hierzu *Wollenschläger*, NVwZ 2007, 388, 390 m.w.N.

865 Der Gerichtshof hat deutlich gemacht, dass er die Beachtung der Grundfreiheiten auch bei Auswahlentscheidungen außerhalb des Sekundärrechts überwachen werde. EuGH, Urt. v. 07.12.2000 - C-324/98 „Teleaustria", Rn. 60 (Slg 2000, I-10745); EuGH, Urt. v. 21.07.2005 - C-231/03 „Coname", Rn. 16 (Slg 2005, I-7287); EuGH, Urt. v. 13.11.2008 - C-324/07 „Coditel Brabant", Rn. 25 (Slg 2008, I-8457); EuGH, Urt. v. 10.09.2009 - C-206/08 „Eurawasser", Rn. 44 (Slg 2009, I-8377); EuGH, Urt. v. 15.10.2009 - C-196/08 „Acoset", Rn. 49 (Slg 2009, I-9913); *Huerkamp*, Gleichbehandlung und Transparenz, S. 4.

866 Art. 34 AEUV - ex-Art. 28 EGV.

867 Art. 49 AEUV - ex-Art. 43 EGV.

868 Art. 56 AEUV - ex-Art. 49 EGV.

869 *Frenz*, Handbuch Europarecht, Bd. 1, Rn. 2766, 2770 f. Zu den Grundlagen der einzelnen Grundfreiheiten vgl. *Herdegen*, Europarecht, S. 271 ff.; *Widmann*, Vergaberechtsschutz im Unterschwellenbereich, S. 58 ff. *Wollenschläger*, NVwZ 2007, 388, 390 weist zurecht darauf hin, dass die „Parallelität des Gewährleistungsgehalts der Grundfreiheiten" die praktische Bedeutung einer trennscharfen Abgrenzung relativiert.

870 *Frenz*, Handbuch Europarecht, Bd. 3, Rn. 1733; *Storr*, WuV 2007, 183, 184.

871 Waren sind alle beweglichen Sachen, die Gegenstand von Handelsgeschäften sein können, vgl. *Gers-Grapperhaus*, Das Auswahlrechtsverhältnis bei Auftragsvergaben unterhalb der Schwellenwerte, S. 238.

872 Eine Maßnahme gleicher Wirkung ist „jede Handelsregelung der Mitgliedsstaaten, die geeignet ist, den innergemeinschaftlichen Handel unmittelbar oder mittelbar, tatsächlich oder potentiell zu behindern", siehe EuGH, Urt. v. 11.07.1974 – Rs. 8/74 „Dassonville", Rn. 5. (Slg. 1974, 837). Davon ausgenommen sind bloße

hat einen Verstoß festgestellt, wenn Ausschreibungen die Vorgabe enthalten, nur nationale bzw. regionale Produkte zu verwenden.[873] Auch der Gebrauch von diskriminierenden technischen Spezifikationen in Ausschreibungen kann zu einem Verstoß gegen die Warenverkehrsfreiheit führen. Dies hat der EuGH für den Fall angenommen, dass ein bestimmtes Produkt verlangt wird, ohne zugleich solche „gleichwertiger Art" zuzulassen.[874]

Die Niederlassungsfreiheit sowie die Dienstleistungsfreiheit verfolgen eine vergleichbare Schutzrichtung. Während die Niederlassungsfreiheit die Aufnahme und Ausübung einer selbständigen und dauerhaften Tätigkeit in einem anderen Mitgliedstaat schützt, unterfällt der Dienstleistungsfreiheit die vorübergehend in anderen Mitgliedsstaaten ausgeübte selbständige Dienstleistung.[875] Hiergegen verstoßen beispielsweise Anforderungen zum weitgehenden Einsatz inländischer Arbeitskräfte[876], zum Sitz des Unternehmers in einer bestimmten Region[877] sowie die Vorgabe, dass die Bieter die Rechtsform eines öffentlichen Unternehmen haben müssen, die nur in einem Mitgliedsstaat existiert.[878] Zudem ist eine Vorschrift unionsrechtswidrig, nach der im EU-Ausland niedergelassene Bieter zusätzlich zu ihrer ordnungsgemäßen Eintragung im Berufsregister des Heimatstaates im Besitz einer inländischen Niederlassungsgenehmigung sein müssen, mit der die berufliche Befähigung und die Zuverlässigkeit der leitenden

(unterschiedslos geltende) Verkaufsmodalitäten, wie etwa Ladenschlussregelungen, EuGH, Urt. v. 24.11.1993 - verb. Rs. C-267/91 und C-268/91 „Keck", Rn. 16 f. (Slg 1993, I-6097). Sie sind lediglich dann unionsrechtskonform, wenn ein Ausnahmetatbestand des Art. 36 AUEV oder eine der vom Gerichtshof entwickelten immanenten Schranke, nach der eine beschränkende Maßnahme zulässig ist, wenn sie wegen „zwingender Gründe" notwendig erscheint, einschlägig ist. Vgl. hierzu EuGH, Urt. v. 20.02.1979 – Rs. 120/78 „Cassis e Dijon", Rn. 8 (Slg. 1979, 649).

873 EuGH, Urt. v. 20.03.1990 – C-21/88 „DuPont de Nemours", Rn. 11 ff. (Slg 1990, I 889); EuGH, Urt. v. 22.06.1993 - C-243/89 „Storebaelt", Rn. 23, 45 (Slg 1993, I-3353); EuGH, Urt. v. 22.09.1988 – 45/87 „Dundalk", Rn. 19 ff. (Slg 1988, 4929).

874 EuGH, Urt. v. 24.01.1995 - C-359/93 „UNIX", Rn. 27 (Slg 1995, I-157); EuGH, Beschl. v. 03.12.2001 – C-59/00 „Vestergaard", Rn. 22 (Slg 2001, I-9505).

875 Vgl. *Ruthig*, in: ders. / Storr, Öffentliches Wirtschaftsrecht, Rn. 71, 76, der nach der dauerhaften und vorübergehenden Eingliederung in das Wirtschaftsleben eines anderen Mitgliedsstaates differenziert.

876 EuGH, Urt. v. 22.06.1993 – C-243/89 „Storebaelt", Rn. 23, 45 (Slg 1993, I-3353).

877 EuGH, Urt. v. 03.06.1992 – C-360/89 „Kommission/Italien", Rn. 8 (Slg 1992, I-3401).

878 EuGH, Urt. v. 05.12.1989 – C-3/88 „Datenverarbeitungssystem", Rn. 9 (Slg 1989, 4035); EuGH, Urt. v. 26.04.1994 – C-272/91 „Lottomatica", Rn. 12 f. (Slg 1994, I-1409).

Mitarbeiter nachgewiesen werden soll.[879] Ferner hat der EuGH Vorgaben als mit dem Unionsrecht unvereinbar eingeordnet, die vom Bieter bereits bei seiner Interessenbekundung einen öffentlich zugänglichen Geschäftsraum im Gebiet der betreffenden Körperschaft erwarten.[880]

#### *(bb) Allgemeines Diskriminierungsverbot und primärrechtliche Verfahrensgrundsätze*

Der Gerichtshof hat für verschiedene Auswahlentscheidungen festgestellt, dass öffentliche Stellen verpflichtet sind, die Grundregeln des AEUV im Allgemeinen sowie das allgemeine Diskriminierungsverbot im Besonderen zu beachten.[881] Das allgemeine Diskriminierungsverbot aus Art. 18 AEUV[882] verbietet jegliche Form der Diskriminierung aufgrund der Staatsangehörigkeit[883], wenn nicht bereits ein spezielleres Diskriminierungsverbot aus den Grundfreiheiten eingreift.[884] Die meisten Tätigkeiten im Zusammenhang mit kommunalen Investorenprojekten fallen in den Schutzbereich einer der Grundfreiheiten. Der Gerichtshof benennt das allgemeine Diskriminierungsverbot aber in der Regel in einer Gesamtschau ohne nähere Differenzierung gemeinsam mit den Grundfreiheiten.[885]

---

879 EuGH, Urt. v. 10.02.1982 – Rs. 76/81 „Transporoute et Travaux", Rn. 14 (Slg 1982, 417). Gleiches gilt für das Erfordernis, die Eintragung des Planers in das nationale Architektenverzeichnis nachzuweisen, EuGH, Urt. v. 26.09.2000 – C-225/98 „Nord-Pas-de-Calais", Rn. 87 (Slg 2000, I-7445).

880 EuGH, Urt. v. 27.10.2005 – C-234/03 „Contse", Rn. 43 ff. (Slg 2005, I-9315).

881 EuGH, Urt. v. 18.11.1999 – C-275/98 „Unitron Scandinavia", Rn. 29 (Slg 1999, I-8291); EuGH, Urt. v. 07.12.2000 – C-324/98 „Teleaustria", Rn. 60 (Slg 2000, I-10745); EuGH, Beschl. v. 03.12.2001 – C-59/00 „Vestergaard", Rn. 32 (Slg 2001, I-9505); EuGH, Urt. v. 21.07.2005 – C-231/03 „Coname", Rn. 16 (Slg 2005, I-7287); EuGH, Urt. v. 13.10.2005 – C-458/03 „Parking Brixen", Rn. 46 (Slg 2005, I-8585); EuGH, Urt. v. 06.04.2006 – C-410/04 „ANAV", Rn. 18 (Slg 2006, I-3303); EuGH, Urt. v. 14.06.2007 – C-6/05 „Medipac-Kazantzidis", Rn. 33 (Slg 2007, I-4557); EuG, Urt. v. 20.05.2010 – T-258/06 „Unterschwellenmitteilung", Rn. 74 (Slg 2010, II-2027).

882 ex-Art. 12 EGV.

883 Insbesondere Anforderungen, die nur von einheimischen Bietern erfüllt bzw. von Anbietern aus anderen Mitgliedsstaaten nur mit größten Schwierigkeiten erfüllt werden können.

884 EuGH, Urt. v. 13.04.2010 – C-91/08 „Wall AG", Rn. 32 m.w.N. (Slg 2010, I-2815); *Storr*, WuV 2007, 183, 184. Zum Anwendungsvorrang der Grundfreiheiten *Frenz*, Handbuch Europarecht, Bd. 1, Rn. 3911 ff.

885 EuGH, Urt. v. 21.07.2005 – C-231/03 „Coname", Rn. 17 f. (Slg 2005, I-7287); EuGH, Urt. v. 13.10.2005 – C-458/03 „Parking Brixen", Rn. 47 (Slg 2005, I-8585); EuGH,

Bei der Festlegung von Anforderungen oder Bedingungen durch die Gemeinde darf also weder auf die Staatsangehörigkeit noch auf damit verwandte Kriterien wie die Ortsansässigkeit oder langjährige Erfahrung des Investors im Gemeindegebiet abgestellt werden. Auch die Auswahlentscheidung muss sich am Diskriminierungsverbot messen lassen und darf nur anhand vorab bestimmter sachgerechter Kriterien getroffen werden. Im Falle des Fehlens vorab festgelegter Regelungen, muss die Auswahlentscheidung zumindest anhand objektiver Kriterien getroffen werden.[886]

Als weiterer Grundsatz des Unionsrechts muss im Auswahlverfahren der Verhältnismäßigkeitsgrundsatz beachtet werden. Danach sind Maßnahmen nur dann rechtmäßig, wenn sie unter Berücksichtigung der Besonderheiten und der Bedeutung des konkreten Leistungsgegenstands zur Zielerreichung geeignet und erforderlich sind.[887] Anforderungen an die Leistung müssen „durch öffentliche Belange getragen und verhältnismäßig umgesetzt werden".[888] Zudem dürfen bei zeitlich befristeten Vereinbarungen die Laufzeiten der abgeschlossenen Verträge nicht übermäßig lang sein, um den Wettbewerb nicht unverhältnismäßig einzuschränken. Dementsprechend darf die Laufzeit einer Konzession lediglich eine Amortisierung der Investitionskosten sowie eine angemessene Verzinsung des aufgewandten Kapitals, nicht jedoch darüber hinausgehende Einnahmen zulassen.[889]

Im Auswahlverfahren entfaltet schließlich der Grundsatz der gegenseitigen Anerkennung Wirkung. Die ausschreibende Stelle wird dazu verpflichtet, die Lieferung von Waren, also etwa Baumaterial, und die Erbringung von Dienstleistungen durch einen Wirtschaftsteilnehmer aus einem anderen Mitgliedstaat zuzulassen, wenn sie den im Bestimmungsland geltenden, gerechtfertigten Vorgaben entsprechen.[890] Ferner müssen die geforderten Leistungsmerkmale von allen Bewerbern erfüllt werden können, so dass vor allem in der

---

Urt. v. 06.04.2006 – C410/04 „ANAV", Rn. 20 (Slg 2006, I-3303); EuGH, Urt. v. 10.09.2009 – C-573/07 „Sea", Rn. 39 f. (Slg 2009, I-8127). Hierzu *Wollenschläger*, NVwZ 2007, 388, 390.

886 Mitteilung der Kommission zu Auslegungsfragen im Bereich Konzessionen im Gemeinschaftsrecht v. 29.04.2000 – C 121/07; *Ruhland*, WuV 2007, 203, 205.

887 EuGH, Urt. v. 11.07.1989 – Rs. 265/87 „Schräder", Rn. 21 (Slg. 1989, 2237); Mitteilung der Kommission zu Auslegungsfragen im Bereich Konzessionen im Gemeinschaftsrecht v. 29.04.2000 – C 121/07. Hierzu auch *Frenz*, VergabeR 2007, 1, 9 f.

888 *Burgi*, NZBau 2005, 610, 612.

889 *Keller*, Kooperativer Städtebau und Kartellvergaberecht, S. 168 f.; *Frenz*, Handbuch Europarecht, Bd. 3, Rn. 1849.

890 Mitteilung der Kommission zu Auslegungsfragen im Bereich Konzessionen im Gemeinschaftsrecht v. 29.04.2000 – C 121/07 m.w.N.

Projektbeschreibung geforderte berufliche Qualifikationen den Anerkennungs- und Harmonisierungsregeln für den freien Personenverkehr in Europa zu entsprechen haben.[891]

## 2. Beihilfenrecht

### *a) Das unionsrechtliche Beihilfenregime*

Art. 107 Abs. 1 AEUV[892] erklärt staatliche oder aus staatlichen Mitteln gewährte Beihilfen gleich welcher Art, die durch die Begünstigung bestimmter Unternehmen oder Produktionszweige den Wettbewerb verfälschen oder zu verfälschen drohen, für mit dem Binnenmarkt unvereinbar, soweit sie den zwischenstaatlichen Handel beeinträchtigen. Eine Begünstigung liegt immer dann vor, wenn ein Unternehmen eine staatliche Leistung erhält, ohne selbst eine angemessene Gegenleistung zu erbringen.[893] Die öffentliche Hand[894] soll sich im Rahmen ihrer privatwirtschaftlichen Betätigung – unabhängig von städtebaulichen oder wirtschaftspolitischen Zielvorstellungen – wie ein umsichtiger marktwirtschaftlich handelnder Wettbewerber verhalten.[895] Das Beihilfenrecht bezweckt zwar auch die Erzielung eines marktgerechten Veräußerungserlöses, zielt jedoch primär auf die Sicherung des bestehenden Wettbewerbs zwischen potentiellen Käufern auf diesem Markt ab.[896]

---

891 Mitteilung der Kommission „zu Auslegungsfragen in Bezug auf das Gemeinschaftsrecht, das für die Vergabe öffentlicher Aufträge gilt, die nicht oder nur teilweise unter die Vergaberichtlinien fallen v. 01.08.2006 – C 179/04 ff.; bestätigt durch EuG, Urt. v. 20.05.2010 – T-258/06 „Unterschwellenmitteilung", Rn. 119 ff. (Slg 2010, II-2027). Schon zuvor *Burgi*, NZBau 2005, 610, 615.

892 ex-Art. 87 Abs. 1 EGV.

893 Dabei ist der Begriff der Begünstigung denkbar weit auszulegen. Vgl. zum Begünstigungstatbestand *von Wallenberg / Schütte*, in: Grabitz / Hilf / Nettesheim, Das Recht der Europäischen Union, Art. 107 AEUV, Rn. 46.

894 Hierzu zählen im beihilfenrechtlichen Kontext sowohl der Staat unter Einbeziehung aller Untergliederungen als auch Unternehmen, wenn staatliche Stellen einzeln oder gemeinsam einen beherrschenden Einfluss auf das Unternehmen haben und die Entscheidung über die Beihilfegewährung im Einzelfall auf staatliches Handeln zurückführbar ist, vgl. EuGH, Urt. v. 13. März 2001 – C-379/98 „Preußen Elektra", Rn. 58 (Slg 2001, I-2099); EuGH, Urt. v. 16. Mai 2002 – C-482/99 „Stardust Marine", Rn. 37 (Slg 2002 I-4397). Hierzu *Frenz*, Handbuch Europarecht, Bd. 3, Rn. 598 ff.

895 *Prieß / Gabriel*, NZBau 2007, 617, 620.

896 *Von Wallenberg / Schütte*, in: Grabitz / Hilf / Nettesheim, Das Recht der Europäischen Union, Art. 107 AEUV, Rn. 10. Im Unterschied dazu soll durch das Vergaberecht ein neu geschaffener Markt strukturiert werden.

Das unionsrechtliche Beihilfenregime enthält kein absolutes Beihilfenverbot, sondern weist der Kommission ein umfassendes Kontrollrecht zu[897]: Besteht ein Beihilfenverdacht, muss dieser nach Maßgabe des Art. 108 Abs. 3 AEUV[898] bei der Kommission angemeldet werden.[899] Von dieser sog. Notifizierungspflicht ausgenommen sind lediglich Beihilfen, die einen Gesamtbetrag von 200.000 Euro innerhalb von drei Jahren nicht überschreiten.[900] Der wirtschaftliche Wert der im Rahmen einer kommunalen Beteiligung am Investorenprojekt zugewandten Beihilfe wird jedoch nicht selten bedeutend höher sein.

Wird die Beihilfe entgegen Art. 108 Abs. 3 AEUV nicht notifiziert, führt dies nach mittlerweile gefestigter Rechtsprechung zur Nichtigkeit des zu Grunde liegenden zivilrechtlichen Rechtsgeschäfts wegen eines Verstoßes gegen § 134 BGB.[901] Die einzelnen Formen denkbarer staatlicher Beihilfen im Zusammenhang mit kommunalen Investorenprojekten sind höchst unterschiedlich. Neben dem klassischen Fall des Verkaufs von Grundstücken oder Gebäuden unter Marktpreis können insbesondere die kostenlose Erschließung von Grundstücken bzw. gleichwertige Investitionen der öffentlichen Hand[902] oder die verbilligte Vermietung bzw. Verpachtung von Grundstücken und Gebäuden einen Beihilfeverdacht begründen.[903]

---

897 *Kühling*, in: Streinz, EUV / AEUV, Art. 107 AEUV, Rn. 4.

898 ex-Art. 88 Abs. 3 EGV.

899 Zum Verfahren übersichtlich *Grziwotz*, KommJur 2010, 250.

900 Verordnung (EG) Nr. 69/2001 der Kommission vom 12.01.2001 über die Anwendung der Artikel 87 und 88 EG-Vertrag auf "De-minimis"-Beihilfen, ABlEU Nr. L 10, S. 30, aktualisiert durch Verordnung (EG) Nr. 1998/2006 der Kommission vom 15.12.2006 über die Anwendung der Artikel 87 und 88 EG-Vertrag auf "De-minimis"-Beihilfen, ABlEU Nr. L 379, S. 5; *Cremer*, in: Calliess / Ruffert, EUV / AEUV, AEUV-Art. 107, Rn. 35, geht allerdings von der Primärrechtswidrigkeit der De-minimis-Regelung aus. Für Dienstleistungen von allgemeinem wirtschaftlichem Interesse hat die EU-Kommission in Umsetzung des sog. „Almunia-Pakets" mit Verordnung vom 25.04.2012 – Verordnung (EG) Nr. 360/2012 – den Schwellenwert auf 500.000 EUR innerhalb von drei Steuerjahren angehoben.

901 BGH, Urt. v. 04.04.2003 – V ZR 314/02 „Rückwirkende Kaufpreiserhöhung" = EuZW 2003, 444; BGH, Urt. v. 20.01.2004 – XI ZR 53/03 „Teppichgarne" = EuZW 2004, 252, 254; BGH, Urt. v. 05.07.2007 – IX ZR 221/05 „Insolvenzforderung" = NJW-RR 2007, 1693. Siehe auch *Prieß / Gabriel*, NZBau 2007, 617, 619, 622; *Hertwig*, NZBau 2011, 9, 11.

902 Hierzu näher *Frenz*, Handbuch Europarecht, Bd. 3, Rn. 282 f.; *Koenig / Kühling*, NZBau 2001, 409, 413 ff.; *Grziwotz*, KommJur 2010, 250, 251.

903 *Klein*, VergabeR 2005, 22, 23. Denkbar sind aber auch im Zusammenhang mit der Projektrealisierung gewährte kommunale Beihilfen in Form von verlorenen

Bei der Kontrolle nationaler Beihilfen besteht eine Aufgabenteilung zwischen der Europäischen Kommission und den nationalen Gerichten. Die Kommission hat das Entscheidungsmonopol über die Vereinbarkeit der staatlichen Beihilfe mit dem Gemeinsamen Markt. Eine Beihilfe kann unionsrechtlich gerechtfertigt sein, wenn sie eine Sonderbelastung des Begünstigten ausgleicht.[904] Aus der Kommissions-Praxis anerkannte Beispielsfälle sind Verpflichtungen zum Schutz der Umwelt sowie der öffentlichen Gesundheit oder der Erhalt von Arbeitsplätzen.[905] Verstößt allerdings eine Beihilfe gegen das Unionsrecht, wird der Mitgliedsstaat zur Rückforderung der konkreten Begünstigung verpflichtet.

Nachdem die Kommission die Unionsrechtswidrigkeit einer Beihilfe festgestellt hat, können nicht berücksichtigte Interessenten vor den nationalen Gerichten effektiven Rechtsschutz im Wege der negativen Konkurrentenklage erlangen.[906] Während des Notifizierungsverfahrens besteht gemäß Art. 108 Abs. 3 Satz 3 AEUV ein Durchführungsverbot für die staatliche Maßnahme.

Der Gerichtshof hat bereits in seinem Urteil „Costa/ENEL" festgestellt, dass das beihilfenrechtliche Durchführungsverbot unmittelbar anwendbar und grundsätzlich individualschützend sei.[907] Deswegen müssten nationale Gerichte aus einer Verletzung dieses Durchführungsverbots entsprechend der nationalen Vorschriften „sämtliche Folgerungen sowohl bezüglich der Gültigkeit der Rechtsakte zur Durchführung der Beihilfemaßnahmen als auch bezüglich der Beitreibung der unter Verletzung dieser Bestimmung gewährten finanziellen Unterstützungen inklusive eventueller vorläufiger Maßnahmen ziehen".[908] Der Bundesgerichtshof hat das Durchführungsverbot aus Art. 108 Abs. 3 Satz 3 AEUV als Schutzgesetz i.S.d. § 823 Abs. 2 BGB eingeordnet.[909] Konkurrenten ist

---

Zuschüssen, verbilligten Darlehen, der Befreiung oder Ermäßigung von Abgaben, eines Verzichts, einer Stundung oder Nichtdurchsetzung einer bestehenden Forderung, Schuldübernahmen oder Bürgschaften zu nicht-marktüblichen Konditionen, vgl. *Cremer*, in: Calliess / Ruffert, EUV / AEUV, AEUV-Art. 107, Rn. 38.

904 *Koenig / Kühling*, NVwZ 2003, 779, 782; *Dietlein*, NZBau 2004, 472, 473.

905 Mitteilung der Kommission betreffend Elemente staatlicher Beihilfe bei Verkäufen von Bauten oder Grundstücken durch die öffentliche Hand v. 10.07.1997 – C-209/03 f.; *Dietlein*, NZBau 2004, 472, 473.

906 *Ehlers / Scholz*, JZ 2011, 585; *Frenz*, Handbuch Europarecht, Bd. 3, Rn. 1577, 1580.

907 EuGH, Urt. v. 15.07.1964 – Rs. 6/64 „Costa/ENEL" = Slg. 1964, 1253.

908 EuGH, Urt. v. 21.11.1991 – C-354/90 „FNCE", Rn. 12.

909 BGH, Urt. v. 10.02.2011 – I ZR 136/09 „Flughafen Frankfurt-Hahn", Rn. 17 ff. = JZ 2011, 580; s. auch Parallelentscheidung BGH, Urt. v. 10.02.2011 – I ZR 213/08 „Flughafen Lübeck", Rn. 25 (zitiert nach juris). Anders noch OLG München, Urt. v. 15.05.2003 – 29 U 1703/03 „Städtisches Krematorium" = EuZW 2004, 125, 127;

es deshalb möglich, nach Maßgabe von § 1004 BGB analog i.V.m. § 823 Abs. 2 BGB i.V.m. Art. 108 Abs. 3 Satz 3 AEUV die Rückforderung von privatrechtlich gewährten[910] Beihilfen zu verlangen, die im Rahmen eines zivilrechtlichen Vertrags unter Verstoß gegen das Durchführungsverbot gewährt wurden. Darüber hinaus steht dem Konkurrenten auch ein wettbewerblicher Anspruch gegen den Beihilfengeber aus § 8 Abs. 1, 3 Nr. 1 i.V.m. §§ 3, 4 Nr. 11 UWG zu, weil das Durchführungsverbot eine Marktverhaltensregelung i.S.d. § 4 Nr. 11 UWG ist.[911]

### *b) Europarechtswidrige Beihilfen im Rahmen kommunaler Investorenprojekte*

Kommunale Investorenprojekte bestehen nicht selten aus mehreren Leistungsverhältnissen, bei denen im Wege einer Gesamtschau zu ermitteln ist, ob der Beihilfetatbestand möglicherweise erfüllt sein könnte.[912] Dabei müssen vor allem die Marktkonformität der Gegenleistung, also des vereinbarten Kaufpreises, aber auch andere im öffentlichen Interesse stehende Gegenleistungen auf ihre Beihilfenrechtskonformität hin untersucht werden.[913] Der Prüfungsmaßstab ist stets die Frage, ob die Gesamtleistung des privaten Investors geringer ist als die, die unter denselben oder vergleichbaren Marktbedingungen zwischen voneinander unabhängigen privaten Unternehmen vereinbart worden wäre.[914] Vereinfacht ausgedrückt: Eine Beihilfe lässt sich immer dann ausschließen, wenn sich

OLG Schleswig, Urt. v. 20.05.2008 - 6 U 54/06 „Flughafen Lübeck" = EWS 2008, 470; OLG Koblenz, Urt. v. 25.02.2009 - 4 U 759/07, Rn. 85 ff. (zitiert nach juris).

910 Im Bereich der öffentlich-rechtlich gewährten Beihilfen ist der individualschützende Charakter des beihilfenrechtlichen Durchführungsverbots schon länger anerkannt, vgl. *Ehlers / Scholz*, JZ 2011, 585, 586.

911 BGH, Urt. v. 10.02.2011 - I ZR 136/09 „Flughafen Frankfurt-Hahn", Rn. 50 ff. = JZ 2011, 580.

912 *Koenig / Pfromm*, NZBau 2004, 375, 376, die in diesem Zusammenhang mehrteilige Leistungsverhältnisse mit einem „kommunizierendem Röhrennetzwerk" vergleichen; *Mestmäcker / Schweitzer*, Europäisches Wettbewerbsrecht, § 43, Rn. 12 ff.

913 Als sonstige im öffentlichen Interesse liegende Gegenleistungen kommen beispielsweise die Schaffung oder der Erhalt von Arbeitsplätze oder städtebauliche Zielsetzungen in Betracht, *Mestmäcker / Schweitzer*, Europäisches Wettbewerbsrecht, § 43, Rn. 17; *Dietlein*, NZBau 2004, 472, 473; *Eggers / Malmendier*, NJW 2003, 780, 781; *Klein*, VergabeR 2005, 22, 23.

914 *Mestmäcker / Schweitzer*, Europäisches Wettbewerbsrecht, § 43, Rn. 8.

die öffentliche Stelle wie jeder andere marktwirtschaftlich handelnde Verkäufer verhalten würde (sog. private vendor test).[915]

Es ist anerkannt, dass mit der Durchführung eines strukturierten Bieterverfahrens rechtssicher einem Beihilfevorwurf entgegentreten und somit erheblichen Verzögerungsrisiken sowie beträchtlichen Rückforderungszahlungen[916] schon im Vorfeld begegnet werden kann.[917] Dies erfordert eine Veräußerung des Vermögensgegenstands im Wege eines „hinreichend publizierten[918], allgemeinen[919] und bedingungsfreien[920]" Bieterverfahrens an den Meistbietenden.

---

915 EuG, Urt. v. 28.02.2012 – T-268/08 und T-281/08 „Bank Burgenland", Rn. 20 (ABl. C 109 vom 14.04.2012).

916 *Koenig / Kühling*, DVBl. 2003, 189.

917 So schon für Veräußerungen öffentlicher Unternehmen der XXIII. Bericht der Kommission über die Wettbewerbspolitik – KOM (1994) 161 endg., Rn. 402 ff.; hierzu *Frenz*, Handbuch Europarecht, Bd. 3, Rn. 288; für Veräußerungen öffentlicher Grundstücke Mitteilung der Kommission betreffend Elemente staatlicher Beihilfe bei Verkäufen von Bauten oder Grundstücken durch die öffentliche Hand v. 10.07.1997 – C-209/03.

918 Als „hinreichend publiziert" sieht die Mitteilung der Kommission betreffend Elemente staatlicher Beihilfe bei Verkäufen von Bauten oder Grundstücken durch die öffentliche Hand v. 10.07.1997 – C-209/03 ein Angebot an, das über einen Zeitraum von mindestens zwei Monaten mehrfach sowohl in geeigneten Veröffentlichungsorganen (Presse, Internet) als auch durch Makler, die für eine Vielzahl von Käufern tätig sind, bekannt gemacht wurde.

919 „Allgemein" ist ein Ausschreibungsverfahren dann, wenn die Teilnahme daran allen potentiellen Interessenten offen steht.

920 Der Grundsatz der Bedingungsfreiheit muss hier in dem Sinne verstanden werden, dass solche Vorgaben mit dem Beihilfenrecht unvereinbar sind, die eine bewusste Bevorzugung oder Benachteiligung eines bestimmten Bewerbers oder eines bestimmten Bewerberkreises zur Folge haben. So sieht Nr. II 1 lit. b) Satz 1 der Mitteilung der Kommission betreffend Elemente staatlicher Beihilfe bei Verkäufen von Bauten oder Grundstücken durch die öffentliche Hand v. 10.07.1997 – C-209/03 vor, dass ein Bietverfahren dann bedingungsfrei sei, wenn für alle Branchen gleichermaßen eine Nutzung möglich sei. Nach Satz 2 sind jedoch „Einschränkungen aus Gründen des Nachbar- oder Umweltschutzes oder zur Vermeidung rein spekulativer Gebote sowie raumordnungsrechtliche Einschränkungen für den Eigentümer eines Grundstücks nach nationalem Recht" erlaubt. Kommunale Investorenprojekte, deren Abschluss – wie auch bei rein privaten Veräußerungsvorgängen nicht unüblich – häufig an bestimmte Bebauungsvorgaben geknüpft ist, verstoßen somit in der Regel nicht gegen den beihilfenrechtlichen Grundsatz der Bedingungsfreiheit, solange jeder potentielle Käufer die Verkaufsbedingung erfüllen kann und

Ein beihilfenrechtliches Ausschreibungsverfahren[921] zielt darauf ab, einer Vielzahl von Unternehmen die Geschäftsmöglichkeit zu eröffnen und einen

ein Abschluss zum marktkonformen Preis sichergestellt ist. Siehe auch *Koenig / Pfromm*, NZBau 2004, 375, 379; *Hertwig*, NZBau 2011, 9, 11.

921 Werden die primärrechtlichen Vorgaben eingehalten, ist in den meisten Fällen zugleich auch den beihilfenrechtlichen Vorgaben an ein Ausschreibungsverfahren Genüge getan. Für eine Übertragung der Verfahrensgrundsätze des Vergabeprimärrechts auf beihilfenrechtliche Ausschreibungsverfahren *Kühling*, in: Streinz, EUV / AEUV, Art. 107 AEUV, Rn. 37 f.; so auch schon *Koenig / Kühling*, DVBl. 2003, 289, 298; *dies*., NVwZ 2003, 779, 780, 784. Diese Verfahrensgrundsätze lassen sich grob in den Grundsatz der Wettbewerbsoffenheit, den Transparenzgrundsatz sowie das Verbot von Diskriminierungen unterteilen. Siehe hierzu *Prieß / Gabriel*, NZBau 2007, 617, 619; *Koenig / Pfromm*, NZBau 2004, 375, 378 f. Demzufolge erfordern auch die beihilfenrechtlichen Vorgaben, allen – und nicht nur ausgewählten – Wettbewerbern die Teilnahme am Ausschreibungsverfahren zu ermöglichen, dieses Verfahren einem angemessenen Grad an Öffentlichkeit zuzuführen sowie in allen Verfahrensstadien strikt am Grundsatz der Chancengleichheit auszurichten, insbesondere den Bietern genügend Zeit und Information zur Angebotserstellung einzuräumen, *Prieß / Gabriel*, NZBau 2007, 617, 619 f.; *Kühling*, in: Streinz, EUV / AEUV, Art. 107 AEUV, Rn. 37. Vor dem Hintergrund der zu den primärrechtlichen Vorgaben divergierenden Hauptzielsetzung, einen Referenzmarkt für das jeweilige Rechtsgeschäft zu schaffen, ergeben sich aber Besonderheiten. So ist die öffentliche Hand verpflichtet, an den Meistbietenden zu verkaufen, da eine unter beihilfenrechtlichen Gesichtspunkten geführte Ausschreibung einen marktkonformen Preis erst ermitteln und dadurch einen Beihilfenverdacht ausschließen soll. Primärrechtliche Vorgaben erfordern dagegen zwingend die Einhaltung sachgerechter Auswahlkriterien, von denen nur eines der Angebotspreis ist. Letztlich muss nicht immer auch das für den öffentlichen Auftraggeber wirtschaftlich günstigste Angebot ausgewählt werden. Dementsprechend kann es zu der Situation kommen, dass eine den primärrechtlichen Anforderungen genügende Auswahlentscheidung nicht den beihilfenrechtlichen Vorgaben entspricht. Andererseits kann die Kommission im Rahmen der Überprüfung des Verfahrens, selbst wenn dieses intransparent war, zum Schluss gelangen, dass keine Beihilfe an den Erwerber geflossen ist. Eine Auswahlentscheidung unter primärrechtlichen Gesichtspunkten ist jedoch zwingend im Anschluss an ein transparentes Verfahren zu treffen. Vgl. hierzu *Frenz*, Handbuch Europarecht, Bd. 3, Rn. 272; *Kristoferitsch*, EuZW 2006, 428, 431. Eine Ausnahme von der Pflicht, an den Meistbietenden zu verkaufen kommt in Betracht, wenn offensichtlich ist, dass der Verkauf an den Meistbietenden nicht durchführbar ist, vgl. *Bartosch*, EU-Beihilfenrecht, Art. 87 Abs. 1 EGV, Rn. 47. Dagegen fordern Koenig / Kühling, NVwZ 2003, 779, 784 eine Anpassung des Zuschlagskriteriums bei komplizierten Austauschgeschäften dahingehend, dass dort das vergaberechtliche Kriterium des wirtschaftlichen Angebots herangezogen werden kann. Daher

Referenzmarkt für die ausgeschriebene Leistung zu schaffen. Der hierdurch forcierte Wettbewerb, der die Bewerber in der Regel zur Abgabe eines möglichst hohen Kaufpreises veranlassen wird, soll wiederum die Angemessenheit des Leistungs-Gegenleistungs-Verhältnisses gewährleisten und marktfremde Begünstigungen von bestimmten Unternehmen grundsätzlich ausschließen.[922]

Eine Pflicht, die Vermögensveräußerung öffentlich auszuschreiben, besteht allerdings nicht. Der Verkehrswert einer Liegenschaft kann ebenso durch ein unabhängiges Sachverständigengutachten bestimmt werden.[923] Das zu erstellende Wertgutachten ermittelt „auf der Grundlage allgemein anerkannter Marktindikatoren und Bewertungsstandards" den Marktwert und stellt auf diese Weise die Angemessenheit aller Leistungsbeziehungen des jeweiligen Projektes fest.[924] In bestimmten Einzelfällen, in denen lediglich ein Unternehmer als Vertragspartner eines städtebaulichen Investorenprojekts in Frage kommt, ist die Erstellung eines objektiven Wertgutachtens die einzige Möglichkeit, dem Beihilfevorwurf entgegenzutreten.[925] Andererseits sind Fälle denkbar, in denen das gemeindliche Grundstück zu dem durch einen Sachverständigen festgestellten Marktpreis verkauft wird, ein weiterer Interessent aber einen darüber liegenden Kaufpreis geboten hat. Es stellt sich hierbei die Frage, ob durch ein entsprechendes Angebot das eingeholte Sachverständigengutachten erschüttert werden kann. Die

---

kann es im Einzelfall – trotz weitgehender Übereinstimmung der Anforderungen – je nach Rechtsregime zu unterschiedlichen Ergebnissen kommen.

922 *Prieß / Gabriel*, NZBau 2007, 617, 619; *Koenig / Pfromm*, NZBau 2004, 375, 377.

923 Mitteilung der Kommission betreffend Elemente staatlicher Beihilfe bei Verkäufen von Bauten oder Grundstücken durch die öffentliche Hand v. 10.07.1997 – C-209/04. A.A. *Eggers / Malmendier*, NJW 2003, 780, 782 die darauf hinweisen, dass Interessenten im Hinblick auf etwaige Entwicklungspotentiale ggfs. bereit seien, „erhebliche strategische Zuschläge zu zahlen"; *Koenig / Pfromm*, NZBau 2004, 375, 379, die das Mittel des Wertgutachtens durch einen unabhängigen Sachverständigen nur auf Ausnahmefälle begrenzen wollen. Etwa dann, wenn das Projekt auf Flächen verwirklicht werden soll, an denen der Investor bereits (Teil-) Eigentum hat. Ein solches Rangverhältnis lässt sich der Grundstücksmitteilung allerdings nicht entnehmen. Beide Verfahrensarten stehen vielmehr gleichrangig nebeneinander. Zu den Unsicherheiten eines Nachweises durch Sachverständigengutachten vgl. ferner *Bartosch*, EU-Beihilfenrecht, Art. 87 Abs. 1 EGV, Rn. 49.

924 Mitteilung der Kommission betreffend Elemente staatlicher Beihilfe bei Verkäufen von Bauten oder Grundstücken durch die öffentliche Hand v. 10.07.1997 – C-209/04; *Koenig / Pfromm*, NZBau 2004, 375, 379.

925 Dabei ist insbesondere an Projekte zu denken, die auf Grundstücken des Investors realisiert werden sollen. Vgl. zur Parallelproblematik des vergaberechtlichen Ausschließlichkeitsrechts oben, § 12 D. III. 1.

Konsequenz wäre, dass sich die Möglichkeit, ein Ausschreibungsverfahren durchzuführen, zu einer Pflicht verdichten würde.[926]

Das Beihilfenrecht greift immer dann ein, wenn durch die staatliche Maßnahme Wettbewerbsverzerrungen entstehen. Somit knüpft es an die Wirkung bei den Marktteilnehmern und nicht an mögliche Auswirkungen auf den staatlichen Haushalt an. Das einzelne Unternehmen, das den durch einen Wertgutachter ermittelten marktkonformen Kaufpreis für eine städtische Liegenschaft zahlt, hat keinen Vorteil gegenüber den ebenfalls auf diesem Markt tätigen Unternehmen. Dass die Gemeinde unter Umständen einen höheren Kaufpreis erzielen kann, darf wiederum in der beihilfenrechtlichen Beurteilung keine Rolle spielen. Für diese Sichtweise spricht zudem die Mitteilung der Kommission betreffend Elemente staatlicher Beihilfe bei Verkäufen von Bauten oder Grundstücken durch die öffentliche Hand. Hierin heißt es wörtlich:

> *„Der so festgestellte Marktpreis ist der Mindestkaufpreis, der vereinbart werden kann, ohne dass eine staatliche Beihilfe gewährt würde."*[927]

Auch wenn keine Rechtspflicht zur Ausschreibung besteht, ist bei der Entscheidung der Gemeinde über die Art des Nachweises der Beihilfenrechtskonformität zu berücksichtigen, dass sowohl die Europäische Kommission als auch das Europäische Gericht ein unabhängiges Wertgutachten für weniger belastbar zur Ermittlung des objektiven Marktpreises halten, als ein strukturiertes Bieterverfahren.[928]

## *II. Binnenmarktrelevanz*

Der konkrete Lebenssachverhalt muss stets binnenmarktrelevant sein, um eine Anwendung der Vorschriften des EU-Primärrechts zu begründen.[929] Eine Definition der Binnenmarktrelevanz ist bislang weder durch den EuGH noch die Kommission erfolgt.[930] Sie ist aber in aller Regel gegeben, wenn das betreffende

---

926 Vgl. *Hertwig*, VergabeR 2010, 554, 558.

927 Siehe Ziff. II. 2. a) der Mitteilung der Kommission betreffend Elemente staatlicher Beihilfe bei Verkäufen von Bauten oder Grundstücken durch die öffentliche Hand v. 10.07.1997 – C-209/04.

928 EU-Kommission, 17.06.2008, K(2008)2667 endg., Rn. 17; EuG, Urt. v. 28.02.2012 – T-268/08 und T-281/08 „Bank Burgenland", Rn. 72 (ABl. C 109 vom 14.04.2012).

929 EuGH, Urt. v. 23.12.2009 – C-376/08 „Serrantoni", Rn. 22 m.w.N. (Slg 2009, I-12169).

930 *André*, NZBau 2010, 611, 613, der die Bestimmung der Binnenmarktrelevanz treffend als „Achillesferse des Unterschwellenregimes" beschreibt.

Verhalten „in hinreichendem Zusammenhang mit dem Funktionieren des Binnenmarkts" steht.[931]

In der jüngeren Judikatur des EuGH wurde diesem Merkmal im Zusammenhang mit unterschiedlichen Auswahlentscheidungen eine größere Bedeutung zugemessen. Dabei ging es insbesondere um die Frage, ob die Binnenmarktrelevanz bei bestimmten Geschäften der öffentlichen Hand bereits a priori vermutet werden kann oder aber im Einzelfall nachgewiesen werden muss. Zunächst ließ der Gerichtshof die Vermutung genügen, dass auch Unternehmen aus anderen Mitgliedsstaaten potenziell ein Interesse an dem Abschluss des Rechtsgeschäfts mit der öffentlichen Hand haben könnten. Jedenfalls stelle die Nichtbeteiligung ausländischer Interessenten bei Auswahlentscheidungen noch kein Indiz für einen fehlenden grenzüberschreitenden Bezug dar. [932] Nach dieser Lesart des Kriteriums der Binnenmarktrelevanz können nicht nur die tatsächlich an einem Auswahlverfahren teilnehmenden Unternehmer, sondern auch die potenziellen Bieter Verstöße gegen das europäische Primärrecht geltend machen. Der Gerichtshof argumentierte, die primärrechtlichen Vorgaben würden bei einer anderen Beurteilung ihre praktische Wirksamkeit einbüßen, da ausländischen Interessenten ansonsten regelmäßig das Vorhaben der öffentlichen Stelle mangels Veröffentlichungspflichten verborgen bliebe und sich aus eben diesem Grunde auch nicht auf primärrechtliche Grundsätze berufen könnten.

In weiteren Entscheidungen verlangte er jedoch den Nachweis, dass ein eindeutiges grenzüberschreitendes Interesse vorliegt.[933] Daraus wird zuweilen eine

---

931 Es handelt sich um eine Anwendbarkeitsschwelle, die primärrechtlich relevante von bloß zufälligen und mittelbaren Vorgängen trennt. Siehe *Deling*, NZBau 2011, 725, 729 m.w.N.; *Frenz*, Handbuch Europarecht, Bd. 1, Rn. 407.

932 GA'in *Stix-Hackl*, Schlussanträge v. 12.04.2005 – C-231/03 „Coname", Rn. 27 (Slg 2005, I-7287); EuGH, Urt. v. 21.07.2005 – C-231/03 „Coname", Rn. 17 f. (Slg 2005, I-7287); EuGH, Urt. v. 13.10.2005 – C-458/03 „Parking Brixen", Rn. 55 (Slg 2005, I-8585). Hierzu *Braun / Hauswaldt*, EuZW 2006, 176, 177; *Frenz*, VergabeR 2007, 1, 2 f.; *Wollenschläger*, NVwZ 2007, 288, 390.

933 So zur unterlassenen Bekanntmachung einer nicht-prioritären Dienstleistung EuGH, Urt. v. 13.11.2007 – C-507/03 „An Post", Rn. 29 (Slg 2007, I-9777); EuGH, Urt. v. 17.03.2011 – C-95/10 „Strong Segurança", Rn. 35 (Slg 2011, I-1865). Kritisch zur Nachweispflicht *Bitterich*, EuZW 2008, 14, 18. Ablehnend *Widmann*, Vergaberechtsschutz im Unterschwellenbereich, S. 54 f., der die Abweisung der Vertragsverletzungsklage in der Rs. „An Post" mangels „eindeutig grenzüberschreitenden Interesses" in dem Umstand begründet sieht, dass die klagende Kommission ihrer Darlegungs- und Beweislast nicht vollumfänglich nachgekommen ist und der EuGH der Kommission in diesem Punkt vielmehr Einhalt gebieten wollte. Zur

generelle Einschränkung des Anwendungsbereiches der Binnenmarktrelevanz geschlossen. Der EuGH habe hiermit die ursprünglich für Dienstleistungskonzessionen entwickelte Vermutungsregel auch bei anderen durch das EU-Primärrecht determinierten Auswahlentscheidungen aufgegeben. Dadurch sei auch eine einheitliche Anwendung der Binnenmarktrelevanz außerhalb des sekundärrechtlich determinierten Vergaberechts gewährleistet.[934] Gegen diese These einer einheitlichen Anwendung der Grundsätze zur Bestimmung der Binnenmarktrelevanz spricht jedoch die unterschiedliche Entwicklungshistorie dieser Auswahlentscheidungen. Dienstleistungskonzessionen fallen nur aufgrund einer politischen Entscheidung des Gemeinschaftsgesetzgebers nicht in den Anwendungsbereich der Vergaberichtlinien[935], ihnen ist gleichwohl wegen der häufig langen Vertragsdauer ein hoher Vertragswert immanent. So entspricht ihre wirtschaftliche Bedeutung regelmäßig derjenigen von gleich volumigen Dienstleistungsaufträgen, so dass es gerechtfertigt erscheint, eine Binnenmarktrelevanz generell zu vermuten.

Im Gegensatz dazu wird nicht-prioritären Dienstleistungen wegen ihres spezifischen Charakters und unterschwelligen Aufträgen wegen ihres geringen wirtschaftlichen Gegenwerts a priori keine hinreichende Binnenmarktrelevanz zugewiesen.[936] Es ist daher sinnvoll, dass es bei diesen Geschäften mehr als einer Vermutung bedarf, um die Binnenmarktrelevanz annehmen zu können. Somit ist bei der Beurteilung der Binnenmarktrelevanz zwischen den einzelnen Auswahlentscheidungen genau zu differenzieren.[937] Im Rahmen kommunaler Investorenprojekte, deren Anknüpfungspunkte primärrechtlicher Ausschreibungspflichten

---

Unterschwellenvergabe EuGH, Urt. v. 15.05.2008 – C-147/06 und C-148/06 „SECAP", Rn. 21 (Slg 2008, I-3565); EuGH, Urt. v. 23.12.2009 – C-376/08 „Serrantoni", Rn. 25 (Slg 2009, I-12169). Die Kommission geht derweil davon aus, dass die Grundsätze des EuGH zur Dienstleistungskonzession auf den Unterschwellenbereich übertragbar seien, vgl. Mitteilung der Kommission zu Auslegungsfragen in Bezug auf das Gemeinschaftsrecht, das für die Vergabe öffentlicher Aufträge gilt, die nicht oder nur teilweise unter die Vergaberichtlinien fallen v. 01.08.2006 – C 179/03.

934 *Kühling / Huerkamp*, NVwZ 2009, 577, 578.

935 Zur Gesetzgebungshistorie vgl. EuGH, Urt. v. 07.12.2000 – C-324/98 „Teleaustria", Rn. 46 ff. (Slg 2000, I-10745).

936 EuGH, Urt. v. 17.03.2011 – C-95/10 „Strong Segurança", Rn. 35 (Slg 2011, I-1865).

937 Für diese Sichtweise spricht zudem, dass der Gerichtshof seine langjährige Rechtsprechung zur Bestimmung der Binnenmarktrelevanz bei Dienstleistungskonzessionen fortsetzt, vgl. EuGH, Urt. v. 23.04.2010 – C-91/08 „Wall AG", Rn. 34 f. (Slg 2010, I-2815).

die Grundstücksveräußerung sowie unterschwellige Bauaufträge sind, findet die Vermutungsregel keine Anwendung. Die Binnenmarktrelevanz ist vielmehr im Einzelfall positiv zu bestimmen.

In Ermangelung eindeutiger Kriterien, ist eine Bestimmung der Binnenmarktrelevanz jedoch schwierig.[938] Die Kommission weist in ihrer Unterschwellenmitteilung[939] den öffentlichen Stellen die Aufgabe zu, eine Vorabeinschätzung vorzunehmen. Dabei wird ihnen ein gewisser Beurteilungsspielraum zugestanden.[940] Hinsichtlich der wirtschaftlichen Bedeutung des Geschäftes hat sich die primärrechtliche Beurteilung grundsätzlich an den sekundärrechtlich verankerten Schwellenwerten zu orientieren, die im Kartellvergaberecht eine Binnenmarktrelevanz indizieren.[941]

Trotzdem können auch Rechtsgeschäfte unterhalb dieser Schwellenwerte im Rahmen einer Einzelfallbetrachtung einen eindeutigen grenzüberschreitenden Bezug aufweisen.[942] Die interpretierende Mitteilung der Kommission, die ein

938 *Gabriel*, NVwZ 2006, 1262, 1264; *Schnieders*, DVBl. 2007, 287, 289; *Wollenschläger*, NVwZ 2007, 388, 391; *Lutz*, WuW 2006, 890, 891, 895 f.; *Köster*, ZfBR 2007, 127, 130.

939 Mitteilung der Kommission „zu Auslegungsfragen in Bezug auf das Gemeinschaftsrecht, das für die Vergabe öffentlicher Aufträge gilt, die nicht oder nur teilweise unter die Vergaberichtlinien fallen“ v. 01.08.2006 – C 179/03. Zur Mitteilung als Handlungsform der Kommission näher *Widmann*, Vergaberechtsschutz im Unterschwellenbereich, S. 49 ff.

940 So auch der EuGH, Urt. v. 15.05.2008 – C-147/06 und C-148/06 „SECAP“, Rn. 30 (Slg 2008, I-3565), mit dem Hinweis, dass diese Prüfung der gerichtlichen Kontrolle unterliegt. Bestätigt durch EuG, Urt. v. 20.05.2010 – T-258/06 „Unterschwellenmitteilung“, Rn. 93 (Slg 2010, II-2027).

941 EuG, Urt. v. 20.05.2010 – T-258/06 „Unterschwellenmitteilung“, Rn. 87 f. (Slg 2010, II-2027); *Jennert*, NZBau 2005, 623, 625; *Lutz*, WuW 2006, 890, 895; *Köster*, ZfBR 2007, 127, 130; *André*, NZBau 2010, 611, 613; zur Dienstleistungskonzession *Burgi*, NZBau 2005, 610, 615; zu unterschwelligen Aufträgen *Storr*, WuV 2007, 183, 184; *Keller*, Kooperativer Städtebau und Kartellvergaberecht, S. 166. A.A. *Wollenschläger*, NVwZ 2007, 388, 391; *Frenz*, EWS 2006, 347, 350, die lediglich einen Bagatellvorbehalt für geboten erachten, da die Schwellenwerte zu hoch seien. So auch *Dietlein*, NZBau 2004, 472, 473, der vor dem Hintergrund der schwer zu greifenden Bestimmbarkeit der unionsrechtlichen Wettbewerbsrelevanz eine solche, von geringwertigen Geschäften abgesehen, vorsorglich unterstellt. Noch weitergehender ist *Frenz*, VergabeR 2007, 1, 9, der Auffassung, es gebe selbst diesen Bagatellvorbehalt nicht.

942 EuGH, Urt. v. 21.02.2008 – C-412/04 “Kommission / Italien”, Rn. 66 ff. (Slg 2008, I-619); EuGH, Urt. v. 15.05.2008 – verb. Rs. C-147/06 und C-148/06 „SECAP“,

Verfahrensregime für Unterschwellenvergaben konturiert, wäre andernfalls von vornherein nutzlos. Je weiter diese Grenze jedoch unterschritten wird, desto stärker müssen weitere Kriterien für einen grenzüberschreitenden Bezug sprechen.

Im Rahmen der Einschätzung sind die konkreten Marktverhältnisse, also der Wert des Geschäftes[943], die Besonderheiten des betreffenden Sektors (Größe und Struktur des Marktes, wirtschaftliche Gepflogenheiten)[944] sowie die geografische Lage des Orts der Leistungserbringung[945] in die Bewertung einzustellen.[946] Damit geht ein erhöhter Begründungsaufwand für die öffentliche Stelle einher.[947] Letztlich wird nur diese Lesart dem oben skizzierten Verständnis des EuGH von der Binnenmarktrelevanz gerecht, so dass die Auffassung, bei der Bestimmung der Binnenmarktrelevanz seien nur solche Bagatellfälle auszunehmen, deren Wert deutlich unterhalb der Schwellenwerte liege, als überholt anzusehen ist. Freilich werden für kommunale Investorenprojekte, zumal solche, die mit einer Grundstücksübertragung einhergehen, in der Regel größere Investitionssummen veranschlagt werden. Eine Binnenmarktrelevanz steht daher in den meisten Fällen zu erwarten.[948]

---

Rn. 24 (Slg 2008, I-3565); *Widmann*, Vergaberechtsschutz im Unterschwellenbereich, S. 55 f.; *Scharen*, VergabeR 2011, 653, 657. A.A. *Köster*, ZfBR 2007, 127, 130, der die Festlegung der Schwellenwerte in den Vergaberichtlinien als abschließende Festlegung eines Grenzwertes auch vor dem Hintergrund der primärrechtlichen Vorgaben sieht.

943 EuGH, Urt. v. 15.05.2008 – C-147/06 und C-148/06 „SECAP", Rn. 31 (Slg 2008, I-3565).

944 Mitteilung der Kommission „zu Auslegungsfragen in Bezug auf das Gemeinschaftsrecht, das für die Vergabe öffentlicher Aufträge gilt, die nicht oder nur teilweise unter die Vergaberichtlinien fallen" v. 01.08.2006 – C 179/03.

945 EuGH, Urt. v. 15.05.2008 – C-147/06 und C-148/06 „SECAP", Rn. 31 (Slg 2008, I-3565).

946 Mitteilung der Kommission „zu Auslegungsfragen in Bezug auf das Gemeinschaftsrecht, das für die Vergabe öffentlicher Aufträge gilt, die nicht oder nur teilweise unter die Vergaberichtlinien fallen" v. 01.08.2006 – C 179/03. So auch der BGH, Urt. v. 30.08.2011 – X ZR 55/10 „Regenentlastung" = NZBau 2012, 46. Kritisch hierzu *Gabriel*, NVwZ 2006, 1262, 1264. Dagegen werden Indizien wie die Beteiligung ausländischer Bieter am Auswahlverfahren oder die Veröffentlichung im EU-Amtsblatt keine Bedeutung für die Feststellung der Binnenmarktrelevanz haben können. Da die Gemeinde zur Vorabeinschätzung verpflichtet ist, vermögen denknotwendigerweise auch nur ex-ante vorliegende Tatsachen eine solche Einschätzung zu tragen.

947 Kritisch unter Verweis auf eine Überforderung öffentlicher Stellen und fehlende Rechtsklarheit *Lutz*, WuW 2006, 890, 896.

948 So allgemein für Bauprojekte *Kühling / Huerkamp*, NVwZ 2009, 577, 578.

## C. Verfassungsrecht

Unabhängig von ihrer Binnenmarktrelevanz unterliegen Auswahlentscheidungen auch Verfahrensbindungen, die sich aus nationalen Regelungen ergeben. Die Suche nach dem geeigneten städtebaulichen Kooperationspartner hat insbesondere eine verfassungsrechtliche Dimension. Trifft die Gemeinde im Rahmen eines städtebaulichen Kooperationsprojektes eine Entscheidung über die Vergabe eines unterschwelligen Auftrags oder veranlasst sie einen privaten Investor durch die Veräußerung von gemeindeeigenem Grundeigentum zu – ggfs. auch privatnützigen – Bauleistungen, tritt sie als „regulierender Nachfrager auf, der knappe Ressourcen in Form von Marktchancen verteilt".[949]

Die Debatte um die verfassungsrechtlichen Implikationen von unterschwelligen Auswahlentscheidungen wurde sehr intensiv geführt.[950] Dabei kann auf den bisher erreichten Meinungsstand zurückgegriffen werden und auch für den Fall von Grundstücksveräußerungen nutzbar gemacht werden, weil sich die verfassungsrechtliche Bedeutung des Vorgangs aus der Eigenschaft als Verteilungsentscheidung und nicht als Beschaffungshandlung ergibt.[951]

### *I. Umfassende Fiskalgeltung und Bindungswirkung der Grundrechte*

Nach Art. 1 Abs. 3 GG binden die Grundrechte die vollziehende Gewalt als unmittelbar geltendes Recht.[952] Insbesondere das öffentliche Auftragswesen wurde

---

949 *Voßkuhle*, VVDStRL 62 (2003), 266, 317. Vgl. zu ähnlich gelagerten Fällen BVerfG, Urt. v. 18.07.1972 – 1 BvL 32/70 u. 25/71 „Numerus clausus" = NJW 1972, 1561; BVerfG, Beschl. v. 01.07.2002 – 1 BvR 152/02 „Notarstellen" = NJW 2002, 3090; BVerfG, Beschl. v. 15.08.2002 – 1 BvR 1790/00 „Standplatzvergabe" = NJW 2002, 3691; BVerfG, Beschl. v. 24.09.2002 – 2 BvR 857/02 „Beförderungsentscheidungen" = NVwZ 2003, 200; BVerfG, Beschl. v. 14.01.2004 – 1 BvR 506/03 „Krankenhausplan" = NVwZ 2004, 718; BVerfG, Beschl. v. 03.08.2004 – 1 BvR 135/00 und 1086/00 „Insolvenzverwalterauswahl" = NJW 2004, 2725; BVerfG, Beschl. v. 11.10.2010 – 1 BvR 1425/10 „Linienverkehrsgenehmigung" = NVwZ 2011, 113.

950 Nachweise zur Diskussion bei *Pietzcker*, ZfBR 2007, 131 (dortige Fn. 2); *Wollenschläger*, DVBl. 2007, 589, 591 (dortige Fn. 10).

951 Siehe oben, § 15 A.

952 Zur Grundrechtsbindung des Staates näher *Sachs*, in: Stern, Das Staatsrecht der Bundesrepublik Deutschland, Bd. IV/2, § 120, S. 1498; *Pollmann*, Der verfassungsrechtliche Gleichbehandlungsgrundsatz, S. 23 ff. Seit der Sasbach-Entscheidung des Bundesverfassungsgerichts ist anerkannt, dass der Staat auch in privatrechtlicher Organisations- und Handlungsform an die Grundrechte gebunden ist, vgl. BVerfG, Urt. v. 08.07.1982 – 2 BvR 1187/80 „Sasbach" = NJW 1982, 2173, 2174. Siehe auch

hiervon durch ein lange Zeit weitgehend unbestrittenes Grundrechtsverständnis ausgenommen, das eine Bindung der öffentlichen Hand wegen der privatrechtlich ausgestalteten Form der Auftragsvergabe ablehnte.[953]

Vor dem Hintergrund des Verteilungscharakters der Auswahlentscheidung bei unterschwelligen Bauaufträgen sowie Grundstücksveräußerungen, die mit einem entsprechendem Missbrauchspotential[954] behaftet ist und somit eine besondere Gefährdungslage der beteiligten Bewerber auslöst, und des bislang erreichten Meinungsstandes im Schrifttum muss jedoch davon ausgegangen werden, dass die Gemeinde – unabhängig von der Rechtsnatur des der städtebaulichen Kooperation zugrunde liegenden Vertragsverhältnisses – umfassend grundrechtlichen Bindungen unterliegt.[955] Treffend formuliert *Stern*:

---

BGH, Urt. v. 18.09.2009 – V ZR 2/09 „Infrastrukturbeitrag" = NVwZ 2010, 398 f. Bei der Aufgabenwahrnehmung durch gemischtwirtschaftliche Betriebe, an denen sowohl die öffentliche Hand als auch Private Gesellschaftsanteile halten, sieht das Bundesverfassungsgericht die Grenze der Grundrechtsverpflichtung regelmäßig dann erreicht, wenn der Gesellschaftsanteil der öffentlichen Hand den des Privaten überwiegt. Vgl. jüngst BVerfG, Urt. v. 22.01.2011 – 1 BvR 699/06 „Fraport", Rn. 45 ff. = NJW 2011, 1201; hierzu näher *Dünchheim*, in: Marschall, FStrG, § 19, Rn. 4.

953 BGH, Urt. v. 26.10.1961 – KZR 1/61 „Gummistrümpfe" = NJW 1962, 196; BGH, Urt. v. 05.04.1984 – III ZR 12/83 „Löschwasserversorgung" = NJW 1985, 197; *Forsthoff*, Der Staat als Auftraggeber, S. 13 ff.; *Ronellenfitsch*, in: Isensee / Kirchhof, Handbuch des Staatsrechts, Bd. III, § 84, Rn. 47 ff.; eine „mittelbare Grundrechtsbindung" unterstellend OLG Düsseldorf, Urt. v. 12.02.1980 – U (Kart) 8/79 „Fernmeldetürme" = DÖV 1981, 537 ff. m. Anm. Pietzcker.

954 Durch die Schaffung von Wettbewerbsprivilegien oder Marktgelegenheiten, vgl. *Ruhland*, Die Dienstleistungskonzession, S. 202.

955 *Stern*, in: ders., Staatsrecht, Bd. III/1, S. 1411 ff.; *Hermes*, JZ 1997, 909, 912; *Huber*, Konkurrenzschutz im Verwaltungsrecht, S. 315; *ders.*, JZ 2000, 877, 878; *Dörr*, DÖV 2001, 1014, 1015 f.; *Eggers / Malmendier*, NJW 2003, 780, 782 (dortige Fn. 19); *Klein*, VergabeR 2005, 22, 24; *Burgi*, NZBau 2005, 610, 613; *ders.*, WuV 2007, 173, 175; *Prieß / Hölzl*, NZBau 2005, 367, 373; *Pietzcker*, Zweiteilung des Vergaberechts, S. 16 f.; *Pünder*, VerwArch 95 (2004), 38, 41; *Wolff / Bachof / Stober / Kluth*, Verwaltungsrecht, Bd. 1, § 23, Rn. 42; *Frenz*, VergabeR 2007, 1, 11; *Antweiler*, VergabeR 2008, 352, 358; Rüfner, in: Isensee / Kirchhof, Handbuch des Staatsrechts, Bd. IX, § 197, Rn. 77 ff.; *Schliesky*, in: FS Stober, S. 523, 530 f.; *Keller*, Kooperativer Städtebau und Kartellvergaberecht, S. 174; *Starck*, in: v. Mangoldt / Klein / Starck, GG, Bd. 1, Art. 1, Rn. 229 f.; *Widmann*, Vergaberechtsschutz im Unterschwellenbereich, S. 90 f.; *Dietlein / Fandrey*, in: Byok / Jaeger, Vergaberecht, Einl., Rn. 100 m.w.N. Aber auch in der Rechtsprechung hat diese Auffassung zunehmend Zuspruch gefunden: OLG Brandenburg, Beschl. v. 03.08.1999 – 6 Verg 1/99 „Flughafen Berlin-Brandenburg" = NVwZ 1999, 1142, 1146; OLG Stuttgart, Urt. v. 11.04.2002 – 2 U

*„Der besondere Status und das außerordentliche Funktionspotential des Staates schlagen in seinem gesamten Wirken durch."*[956] [Hervorhebung durch den Verf.]

Dem folgt – zumindest partiell – auch das Bundesverfassungsgericht. In seiner „Unterschwellenvergabe"-Entscheidung im Jahre 2006 hat es zwar die Bindung der Verwaltung im Bereich des fiskalischen Handelns an Art. 12 GG offen gelassen, jedoch gleichzeitig klargestellt, dass unabhängig von der Handlungsform in jedem Falle eine Bindung an den Gleichheitsgrundsatz aus Art. 3 Abs. 1 GG bestehe.[957] Die Frage nach der fiskalischen Qualität der Auswahlentscheidung muss daher nicht weiter diskutiert werden.[958] Deswegen ist die Auswahl eines städtebaulichen Kooperationspartners in sämtlichen Verfahrensstadien an den Grundrechten zu messen.

## *II. Grundrechtliche Dimension von Auswahlentscheidungen*

Eine Auswahlentscheidung kann zunächst die durch Art. 12 Abs. 1 GG geschützte Berufsfreiheit betreffen, weil diese „umfassend die Freiheit der individuellen Erwerbs- und Leistungsfähigkeit garantiert" (hierzu 1.).[959] Der Umstand, dass dem einen privaten Unternehmer eine Marktchance eröffnet wird, andere Bewerber wegen einer freihändigen Auswahl des „Wunschpartners" oder durch Benachteiligungen im Verfahren hingegen nicht zum Zuge kommen, erfordert zudem eine Überprüfung am Maßstab des Art. 3 Abs. 1 GG (hierzu 2.). Nicht berücksichtigt wird dagegen die Frage, ob das Eigentumsgrundrecht aus Art. 14 Abs. 1 GG potentiellen Vertragspartnern Schutz bietet. Art. 14 Abs. 1 GG schützt die Innehabung und Verwendung vorhandener Lebensgüter. Die Teilnehmer eines Auswahlverfahrens haben aber noch nichts „erworben", dessen Schutz sie über das Eigentumsgrundrecht beanspruchen könnten. Vielmehr möchten sie sich durch den erstrebten Zuschlag erst einen Bereich beruflicher Betätigung

240/01 „Weinbergmauer" = NZBau 2002, 395, 397. So auch *Gusy*, DÖV 1984, 872, 878 ff., der allerdings beim privatrechtlichen Handeln der Verwaltung auf eine Überlagerung zivilrechtlicher Regelungen durch öffentlich-rechtlichen Bindungen abstellt (Die Grundsätze des öffentlichen Rechts „folgen dem staatlichen Handeln in das Privatrecht").

956 *Stern*, in: ders., Staatsrecht, Bd. III/1, S. 1412.

957 BVerfG, Beschl. v. 13.06.2006 – 1 BvR 1160/03 „Unterschwellenvergabe", Rn. 59, 64 = NZBau 2006, 791, 793 f.; vgl. auch *Gaier*, NZBau 2008, 289, 291.

958 Näher *Pünder*, VerwArch 95 (2004), 38, 41.

959 *Gaier*, NZBau 2008, 289, 290.

eröffnen. Die in der Zukunft liegende Marktchance oder Gewinnerwartung ist aber keine schützenswerte Rechtsposition.[960]

### 1. Die Berufsfreiheit – Art. 12 Abs. 1 GG

Lukrative Geschäfts- und Entwicklungsmöglichkeiten betreffen immer auch die berufliche Entfaltungsmöglichkeit der einzelnen Bieter. So könnte die aus Art. 12 Abs. 1 GG abgeleitete Wettbewerbsfreiheit die Gemeinde dazu zwingen, der Entscheidung über die Auswahl eines Kooperationspartners ein Ausschreibungsverfahren vorzuschalten.[961] Die Wettbewerbsfreiheit schützt das Interesse eines jeden Wirtschaftsteilnehmers, nach Maßgabe der Funktionsbedingungen des Wettbewerbs an diesem teilzunehmen und sich im Wege konkurrenzwirtschaftliche Betätigung durchzusetzen.[962]

In Bezug auf Auswahlentscheidungen der öffentlichen Hand ist die Reichweite der Berufsfreiheit jedoch umstritten.[963] Zuweilen wird ein faktischer, über die Konkurrenten vermittelter, staatlicher Eingriff in die Berufsfreiheit des unterlegenen Bewerbers angenommen, da die Wettbewerbssituation des erfolgreichen Bieters gestärkt und die des unterlegenen Bieters geschwächt werde.[964] Vereinzelt wird unter Inanspruchnahme eines weiten Verständnisses des Eingriffs-Begriffs vertreten, dass ein solcher zumindest dann vorliege, wenn die öffentliche Stelle eine Sonderstellung, beispielsweise eine marktbeherrschende Stellung[965], einnehme und den Wettbewerb dadurch behindere oder verzerre,

960 Grundlegend BVerfG, Beschl. v. 18.03.1970 – 2 BvO 1/65 „Spielbank" = BVerfGE 28, 119, 142; *Dietlein*, in: Stern, Das Staatsrecht der Bundesrepublik Deutschland, Bd. IV/1, S. 2215; *Gaier*, NZBau 2008, 289, 290.

961 Das Grundrecht der Berufsfreiheit ist als Deutschengrundrecht ausgestaltet. Jedoch wird EU-Ausländern aufgrund des – vorrangigen – primärrechtlichen Diskriminierungsverbots aus Art. 18 AEUV der den Deutschen aus Art. 12 Abs. 1 GG gewährte Standard vermittelt, vgl. OVG Münster, Beschl. v. 23.08.1994 – 13 C 129/94 = NWVBl. 1995, 18; *Stern*, in: ders., Das Staatsrecht der Bundesrepublik Deutschland, Bd. IV/1, S. 1830 f.

962 *Huber*, Konkurrenzschutz im Verwaltungsrecht, S. 448, 467 m.w.N.; *ders.*, JZ 2000, 877, 879; *Gaier*, NZBau 2008, 289, 290.

963 *Wollenschläger*, DVBl. 2007, 589, 595; *Keller*, Kooperativer Städtebau und Kartellvergaberecht, S. 176.

964 *Puhl*, VVDStRL 60 (2000), S. 456, 482; *Voßkuhle*, VVDStRL 62 (2003), S. 266, 317.

965 So bei der Vergabe von Aufträgen zur Produktion von Rüstungsgütern oder der Vergabe von Abschleppaufträgen.

dass er Konkurrenten Wettbewerbsvorteile verschaffe.[966] Verbreitet wird dagegen mit unterschiedlichen Begründungsansätzen vertreten, dass schon der Schutzbereich von Art. 12 Abs. 1 GG nicht eröffnet sei, da die Berufsfreiheit nur die Aufnahme und Ausübung einer unternehmerischen Tätigkeit schütze, nicht aber das Recht, dass jemand diese Tätigkeit auch nachfrage.[967]

Überzeugen kann nur letztere Auffassung. Zutreffend wird darauf hingewiesen, dass zwar die Berufsfreiheit die Vertragsfreiheit umfasse, es aber kein Recht darauf geben könne, dass die von einem Unternehmer angebotene Leistung auch tatsächlich nachgefragt wird, demnach durch eine Auswahlentscheidung auch nicht die Befugnis genommen werde, überhaupt Chancen zu realisieren.[968] Dieses Risiko ist einer wirtschaftlichen Betätigung gerade wesensimmanent. Wer durch die Teilnahme an einem marktwirtschaftlich orientieren System Vorteile erhalten möchte, muss auch die Nachteile der Marktmechanismen in Kauf nehmen, „ohne nach staatlichem Schutz vor Wettbewerb zu rufen".[969] Noch weniger

---

966 In dieser Situation könne der Einzelne seinen Beruf nur dann ausüben, wenn er von der öffentlichen Verwaltung mit Aufträgen oder sonstigen Geschäftsmöglichkeiten bedacht werde. Eine Nichtberücksichtigung impliziere eine hinreichende Schwere der Grundrechtsbeeinträchtigung, da bei einer marktbeherrschenden Stellung der öffentliche Hand die Freiheit der unternehmerischen Betätigung entscheidend vom Verhalten des nachfragenden Staates abhänge. Dann aber komme der Beeinträchtigung auch eine ausreichende Eingriffsqualität zu. Siehe *Huber*, Konkurrenzschutz im Verwaltungsrecht, S. 443 ff., 546 f.; *ders.*, JZ 2000, 877, 878 ff.; *Bungenberg*, WuW 2005, 899, 904; *Storr*, WuV 2007, 183, 191; *Wollenschläger*, DVBl. 2007, 589, 595; *Widmann*, Vergaberechtsschutz im Unterschwellenbereich, S. 110 f.; *Gers-Grapperhaus*, Das Auswahlrechtsverhältnis bei Auftragsvergaben unterhalb der Schwellenwerte, S. 208.

967 *Gusy*, DÖV 1984, 872, 875; *Pietzcker*, Zweiteilung des Vergaberechts, S. 22 ff.; *ders.*, NZBau 2003, 242, 243 f. Dem folgend BVerfG, Beschl. v. 13.06.2006 – 1 BvR 1160/03, Rn. 60 ff. = NZBau 2006, 791, 793 f.; zustimmend wiederum *Pietzcker*, ZfBR 2007, 131, 132; *Burgi*, WuV 2007, 173, 177 f.; *Dietlein*, in: Stern, Staatsrecht, Bd. IV/1, S. 1866; *Keller*, Kooperativer Städtebau und Kartellvergaberecht, S. 176 f. Dagegen geht *Pollmann*, Der verfassungsrechtliche Gleichbehandlungsgrundsatz, S. 33 ff. davon aus, dass der Schutzbereich zwar durch den in der Auftragserteilung liegenden mittelbaren Wettbewerbsvorteil eröffnet sei, dieser aber aufgrund seiner Geringfügigkeit regelmäßig keinen Eingriff darstelle.

968 BVerfG, Beschl. v. 13.06.2006 – 1 BvR 1160/03, Rn. 63 = NZBau 2006, 791, 794; *Pietzcker*, ZfBR 2007, 131, 132; *Burgi*, Funktionale Privatisierung und Verwaltungshilfe, S. 417; *ders.*, WuV 2007, 173, 177 f; *Dietlein*, in: Stern, Staatsrecht, Bd. IV/1, S. 1866.

969 *Gaier*, NZBau 2008, 289, 290 f.

gewährt Art. 12 Abs. 1 GG einen Anspruch gegenüber dem Staat, bestimmte Wirtschaftszweige oder Betriebe am Leben zu erhalten. Zudem erhöht der Staat nicht zuletzt durch seine Beschaffung die Gesamtnachfrage nach dem jeweiligen Produkt, so dass die Chance für den Absatz dieser Leistung insgesamt steigt.[970]

In bestimmten Konstellationen wird Art. 12 Abs. 1 GG eine Teilhabefunktion zugeschrieben. So soll in Verbindung mit Art. 3 Abs. 1 GG sowie Art. 19 Abs. 4 GG bei Auswahlentscheidungen ein Anspruch auf „grundrechtssichernde Mangelverwaltung" bestehen, der eine durchgehende Etablierung eines auf Verteilungsgerechtigkeit zielenden, fairen, transparenten und wettbewerbsorientierten Verfahrens erfordere.[971] Dieser Anspruch verschafft dem Bewerber einen gleichen Zugang zur Geschäftsmöglichkeit. Im Rahmen eines kommunalen Investorenprojekts kann sich ein solcher Teilhabeanspruch jedoch nicht ergeben. Denn dieser kann nur entstehen, wenn die öffentliche Stelle den Mangel des zu verteilenden Guts selbst herbeigeführt hat, sich darüber hinaus die Verteilung vorbehält und dadurch von außen den Wettbewerb beeinflusst. Dies gilt etwa, wenn der Staat einen bestimmten Markt eröffnet und diesen kontingentiert oder aus finanziellen Beweggründen bei der Schaffung von Kapazitäten Zurückhaltung übt, so dass der zum Mangel führende Eingriff in der Verteilungsentscheidung fortwirkt.[972]

Bei der Vergabe von unterschwelligen Bauaufträgen oder der Veräußerung von öffentlichen Grundstücken liegt es auf der Hand, dass die öffentliche Hand

---

970 *Pollmann*, Der verfassungsrechtliche Gleichbehandlungsgrundsatz, S. 38.

971 *Hermes*, JZ 1997, 909, 912 ff.; *Voßkuhle*, in: Hoffmann-Riem / Schmidt-Aßmann, Verwaltungsverfahren und Verwaltungsgesetz, S. 277, 301; *ders.*, VVDStRL 62 (2003), S. 266, 317; *Starck*, in: v. Mangoldt / Klein / Starck, GG, Bd. 1, Art. 3, Rn. 75; *Burgi*, NZBau 2005, 610, 612; *Burgi*, WuV 2007, 173, 176, der feststellt, dass es sich mehr um eine Gleichheitsgewährung denn um „eine Form materiellen Freiheitsschutzes" handele und das Freiheitsgrundrecht (Art. 12 Abs. 1 Satz 1 GG) den allgemeinen Gleichbehandlungsanspruch zum Teilhaberecht steigere. Diese Frage offen lassend *Dietlein*, in: Stern, Staatsrecht, Bd. IV/1, S. 1866.

972 *Burgi*, WuV 2007, 173, 176 f., 181. Ein entsprechender Teilhabeanspruch ist beispielsweise bei der Entscheidung über die Vergabe von Studienplätzen, der Ernennung bzw. Beförderung von Beamten oder bei der Standplatzvergabe auf Weihnachtsmärkten anerkannt. BVerfG, Urt. v. 18.07.1972 – 1 BvL 32/70 u. 25/71 „Numerus clausus" = NJW 1972, 1561; BVerfG, Beschl. v. 24.09.2002 – 2 BvR 857/02 „Beförderungsentscheidungen" = NVwZ 2003, 200; *Wieland*, in: Dreier, Grundgesetz, Art. 12, Rn. 170; *Burgi*, NZBau 2005, 610, 612 f.; *Gaier*, NZBau 2008, 289, 291.

einen solchen Teilhabeanspruch nicht wird erfüllen können.[973] In dem Fall verbleibt aber immer noch das Recht auf Gleichbehandlung aus Art. 3 Abs. 1 GG. Denn wenn die Gemeinde ein kommunales Investorenprojekt durch einen freihändig vergebenden unterschwelligen Bauauftrag oder durch die freihändige Veräußerung eines Grundstücks auf den Weg bringt, erhalten die nicht berücksichtigten Interessenten keine Chance, sich um die Realisierung des Projekts zu bemühen.

### 2. Der allgemeine Gleichheitsgrundsatz – Art. 3 Abs. 1 GG

Grundrechte haben nicht nur eine Abwehrfunktion, die vor Freiheitsverkürzungen durch staatliche Eingriffe oder Beschränkungen schützt. Die öffentliche Hand muss auch den allgemeinen Gleichheitsgrundsatz als eines der „tragenden Konstitutionsprinzipien der freiheitlich demokratischen Verfassung"[974] beachten. Hiernach ist dem Staat unabhängig von der Handlungsform und dem betroffenen Lebensbereich jede sachlich nicht gerechtfertigte Ungleichbehandlung seiner Bürger verboten.[975] Dies gilt insbesondere für die Entscheidung einer öffentlichen Stelle über die Eröffnung von Marktchancen. Diese Entscheidung verändert die Rechtssphäre des obsiegenden Bewerbers unmittelbar zum Nachteil der unterlegenen Bieter.[976]

Es besteht Einigkeit darüber, dass für die Verwirklichung und Sicherung grundrechtlicher Gewährleistungen eine Absicherung durch die entsprechende Ausgestaltung des Verwaltungsverfahrens unerlässlich ist (sog. „Grundrechtsschutz durch Verfahren"), um die am Ende des Verfahrens stehende vergleichbare Bewertung der einzelnen Bewerbungen sicherzustellen.[977] Die Pflicht zur Beachtung des Gleichbehandlungsanspruchs betrifft nicht nur die Auswahlentscheidung der öffentlichen Hand über die Verteilung von Marktchancen, sondern auch schon den Weg hin zur Entscheidungsfindung und umfasst damit

---

973 Näher *Burgi*, WuV 2007, 173, 181.

974 BVerfG, Beschl. v. 20.02.1957 – 1 BvR 441/53 = NJW 1957, 584.

975 BVerfG, Beschl. v. 13.06.2006 – 1 BvR 1160/03 „Unterschwellenvergabe", Rn. 64 = NZBau 2006, 791.

976 *Pietzcker*, Zweiteilung des Vergaberechts, S. 36; *Pollmann*, Der verfassungsrechtliche Gleichbehandlungsgrundsatz, S. 28.

977 Zur „vorgelagerten Komplementärfunktion" des Art. 3 Abs. 1 GG *Ruhland*, Die Dienstleistungskonzession, S. 210. Siehe auch *Hermes*, JZ 1997, 909, 913; *Pünder*, VerwArch 95 (2004), S. 38, 49; *Puhl*, VVDStRL 60 (2000), S. 456, 479; *Gers-Grapperhaus*, Das Auswahlrechtsverhältnis bei Auftragsvergaben unterhalb der Schwellenwerte, S. 151; *Dietlein*, in: Stern, Staatsrecht, Bd. IV/1, S. 1921 m.w.N.

– wie bereits der unionsrechtliche Transparenzgrundsatz – das vollständige Verfahren von der Planung bis zum Vertragsschluss.[978]

Der Gleichbehandlungsgrundsatz übt somit auf die Verfahrensgestaltung einen großen Einfluss aus. Dies nicht zuletzt, um seine eher schwache materielle Wirkung zu kompensieren. Er gebietet, dass eine Auswahlentscheidung zwingend in ein faires und nicht-diskriminierendes sowie auf die Sicherung des chancengleichen Zugangs ausgerichtetes Verfahren eingebettet wird.[979] Ein solches ist zugleich die Grundvoraussetzung für die gleichmäßige Anwendung der materiellen Differenzierungskriterien.[980] Das BVerfG führt hierzu in seinem Beschluss zur Verfassungsmäßigkeit der Primärrechtsschutzbeschränkung auf Auftragsvergaben im Bereich oberhalb der Schwellenwerte wörtlich aus:

> *„Jeder Mitbewerber muss eine faire Chance erhalten, nach Maßgabe der für den spezifischen Auftrag wesentlichen Kriterien und des vorgesehenen Verfahrens berücksichtigt zu werden. Eine Abweichung von solchen Vorgaben kann eine Verletzung des Art. 3 Abs. 1 GG bedeuten.“*[981]

Dies schließt die Verpflichtung zu einer vorherigen Ausschreibung als elementare Grundvoraussetzung für die Anwendbarkeit des Gleichheitsgrundsatzes

---

978 BVerfG, Beschl. v. 13.06.2006 – 1 BvR 1160/03 „Unterschwellenvergabe“, Rn. 64 f. = NZBau 2006, 791; bestätigt durch BVerfG, Beschl. v. 01.11.2010 – 1 BvR 261/10 „Arzneimittelfestpreise“, Rn. 13 (zitiert nach juris); Diese Haltung findet im Schrifttum breite Zustimmung: *Pietzcker*, ZfBR 2007, 131, 132; *Burgi*, WuV 2007, 173 ff.; *Ruhland*, WuV 2007, 203, 204 f.; *Wollenschläger*, DVBl. 2007, 589, 596; *Gaier*, NZBau 2008, 289, 291. Schon zuvor etwa *Hermes*, JZ 1997, 909, 913; *Voßkuhle*, in: Hoffmann-Riem / Schmidt-Aßmann, Verwaltungsverfahren und Verwaltungsverfahrensgesetz, S. 277, 292; *Eggers / Malmendier*, NJW 2003, 780, 782; *Klein*, VergabeR 2005, 22, 24; *Burgi*, NZBau 2005, 610, 615. Siehe auch im Anschluss an die EuGH-Entscheidung in der Rs. „Helmut Müller“, OLG Düsseldorf, Beschl. v. 27.10.2010 – VII-Verg 25/08 „Husaren-Kaserne-Sontra“, Rn. 15 (zitiert nach juris).

979 *Prieß / Hölzl*, NZBau 2005, 367, 373; *Frenz*, VergabeR 2007, 1, 12; *Antweiler*, VergabeR 2008, 352, 358; *Voßkuhle*, VVDStRL 62 (2003), 277, 317; *Pünder*, VerwArch 95 (2004), 38, 50; *Wollenschläger*, DVBl. 2007, 589, 596; *Knöbl*, Rechtsschutz bei der Vergabe von Aufträgen unterhalb der Schwellenwerte, S. 206 f.; *Burgi*, WuV 2007, 173, 181; *Keller*, Kooperativer Städtebau und Kartellvergaberecht, S. 180.

980 *Voßkuhle*, in: Hoffmann-Riem / Schmidt-Aßmann, Verwaltungsverfahren und Verwaltungsverfahrensgesetz, S. 277, 290; *Pünder*, VerwArch 95 (2004), S. 38, 50 f.

981 BVerfG, Beschl. v. 13.06.2006 – 1 BvR 1160/03 „Unterschwellenmitteilung“, Rn. 65 = NZBau 2006, 791.

sowie zur Beachtung weiterer verfahrensrechtlicher Standards mit ein.[982] Für kommunale Investorenprojekte, die durch unterschwellige Bauaufträge oder durch mit einem vergleichbaren Missbrauchspotential behaftete Grundstücksverkäufe[983] angeschoben werden, bedeutet dies, dass auch sie aus verfassungsrechtlichen Gründen in ein Verfahrensregime einzubetten sind.[984] Die Ausgestaltung dieser Ausschreibungspflicht ist jedoch in ihren Einzelheiten umstritten, zumal die fehlende Betroffenheit von Freiheitsgrundrechten einen weiten Gestaltungsspielraum eröffnet.[985]

Die Beachtung des Gleichbehandlungsgrundsatzes verlangt schließlich in materiell-rechtlicher Hinsicht zumindest eine Auswahl anhand zu veröffentlichender sachgerechter Bewertungskriterien. Dabei ist der öffentlichen Stelle grundsätzlich ein weiter Ermessenspielraum zuzugestehen, da sie in der Regel allein vorab das zu realisierende Projekt einschätzen kann.[986] Sie hat insofern eine „Kriterienerfindungskompetenz".[987] Art. 3 Abs. 1 GG gebietet schließlich, dass die Anforderungen an die Leistungserbringung in einem angemessenen

982 *Ruhland*, Die Dienstleistungskonzession, S. 210.

983 *Dietlein*, NZBau 2004, 472, 473; *Eggers / Malmendier*, NJW 2003, 780, 782; *Ruhland*, Die Dienstleistungskonzession, S. 211; *Voßkuhle*, in: Hoffmann-Riem / Schmidt-Aßmann, Verwaltungsverfahren und Verwaltungsverfahrensgesetz, S. 277, 306, der im Sinne einer umfassenden Betrachtung von Verteilungsentscheidung eine verfassungsrechtlich fundierte Ausschreibung auch für weitere Auswahlentscheidungen fordert.

984 *Pünder*, VerwArch 95 (2004), 38, 42; *Widmann*, Vergaberechtsschutz im Unterschwellenbereich, S. 124; *Voßkuhle*, in: Hoffmann-Riem / Schmidt-Aßmann, Verwaltungsverfahren und Verwaltungsverfahrensgesetz, S. 277, 306. Von dem aus Art. 3 Abs. 1 GG abgeleiteten Gebot, ein – mehr oder weniger formalisiertes – Ausschreibungsverfahren durchzuführen, kann lediglich in Ausnahmefällen, wie etwa bei Vorliegen von Geheimhaltungsinteressen, einer besonderen Dringlichkeit oder einem sehr geringen Projektvolumen, abgesehen werden, *Widmann*, Vergaberechtsschutz im Unterschwellenbereich, S. 124; Pünder, VerwArch 95 (2004), S. 38, 50 f.

985 Siehe zur konkreten Ausgestaltung unten, § 17 B.

986 *Widmann*, Vergaberechtsschutz im Unterschwellenbereich, S. 124.

987 *Byok / Dierkes*, RdE 2011, 394, 400 verwenden diesen Begriff im Rahmen des Verfahrens zur Vergabe einer Wegekonzession i.S.d. § 46 Abs. 2 EnWG. Etwas anderes muss allerdings gelten, wenn die Projektidee von außen an die Gemeinde herangetragen wird. Dann muss diese sehr genau darauf achten, dass die Formulierung einzelner Anforderungen nicht zu einer Ungleichbehandlung anderer Interessenten führt.

Verhältnis zu der dahinterstehenden Zielsetzung stehen. Insbesondere sind sachfremde Koppelungen verboten.[988]

## D. Haushaltsrechtliche Vorgaben

### *I. Allgemeines*

Das öffentliche Haushaltsrecht[989] verpflichtet bei jedem haushaltswirtschaftlich relevantem Vorgang insbesondere zur Beachtung der allgemeinen haushaltsrechtlichen Grundsätze der Sparsamkeit und Wirtschaftlichkeit.[990] Mit den der Verwaltung zur Verfügung stehenden Mitteln soll diese möglichst schonend umgehen, aber gleichzeitig das möglichst beste Ergebnis erzielen. Das öffentliche Haushaltsrecht bezweckt demzufolge weniger die Öffnung eines Beschaffungsmarktes für potentielle private Interessenten, als vielmehr die Herbeiführung eines „objektiv-rechtlich geprägten Ordnungsrahmens"[991] mit dem Ziel des marktgerechten Verhaltens der öffentlichen Hand unter Ausnutzung des marktwirtschaftlichen Leistungswettbewerbs.[992] Der Wettbewerb dient demnach – im Unterschied zum Vergaberecht – nur als Instrument zur Sicherung des staatlichen Vermögens.[993]

988 *Burgi*, NZBau 2005, 610, 615; a.A. mit Verweis auf den politischen Spielraum, den Art. 3 Abs. 1 GG den staatlichen Stellen belässt *Pietzcker*, Zweiteilung des Vergaberechts, S. 37 f.

989 Unter dem Begriff des Haushaltsrechts ist die „Gesamtheit der Rechtsregeln zu verstehen, die sich auf die Haushaltswirtschaft öffentlich-rechtlicher Rechtsträger beziehen, *Gers-Grapperhaus*, Das Auswahlrechtsverhältnis bei Auftragsvergaben unterhalb der Schwellenwerte, S. 59 (m.w.N. in dortiger Fn. 8).

990 Vgl. Art. 114 Abs. 2 Satz 1 GG, § 6 Abs. 1 HGrG, § 7 Abs. 1 BHO und § 7 Abs. 1 LHO NRW. Für die Gemeinden sind diese Grundsätze in den Gemeindeordnungen normiert. Vgl. etwa § 75 Abs. 1 Satz 2 GO NRW. Ausführlich zu den Haushaltsgrundsätzen der Wirtschaftlichkeit und Sparsamkeit *Gröpl*, in: Isensee / Kirchhof, Handbuch des Staatsrechts, Bd. V, § 121; *Gers-Grapperhaus*, Das Auswahlrechtsverhältnis bei Auftragsvergaben unterhalb der Schwellenwerte, S. 61.

991 *Burgi*, VergabeR 2010, 403, 404.

992 *Hüser*, Ausschreibungspflichten bei der Privatisierung öffentlicher Aufgaben, S. 30; *Dietlein / Fandrey*, in: Byok / Jaeger, Vergaberecht, Einl., Rn. 98.

993 BVerfG, Beschl. v. 13.06.2006 – 1 BvR 1160/03 „Unterschwellenmitteilung", Rn. 62 = NZBau 2006, 791; BVerwG, Beschl. v. 02.05.2007 – 6 B 10/07 „Straßenbeleuchtung" = NJW 2007, 2275, 2278; *Gröpl*, in: Isensee / Kirchhof, Handbuch des Staatsrechts, Bd. V, § 121.

### II. *Ausschreibung im Unterschwellenbereich*

Die Verpflichtung öffentlicher Stellen, einer Auswahlentscheidung grundsätzlich eine öffentliche Ausschreibung voranzustellen, ist für Unterschwellenvergaben einfachgesetzlich normiert. Nach Maßgabe von § 30 HGrG, § 55 Abs. 1 BHO[994] müssen „bei Verträgen über Lieferungen und Leistungen" am Markt grundsätzlich vorher öffentliche Ausschreibungen durchgeführt werden.[995] Ziff. 2.2 VV zu § 55 BHO konkretisiert diese Verpflichtung dahingehend, dass die VOB/A sowie die VOL/A anzuwenden sind (sog. Haushaltsvergaberecht).[996] Für kommunale Bauprojekte wird den Gemeinden über das Gemeindehaushaltsrecht[997] durch eine Verwaltungsvorschrift in der Regel die Anwendung der Verdingungsordnungen vorgeschrieben.[998] Der Kerngehalt des Ausschreibungsgebots ist der wirtschaftliche Einsatz von Haushaltsmitteln, so dass das Ausschreibungsgebot eine der zentralen Ausprägungen des Wirtschaftlichkeitsgrundsatzes darstellt.

### III. *Ausschreibung von Vermögensveräußerungen*

Daneben besteht auch eine haushaltsrechtlich begründete Ausschreibungspflicht für die Veräußerung gemeindlichen Grundeigentums. Zwar wird dem entgegengehalten, dass sich für Grundstücksveräußerungen der öffentlichen Hand aus

---

994 Sowie die entsprechenden Bestimmungen in den Haushaltsordnungen der Länder (z.B. § 55 Abs. 1 LHO NRW) und der Gemeinden (z.B. § 25 GemHVO NRW).

995 In der Praxis sieht das freilich ganz anders aus. So wurden im Jahr 2005 88,4 % der Auftragsvergaben durch Behörden und Einrichtungen des Bundes freihändig vergeben; siehe hierzu *Widmann*, Vergaberechtsschutz im Unterschwellenbereich, S. 132.

996 Ob dieses Zusammenspiel von Vergaberecht und Haushaltsrecht auch für Dienstleistungskonzessionen gelten kann, ist umstritten. Während *Wagner / Steinkemper*, NZBau 2006, 550, 553 dies wegen einer fehlenden Entgeltlichkeit von Dienstleistungskonzessionen ablehnen, vertritt *Walz*, Die Bau- und Dienstleistungskonzession, S. 48, die Auffassung, auch eine Konzessionierung sei ein entgeltlicher öffentlicher Auftrag, so dass der Verweis über das Haushaltsrecht ebenso für Dienstleistungskonzessionen gelte.

997 Vgl. etwa die Verordnungsermächtigung in § 133 Abs. 1 Nr. 6 GO NRW sowie die entsprechende Regelung in § 25 GemHVO NRW.

998 *Dietlein / Fandrey*, in: Byok / Jaeger, Vergaberecht, Einl., Rn. 99 (dortige Fn. 147). Vgl. insoweit für Aufträge über Bauleistungen Ziff. 4 des RdErl. des Innenministeriums des Landes Nordrhein-Westfalen vom 22.03.2006, Az.: 34–48.07.01/01-2178/05. Zu den einzelnen länderspezifischen Bestimmungen *Gers-Grapperhaus*, Das Auswahlrechtsverhältnis bei Auftragsvergaben unterhalb der Schwellenwerte, S. 70 ff.

§ 55 Abs. 1 BHO[999] eine solche Pflicht nicht ergebe, da es nicht um Lieferungen oder Leistungen „an, sondern allenfalls durch die öffentliche Hand“[1000] gehe. Die öffentliche Hand ist andererseits aber verpflichtet, Vermögensgegenstände nur zu ihrem „vollen Wert“ zu veräußern.[1001] Der volle Wert wird gemäß Erl. 2 der Allgemeinen Verwaltungsvorschrift zu § 63 BHO[1002] durch den Preis bestimmt, der im gewöhnlichen Geschäftsverkehr nach den rechtlichen und tatsächlichen Gegebenheiten sowie der Beschaffenheit des Gegenstands ohne Rücksicht auf ungewöhnliche oder persönliche Verhältnisse bei der Veräußerung zu erzielen wäre. Regelmäßig ist damit bei der Veräußerung zumindest der Verkehrs- oder Marktwert des Vermögensgegenstandes zu erzielen, „soweit nicht die durch Sinn und Zweck des Gesetzes nahegelegte wirtschaftliche Betrachtungsweise eine andere Bemessung erfordert“.[1003] Vor dem Hintergrund der Grundsätze der Sparsamkeit und Wirtschaftlichkeit ist darüber hinaus zu fordern, dass der „volle Wert“ derjenige Verkaufspreis ist, der „unter Ausnutzung aller Möglichkeiten“[1004] am Markt zu erzielen ist, was den Gemeinden freilich auch ein wenig Verhandlungsgeschick abfordert. Dafür spricht, dass Gemeinden in Zeiten knapper Kassen nichts zu verschenken haben und auch nichts verschenken dürfen.[1005] Demnach ist die Gemeinde bei Veräußerungsgeschäften gehalten, auch über den Verkehrswert hinausschießende Beträge zu realisieren. Nicht anders würde sich im Übrigen ein Privater in der Situation der Gemeinde verhalten; er würde vielmehr versuchen, den betreffenden Gegenstand zum höchstmöglichen Preis zu

999 So auch bei vergleichbaren landesgesetzlichen bzw. kommunalrechtlichen Vorschriften.

1000 *Klein*, VergabeR 2005, 22, 24.

1001 Vgl. insoweit die die Grundsätze der Sparsamkeit und Wirtschaftlichkeit konkretisierenden § 63 Abs. 3 Satz 1 BHO, § 63 Abs. 3 Satz 1 LHO NRW und § 90 Abs. 3 Satz 2 GO NRW. Siehe zum sog. „Verschleuderungsverbot auch OVG Münster, Urt. v. 05.08.1982 – 15 A 1634/81 = NJW 1983, 2517, 2518.

1002 Eingeführt durch Rundschreiben des BMF v. 14.03.2001, GMBl. 2001, 309. Vgl. auch die Definition des Verkehrswerts in § 194 BauGB.

1003 OVG Münster, Urt. v. 05.08.1982 – 15 A 1634/81 = NJW 1983, 2517, 2518, das gleichfalls auf bestimmte Ausnahmefälle wie etwa Haushaltsnotlagen oder eine sozialpolitisch motivierte Grundstückspolitik hinweist; *Richter*, in: Henneke / Pünder / Waldhoff, Recht der Kommunalfinanzen, § 38, Rn. 97.

1004 *Weiß*, Erwerb, Veräußerung und Verwaltung von Vermögensgegenständen, S. 89. *Richter*, in: Henneke / Pünder / Waldhoff, Recht der Kommunalfinanzen, § 38, Rn. 98 folgert daraus ein „Gebot zur Vermögensoptimierung“.

1005 *Richter*, in: Henneke / Pünder / Waldhoff, Recht der Kommunalfinanzen, § 38, Rn. 95.

verkaufen. In diesem Punkt unterscheiden sich die haushaltsrechtliche sowie die beihilfenrechtliche Beurteilung von Vermögensveräußerungen. Während das Beihilfenrecht auf die Wirkung am Markt abstellt, ist im Haushaltsrecht allein die Wirkung auf den öffentlichen Finanzhaushalt ausschlaggebend.

In der haushaltsrechtlichen Literatur wird – entsprechend dem Verständnis von der Deckungsgleichheit des vollen Werts und des Verkehrswert – mehrheitlich vertreten, dass der volle Wert von Grundstücken grundsätzlich sowohl durch ein unabhängiges Sachverständigengutachten[1006] als auch in einem transparenten, diskriminierungsfreien Bieterverfahren um den höchsten Preis bestimmt werden kann.[1007] Nach der hier vertretenen Sichtweise verbleibt aber bei der Suche nach dem vollen Wert eines Vermögensgegenstandes aus haushaltsrechtlichen Gründen nur die Möglichkeit eines strukturierten Bieterverfahrens. Die Bestimmung des Angebotspreises durch einen Sachverständigen hat immer den Nachteil, dass dieser die Dynamik, die ein Bieterwettbewerb entfalten kann, nur abschätzen, nicht aber genau vorhersehen kann.[1008] Nicht zuletzt ist die Bestimmung durch einen Sachverständigen nicht dafür geeignet abzuschätzen, welche (strategischen) Zuschläge einzelne Bieter gewillt sind, zu zahlen. Der volle Wert darf somit aus haushaltsrechtlichen Erwägungen nur im Bieterverfahren ermittelt werden, das unter Berücksichtigung des Gesamtvorgangs das exaktere Ergebnis liefern wird und gleichzeitig die Verwaltungsmitarbeiter von

1006 So kann der volle Wert gemäß § 64 Abs. 3 BHO durch einen Sachverständigen anhand einer Wertermittlung nach der Wertermittlungsverordnung festgestellt werden.

1007 *Weiß*, Erwerb, Veräußerung und Verwaltung von Vermögensgegenständen, S. 89. *Richter*, in: Henneke / Pünder / Waldhoff, Recht der Kommunalfinanzen, § 38, Rn. 98.

1008 Dies gilt auch im Hinblick darauf, dass sich die Verkaufsabsichten im Hinblick auf städtebauliche oder wirtschaftspolitische Ziele der öffentlichen Hand in der Praxis häufig von denen eines umsichtigen privaten Verkäufers unterscheiden werden. Der Verkehrswert einer öffentlichen Liegenschaft richtet sich zwangsläufig auch nach den im Verkaufsvertrag zusätzlich fixierten Käuferpflichten oder Bedingungen. Hierbei sei beispielsweise an Bauverpflichtungen zur Vermeidung von Grundstücksspekulationen oder zur Schließung von Baulücken oder Nutzungsvorgaben zu denken. Zur grundsätzlichen haushaltsrechtlichen Zulässigkeit von Bedingungen oder Auflagen im Rahmen der Veräußerung von Vermögensgegenständen siehe § 63 VV-BHO, Erl. 1. *Berger*, ZfBR 2002, 134, 137 verweist insbesondere auf die Zeitkomponente, da die Festlegung dieser wertbestimmenden Faktoren häufig erst im Verlauf des Verkaufsprozesses erfolgt, so dass eine (erneute) Begutachtung durch einen Sachverständigen dann wertvolle Zeit rauben könnte.

dem Vorwurf entlastet, nicht alles für die Erzielung des vollen Wertes in die Waagschale geworfen zu haben.[1009]

## E. Kartellrechtliche Vorgaben

### *I. Allgemeines*

Im Zusammenhang mit der Entscheidung über die Verteilung knapper Ressourcen muss immer auch das allgemeine Wettbewerbs- und Kartellrecht beachtet werden. Das Bundesverfassungsgericht hat hierzu ausgeführt, dass auch der Staat, soweit er sich als Nachfrager am Markt der Mittel des Wettbewerbs bediene, grundsätzlich die allgemein geltenden Regelungen zu beachten habe, die Wettbewerb ermöglichen und begrenzen, insbesondere solche, die dem Missbrauch wirtschaftlicher Macht entgegenwirken.[1010]

### *II. Das Missbrauchs- und Diskriminierungsverbot*

Im Rahmen der Auswahl eines städtebaulichen Kooperationspartners kann dem kartellrechtlichen Missbrauchs- und vor allem dem Diskriminierungsverbot aus §§ 19, 20 GWB Bedeutung zukommen.[1011]

---

1009 *Dietlein*, NZBau 2004, 472, 474. So wohl auch *Burgi*, VergabeR 2010, 403, 404. A.A. *Hüser*, Ausschreibungspflichten bei der Privatisierung öffentlicher Aufgaben, S. 42; *Klein*, VergabeR 2005, 22, 24; *Prieß / Gabriel*, NZBau 2007, 517, 518, die aber insoweit lediglich auf die Ergebnisse ihrer Untersuchung der primärrechtlichen Vorgaben verweisen, die die Durchführung eines strukturierten Bieterverfahrens nahe legen.

1010 BVerfG, Beschl. v. 13.06.2006 – 1 BvR 1160/03 „Unterschwellenvergabe", Rn. 62 ff. = NZBau 2006, 791, 793 f. unter Verweis auf GmS-OGB, Beschl. v. 10.04.1986 – GmS-OGB 1/85 = NJW 1986, 2359, 2360. A.A. *Huber*, JZ 2000, 877, 881, da das kartellrechtliche Diskriminierungsverbot hinter dem Gleichbehandlungsgebot aus Art. 3 Abs. 1 GG zurückzutreten habe. Dies sei keine das aus Art. 3 Abs. 1 GG folgende unmittelbar verbindliche Gleichbehandlungsgebot „näher differenzierende und konkretisierende" Regelung der Rechtsverhältnisse zwischen Bürger und Staat. Es handele sich bei §§ 19, 20 GWB vielmehr um eine für jedermann geltende privatrechtliche Regelung. Das Bundesverfassungsgericht unterscheidet allerdings zwischen zwei selbständigen Anspruchsgrundlagen.

1011 Auch wenn das Missbrauchs- und Diskriminierungsverbot regelmäßig zusammen zitiert wird, liegt der Schwerpunkt der folgenden Prüfung auf dem Diskriminierungsverbot, da dem Missbrauchsverbot nur eine geringe praktische Bedeutung zukommt, vgl. hierzu *Möschel*, in: Immenga / Mestmäcker, § 19, Rn. 4.

### 1. Tatbestandsvoraussetzungen

Nach Maßgabe des Diskriminierungsverbotes aus § 20 Abs. 1 GWB darf ein marktbeherrschendes Unternehmen ein anderes Unternehmen im Geschäftsverkehr, der gleichartigen Unternehmen üblicherweise zugänglich ist, weder unbillig behindern noch ohne sachlich gerechtfertigten Grund unterschiedlich behandeln.

Die Gemeinden müssten zunächst als Unternehmen im Sinne des § 20 Abs. 1 GWB eingeordnet werden können. Der kartellrechtliche Unternehmensbegriff erfasst gemäß § 130 Abs. 1 Satz 1 GWB Unternehmen, die ganz oder teilweise im Eigentum der öffentlichen Hand stehen oder die von ihr verwaltet oder betrieben werden. Auch unternehmerisches Handeln der Gemeinde selbst fällt unter den kartellrechtlichen Unternehmensbegriff. Nach überwiegender Ansicht fallen auch staatliche Verwaltungsträger in ihren Wettbewerbsbeziehungen hierunter.[1012] Dies muss insbesondere für den Fall gelten, dass Gemeinden Grundstücke gegen Entgelt veräußern. Denn im Rahmen der Verwaltung von Fiskalvermögen tritt die Gemeinde in Konkurrenz zu privaten Anbietern, so dass eine Anwendung des Kartellrechts gerechtfertigt ist.[1013]

Die Voraussetzung der Gleichartigkeit erfordert lediglich die Ausübung einer für eine bestimmte Wirtschaftsstufe typischen Unternehmertätigkeit.[1014] Diese wird von Projektentwicklern sowie Bauunternehmungen in Hinblick auf kommunale Investorenprojekte aber wohl regelmäßig ausgeübt. Darüber hinaus ist ein Geschäftsverkehr bereits dann üblicherweise zugänglich, wenn sich innerhalb des betroffenen Wirtschaftsbereichs die Offenheit des Geschäftsverkehrs „als

1012 Grundlegend BGH, Urt. v. 26.10.1961 – KZR 1/61 „Gummistrümpfe" = NJW 1962, 196, 199 f.; *Bechtold*, in: ders., GWB, § 130, Rn. 4; *Stadler*, in: Langen / Bunte, Kartellrecht, Bd. 1, § 130 GWB, Rn. 12; *Huber*, JZ 2000, 877, 880 f.; *Dietlein*, NZBau 2004, 472, 474; *Klein*, VergabeR 2005, 22, 24.

1013 In einigen jüngeren Verfahren hat das Bundeskartellamt zu der Frage Stellung genommen, ob die Gemeinden von den wettbewerbsrechtlichen Regelungen auch dann erfasst sein können, wenn sie im Rahmen der Vergabe von Wegenutzungsrechten hoheitlich tätig werden: *„Aus dem weiten Unternehmensbegriff des § 130 Abs. 1 GWB folgt, dass die öffentliche Hand grundsätzlich überall dort als Unternehmer i.S.d. GWB anzusehen ist, wo sie sich durch das Angebot von wirtschaftlichen Leistungen oder durch die Nachfrage nach solchen Leistungen wirtschaftlich betätigt.“*, vgl. BKartA, Beschl. v. 18.10.2011 – 8. Beschlussabteilung B 10 – 6/11 „Dinkelsbühl", Rn. 20; BKartA, Beschl. v. 21.11.2011 – 8. Beschlussabteilung B 10 – 17/11 „Markkleeberg", Rn. 16. Diese Auffassung wurde nun auch bestätigt durch BGH, Urt. v. 17.12.2013 – KZR 66/12 = NVwZ 2014, 807, 809.

1014 *Markert*, in: Immenga / Mestmäcker, Wettbewerbsrecht, § 20 GWB, Rn. 100.

allgemein geübt und angemessen empfunden herausgebildet hat".[1015] Beim Grundstücksmarkt ist auch diese Voraussetzung erfüllt, selbst wenn man auf einen speziellen öffentlichen Grundstücksmarkt abstellen möchte, zumal von der Rechtsprechung durch dieses Tatbestandsmerkmal lediglich von vornherein eindeutige Fälle eines nicht rechtswidrigen Verhaltens herausgefiltert werden.[1016]

## 2. Insbesondere: Marktbeherrschung

Dies führt zwangsläufig zu der hier entscheidenden Frage, ob durch die Gemeinden im Rahmen der Realisierung kommunaler Investorenprojekte das Kriterium der Marktbeherrschung erfüllt werden kann. Hierfür ist gemäß § 19 Abs. 2 GWB eine in räumlicher und sachlicher Hinsicht bestehende Marktmacht erforderlich. Diese setzt voraus, dass der Unternehmer als Nachfrager oder Anbieter einer bestimmten Art von Waren oder gewerblichen Leistungen keinem oder keinem wesentlichen Wettbewerb ausgesetzt ist oder ihm eine im Vergleich zu seinen Konkurrenten überragende Marktstellung zukommt. Eine solche Nachfragemacht wurde in Bezug auf den Staat etwa beim Einkauf von Rüstungsgütern oder beim Straßenbau angenommen.[1017] Entsprechendes wird man bei der Anforderung von Bauaufträgen nur bei speziellen Infrastrukturprojekten annehmen können, für das etwa spezielle Gerätschaften erforderlich sind.

Relevanz erlangt das kartellrechtliche Missbrauchsverbot im Rahmen der Verwirklichung kommunaler Investorenprojekte insbesondere beim Verkauf öffentlicher Grundstücke. Die Einordnung eines unbeweglichen Gegenstands als „Ware", kann auf die in der Rechtsprechungspraxis verbreitete weite Auslegung des Warenbegriffs gestützt werden, der selbst Unternehmen und Unternehmensbeteiligungen umfasst.[1018] Unabdingbar ist aber zudem, dass der Verkauf eines öffentlichen Grundstücks unter sachlichen und räumlichen Gesichtspunkten ein marktrelevanter Vorgang ist. Ein relevanter Markt kann auch ein „temporärer Markt" sein, „der durch [...] die Verwertung eines einzelnen Grundstücks [...]

---

1015 BGH, Urt. v. 06.10.1992 – KZR 10/91 „Stromeinspeisung" = NJW 1993, 396, 397; vgl. auch *Markert*, in: Immenga / Mestmäcker, Wettbewerbsrecht, § 20 GWB, Rn. 109.

1016 *Bechtold*, in: ders., Kartellrecht, § 20 GWB, Rn. 31.

1017 *Dietlein / Fandrey*, in: Byok / Jaeger, Vergaberecht, Einl., Rn. 134.

1018 KG, Beschl. v. 15.05.1973 – Kart 2/73 „Starkstromkabel" = WUW/E OLG 1377, 1380; *Berger*, ZfBR 2002, 134, 136; *Bechtold*, in: ders., GWB, § 19, Rn. 8; *Möschel*, in: Immenga / Mestmäcker, GWB, § 19, Rn. 34; *Dietlein*, NZBau 2004, 472, 474; *Klein*, VergabeR 2005, 22, 25.

entsteht" (Hervorhebung durch Verf.).[1019] Bietet demnach die öffentliche Hand Grundstücksflächen an, besteht zumindest die Gefahr, dass dies ein marktrelevanter Vorgang ist.[1020] Je wertvoller das Grundstück und je exklusiver die Lage ist, desto eher liegt in sachlicher Hinsicht eine Marktrelevanz vor, welche die veräußernde Stelle zu einem diskriminierungsfreien Verkauf zwingt. Insbesondere bei der Veräußerung von sog. „Filetgrundstücken", die aufgrund ihrer Exklusivität nicht durch gleichartige Grundstücke ersetzt werden können, ist in räumlicher Hinsicht auf den lokalen Angebotsmarkt abzustellen. Dementsprechend ist zumindest bei der Veräußerung dieser Art von Grundstücken zu unterstellen, dass die Gemeinden marktbeherrschend und damit Normadressaten der §§ 19, 20 GWB sind.

### 3. Rechtsschutz

Verstöße gegen das Diskriminierungsverbot aus § 20 Abs. 1 GWB können Unterlassungsansprüche sowie über § 33 Abs. 3 Satz 1 GWB i.V.m. § 249 Abs. 1 BGB Schadensersatzansprüche nach sich ziehen, die sich gegen die Missachtung der Prüfungskriterien oder den willkürlichen Ausschluss eines Bieters richten.[1021] Problematisch ist allerdings die Darlegung der Nachfragemacht der öffentlichen Hand. Darlegungs- und beweispflichtig ist der klagende Anbieter, der zugleich dartun muss, dass er keine ausreichenden und zumutbaren Ausweichmöglichkeiten auf andere Nachfrager seiner Unternehmensleistung hat oder, dass er außerstande ist, diese gegebenenfalls ohne gewichtige Beeinträchtigung seiner Wettbewerbsfähigkeit umzustellen.[1022] In der Praxis wird eine Auswahlentscheidung über diesen Weg durch diese Vorgabe wohl nur sehr schwer angreifbar sein.

## *III. Auswahl des Investors*

An eine Beeinträchtigung der Wettbewerbsmöglichkeiten anderer Unternehmen sind keine allzu strengen Anforderungen zu stellen. Eine solche kann

1019 BGH, Urt. v. 22.07.1999 – KZR 48/97 „Beschränkte Ausschreibung" = NJW-RR 2000, 90, 91 zu § 1 Abs. 1 Satz 1 GWB a.F. (m.w.N.).

1020 *Dietlein*, NZBau 2004, 472, 474 unter Verweis auf die Schilderpräger-Rechtsprechung des BGH (Nachw. in dortiger Fn. 17). *Klein*, VergabeR 2005, 22, 25 geht davon aus, dass die Grundstücksveräußerung regelmäßig eine besondere Marktrelevanz entfaltet.

1021 *Hertwig*, Praxis der öffentlichen Auftragsvergabe, Rn. 332 m.w.N.; *Dietlein / Fandrey*, in: Byok / Jaeger, Vergaberecht, Einl., Rn. 110.

1022 *Hertwig*, Praxis der öffentlichen Auftragsvergabe, Rn. 333.

schon „bei jeder für einen einzelnen Unternehmer wettbewerblich nachteiligen Maßnahme“[1023] vorliegen. Dem kartellrechtlichen Diskriminierungsverbot ist jedoch kein bestimmtes Verfahren zur Auswahl des Kooperationspartners bei kommunalen Investorenprojekten zu entnehmen, um den Vorwurf der Diskriminierung zu entkräften. Der BGH hat dem wettbewerbsrechtlichen Diskriminierungsverbot aber die Verpflichtung entnommen, alle nach objektiven Kriterien leistungsfähigen Unternehmen in die Auswahlentscheidung einzubeziehen.[1024] Beruht die Ungleichbehandlung darauf, dass die veräußernde Stelle nicht alle Nachfrager berücksichtigen kann, ist sie nur dann sachlich gerechtfertigt, wenn der Begünstigte in einem angemessenen Auswahlverfahren ermittelt wurde.[1025] Um dem Verdikt der Kartellrechtswidrigkeit[1026] und damit in letzter Konsequenz der Nichtigkeit des Vertrages gemäß § 134 BGB[1027] zu entgehen, ist daher eine Ausschreibung in der Form eines strukturierten Bieterverfahrens zu empfehlen.[1028]

Eine generelle Rechtspflicht zur Vornahme einer Ausschreibung kann aus dem kartellrechtlichen Missbrauchs- und Diskriminierungsverbot dagegen nicht abgeleitet werden.

## F. Zusammenfassung

Die Grundstücksveräußerung bedarf ebenso wie die Vergabe eines unterschwelligen Bauauftrags der verfahrensmäßigen Einbettung in ein strukturiertes

1023 *Bechtold*, in: ders., Kartellrecht, § 19 GWB, Rn. 77.

1024 BGH, Urt. v. 26.05.1987 – KZR 13/85 „Krankentransporte“, Rn. 34 = BGHZ 101, 72, 82.

1025 *Eggers / Malmendier*, NJW 2003, 780, 783.

1026 § 20 Abs. 1 GWB ist ein unmittelbar wirkender Verbotstatbestand, der die Kartellbehörden ermächtigt, gegen den Missbrauch vorzugehen. Den durch den Missbrauch betroffenen Dritten stehen nach Maßgabe des § 33 GWB zivilrechtliche Beseitigungs-, Unterlassungs- und Schadensersatzansprüche zu. Vgl. hierzu näher *Markert*, in: Immenga, Mestmäcker, Wettbewerbsrecht, § 20 GWB, Rn. 230.

1027 Das kartellrechtliche Diskriminierungsverbot aus § 20 Abs. 1 GWB ist ein Verbotsgesetz i.S.d. § 134 BGB, *Markert*, in: Immenga, Mestmäcker, Wettbewerbsrecht, § 20 GWB, Rn. 229.

1028 So auch *Eggers / Malmendier*, NJW 2003, 780, 783 f.; *Dietlein*, NZBau 2004, 472, 474. Vorsichtig auch *Hüser*, Ausschreibungspflichten bei der Privatisierung öffentlicher Aufgaben, S. 47, der davon ausgeht, dass sich bei „Auswahlentscheidungen wie [der] Veräußerung staatlicher Vermögenswerte [...] das Diskriminierungsverbot unter Umständen zu einem selbständigen kartellrechtlichen Ausschreibungsgebot verdichten kann“.

Bieterverfahren. Dies gebietet der Charakter als staatliche Verteilungsentscheidung. Die „Vergabe" von Marktchancen erfordert, dass das Auswahlverfahren in diskriminierungsfreier und transparenter Weise anhand objektiver Kriterien erfolgt und nicht in einer willkürlichen Entscheidung endet. Aus primär- und verfassungsrechtlichen Gründen ist eine Ausschreibung deshalb unumgänglich. Die Grundentscheidung für eine Ausschreibungspflicht ist notwendig, um den hier betrachteten Bereich der Wirtschaftsteilnahme durch die Gemeinden wieder stärker den Kontrollmechanismen des Öffentlichen Rechts zu unterwerfen und nicht zuletzt durch ein verfahrensmäßiges Regulativ auch zu mehr Verfahrensgerechtigkeit beizutragen.[1029]

Auch unter haushaltsrechtlichen Gesichtspunkten darf der Investor nicht frei ausgewählt werden. Dagegen kann den beihilfenrechtlichen und kartellrechtlichen Vorschriften keine Rechtspflicht zur Durchführung einer öffentlichen Ausschreibung entnommen werden. Gleichwohl kann mithilfe eines Bieterverfahrens von vornherein einem Beihilfeverdacht begegnet werden.

## § 16 Praktische Durchsetzbarkeit der rechtsverbindlichen Anforderungen

### A. Allgemeines

Die so begründete Pflicht, die Auswahl des Investors verfahrensmäßig einzubetten, ist jedoch für potentielle Bewerber nur dann von praktischem Nutzen, wenn deren Beachtung auch gerichtlich durchgesetzt werden kann.[1030] Ein

1029 *Huber*, JZ 2000, 877; *Schmidt-Preuß*, NVwZ 2005, 489, 490.

1030 Der Rechtsschutz unterlegener Bieter bei Verteilungsentscheidungen durch die öffentliche Hand kann an dieser Stelle nur in seinen Grundzügen dargestellt werden. Umfangreichere Darstellungen enthalten die Dissertationen von *Widmann*, Vergaberechtsschutz im Unterschwellenbereich; *Knöbl*, Rechtsschutz bei der Vergabe von Aufträgen unterhalb der Schwellenwerte; *Ruhland*, Die Dienstleistungskonzession, S. 249 ff.; *Gers-Grapperhaus*, Das Auswahlrechtsverhältnis bei Auftragsvergaben unterhalb der Schwellenwerte, S. 85 ff.; sowie die Ausführungen von *Dietlein / Fandrey*, in: Byok / Jaeger, Vergaberecht, Einl., Rn. 105 ff; *Pietzcker*, Zweiteilung des Vergaberechts, S. 56 ff., 79 ff. Instruktive Hinweise zur Rechtsweggestaltung finden sich bei *Scharen*, VergabeR 2011, 653 ff. Einen interessanten Beitrag liefert *Burgi*, VergabeR 2010, 403, 407 ff., der zur Beilegung von Streitigkeiten im Rahmen von Unterschwellenvergaben die Einrichtung von „Vergabeschlichtungsstellen" auf Verwaltungsebene vorschlägt. Diese sollen öffentliche Stellen sowie Unternehmer bei der Anwendung der Vergabevorschriften beraten und streitschlichtend tätig werden. Dieser Vorschlag, der sich hinsichtlich der Ausgestaltung teilweise erfolgreiches Begehren vor Gericht erfordert die Verletzung subjektiver Rechte, die den Teilnehmern eine einklagbare Rechtsposition vermitteln.[1031] Eine solche wurde für Auftragsvergaben im Bereich oberhalb der Schwellenwerte mit der Umsetzung der Vergaberichtlinien in nationales Recht in § 97 Abs. 7 GWB implementiert. Zugleich ist ein eigenes Nachprüfungsregime geschaffen worden.[1032] Doch ebenso wenig, wie es ein normiertes Verfahrensgerüst gibt, fehlt für Auftragsvergaben unterhalb der Schwellenwerte und ähnliche Auswahlentscheidungen bislang ein entsprechendes Nachprüfungsregime. Somit muss unmittelbar auf die oben untersuchten Rechtsnormen zurückgegriffen werden, die eine Rechtspflicht zur Ausschreibung statuieren. In dem diesen Untersuchungsteil abschließenden Abschnitt wird daher zunächst herauszuarbeiten sein, ob die potentiellen Investoren einklagbare Rechtspositionen geltend machen können.

Liegt eine Verletzung in einem subjektiven Recht vor, stellt sich sogleich die Frage nach der Wirksamkeit des Rechtsschutzes. Das Interesse der potenziellen Bieter wird regelmäßig darin bestehen, dass die öffentliche Stelle ein bestimmtes Vorhaben überhaupt ausschreibt und das Verfahren an den zuvor dargestellten Verfahrensmaßstäben gestaltet. Die Durchsetzung dieses Interesses kommt grundsätzlich nur im Wege des Primärrechtsschutzes in Betracht. Er ist darauf gerichtet, Maßnahmen, die die öffentliche Stelle im Rahmen eines Auswahlprozesses ergriffen hat, noch vor Vertragsschluss mit dem erfolgreichen Bieter zu verhindern oder rückgängig zu machen.[1033] Ist der Zuschlag aber erst einmal erteilt, geht der Anspruch auf eine fehlerfreie Entscheidung der Verwaltung unter. Dieses Schicksal eint die hier untersuchten Auswahlentscheidungen mit anderen staatlichen Verteilungsentscheidungen wie z.B. die Standplatzvergabe auf

---

mit den nachfolgend skizzierten – aus obigen Ausführung entwickelten – Anforderungen deckt, leidet allerdings an dem Umstand, dass am Ende des Verfahrens ein rechtlich unverbindlicher Vorschlag stehen soll. Daher kann die Einrichtung von Vergabeschlichtungsstellen nur ergänzend zum hier geforderten verbesserten Primärrechtsschutz den oben dargestellten Verfahrensanforderungen zum Durchbruch verhelfen.

1031 *Knöbl*, Rechtsschutz bei der Vergabe von Aufträgen unterhalb der Schwellenwerte, S. 25; *Scharen*, VergabeR 2011, 653, 655. Die Bestimmung subjektiver Rechte erfolgt anhand der herrschenden Schutznormtheorie, wonach die untersuchte Norm zumindest auch individuellen Interessen zu dienen bestimmt sein muss. Vgl. hierzu näher *Dünchheim*, Verwaltungsprozeßrecht unter europäischem Einfluß, S. 137.

1032 Vgl. §§ 102 ff. GWB.

1033 *Scharen*, VergabeR 2011, 653.

Marktplätzen, Beamtenernennungen- bzw. beförderungen[1034] sowie die Studienplatzvergabe. Wenn die Erlangung von Primärrechtsschutz nicht mehr möglich ist[1035], steht dem potentiellen Bieter noch die Verfolgung des Sekundärrechtsschutzes offen. Er ist dem Auswahlprozess regelmäßig nachgeschaltet und zielt auf Kompensation für durch Verfahrensverstöße erlittenes Unrecht ab.[1036] Für die Praxis ist deshalb insbesondere die Frage virulent, ob die potentiellen Investoren Primärrechtsschutz erlangen können oder aber auf den Sekundärrechtsschutz verwiesen werden müssen.

Durch die Untersuchung der einzelnen Regelungskomplexe wird deutlich, dass nur die Gewährung eines effektiven Primärrechtsschutzes den Anforderungen der primärrechtlichen Verfahrensgrundsätze sowie des allgemeinen Gleichbehandlungsgrundsatz genügt (B.). Zwar besteht auch unter haushaltsrechtlichen Aspekten eine Rechtspflicht der Gemeinde zur Ausschreibung. Inwieweit der einzelne Investor dies in der Praxis auch durchsetzen kann, wird im Anschluss untersucht (C.). In Ermangelung einer entsprechenden Umsetzung eines Nachprüfungsregimes, werden zudem unabdingbare Verfahrensanforderungen dargestellt (D.), bevor der Weg der Geltendmachung skizziert wird (E.).

## B. Die Notwendigkeit eines effektiven Rechtsschutzes

### *I. Verstöße gegen primärrechtliche Vorgaben*

Es besteht weitgehend Einigkeit darüber, dass die primärrechtlichen Vorgaben notwendigerweise einen effektiven Rechtsschutz gegen Auswahlentscheidungen der öffentlichen Stellen erfordern, durch den nachgeprüft werden kann, ob das Verfahren unparteiisch durchgeführt worden ist, so dass letztlich der Einzelne den primärrechtlichen Grundsätzen zur Geltung verhelfen kann.[1037] Dies gebietet insbesondere der Aspekt des Transparenzgrundsatzes, der einen

---

1034 Siehe einschränkend hierzu jedoch BVerwG, Urt. v. 04.11.2010 – 2 C 16/09 = NVwZ 2011, 358.

1035 Die Zuschlagserteilung bzw. der Vertragsschluss schließt die Inanspruchnahme von Primärrechtsschutz aus, vgl. OLG Oldenburg, Urt. v. 02.09.2008 – 8 W 117/08 „Schülertransport“ = ZfBR 2008, 819, 820.

1036 *Scharen*, VergabeR 2011, 653.

1037 EuGH, Urt. v. 15.05.1986 – 222/84 „Johnston“, Rn. 17 ff. (Slg 1986, 1651); EuGH, Urt. v. 07.12.2000 – C-324/98 „Teleaustria“, Rn. 62 (Slg 2000, I-10745); EuGH, Urt. v. 06.04.2006 – C-410/04 „ANAV“, Rn. 21 (Slg 2006, I-3303). Mitteilung der Kommission „zu Auslegungsfragen in Bezug auf das Gemeinschaftsrecht, das für die Vergabe öffentlicher Aufträge gilt, die nicht oder nur teilweise unter die Vergaberichtlinien fallen v. 01.08.2006 – C 179/06 f. Zustimmend *Burgi*, NZBau 2005, 610, angemessenen Grad von Öffentlichkeit zugunsten einer effektiven Nachprüfbarkeit der Unparteilichkeit einfordert.[1038] Das Gebot effektiven Rechtsschutzes gehört zu den allgemeinen Rechtsgrundsätzen, die sich aus der gemeinsamen Verfassungstradition aller Mitgliedsstaaten ergeben. Soweit es keine einschlägigen unionsrechtlichen Bestimmungen gibt, ist es Aufgabe der Mitgliedsstaaten, für die erforderlichen Vorschriften und Verfahren zur Gewährleistung eines effektiven Rechtsschutzes vor den nationalen Gerichten zu sorgen.[1039]

Grundsätzlich kann also jeder potentiell am Abschluss eines kommunalen Investorenprojekts interessierte EU-ausländische Unternehmer[1040] mit Verweis auf die Grundfreiheiten sowie das Diskriminierungsverbot und den daraus hergeleiteten Transparenzgrundsatz die Auswahlentscheidung angreifen. Diese Vorschriften schützen das Interesse Einzelner unmittelbar und vermitteln daher den Bietern drittschützende Rechte, die vor deutschen Gerichten geltend gemacht werden können.[1041]

Der Rechtsschutz darf sich zumindest in evidenten Fällen[1042] von Primärrechtsverstößen nicht in der Geltendmachung von Schadensersatzansprüchen

---

616; *Ruhland*, Die Dienstleistungskonzession, S. 249; *Frenz*, VergabeR 2007, 1, 9; *Dörr*, WuV 2007, 211, 215; zurückhaltender *Dreher*, NZBau 2002, 419, 423 f.

1038 Siehe hierzu oben, § 15 B. 1. a).

1039 EuGH, Urt. v. 15.05.1986 – 222/84 „Johnston", Rn. 17 (Slg 1986, 1651); EuGH, Urt. v. 13.03.2007 – C-432/05 „Unibet", Rn. 39 (Slg 2007, I-2271); Mitteilung der Kommission „zu Auslegungsfragen in Bezug auf das Gemeinschaftsrecht, das für die Vergabe öffentlicher Aufträge gilt, die nicht oder nur teilweise unter die Vergaberichtlinien fallen" v. 01.08.2006 – C 179/07.

1040 Zu der Möglichkeit einer weitergehenden „objektiv-rechtlichen" Sichtweise, die auch Inländer in den Kreis der Anspruchsberechtigten mit einbezieht, vgl. OLG Düsseldorf, Beschl. v. 13.01.2010 – 27 U 1/09 „Mehrzweckgebäude" = NZBau 2010, 328, 330. Siehe zur Wirkung der primärrechtlichen Grundsätze auf die Stellung inländischer Bieter auch oben, § 15 B. I. 1. a).

1041 Dies hat nun auch der Bundesgerichtshof anerkannt, BGH, Urt. v. 30.08.2011 – X ZR 55/10 „Regenentlastung" = NZBau 2012, 46. Für die Einklagbarkeit von Grundfreiheiten grundlegend EuGH, Urt. v. 05.02.1963 – Rs. 26/62 „van Gend & Loos" = Slg 9, 1; siehe auch *Dünchheim*, Verwaltungsprozeßrecht unter europäischem Einfluß, S. 131 f.; *Frenz*, Handbuch Europarecht, Bd. 3, Rn. 3424; *Braun*, EuZW 2006, 683, 685; *Wollenschläger*, NVwZ 2007, 288, 390 Hierzu auch VG Münster, Beschl. v. 09.03.2007 – 1 L 64/07, Rn. 36 ff. (zitiert nach juris); VG Aachen, Beschl. v. 13.09.2011 – 1 L 286/11, Rn. 29 (zitiert nach juris).

1042 Dass zumindest nicht jede Primärrechtsverletzung einen effektiven Primärrechtsschutz erfordert, lässt sich aus EuGH, Urt. v. 13.04.2010 – C-91/08 „Wall AG", Rn. 65 (Slg 2010, I-2815) schließen. Es heißt dort wörtlich: „Daraus folgt, dass der erschöpfen. Vielmehr muss die Einhaltung der primärrechtlichen Vorgaben schon während des Auswahlverfahrens im Wege des Primärrechtsschutzes überprüfbar sein.[1043] Die aus dem Gebot des effektiven Rechtsschutzes entwickelten Grundsätze der Äquivalenz und der Effektivität hat der EuGH dahingehend präzisiert, dass insbesondere die Ausübung der primärrechtlich gewährten Rechtsposition nicht praktisch unmöglich gemacht oder übermäßig erschwert werden darf.[1044] Dem kann jedoch nur durch die Implementierung einer Rechtsschutzmöglichkeit entsprochen werden, die eingreift, bevor vollendete Tatsachen geschaffen werden.

Die alleinige Gewährung von Sekundärrechtsschutz wird insbesondere der differenzierten Zielsetzung der Grundfreiheiten nicht gerecht. Sie dienen dem Individualinteresse und der Verwirklichung des Binnenmarktes.[1045] Dieser dualistischen Zielvorgabe kann aber nicht Genüge getan werden, wenn nur nachträglich sekundärrechtlicher Schutz gewährt wird, der Wettbewerbsverstoß aber nicht verhindert oder – in einem späteren Stadium – beseitigt wird. Zudem ist ein auf Schadensersatz gerichteter Rechtsschutz für nicht zum Zuge gekommene Investoren im hier zu untersuchenden Zusammenhang wenig interessant, da ein

---

Grundsatz der Gleichbehandlung und das Verbot der Diskriminierung aus Gründen der Staatsangehörigkeit, die in den Art. 43 EG und 49 EG verankert sind, sowie die daraus fließende Transparenzpflicht <u>nicht in allen Fällen, in denen behauptet wird, dass diese Pflicht bei der Vergabe von Dienstleistungskonzessionen verletzt worden sei,</u> die nationalen Behörden zur Kündigung eines Vertrags und die nationalen Gerichte zu einer Unterlassungsanordnung verpflichten. Es ist Sache des innerstaatlichen Rechts, die Rechtsschutzmöglichkeiten, die den Schutz der dem Bürger aus dieser Pflicht erwachsenden Rechte gewährleisten sollen, so zu regeln, dass sie nicht weniger günstig ausgestaltet sind als die entsprechenden innerstaatlichen Rechtsschutzmöglichkeiten und die Ausübung dieser Rechte nicht praktisch unmöglich machen oder übermäßig erschweren." [Hervorhebung durch den Verf.]. Siehe hierzu *Huerkamp / Kühling*, NVwZ 2011, 1409, 1413. Die Mitteilung der Kommission „zu Auslegungsfragen in Bezug auf das Gemeinschaftsrecht, das für die Vergabe öffentlicher Aufträge gilt, die nicht oder nur teilweise unter die Vergaberichtlinien fallen" v. 01.08.2006 – C 179/07 geht darüber hinaus und verlangt eine effektive Nachprüfungsmöglichkeit für „Entscheidungen mit ungünstigen Auswirkungen für Personen, die ein Interesse am Erhalt des Auftrags haben oder hatten".

1043 VG Aachen, Beschl. v. 13.09.2011 - 1 L 286/11, Rn. 31 (zitiert nach juris); *Frenz*, VergabeR 2007, 1, 9; *Braun*, VergabeR 2008, 360, 367; *Burgi*, NVwZ 2007, 737, 742; *Huerkamp / Kühling*, NVwZ 2011, 1409, 1410 ff.

1044 *Huerkamp / Kühling*, NVwZ 2011, 1409, 1410 unter Verweis auf EuGH, Urt. v. 13.03.2007 - C-432/05 „Unibet", Rn. 43 (Slg 2007, I-2271).

1045 *Frenz*, Handbuch Europarecht, Bd. 1, Rn. 2.

Schaden, etwa aus einem nicht realisierten Grundstücksgeschäft, für den darlegungs- und beweispflichtigen Interessenten kaum zu belegen ist.[1046] Demzufolge muss bei binnenmarktrelevanten Auswahlentscheidungen die Möglichkeit bestehen, im Falle von evidenten Verstößen gegen primärrechtliche Anforderungen Primärrechtsschutz zu erlangen.

## *II. Verstöße gegen den allgemeinen Gleichbehandlungsgrundsatz*

Auch das Verfassungsrecht gebietet einen Mindeststandard für den Rechtsschutz privater Investoren. Das Bundesverfassungsgericht leitet subjektive Bieterrechte im Rahmen unterschwelliger Auftragsvergaben unmittelbar aus Art. 3 Abs. 1 GG ab.[1047] In diesem Zusammenhang heißt es wörtlich:

> *„Jede staatliche Stelle hat bei ihrem Handeln, unabhängig von der Handlungsform und dem betroffenen Lebensbereich, die in dem Gleichheitssatz niedergelegte Gerechtigkeitsvorstellung zu beachten. Dieses Handeln ist anders als die in freiheitlicher Selbstbestimmung erfolgende Tätigkeit eines Privaten stets dem Gemeinwohl verpflichtet. Eine willkürliche Ungleichbehandlung kann dem Gemeinwohl nicht dienen."*[1048]

Das Gericht stellt weiter fest, dass somit die an einem Auftrag interessierten Marktteilnehmer einen Anspruch auf Gleichbehandlung hätten, der auch gerichtlich überprüfbar sein müsse.[1049] Nichts anderes kann derweil für die schlichte Veräußerung öffentlichen Vermögens gelten, da in diesem „Lebensbereich" ebenso eine willkürliche Ungleichbehandlung bei Auswahlentscheidungen droht. Dabei stellt die Einräumung subjektiver Bieterrechte die notwendige Kehrseite der Herleitung gleichheitssichernder materiell-rechtlicher und prozeduraler Anforderungen an die Auswahlentscheidung dar.

---

1046 *Hertwig*, NZBau 2011, 9, 10.

1047 BVerfG, Beschl. v. 13.06.2006 – 1 BvR 1160/03 „Unterschwellenvergabe", Rn. 64 f. = NZBau 2006, 791. Hierzu *Gaier*, NZBau 2008, 289, 290. Zustimmend *Widmann*, Vergaberechtsschutz im Unterschwellenbereich, S. 121. So auch schon vorher *Hermes*, JZ 1997, 909, 912 f.; *Huber*, JZ 2000, 877, 878; *Pünder*, VerwArch 95 (2004), 38, 54 ff. Vgl. auch Gers-Grapperhaus, Das Auswahlrechtsverhältnis bei Auftragsvergaben unterhalb der Schwellenwerte, S. 194 f.

1048 BVerfG, Beschl. v. 13.06.2006 – 1 BvR 1160/03 „Unterschwellenvergabe", Rn. 64 = NZBau 2006, 791.

1049 BVerfG, Beschl. v. 13.06.2006 – 1 BvR 1160/03 „Unterschwellenvergabe", Rn. 64 = NZBau 2006, 791. *Pünder*, VerwArch 95 (2004), 38, 55 f., differenziert weiter zwischen einem Abwehranspruch hinsichtlich unzulässiger Vergabekriterien sowie einem Teilhabeanspruch in Bezug auf die Information über die beabsichtigte Auftragsvergabe.

Dagegen ist die Frage der verfassungsgemäßen Ausformung des Rechtsschutzes gegen Auswahlentscheidungen außerhalb des Kartellvergaberechts nicht hinreichend beantwortet worden.[1050] Das Bundesverfassungsgericht hatte zuvor bereits entschieden, dass die Rechtsschutzgarantie des Art. 19 Abs. 4 GG eine gerichtliche Überprüfung von staatlichen Auswahlentscheidungen ermöglicht.[1051] In seinem Beschluss zur Auftragsvergabe im Unterschwellenbereich hatte das Gericht die faktisch bestehende Beschränkung des Primärrechtsschutzes auf Aufträge, die oberhalb der Schwellenwerte liegen, jedoch am allgemeinen Justizgewährleistungsanspruch[1052] gemessen.[1053] Unter Berücksichtigung des wachsenden Verwaltungsaufwands, drohender Engpässe bei der Beschaffung sowie etwaigem Missbrauch der Rechtsschutzmöglichkeiten sei dabei nicht zu beanstanden, dass in Vergabeverfahren unterhalb der Schwellenwerte Rechtsschutz lediglich nach den allgemeinen Regeln bestehe, so dass besondere Vorkehrungen für die Durchsetzung von Primärrechtsschutz in solchen Verfahren verfassungsrechtlich nicht geboten seien.[1054] Es verbleibe somit bei Sekundäransprüchen sowie bei der Möglichkeit, Feststellungsklage zu erheben.[1055]

---

1050 Kritisch *Niestedt / Hölzl*, NJW 2006, 3680, 3681 ff.; *Frenz*, VergabeR 2007, 1; Dörr, WuV 2007, 211 ff.; *U. Stelkens*, in: Stelkens / Bonk / Sachs, VwVfG, § 35, Rn. 124; *Huber*, in: FS Stober, 547, 554 f.; *Antweiler*, VergabeR 2008, 352, 357 f.; zustimmend *Pietzcker*, ZfBR 2007, 131, 134. Differenzierend *Wollenschläger*, DVBl. 2007, 589; *Burgi*, WuV 2007, 173 ff.; a.A. vor der Entscheidung durch das BVerfG: OVG Koblenz, Beschl. v. 25.05.2005 – 7 B 10356/05 „Lenkwaffen" = NZBau 2005, 411; *Hermes*, JZ 1997, 909 ff.; *Dörr*, DÖV 2001, 1014 ff.; *Burgi*, NZBau 2005, 610, 614; *Bungenberg*, WuW 2005, 899. Sehr übersichtliche Darstellung bei *Widmann*, Vergaberechtsschutz im Unterschwellenbereich, S. 37 ff. (dortige Fn. 65).

1051 BVerfG, Beschl. v. 29.07.2004 – 2 BvR 2248/03 „Uni-Dachabdichtung" = NZBau 2004, 564, 565f.; *Frenz*, Handbuch des Europarechts, Rn. 3426; *Dreher*, NZBau 2002, 419, 425.

1052 Dieser leitet sich aus dem Rechtsstaatsprinzip i.V.m. Art. 2 Abs. 1 GG ab, vgl. *Gaier*, NZBau 2008, 289, 290.

1053 Art. 19 Abs. 4 GG sei dagegen nicht einschlägig, da der Staat bei der Auftragsvergabe dem Bürger nicht in „Gestalt der übergeordneten Exekutive" gegenübertrete, sondern wie jeder andere als Nachfrager am Markt teilnehme, BVerfG, Beschl. v. 13.06.2006 – 1 BvR 1160/03 „Unterschwellenvergabe", Rn. 51 = NZBau 2006, 791; *Gaier*, NZBau 2008, 289, 290.

1054 BVerfG, Beschl. v. 13.06.2006 – 1 BvR 1160/03 „Unterschwellenvergabe", Rn. 80 f. = NZBau 2006, 791. A.A. noch *Dörr*, DÖV 2001, 1014, 1023; *Pünder*, VerwArch 95 (2004), 38, 56.

1055 BVerfG, Beschl. v. 13.06.2006 – 1 BvR 1160/03 „Unterschwellenvergabe", Rn. 82 = NZBau 2006, 791.

Dem folgend gewähren die meisten Gerichte nur in Ausnahmefällen Primärrechtsschutz und verweisen die benachteiligten Interessenten in der Regel auf Schadensersatzansprüche gegen die ausschreibende öffentliche Stelle. Vielfach wird argumentiert, Primärrechtsschutz komme nur dann in Betracht, wenn die öffentliche Hand in Bezug auf das Verfahren vorsätzlich rechtswidrig, sonst in unredlicher Absicht oder willkürlich handele.[1056] Diese hohe Hürde führt zu einem faktischen Ausschluss der Möglichkeit, Primärrechtsschutz zu erlangen. Den besonderen Schwierigkeiten, der Gemeinde schon den Zuschlag zu untersagen ist, versucht das OLG Düsseldorf dadurch zu begegnen, dass es die Anforderungen an die Darlegungs- und Begründungslast im Eilverfahren absenkt. Ein unterlegener Bieter kann bei einer schuldhaften Verletzung der Verfahrensvorschriften durch eine einstweilige Verfügung gemäß § 935 ZPO die Untersagung des geplanten Zuschlags an einen anderen Bieter verlangen – und zwar unabhängig davon, ob dieser ohne den Verfahrensverstoß das tatsächlich Auswahlverfahren für sich entscheiden kann. Es genügt vielmehr, dass der Bieter glaubhaft macht, ohne den Verfahrensverstoß eine echte Chance auf den Zuschlag zu haben.[1057] Dies kann überzeugen, denn somit wird der hohen Hürde, der Gemeinde in Bezug auf das Verfahren nachzuweisen, vorsätzlich rechtswidrig, sonst in unredlicher Absicht oder willkürlich gehandelt zu haben, ein kleines Korrektiv entgegengesetzt.

Sekundärrechtsschutz kann insbesondere aus dem in § 311 Abs. 2 i.V.m. §§ 280 Abs. 1, 241 Abs. 1 BGB normierten Rechtsinstitut des Verschuldens bei Vertragsschluss[1058] geltend gemacht werden. Beteiligt sich ein Interessent an einem nach festgelegten Verfahrensregeln ausgestalteten Auswahlverfahren, entsteht daraus ein „Auswahlrechtsverhältnis" mit Rechten und Pflichten, aus dem der Bieter einen Anspruch auf Einhaltung von Schutz- und Sorgfaltspflichten

---

1056 OLG Hamm, Urt. v. 12.02.2008 – 4 U 190/07 „Rathausneubau" = ZfBR 2008, 816, 818; LG Düsseldorf, Urt. v. 29.10.2008 – 14c O 264/08 „Reinersbach" = NZBau 2009, 142, 144; LG Frankfurt (Oder), Urt. v. 14.11.2007 – 13 O 360/07 = NZBau 2008, 208 L. A.A. OLG Düsseldorf, Beschl. v. 13.01.2010 – 27 U 1/09 „Mehrzweckgebäude" = NZBau 2010, 328; *Antweiler*, VergabeR 2008, 352, 359; *Burgi*, VergabeR 2010, 403, 407; *Dietlein / Fandrey*, in: Byok / Jaeger, Vergaberecht, Einl., Rn. 115.

1057 Vgl. OLG Düsseldorf, Beschl. v. 13.01.2010 – 27 U 1/09 „Mehrzweckgebäude" = NZBau 2010, 328, 329; OLG Jena, Urt. v. 08.12.2008 – 9 U 431/08 „Primärrechtsschutz unterhalb der Schwellenwerte" = NZBau 2009, 208, Ls. 3; LG München I, Beschl. v. 18.04.2012 – 11 O 7897/12 = NZBau 2012, 464; *André / Sailer*, JZ 2011, 555, 558 ff.

1058 Culpa in contrahendo.

herleiten kann.[1059] Ein solcher Schadensersatzanspruch setzt allerdings ein Vertretenmüssen und damit vorsätzliches oder fahrlässiges Handeln der öffentlichen Hand voraus.[1060] Er greift zudem grundsätzlich nur, wenn der Verfahrensverstoß auch ursächlich für den Misserfolg des unterlegenen Bieters ist. Diesen Nachweis zu führen, dürfte in der Praxis schwierig werden.

Allerdings hat das Bundesverfassungsgericht als Folge der schwachen Ausprägung des defizitären Primärrechtsschutzes zur Ausgestaltung des Sekundärrechtsschutzes festgestellt, dass die Tatbestandsvoraussetzungen sowie die Rechtsfolgen der Normen, aus denen sich ein Schadensersatzanspruch eines erfolglosen Bieters ergeben könne, in einer Weise bestimmt werden müssten, die seinem auf die Beachtung des Art. 3 Abs. 1 GG gerichteten Rechtsschutzinteresse hinreichend Rechnung trage.[1061] Dies kann in der Praxis nur bedeuten, dass der Nachweis, der Verfahrensverstoß sei ursächlich für den Misserfolg des Bieters, lediglich glaubhaft versichert werden muss, so dass die öffentliche Stelle bei entsprechendem Vortrag des Bieters diesem nachweisen muss, er habe keine echte Chance auf einen erfolgreichen Verfahrensabschluss gehabt.[1062] Die damit verbundene Beweislastumkehr überzeugt auch aus praktischen Gründen, da es „für den versierten öffentlichen Auftraggeber einen großen Strauß von Gelegenheiten gibt, gegen die Inanspruchnahme erfolgreich zu argumentieren“[1063], so dass bei einer anderen Wertung dem Gleichbehandlungsgrundsatz auch im Wege des Sekundärrechtsschutzes nicht ausreichend zur Geltung verholfen würde.

---

1059 BGH, Urt. v. 09.06.2011 – X ZR 143/10 „Rettungsdienstleistungen II“ = NZBau 2011, 498, 499; LG Saarbrücken, Urt. v. 19.08.2011 – 7 O 33/11, Rn. 29 (zitiert nach juris); *Dietlein / Fandrey*, in: Byok / Jaeger, Vergaberecht, Einl., Rn. 108, 119 f.

1060 Die Frage, ob aus unionsrechtlichen Gründen eine verschuldensunabhängige Haftung der öffentlichen Stelle besteht, ist noch nicht höchstrichterlich geklärt, vgl. BGH, Urt. v. 09.06.2011 – X ZR 143/10 „Rettungsdienstleistungen II“ = NZBau 2011, 498, 499.

1061 BVerfG, Beschl. v. 13.06.2006 – 1 BvR 1160/03 „Unterschwellenvergabe“, Rn. 82 = NZBau 2006, 791.

1062 So auch *Braun*, VergabeR 2008, 360, 365 f.; *André / Sailer*, JZ 2011, 555, 559 ff. Kritisch hierzu *Scharen*, VergabeR 2011, 653, 658 f.

1063 *Braun*, VergabeR 2008, 360, 366 f.

## C. Kein Rechtsschutz unter haushaltsrechtlichen Aspekten

Die Vorschriften des öffentlichen Haushaltsrechts sind als reines Innenrecht[1064] zur Sicherstellung des sparsamen sowie wirtschaftlichen Umgangs mit Haushaltsmitteln durch die Verwaltung konzipiert und entfalten somit keine unmittelbare Rechtswirkung gegenüber potentiellen Investoren. Sie dienen nicht dem Schutz des Wettbewerbs bzw. der einzelnen Wettbewerber, sondern der Wettbewerb ist lediglich das Mittel zur Erfüllung des Wirtschaftlichkeitspostulats.[1065] Haushaltsrechtliche Vorschriften vermitteln Interessenten demnach kein einklagbares subjektives Recht auf die Durchführung eines Ausschreibungsverfahrens oder die Einhaltung bestimmter Verfahrensvorgaben.[1066]

Das Bundesverfassungsgericht hat aber in seiner Entscheidung zur Unterschwellenvergabe betont, dass darüber hinaus die tatsächliche Vergabepraxis zu einer Selbstbindung der Verwaltung führen kann. Auf Grund dieser Selbstbindung könne den Verdingungsordnungen als den verwaltungsinternen Regelungen über Verfahren und Kriterien der Vergabe eine mittelbare Außenwirkung

---

1064 Zur Kritik am Begriff „Innenrecht" und für die Verwendung des Terminus „Recht der inneren Verwaltung" *Dietlein / Fandrey*, in: Byok / Jaeger, Vergaberecht, Einl., Rn. 94.

1065 *Pietzcker*, ZfBR 2007, 131, 132; *Huber*, JZ 2000, 877; *Pünder*, VerwArch 95 (2004), S. 38, 53; *Gaier*, NZBau 2008, 289, 291; *Dietlein / Fandrey*, in: Byok / Jaeger, Vergaberecht, Einl., Rn. 94. Ablehnend *Gröpl*, in: Isensee / Kirchhof, Handbuch des Staatsrechts, Bd. V, § 119, Rn. 22.

1066 BVerwG, Beschl. v. 02.05.2007 – 6 B 10/07 „Straßenbeleuchtung" = NJW 2007, 2275, 2277 f.; *Dreher*, in: Immenga / Mestmäcker, Wettbewerbsrecht, Vorb. §§ 97 ff. GWB, Rn. 135; *Gröpl*, in: Isensee / Kirchhof, Handbuch des Staatsrechts, Bd. V, § 119, Rn. 23; *Wollenschläger*, DVBl. 2007, 589, 590, 595; *Dietlein / Fandrey*, in: Byok / Jaeger, Vergaberecht, Einl., Rn. 106; ausführlich hierzu *Gers-Grapperhaus*, Das Auswahlrechtsverhältnis bei Auftragsvergaben unterhalb der Schwellenwerte, S. 60 (m.w.N. in dortiger Fn. 13). A.A. *Widmann*, Vergaberechtsschutz im Unterschwellenbereich, S. 130 ff., der eine Beschränkung der Regelungswirkung auf den verwaltungsinternen Bereich als Grundrechtsverstoß wertet. Nach der hier vertretenen Auffassung verbleibt allerdings die Möglichkeit, über die Anzeige eines entsprechenden Verstoßes bei der zuständigen Aufsichtsbehörde (vgl. zur Zuständigkeit etwa § 120 GO NRW) Druck auf die veräußernde Gemeinde auszuüben. Vor diesem Hintergrund bleibt weiter zu erwähnen, dass in Nordrhein-Westfalen die Vorschrift des § 90 Abs. 3 Satz 2 GO kein Verbotsgesetz i.S.d. § 134 BGB ist. Das ergibt sich aus einem Umkehrschluss aus § 130 Abs. 2 GO NRW, die für Verstöße gegen bestimmte Vorschriften der GO die Nichtigkeitsfolge anordnet, nicht jedoch für § 90 Abs. 3 Satz 2 GO NRW.

zukommen.[1067] Durch ihre ständige Anwendung[1068] begründet die Verwaltung eine gleichförmige Verwaltungspraxis, von der sie in gleich gelagerten Fällen nicht ohne sachlichen Grund abweichen darf, ohne gegen den Gleichheitsgrundsatz zu verstoßen. Dabei kann eine den Verdingungsordnungen entsprechende Verwaltungspraxis durch die Verweisung auf die Verdingungsordnungen in den Verwaltungsvorschriften zu den Haushaltsordnungen antizipiert werden.[1069] Somit wird jedem Bieter die Möglichkeit eröffnet, zu verlangen, dass eine solche Verwaltungspraxis nach den Verdingungsordnungen auch eingehalten wird, wenn im Einzelfall keine sachlichen Gründe ein Abweichen gestatten.[1070]

## D. Unabdingbare Verfahrensvoraussetzungen

Es wurde herausgearbeitet, dass bei vielen Investorenprojekten nicht nur eine Rechtspflicht zur öffentlichen Ausschreibung besteht, sondern auch ein effektiver Rechtsschutz zu gewähren ist. Problematisch ist allerdings, dass es in Deutschland bislang an einem entsprechenden Nachprüfungsregime fehlt.[1071] Dies bedeutet jedoch nicht, dass es in diesem Bereich keinen Primärrechtsschutz gibt, er bedarf in seiner jetzigen rudimentären Ausprägung aber einer weiteren

1067 BVerfG, Beschl. v. 13.06.2006 – 1 BvR 1160/03 „Unterschwellenvergabe", Rn. 65 = NZBau 2006, 791. Dies zusätzlich zum bereits untersuchten subjektiven Recht aus Art. 3 Abs. 1 GG, auf sich Bieter auch dann berufen können, wenn sich die Verwaltung nicht durch ein entsprechendes Verhalten selbst gebunden hat; hierzu *Scharen*, VergabeR 2011, 653, 658. Siehe hierzu auch *Pietzcker*, Zweiteilung des Vergaberechts, S. 87; *Dörr*, DÖV 2001, 1014, 1019 f.; *Pünder*, VerwArch 95 (2004), 38, 56; *Widmann*, Vergaberechtsschutz im Unterschwellenbereich, S. 127.

1068 Die erfolgt nicht zuletzt aus aufsichtsrechtlichen Gründen, vgl. *Scharen*, VergabeR 2011, 653, 658.

1069 *Wollenschläger*, DVBl. 2007, 589, 594, 597, der die Verdingungsordnungen zu der „für die Vergabepraxis sprudelndste Quelle subjektiver Rechte" erhebt; *Hüser*, Ausschreibungspflichten bei der Privatisierung öffentlicher Aufgaben, S. 43 m.w.N.; *Dietlein / Fandrey*, in: Byok / Jaeger, Vergaberecht, Einl., Rn. 112 ff.

1070 *Wollenschläger*, DVBl. 2007, 589, 597.

1071 *Scharen*, VergabeR 2011, 653, 654. *Frenz*, Handbuch Europarecht, Bd. 3, Rn. 3426 fordert aus Gründen der Rechtssicherheit die Implementierung eines entsprechenden Regelwerks. Das Bundeswirtschaftsministerium hat in diesem Zusammenhang am 15.06.2010 ein bislang nicht veröffentlichtes Positionspapier mit dem Titel „Rechtsschutz unterhalb der EU-Schwellenwerte" diskutiert. Hierzu *Huerkamp / Kühling*, NVwZ 2011, 1409, 1413 f.

Konturierung.[1072] Insbesondere bedarf die Wirksamkeit des Rechtsschutzes der Implementierung einiger unabdingbarer Verfahrensvoraussetzungen.

### *I. Vorabinformationspflicht*

Für die nicht zum Zuge gekommenen Investoren ist die Erlangung effektiven Primärrechtsschutzes nur möglich, wenn sie vor dem endgültigen Vertragsschluss von der Auswahlentscheidung und den sie tragenden Gründen erfahren, da ein einmal geschlossener Vertrag nicht mehr aufgehoben werden kann. In der Literatur wird deshalb richtigerweise eine Vorabinformations- und Wartepflicht gefordert.[1073] Eine solche Verpflichtung zwingt die öffentliche Stelle dazu, die unterlegenen Bieter rechtzeitig vor Vertragsschluss über ihre Entscheidung und die tragenden Gründe zu informieren und nicht vor Ablauf der Wartefrist den Vertrag mit dem siegreichen Bieter zu schließen. Den unterlegenen Bietern bleibt dann zwischen dieser Information und dem Vertragsschluss genügend Zeit, die Chancen im Rechtsschutzverfahren zu beurteilen.[1074]

---

1072 *Wollenschläger*, NVwZ 2007, 388, 395.

1073 Zur Dienstleistungskonzession *Burgi*, NZBau 2005, 610, 616; *Pünder*, VerwArch 95 (2004), 38, 58; *Hermes*, JZ 1997, 909, 914; *Wollenschläger*, DVBl. 2007, 589, 590; unter Berufung auf die Rechtsschutzgarantie aus Art. 19 Abs. 4 GG ebenso *Voßkuhle*, in: Hoffmann-Riem / Schmidt-Aßmann, Verwaltungsverfahren und Verwaltungsverfahrensgesetz, S. 277, 307; *Ruhland*, Die Dienstleistungskonzession, S. 271 f.; *dies.*, WuV 2007, 203, 207 f.; *Dörr*, WuV 2007, 211, 214, 218. A.A. BVerfG, Beschl. v. 13.06.2006 – 1 BvR 1160/03 „Unterschwellenvergabe", Rn. 74 = NZBau 2006, 791; *Pietzcker*, ZfBR 2007, 131, 132 f.; für Verkaufsvorgänge *Braun*, VergabeR 2006, 657, 665; zur Unterschwellenvergabe *Frenz*, Handbuch Europarecht, Bd. 3, Rn. 3426; *ders.*, VergabeR 2007, 1, 4; *Knöbl*, Rechtsschutz bei der Vergabe von Aufträgen unterhalb der Schwellenwerte, S. 186 f.; *Dietlein / Fandrey*, in: Byok / Jaeger, Vergaberecht, Einl., Rn. 149. *Scharen*, VergabeR 2011, 653, 663 f., fordert dagegen die Implementierung eines „gesetzlichen Anspruchs auf Zahlung eines Betrags in Höhe eines bestimmten (für den öffentlichen Auftraggeber schmerzhaften) Prozentsatzes der zugeschlagenen Angebotssumme". Überlegungen zu einer Vorabinformations- und Wartepflicht hat auch das Bundeswirtschaftsministerium in seinem Positionspapier angestellt, vgl. *André / Sailer*, JZ 2011, 555, 562.

1074 Hierfür erscheint eine Wartefrist von zwei Wochen angemessen, in der die öffentliche Stelle keine Tatsachen schaffen darf. Vgl. näher *Frenz*, Handbuch Europarecht, Bd. 3, Rn. 1825.

Sollte es in Deutschland zur Schaffung eines Nachprüfungsregimes für Unterschwellenvergaben kommen[1075], erscheint es zur Wahrung und Durchsetzung der subjektiven Bieterrechte sinnvoll, eine dem § 115 Abs. 1 GWB entsprechende Regelung über die Aussetzung des Auswahlverfahrens bei Einlegung von Rechtsmitteln gegen die Entscheidung zu normieren. Gleichzeitig sollte die Vorabinformations- und Wartepflicht als gesetzliches Verbot i.S.d. § 134 BGB ausgestaltet werden, um die öffentlichen Stellen zur Einhaltung ihrer Verfahrenspflichten anzuhalten.[1076]

### *II. Flankierende Verfahrensvoraussetzungen*

Die Vorabinformations- und Wartepflicht muss durch weitere Verfahrensanforderungen abgesichert werden. Dazu gehören die Verpflichtung der öffentlichen Hand, die Auswahlentscheidung zumindest kurz zu begründen sowie die Implementierung eines Akteneinsichtsrechts[1077] für die unterlegenen Bieter.[1078] Nur so kann der besonderen Schwierigkeit, im Rahmen zivilprozessualer Rechtsschutzmöglichkeiten einen Vergabeverstoß nachzuweisen, effektiv begegnet werden.[1079]

---

1075 Vergleichbare Überlegungen zu einer Vorabinformations- und Wartepflicht hat auch das Bundeswirtschaftsministerium angestellt. Siehe hierzu *André / Sailer*, JZ 2011, 555, 562. Ein rühmliches Gegenbeispiel bildet der für sächsische Kommunen verbindliche § 9 Abs. 1 SächsVergabeDVO, der eine entsprechende Vorabinformationspflicht normiert. Die vorgesehene Frist von lediglich sieben Kalendertagen ist allerdings zu kurz bemessen, da eine hinreichende Sachverhaltsaufklärung zur Einschätzung der Erfolgschancen nicht möglich sein wird.

1076 Siehe *Dietlein / Fandrey*, in: Byok / Jaeger, Vergaberecht, Einl., Rn. 149; *Ruhland*, Die Dienstleistungskonzession, S. 273, die eine Vorabinformationspflicht ohne entsprechende Nichtigkeitssanktion als „Tiger ohne Zähne" bezeichnet.

1077 Ein solches Akteneinsichtsrecht dürfte aus Gründen des Interesses der Konkurrenz am Schutz ihrer Geschäftsgeheimnisse freilich nicht unbeschränkt gewährt werden. Soweit der Sinn und Zweck des Auswahlverfahrens nicht entgegensteht, dürfte der in § 30 VwVfG verankerte Geheimhaltungsgrundsatz zu berücksichtigen sein. Vgl. insoweit *Schmitz*, in: Stelkens / Bonk / Sachs, VwVfG, § 1, Rn. 119.

1078 EuGH, Urt. v. 15.10.1987 – 222/86 „Heylens", Rn. 15, 20 (Slg. 1987, 04097); Mitteilung der Kommission „zu Auslegungsfragen in Bezug auf das Gemeinschaftsrecht, das für die Vergabe öffentlicher Aufträge gilt, die nicht oder nur teilweise unter die Vergaberichtlinien fallen" v. 01.08.2006 – C 179/07; *Frenz*, VergabeR 2007, 1, 4; *Widmann*, Vergaberechtsschutz im Unterschwellenbereich, S. 81; *Kühling / Huerkamp*, in: MüKo Wettbewerbsrecht, Vor §§ 97 ff. GWB, Rn. 68; *Pünder*, VerwArch 95 (2004), 38, 58; *Burgi*, VergabeR 2010, 403, 409.

1079 Das Gericht ist auf das Parteivorbringen angewiesen und ermittelt nicht wie ein Verwaltungsgericht von Amts wegen.

Ein Akteneinsichtsrecht macht jedoch nur Sinn, wenn die Gemeinden zugleich verpflichtet werden, den Auswahlprozess schriftlich zu dokumentieren. Zudem bestünde bei Zuerkennung eines Primärrechtsschutzes für Auswahlentscheidungen ohne ausreichende Dokumentation die Gefahr, dass der unterlegene Bieter in Unkenntnis der Umstände auf bloßen Verdacht gegen die Entscheidung gerichtlich vorgeht und so das gesamte Verfahren unnötig verzögert. Die schriftliche Dokumentation erfolgt demnach auch im Eigeninteresse derjenigen Stelle, die ein Auswahlverfahren durchführt.

Bei Berücksichtigung dieser Anforderungen würde den unionsrechtlichen Vorgaben eines effektiven Rechtsschutzes umfangreich zur Geltung verholfen und das Problem des faktischen Ausschlusses von Primärrechtsschutz umgangen, das durch die Unkenntnis der unterlegenen Bieter von der Entscheidung und dem darauffolgenden Vertragsschluss entsteht.

## E. Klagbare Geltendmachung

In der Praxis können Interessenten während eines Auswahlprozesses im Wege des einstweiligen Rechtsschutzes einen auf das Primärrecht gestützten Anspruch verfolgen, den Vertragsschluss über das kommunale Investorenprojekt zu untersagen oder etwa ihren Verfahrensausschluss rückgängig zu machen.[1080] Ein solcher Anspruch lässt sich grundsätzlich durch eine einstweilige Verfügung nach § 935 ZPO[1081] bzw. eine einstweilige Anordnung nach § 123 VwGO verfolgen.[1082]

1080 *Hertwig*, NZBau 2011, 9, 10. Für Anteilsveräußerungen der öffentlichen Hand *Kristoferitsch*, EuZW 2006, 428, 431 f.; *Prieß / Gabriel*, NZBau 2007, 617, 622.

1081 Zu den Voraussetzungen näher *André / Sailer*, JZ 2011, 555, 558 (m.w.N. in dortiger Fn. 55.). Zu einem Anspruch auf Einsicht in die Vergabeakten nach § 810 BGB *Prieß*, WuV 2007, 221, 223 ff.

1082 Der Rechtsweg richtet sich dabei nach der Rechtsform des staatlichen Handelns. Erfolgt die Kooperation im Rahmen eines öffentlich-rechtlichen Vertrages, sind die Verwaltungsgerichte zuständig. Vereinbaren die Gemeinde und der Investor hingegen einen privatrechtlichen Vertrag, muss der Antrag an ordentliche Gerichte erfolgen, BGH, Beschl. v. 23.01.2012 – X ZB 5/11 „Rettungsdienstleistungen III" = NZBau 2012, 248, 250 f; Beschl. v. 18.06.2012 – X ZB 9/11 „Altpapierentsorgung II"; BVerwG, Beschl. v. 02.05.2007 – 6 B 10/07 „Straßenbeleuchtung" = NJW 2007, 2275; OLG Hamm, Urt. v. 12.02.2008 – 4 U 190/07 „Rathausneubau" = ZfBR 2008, 816, 817; OVG Münster, Beschl. v. 07.02.2011 – 15 E 1485/10 „Freizeitzentrum West" = NZBau 2011, 319; LG Saarbrücken, Urt. v. 19.08.2011 – 7 O 33/11, Rn. 22 (zitiert nach juris); *Scharen*, VergabeR 2011, 653, 655. Kritisch hierzu *Schliesky*, FS Stober, S. 523, 526 ff.; *U. Stelkens*, in: Stelkens / Bonk / Sachs, VwVfG, § 35, Rn. 124 m.w.N. Siehe zur Zuständigkeit und den Ausnahmen näher *Antweiler*, VergabeR 2008, 352, 353 ff.

Die in den meisten Fällen für die Überprüfung von Auswahlentscheidungen zuständigen Zivilgerichte müssen auch Grundrechtsverstöße berücksichtigen.[1083] Die Durchschlagskraft einer auf die Verletzung von Art. 3 Abs. 1 GG gestützten einstweiligen Verfügung auf Unterlassung der Zuschlagserteilung ist gleichwohl gering.[1084] Es verbleibt aber die Möglichkeit einer Aufsichtsbeschwerde und – bei ausbleibendem Erfolg – ein Anrufen der Verwaltungsgerichte, um ein aufsichtsbehördliches Einschreiten gegen den drohenden Vertragsschluss zu erzwingen.

Das „wesentliche Risiko für die öffentliche Hand"[1085], das sich aus einer Verletzung von primärrechtlichen Verfahrensanforderungen ergeben kann, besteht in der Möglichkeit für unterlegene Bieter, auch nach Vertragsschluss über eine Beschwerde bei der Kommission ein Vertragsverletzungsverfahren in Gang zu setzen, an dessen Ende auch die Rückabwicklung des Rechtsgeschäfts stehen kann.[1086] Der Kommission stehen dabei zur Durchsetzung dieser Forderung verschiedene Sanktionsmittel zur Verfügung. So ist sie etwa berechtigt, ein Zwangsgeldverfahren einzuleiten.[1087]

## § 17 Ausgestaltung eines strukturierten Bieterverfahrens

### A. Allgemeines

Wie gezeigt, erfordert die Suche nach dem „richtigen" Kooperationspartner auch unterhalb der Schwellenwerte des Kartellvergaberechts zwingend die

---

Vgl. auch *Hertwig*, NZBau 2011, 9, 10 m.w.N. zu Entscheidungen einiger Verwaltungsgerichte, die einen Anordnungsanspruch zumindest im Rahmen der Vergabe von Dienstleistungskonzessionen unmittelbar aus dem Primärrecht herleiten.

1083 *Dietlein / Fandrey*, in: Byok / Jaeger, Vergaberecht, Einl., Rn. 112.

1084 Siehe hierzu oben, § 16 B. II.

1085 *Prieß / Gabriel*, NZBau 2007, 617, 622. Siehe auch *Frenz*, VergabeR 2007, 1, 15.

1086 Vgl. nur den in dieser Hinsicht bislang wohl spektakulärsten Fall des Vertragsverletzungsverfahrens EuGH, Urt. v. 29.10.2009 – C-536/07 „Messehallen Köln" = Slg 2009, I-10355. Vgl. zur Entscheidung näher oben, § 6 B. III. 3. Mangels kartellvergaberechtlicher Ausschreibung des Mietvertrags zwischen der Stadt Köln und der vermietenden Investmentgesellschaft (Esch-Fonds), musste dieser rückabgewickelt werden. Die Kommission hatte die Bundesrepublik Deutschland bereits am 03.06.2010 mittels einer sog. „förmlichen Aufforderung" gemäß Art. 260 AEUV dazu angehalten, in Umsetzung des Urteils darauf zu drängen, dass der ursprünglich geschlossene Vertrag zwischen der Stadt Köln und dem Esch-Fonds aufgelöst wird. Der Vertrag wurde zwischenzeitlich aufgelöst und das Vertragsverletzungsverfahren der EU-Kommission im April 2012 eingestellt.

1087 Dies kann bis zu 823.632 € / Tag betragen. *Cremer*, in: Callies / Ruffert, EUV/AEUV, Art. 260 AEUV, Rn. 13.

Durchführung eines strukturierten Bieterverfahrens. Vor dem Hintergrund der oftmals sehr hohen Projektkosten und den soeben dargestellten Angriffsmöglichkeiten unterlegener Bieter ist die rechtssichere Auswahl des Investors von entscheidender Bedeutung.

Doch wie ein strukturiertes Bieterverfahren zur Suche eines städtebaulichen Kooperationspartners außerhalb des Kartellvergaberechts rechtssicher auszugestalten ist, wurde bislang kaum thematisiert. Die Anforderungen an diese Ausgestaltung werden daher nachfolgend herausgearbeitet.

Die Grundlage eines Verfahrensregimes für die Auswahl städtebaulicher Kooperationspartner sind die prozeduralen sowie materiell-rechtlichen Direktiven derjenigen Vorschriften, die eine Rechtspflicht zur Ausschreibung vorsehen. Dabei hindern die strukturelle Verschiedenheit der einzelnen Regelungsbereiche sowie deren unterschiedliche Stellung in der Normhierarchie nicht die Entwicklung eines übergreifenden Ansatzes.

Dies darf gleichfalls nicht den Blick für Unterschiede verstellen, die sich aus der Beachtung des einschlägigen Rechts im Einzelfall ergeben können. Die Besonderheiten, die sich aus der Beachtung kartellrechtlicher und beihilfenrechtlicher Anforderungen ergeben, werden bei der Entwicklung der Verfahrensanforderungen außer Acht gelassen, da es insoweit an einer Rechtspflicht zur Anwendung eines Ausschreibungsverfahrens fehlt.

## B. Strukturiertes Bieterverfahren

Wie sich aus den vorherigen Ausführungen ergeben hat, gibt es keine ausdrückliche gesetzliche Regelung, die einer Gemeinde bei der Auswahlentscheidung über einen kommunalen Projektpartner vorschreibt, diesen im Wege eines strukturierten Bieterverfahrens zu ermitteln. Dies gilt sowohl für den Bereich der Auftragsvergaben unterhalb der Schwellenwerte[1088] als auch für Vermögensveräußerungen.

1088 Hier ist allerdings über die haushaltsrechtlichen Vorschriften der 1. Abschnitt der VOB/A anwendbar. Der dort normierte Verfahrensablauf wird an geeigneten Stellen in die Untersuchung eingebracht.

Weil die Auswahlphase des Privaten regelmäßig aber „das Herzstück des staatlichen Zugriffs“[1089] auf das kommunale Investorenprojekt darstellt, sollte diesbezüglich allerdings Rechtsklarheit für alle Verfahrensbeteiligten herrschen.[1090]

---

1089 *Burgi*, NZBau 2005, 610, 611 zur Dienstleistungskonzession. Diese Aussage dürfte aber auch für Investorenprojekte Geltung beanspruchen, bei denen die Gemeinden ebenso ein großes Interesse an einer sachgerechten Aufgabenerfüllung haben.

1090 Das Problem fehlender Rechtsklarheit lässt sich exemplarisch am Umgang mit der Vergabe von Dienstleistungskonzessionen nachvollziehen. Der EuGH hat zur Auswahlentscheidung über den Konzessionär in ständiger Rechtsprechung entschieden: „*Auch wenn Verträge über öffentliche Dienstleistungskonzessionen vom Anwendungsbereich der Richtlinien 2004/18 [Anm.: VKR] und 2004/17 [Anm.: SKR] ausgenommen sind, haben öffentliche Stellen, die sie schließen, doch die Grundregeln des EG-Vertrags im Allgemeinen und das Verbot der Diskriminierung aus Gründen der Staatsangehörigkeit im Besonderen zu beachten. Zu den Vertragsbestimmungen, die speziell auf öffentliche Dienstleistungskonzessionen anwendbar sind, gehören auch die Art. 43 EG [Anm.: Art. 49 AEUV] und 49 EG [Anm.: Art. 56 AEUV].*“, EuGH, Urt. v. 06.04.2006 – C-410/04 „ANAV“, Rn. 18 ff. (Slg 2006, I-3303). Die Vergabe einer Dienstleistungskonzession stellt den öffentlichen Auftraggeber somit eindeutig nicht von der Einhaltung verfahrensrechtlicher Anforderungen frei. Eine Konkretisierung dieser Verfahrensstandards blieb allerdings trotz verschiedenster Reformbemühungen auf europäischer Ebene, einheitliche Standards für die Auswahlentscheidung über die Erteilung einer Dienstleistungskonzession zu schaffen, bislang aus. Vgl. hierzu die jüngste Kommissionsinitiative, die die Schaffung einer einheitlichen Richtlinie für Bau- und Dienstleistungskonzessionen vorsieht: Europäische Kommission, Vorschlag für eine Richtlinie des europäischen Parlaments und des Rates über die Konzessionsvergabe v. 20.12.2011 – KOM (2011) 897 endg.; dies basierend auf Europäische Kommission, Grünbuch über die Modernisierung der europäischen Politik im Bereich des öffentlichen Auftragswesens – Wege zu einem effizienteren europäischen Markt für öffentliche Aufträge v. 27.01.2011, KOM (2011) 15, S. 11; Mitteilung der Kommission „Binnenmarktakte“ v. 13.04.2011 – KOM (2011) 206 endg., S. 22. Zur Bindungswirkung der Instrumente Vorschlag, Grünbuch sowie Kommissionsmitteilung näher *Nettesheim*, in: Grabitz / Hilf / Nettesheim, Das Recht der Europäischen Union, Art. 288 AEUV (ex- Art. 249 EGV), Rn. 209 ff.; *Köster*, ZfBR 2007, 127, 129. Das Europäische Parlament hat bereits angekündigt, an den bestehenden Regelungen für Dienstleistungskonzessionen nicht rütteln zu wollen, vgl. hierzu die Entschließung des Europäischen Parlaments zur „Modernisierung des öffentlichen Auftragswesens“ v. 25.10.2011 – 2011/2048 (INI), Rn. 7. Begründet wurde dies regelmäßig mit großen Unterschieden in den Regelungsstrukturen und Vergabemodalitäten der einzelnen Mitgliedsstaaten. Kritisch hierzu *Burgi*, NZBau 2005, 610, 611; *Voßkuhle*, in: VVDStRL 62 (2003), S. 266, 316 f. Im Schrifttum wurden drei verschiedene Ansätze diskutiert, die eine Konkretisierung eines solchen Verfahrensregimes verfolgen. Die weitestgehende

Bei der Berücksichtigung der Vorgaben, die den untersuchten Regelungskomplexen für die Suche nach einem Kooperationspartner zu entnehmen sind, steht der Gemeinde ein Gestaltungsspielraum zu, so dass die Wahl des Verfahrens und seine konkrete Ausgestaltung nicht den strengen Anforderungen des Kartellvergaberechts genügen müssen. Den obigen Ausführungen lassen sich allerdings „Leitplanken" für die Ausgestaltung eines Verfahrensregimes entnehmen. Dabei muss zugleich den besonderen Anforderungen Rechnung getragen werden, die die Realisierung eines kommunalen Investorenprojekts mit sich bringt.

Da bei städtebaulichen Entwicklungsvorhaben ein grenzüberschreitender Bezug in der Regel gegeben ist, wird im Folgenden nicht streng zwischen den Anforderungen an rein nationale sowie europaweite Auswahlverfahren unterschieden. Vielmehr eignet sich der dargestellte Weg, um unter Berücksichtigung sämtlicher Problemlagen der Rechtspflicht zur strukturierten Investorenauswahl zu genügen, so dass eine Unterschreitung der Anforderungen, insbesondere bei einer fehlenden Binnenmarktrelevanz, nicht zwangsläufig auch einen Rechtsverstoß darstellt. Das hier beschriebene strukturierte Bieterverfahren besteht im Wesentlichen aus einem vorgeschalteten Teilnahmewettbewerb mit einer Eignungsprüfung und einer sich daran anschließenden Verhandlungsphase. Diese Verfahrensweise wird dem Umstand, dass die konkrete Ausgestaltung städtebaulicher Entwicklungsvorhaben regelmäßig noch nicht von vornherein feststeht und erst von den Beteiligten im Verlaufe von Gesprächsrunden sukzessive konkretisiert wird, im besonderen Maße gerecht. Soll nur ein gemeindeeigenes Grundstück veräußert werden, kann das Verfahren wesentlich schlanker gestaltet werden. Das so strukturierte Bieterverfahren unterteilt sich – je nach Zielvorstellung der Gemeinde – in bis zu sechs Schritte.

---

Auffassung sieht eine enge Anlehnung an die bereits in der Praxis erprobten Standards der Auftragsvergabe gemäß der Vergabekoordinierungsrichtlinie vor, vgl. *Enzian* DVBl. 2002, 235, 238; *Knopp*, DÖV 2004, 604, 610; *Hertwig*, NZBau 2011, 9, 10. Für eine analoge Anwendung des Vergaberechts auf Aufträge unterhalb der Schwellenwerte *Gallwas*, VergabeR 2001, 2, 6. Ferner wurde eine Anlehnung an die ebenfalls in der Vergabekoordinierungsrichtline verankerten – allerdings ungleich formloseren – Verfahrensstandards für Baukonzessionen vorgeschlagen, so etwa *Ruhland*, Die Dienstleistungskonzession, S. 217; *dies.*, WuV 2007, 203, 206 m.w.N. Die herrschende Meinung wiederum will ein eigenständiges Verfahrensregime implementieren, das sämtliche primärrechtlich vorgegebene Mindeststandards erfüllt. Vgl. hierzu *Burgi*, NZBau 2005, 610, 613 ff.; *Jennert*, NZBau 2005, 623, 625; *Keller*, Kooperativer Städtebau und Kartellvergaberecht, S. 172.

## I. Vorbereitung des Verfahrens

### 1. Herstellung der Ausschreibungsreife

Zunächst muss die Gemeinde das gewünschte Projekt definieren.[1091] Bei kommunalen Investorenprojekten beinhaltet dies regelmäßig nicht nur die Realisierung einer Bauleistung oder den schlichten Verkauf eines gemeindeeigenen Grundstücks, sondern nicht zuletzt die Verwirklichung bestimmter städtebaulicher oder wirtschaftspolitischer Vorstellungen. Die Projektdefinition erfolgt durch die Abstimmung innerhalb der Verwaltung. Zugleich ist an die frühzeitige Einbeziehung des Gemeinderates zu denken.[1092]

Dabei ist die öffentliche Stelle im gesamten Verfahren strikt zur Neutralität verpflichtet. Grundsätzlich dürfen nur Verwaltungsmitarbeiter mitwirken, die nicht in eigener Sache entscheiden. So lässt sich aus dem im primärrechtlichen Transparenzgrundsatz verankerten Gebot der Unparteilichkeit[1093] sowie aus dem verfassungsrechtlich fundierten Rechtstaatsprinzip[1094] das Verbot der Entscheidung in eigener Sache entnehmen. Es verbietet öffentlichen Amtsträgern, an Entscheidungen sowie deren Vorbereitung mitzuwirken, die ihnen selbst, Angehörigen oder diesen vergleichbar verbundenen Dritten einen Vor- oder Nachteil bringen können. Interessenkollisionen sowie der „böse Schein" der Parteilichkeit werden durch die strikte Anwendung des Neutralitätsgrundsatzes vermieden.[1095]

---

1091 Hierbei hat die Verwaltung einen weiten Beurteilungsspielraum, *Gers-Grapperhaus*, Das Auswahlrechtsverhältnis bei Auftragsvergaben unterhalb der Schwellenwerte, S. 79.

1092 *Keller*, Kooperativer Städtebau und Kartellvergaberecht, S. 214 f. schlägt aus verfahrenspraktischen Gründen vor, den Rat bereits über den Text der Bekanntmachung sowie der Leistungsbeschreibung abstimmen zu lassen, da sich bei Grundstücksverkäufen eine Zustimmungspflicht des Rates ergebe. Der isolierte Grundstücksverkauf gehört nicht zum Zuständigkeitskatalog des Rates in § 41 Abs. 1 GO NRW. *Keller*, a.a.O. (dortige Fn. 652) weist zurecht darauf hin, dass solche bei einer „gewissen städtebaulichen oder wirtschaftlichen Bedeutung des Grundstücks" aber auch keine Geschäfte der laufende Verwaltung nach Maßgabe des § 41 Abs. 3 GO NRW seien. Vielfach sei aber über die Hauptsatzung oder eine Zuständigkeitsordnung eine Zustimmungspflicht des Rates für solche Grundstücksgeschäfte bestimmt.

1093 Vgl. hierzu oben, § 15 B. I. 1. a).

1094 OLG Brandenburg, Beschl. v. 03.08.1999 – 6 Verg 1/99; *Bonk / Schmitz*, in: Stelkens / Bonk / Sachs, VwVfG, § 20, Rn. 19; *Kopp / Ramsauer*, VwVfG, § 20, Rn. 6; *Eggers / Malmendier*, NJW 2003, 780, 783; *Burgi*, NZBau 2005, 610, 615.

1095 Dieser allgemeine Rechtsgedanke ist mit den Regelungen zur Befangenheit in den §§ 20, 21 VwVfG für Verwaltungsverfahren im Sinne des § 9 VwVfG ausdrücklich normiert und kann für Auswahlverfahren übernommen werden. Der Wortlaut des

Ein Vorhaben kann nur ausgeschrieben werden, wenn alle tatsächlichen und rechtlichen Hindernisse beseitigt sowie die wesentlichen Eckdaten bekannt sind. So müssen Bodengutachten eingeholt oder bei Bedarf Verhandlungen mit Eigentümern von Grundstücken geführt werden, die sich nicht in Gemeindeeigentum befinden, aber für die Umsetzung des gewünschten Projekts benötigt werden. Zudem müssen die bauplanungsrechtlichen Voraussetzungen des Projekts sichergestellt sein.[1096] Die interne Vorbereitung erfordert schließlich die Festlegung der wesentlichen Eckdaten. Dazu gehören je nach Einzelfall beispielsweise die Bestimmung von Größe, Lage und Beschaffenheit des Grundstücks, die Erfassung etwaiger Aufbauten, der Ausschluss bestimmter Nutzungsmöglichkeiten[1097] oder die Errechnung des Stellplatzbedarfs.

### 2. Erstellung der Ausschreibungsunterlagen

Die Vorbereitung eines Auswahlverfahrens schließt die Erstellung der Ausschreibungsunterlagen mit ein. Hierzu gehören in der Regel eine Leistungs- bzw. Aufgabenbeschreibung, die Offenlegung besonderer Vertragsbedingungen für die Projektdurchführung sowie zumindest ein Verfahrensbrief mit der Darstellung des voraussichtlichen Verfahrensablaufes.

Zentrales Element einer jeden Ausschreibung ist die Leistungsbeschreibung. Ihre sorgfältige Erstellung ist unabdingbare Voraussetzung für eine zuverlässige Angebotskalkulation durch die Interessenten sowie für die Vergleichbarkeit der Angebote und damit für eine zutreffende Wertung. Nach Beendigung des

---

§ 1 VwVfG schließt zwar die Anwendung des VwVfG auf fiskalisches Handeln der Verwaltung grundsätzlich aus, vgl. *Schmitz*, in: Stelkens / Bonk / Sachs, VwVfG, § 1, Rn. 113, 117; *Wolff / Bachof / Stober / Kluth*, Verwaltungsrecht, Bd. 1, § 23, Rn. 54. Das Auswahlverfahren ist kein Verwaltungsverfahren im Sinne des § 9 VwVfG, *Gers-Grapperhaus*, Das Auswahlrechtsverhältnis bei Auftragsvergaben unterhalb der Schwellenwerte, S. 147. Gleichwohl können einzelne Regelungen des VwVfG Ausdruck eines allgemeinen Rechtsgedankens sein, der die Verwaltung auch bei Auswahlentscheidungen zumindest dann bindet, wenn sich aus vorstehenden Ausführungen Lücken in der Verfahrensgestaltung ergeben. Siehe hierzu *Schmitz*, in: Stelkens / Bonk / Sachs, VwVfG, § 1, Rn. 119: *Eggers / Malmendier*, NJW 2003, 780, 783; *Burgi*, NZBau 2005, 610, 615; *Wolff / Bachof / Stober / Kluth*, Verwaltungsrecht Bd. 1, § 25, Rn. 8 a.E.; *Ziekow / Siegel*, ZfBR 2004, 30, 34.

1096 *Keller*, Kooperativer Städtebau und Kartellvergaberecht, S. 216 ff. legt jedoch dar, dass die nachträgliche Aufstellung oder Änderung eines Bebauungsplans kein Verfahrenshindernis ist.

1097 So ist an einen Ausschluss unerwünschter Nutzungen wie Tankstellen, Vergnügungsstätten o.ä. zu denken.

eigentlichen Verfahrens trägt die exakte Leistungsbeschreibung zudem Gewähr für eine einwandfreie Ausführung und Abrechnung.[1098] Durch die Leistungsbeschreibung müssen alle Bieter für die Erstellung ihrer Angebote die gleiche Ausgangsposition erhalten. Dabei ist jede Form der Diskriminierung zu vermeiden. Dies gilt insbesondere für Bedingungen, die potentielle Bieter aus anderen EU-Mitgliedsstaaten direkt oder indirekt benachteiligen sowie für mittelbare Diskriminierungen mithilfe von Bedingungen oder Auflagen, die bestimmte potenzielle Bewerber davon abhalten könnten, ihr Interesse zu bekunden.[1099] Demzufolge muss die Leistungsbeschreibung für einen objektiven Dritten hinsichtlich Art und Umfang der Leistung bzw. der Projektaufgabe, technischer Spezifikationen[1100], abzuschließender Verträge sowie der weiteren Rechte, Pflichten und Bedingungen[1101] eindeutig und erschöpfend sein.[1102]

Typischerweise steht bei kommunalen Investorenprojekten jedoch nicht von vornherein genau fest, wie das spätere Vorhaben konkret realisiert werden soll. Vielmehr lebt diese Kooperationsform von der Einbringung von Ideen oder Know-how durch private Interessenten im weiteren Verlauf des Auswahlverfahrens. So kann sich die Gemeinde auf einem bestimmten innerstädtischen Grundstück eine Wohnbebauung, ein Hotelkomplex oder ein Einkaufszentrum vorstellen. Was davon letztendlich verwirklicht werden kann, hängt nicht zuletzt von wirtschaftlichen Erwägungen des Investors ab und wird oftmals erst im weiteren Verfahren geklärt werden können.[1103] Diese Entwicklungsoffenheit muss sich dann auch in der Leistungsbeschreibung widerspiegeln, um später noch den Anforderungen an eine diskriminierungsfreie und transparente Auswahlentscheidung zu genügen. Insoweit sind die Anforderungen an die Bestimmtheit der Leistungsbeschreibung gelockert[1104], wenngleich alle relevanten Informatio-

1098 *Gers-Grapperhaus*, Das Auswahlrechtsverhältnis bei Auftragsvergaben unterhalb der Schwellenwerte, S. 173.

1099 Mitteilung der Kommission „zu Auslegungsfragen in Bezug auf das Gemeinschaftsrecht, das für die Vergabe öffentlicher Aufträge gilt, die nicht oder nur teilweise unter die Vergaberichtlinien fallen" v. 01.08.2006 – C 179/05 f.

1100 Die Vorstellungen der Gemeinde in Bezug auf technische Merkmale oder Funktionen sowie die Qualität müssen deutlich zum Ausdruck kommen, *Ruhland*, Die Dienstleistungskonzession, S. 234.

1101 Etwa Vertragsstrafenregelungen oder Kündigungsmöglichkeiten.

1102 *Prieß*, in: Kulartz / Marx / Portz / Prieß, VOB/A, § 7, Rn. 12 ff.

1103 *Keller*, Kooperativer Städtebau und Kartellvergaberecht, S. 192 f., 196, 213.

1104 Das OLG Naumburg, Beschl. v. 16.09.2002 – 1 Verg 2/02 „Abwasserbeseitigung" = NZBau 2003, 628, 630 belegt diesen Zustand mit dem Begriff „konzeptionelle Vergabereife".

nen enthalten sein müssen. Dies betrifft bei kommunalen Investorenprojekten die detaillierte Beschreibung des Grundstücks sowie Angaben zu gewünschten Nutzungen. Eine andere Beurteilung würde die Möglichkeiten kooperativen Städtebaus zu stark einengen, die gemeindlichen Planungen durch Kooperation mit Privaten zu forcieren.[1105]

Bei Bauaufträgen werden ferner regelmäßig allgemeine Geschäftsbedingungen in den Vertrag mit einbezogen. Wenn eine solche Einbeziehung seitens der Kommune gewünscht ist, müssen diese für alle potenziellen Bewerber erkennbar und deswegen bereits in den Vergabeunterlagen enthalten sein. Die Bestimmungen werden dann zwingender Bestandteil der Vertragsbeziehungen zwischen Investor und Kommune.[1106]

Das Verfahren, die Kommunikation mit den Interessenten sowie der voraussichtliche Zeitplan müssen vor Beginn des Auswahlverfahrens festgelegt und spätestens mit dem Versand der Ausschreibungsunterlagen im Rahmen eines Verfahrensbriefes nach außen kundgetan werden. An diese „Spielregeln" sind die Teilnehmer, aber auch die öffentliche Stelle gebunden.[1107] Rahmenbedingungen wie Fristen oder formelle Anforderungen, etwa die Angebote schriftlich und verschlossen einzureichen, müssen alle Bewerber gleich treffen und dürfen für keinen Interessenten eine unzumutbare Teilnahmehürde darstellen.[1108] Von einzelnen Fristen darf nur abgewichen werden, wenn eine Änderung ausdrücklich vorbehalten worden ist und die Änderung gegenüber allen Interessenten bekannt gegeben wird. Im Verfahrensbrief sind neben diesen allgemeinen Verfahrensvorschriften auch grundlegende Fragen vorab zu klären. So sind die Voraussetzungen anzugeben, unter denen Angebote wegen Interessenkonflikten oder Verstößen gegen den Grundsatz des Geheimwettbewerbs vom weiteren Verfahren auszuschließen sind. Daneben muss die Gemeinde zu der Frage Stellung beziehen, bis zu welchem Verfahrensstand sich Bieter zu Bieterkonsortien zusammenschließen können.[1109]

### 3. Wahl der Verfahrensart

Bei der Wahl des Verfahrens sind die öffentlichen Stellen grundsätzlich frei. Insbesondere gibt es keinen Vorrang des offenen Verfahrens, der nach Maßgabe des

1105 *Keller*, Kooperativer Städtebau und Kartellvergaberecht, S. 214.

1106 *Ruhland*, Die Dienstleistungskonzession, S. 233.

1107 So auch *Ruhland*, Die Dienstleistungskonzession, S. 205, 232.

1108 *Pietzcker*, Zweiteilung des Vergaberechts, S. 42 f.; *Burgi*, NZBau 2005, 610, 615; *Wollenschläger*, DVBl. 2007, 589, 596.

1109 Vgl. *Prieß / Gabriel*, NZBau 2007, 617, 618.

§ 100 Abs. 7 Satz 1 GWB für Auftragsvergaben oberhalb der kartellvergaberechtlichen Schwellenwerte besteht. Jedoch ist das offene Verfahren grundsätzlich auch bei anderen Auswahlentscheidungen idealtypisch, da es wegen seiner Formalisierung den primärrechtlichen Anforderungen der Diskriminierungsfreiheit und Transparenz[1110] sowie dem verfassungsrechtlichen Gleichbehandlungsgrundsatz[1111] umfassend entspricht.

Dieser Grundsatz bedarf bei kommunalen Investorenprojekten vor dem Hintergrund der durch das gesetzgeberische Leitbild vorgegebenen Entwicklungsoffenheit zu Beginn des Verfahrens aber einer Modifikation. Insbesondere der Umstand, dass Bieter ihr Angebot im offenen Verfahren mit exakten Preisangaben ohne weitere Kontaktaufnahme mit der öffentlichen Stelle abfassen müssen sowie das Nachverhandlungsverbot konterkarieren die besonderen Eigenschaften des kooperativen Städtebaus.[1112] Daher wird die Gemeinde in der Regel das Verhandlungsverfahren anwenden können. Der Verhandlungsphase ist regelmäßig ein Teilnahmewettbewerb vorgeschaltet, bei dem auf diskriminierungsfreie und transparente Art der Bewerberkreis eingeschränkt werden kann.[1113] Danach kann in einer oder mehreren Verhandlungsrunden das endgültige Projekt schrittweise konkretisiert werden.[1114]

## *II. Bekanntmachung*

Der aus den primärrechtlichen Grundsätzen der Gleichbehandlung sowie Nichtdiskriminierung abgeleitete Transparenzgrundsatz und der verfassung-

---

1110 *Kühling / Huerkamp*, MüKo Wettbewerbsrecht, §§ 97 ff. GWB, Rn. 83 sehen deshalb im offenen Verfahren wohl auch bei anderen Auswahlentscheidungen das Regelverfahren. Zu den Voraussetzungen einer Abweichung von diesem Grundsatz vgl. ebenda, Rn. 84 ff.; *Koenig / Kühling*, NVwZ 2003, 779, 785.

1111 *Pünder*, VerwArch 95 (2004), 38, 42; *Widmann*, Vergaberechtsschutz im Unterschwellenbereich, S. 124; *Voßkuhle*, in: Hoffmann-Riem / Schmidt-Aßmann, Verwaltungsverfahren und Verwaltungsverfahrensgesetz, S. 277, 306.

1112 *Keller*, Kooperativer Städtebau und Kartellvergaberecht, S. 188.

1113 Hierzu können objektive Kriterien wie die Erfahrung der Bewerber, die Unternehmensgröße und die betriebliche Infrastruktur sowie die technische Leistungsfähigkeit herangezogen werden. Zu den Voraussetzungen vgl. Mitteilung der Kommission „zu Auslegungsfragen in Bezug auf das Gemeinschaftsrecht, das für die Vergabe öffentlicher Aufträge gilt, die nicht oder nur teilweise unter die Vergaberichtlinien fallen" v. 01.08.2006 – C 179/06.

1114 Dieses Prozedere muss allerdings einschließlich der Mindest- bzw. Höchstzahl der in den jeweiligen Phasen verbleibenden Bewerber und den jeweiligen Kriterien bereits in der Auftragsbekanntmachung oder im Verfahrensbrief erläutert worden sein.

srechtliche Gleichbehandlungsgrundsatz erfordern zuvorderst die Herstellung von Verfahrensöffentlichkeit. Alle an dem konkreten Projekt – sei es die Beauftragung mit einem unterschwelligen Bauauftrag oder die schlichte Grundstücksveräußerung – potentiell Interessierten, müssen die Möglichkeit haben, Kenntnis davon zu erlangen. Zentral ist die Verpflichtung[1115] zur vorherigen Bekanntmachung der Absicht, eine Auswahlentscheidung zu treffen.[1116] Es ist dafür Sorge zu tragen, dass darin die Informationen bekannt gegeben werden, die für eine Entscheidung über die Teilnahme am weiteren Verfahren notwendig sind. Dabei richten sich die Wahl des Bekanntmachungsorgans, der angesprochene Adressatenkreis sowie der Grad der inhaltlichen Konkretisierung nach den Gegebenheiten des Vorhabens. Weil die öffentliche Stelle bei der Ausgestaltung des Verfahrens einen größeren Spielraum als bei Auftragsvergaben oberhalb der Schwellenwerte hat, können im Einzelfall etwa die Kapazitäten der Vergabestelle, zeitliche Umstände, der Auftragswert oder verfahrensökonomische

---

1115 Von dieser Verpflichtung kann nur bei Vorliegen besonderer Umstände abgewichen werden. Anerkannt ist dies etwa bei einer entsprechenden Dringlichkeit der Auswahlentscheidung, einem besonderen Geheimhaltungsinteresse (vor allem bei militärischen Projekten bzw. Projekten im Bereich der Nachrichtendienste) oder, wenn nur ein Unternehmer als Inhaber eines Ausschließlichkeitsrechts, etwa als (Teil-)Eigentümer der zu bebauenden Fläche, oder aus technischen bzw. künstlerischen Gründen als Vertragspartner in Betracht kommt. Siehe hierzu Widmann, Vergaberechtsschutz im Unterschwellenbereich, S. 124. Das EuG, Urt. v. 20.05.2010 – T-258/06 „Unterschwellenmitteilung", Rn. 140 (Slg 2010, II-2027) führt in diesem Zusammenhang ergänzend aus, dass eine Bekanntmachungspflicht auch dann entfällt, wenn sich die ausschreibende Stelle auf eine unionsrechtliche Vorschrift berufen kann, die die Anwendung des Primärrechts generell ausschließt. Dies treffe beispielsweise auf Dienstleistungen von allgemeinem wirtschaftlichem Interesse zu, vgl. Art. 106 Abs. 2 AEUV. Gleiches gelte bei Vorliegen ausdrücklich im AEUV verankerter oder von der Rechtsprechung anerkannter Rechtfertigungsgründe.

1116 *Sachs*, in: Stern, Das Staatsrecht der Bundesrepublik Deutschland, Bd. IV/2, S. 1582; *Hermes*, JZ 1997, 909, 912 f.; *Voßkuhle*, in: Hoffmann-Riem / Schmidt-Aßmann, Verwaltungsverfahren und Verwaltungsverfahrensgesetz, S. 277, 306; *Pünder*, VerwArch 95 (2004), S. 38, 43; *Hüser*, Ausschreibungspflichten bei der Privatisierung öffentlicher Aufgaben, S. 44; *Eggers / Malmendier*, NJW 2003, 780, 782; *Wollenschläger*, DVBl. 2007, 589, 596; *Dietlein / Fandrey*, in: Byok / Jaeger, Vergaberecht, Einl., Rn. 115; *Walz*, Die Bau- und Dienstleistungskonzession, S. 31; *Bungenberg*, WuW 2005, 899, 903 f.; *Prieß / Gabriel*, NZBau 2007, 617, 618.

Gründe zu einer Reduzierung der im Folgenden dargestellten Anforderungen an eine Bekanntmachung führen.[1117]

### 1. Veröffentlichungsmedium

Zunächst ist das geeignete Veröffentlichungsmedium auszuwählen. Die Bekanntgabe darf keinesfalls nur gegenüber vorausgewählten Bietern erfolgen, da andernfalls nicht verhindert werden kann, dass potentielle Bieter von der Teilnahme am Auswahlverfahren ausgeschlossen werden.[1118] Die Reichweite des gewählten Publikationsrahmens muss sich grundsätzlich an der wirtschaftlichen Bedeutung des zu verwirklichenden Projekts orientieren.[1119] Städtebauliche Entwicklungsvorhaben stellen oft große Investitionen dar, die nicht selten auf werthaltigen öffentlichen Grundstücken entstehen sollen, so dass eine örtlich radizierte Bekanntmachung nicht in Betracht kommt. Um ein ausreichendes Maß an Transparenz zu gewährleisten, ist die Gemeinde gehalten, überörtliche Bekanntmachungsoptionen wie die in der Geschäftspraxis gebräuchliche Veröffentlichung in überregionalen Tageszeitungen oder sogar im Amtsblatt der

---

1117 *Pietzcker*, Zweiteilung des Vergaberechts, S. 43; *Keller*, Kooperativer Städtebau und Kartellvergaberecht, S. 179; *Widmann*, Vergaberechtsschutz im Unterschwellenbereich, S. 73. Einschränkend *Pünder*, VerwArch 95 (2004), 38, 52.

1118 Mitteilung der Kommission „zu Auslegungsfragen in Bezug auf das Gemeinschaftsrecht, das für die Vergabe öffentlicher Aufträge gilt, die nicht oder nur teilweise unter die Vergaberichtlinien fallen" v. 01.08.2006 – C 179/04 ff.; bestätigt durch EuG, Urt. v. 20.05.2010 – T-258/06 „Unterschwellenmitteilung", Rn. 100, 126 (Slg 2010, II-2027); *Frenz*, VergabeR 2007, 1, 4. So auch schon *Koenig / Pfromm*, NZBau 2004, 375, 378.

1119 Je nach Transaktionswert eignet sich eine Veröffentlichung im Supplement des Amtsblattes der EU, in internationalen oder nationalen Presseorganen, in Immobilienanzeigern oder auf der gemeindeeigenen Homepage. Darüber hinaus kommt eine Bekanntmachung über Makler, die für eine Vielzahl von Käufern tätig sind in Betracht. Vgl. Mitteilung der Kommission „zu Auslegungsfragen in Bezug auf das Gemeinschaftsrecht, das für die Vergabe öffentlicher Aufträge gilt, die nicht oder nur teilweise unter die Vergaberichtlinien fallen" v. 01.08.2006 – C 179/04 ff. Hierzu *Frenz*, VergabeR 2007, 1, 3; *Widmann*, Vergaberechtsschutz im Unterschwellenbereich, S. 74 ff. Diese Aufzählung ist nicht abschließend, EuG, Urt. v. 20.05.2010 – T-258/06 „Unterschwellenmitteilung", Rn. 98 (Slg 2010, II-2027). A.A. dagegen *Puhl*, VVDStRL 60 (2001) 456, 479 f., der eine Einschränkung unter Wirtschaftlichkeitsaspekten mit Hinweis etwa auf kostengünstige Veröffentlichungsmedien wie das Internet als schwer begründbar ansieht.

Europäischen Union nutzen.[1120] Die Grundstücksmitteilung sieht für binnenmarktrelevante Grundstückstransaktionen eine mehrmalige Bekanntmachung über die Dauer von mindestens zwei Monaten vor.[1121]

## 2. Inhalt

Die Bekanntmachung hat alle wesentlichen Eckdaten des kommunalen Investorenprojekts, Angaben über den Verfahrensablauf, den Zeitrahmen für Interessenbekundungen sowie die Auswahl- und Zuschlagskriterien zu enthalten.[1122] Diese sind zutreffend, hinreichend genau und schlüssig aufzuführen, damit Interessenten eine effektive Teilnahme am Auswahlverfahren sowie die Erstellung einer tragfähigen Angebotskalkulation ermöglicht wird.[1123] Ist beabsichtigt, zunächst Interessenbekundungen einzuholen und im Anschluss eine detailliertere Projektbeschreibung auszugeben[1124], sind die Anforderungen insofern geringer, als dass die potentiellen Bewerber lediglich anhand der zur Verfügung gestellten Daten beurteilen können müssen, ob sich die weitere Teilnahme am Auswahlverfahren wirtschaftlich lohnt.[1125] Wurde das Projekt durch einen privaten Dritten angestoßen, muss die Gemeinde darauf achten, dass dieser durch seine Initiative sowie seine Mitarbeit bei den Vorarbeiten keinen

---

1120 Zur Veröffentlichungspraxis der EU-Kommission *Prieß / Gabriel*, NZBau 2007, 617, 620. Plant die Gemeinde, das Auswahlverfahren sowohl im Amtsblatt als auch in Tageszeitungen bekannt zu machen, darf die Veröffentlichung in den Tageszeitungen nicht vor dem Erscheinen im Amtsblatt erfolgen und keine zusätzlichen Angaben enthalten. Dies gebietet der Wettbewerbsgrundsatz und dem Diskriminierungsverbot, *Ruhland*, Die Dienstleistungskonzession, S. 222 f.

1121 Mitteilung der Kommission betreffend Elemente staatlicher Beihilfe bei Verkäufen von Bauten oder Grundstücken durch die öffentliche Hand v. 10.07.1997 - C 209/3. Ob diese Vorgaben gleichfalls für unterschwellige Bauaufträge ohne Grundstücksübertragung gelten, hängt von den Umständen des Einzelfalls ab.

1122 Demnach sind gegenüber der ausführlichen Leistungs- bzw. Aufgabenbeschreibung nur die Basisdaten bekanntzugeben, *Burgi*, NZBau 2005, 610, 615.

1123 EuGH, Urt. v. 16.10.2003 - C-421/01 „Traunfellner“, Rn. 28 f. (Slg 2003, I-11941); *Koenig / Pfromm*, NZBau 2004, 375, 379; *Widmann*, Vergaberechtsschutz im Unterschwellenbereich, S. 78. So zur Auswahlentscheidung über den Konzessionär im Rahmen eines Wegekonzessionsvertrages nach § 46 EnWG *Bundesnetzagentur / Bundeskartellamt*, Gemeinsamer Leitfaden zur Vergabe von Strom- und Gaskonzessionen, Rn. 28.

1124 Zu dieser Möglichkeit *Prieß / Gabriel*, NZBau 2007, 617, 621.

1125 *Widmann*, Vergaberechtsschutz im Unterschwellenbereich, S. 79, der zutreffend darauf hinweist, dass der Umfang der Angaben von „der Relevanz und der wirtschaftlichen Bedeutung“ des Projektes abhängig ist.

Informationsvorsprung erhält. Gegebenenfalls ist ein solcher durch eine detailliertere Bekanntmachung auszugleichen.[1126]

### 3. Fristen

Auch die Benennung der Teilnahmefrist sowie der Frist für die Angebotsabgabe muss unmissverständlich sein und darf der öffentlichen Hand keinen Interpretationsspielraum belassen. Ebenso ist in der Bekanntmachung darauf hinzuweisen, dass die Nichteinhaltung dieser Fristen zwingend zu einem Verfahrensausschluss führt. Fristen sind – insbesondere mit Blick auf ausländische Interessenten – so zu bemessen, dass die Bieter die Wirtschaftlichkeit einer Teilnahme am weiteren Auswahlverfahren ausreichend prüfen und ein Angebotsentwurf erstellen können.[1127] Hierdurch wird vermieden, dass die öffentliche Stelle den Bewerberkreis über kurze Fristen absichtlich einengt.[1128]

Die Teilnahmefrist muss deshalb je nach wirtschaftlicher Bedeutung des Vorhabens mindestens einen Monat, bei Vorliegen besonderer Umstände bis zu zwei Monate betragen. Kürzere Fristen sind grundsätzlich nur bei kleinen Projekten denkbar. Bei der Fristbemessung muss insbesondere berücksichtigt werden, dass eine seriöse Einschätzung der Kerndaten eines Investorenprojekts zwangsläufig eine Ortsbesichtigung erfordert, die gerade für Bieter aus anderen Mitgliedsstaaten Zeit in Anspruch nimmt.

### 4. Eignungs- und Wertungskriterien

Das zentrale Steuerungsinstrument der Gemeinde für die Auswahl des „richtigen" Investors ist die Bestimmung der Auswahlkriterien. Sie bilden den „inhaltlichen Maßstab"[1129] des weiteren Verfahrens und sind im gesamten

1126 Mitteilung der Kommission „zu Auslegungsfragen in Bezug auf das Gemeinschaftsrecht, das für die Vergabe öffentlicher Aufträge gilt, die nicht oder nur teilweise unter die Vergaberichtlinien fallen" v. 01.08.2006 – C 179/06. Vgl. zur sog. „Projektantenproblematik" *Glahs*, in: Kapellmann / Messerschmidt, VOB Teile A und B, VOB/A § 6, Rn. 22 ff.

1127 Mitteilung der Kommission „zu Auslegungsfragen in Bezug auf das Gemeinschaftsrecht, das für die Vergabe öffentlicher Aufträge gilt, die nicht oder nur teilweise unter die Vergaberichtlinien fallen" v. 01.08.2006 – C 179/06; *Frenz*, VergabeR 2007, 1, 4; *Ruhland*, WuV 2007, 203, 205.

1128 EuG, Urt. v. 20.05.2010 – T-258/06 „Unterschwellenmitteilung", Rn. 122 (Slg 2010, II-2027).

1129 *Keller*, Kooperativer Städtebau und Kartellvergaberecht, S. 204.

Verfahrensverlauf zu beachten.[1130] Die Auswahlkriterien werden in Eignungs- und Wertungskriterien aufgeteilt:

*a) Eignungskriterien*

Die Eignungsprüfung erfolgt im hier dargestellten Verfahrensablauf im Rahmen des vorgeschalteten Teilnahmewettbewerbs.[1131] Durch die Eignungsprüfung soll sichergestellt werden, dass die jeweiligen Bieter die Gewähr für die Vertragsdurchführung bieten, demnach die entsprechende Zuverlässigkeit[1132], Leistungsfähigkeit[1133] und Fachkunde[1134] mitbringen. In der Bestimmung anderer Eignungskriterien ist die öffentliche Stelle grundsätzlich frei, sie muss aber den Grundsatz der Verhältnismäßigkeit beachten[1135] und sicherstellen, dass die Eignungskriterien einen Auftragsbezug haben. Wird diese Grenze überschritten,

1130 EuGH, Urt. v. 04.12.2003 - C-448/01 „Wienstrom", Rn. 93 (Slg 2003, I-14527); bestätigt durch EuGH, Urt. v. 18.11.2010 - C-226/09 „Dolmetsch- und Übersetzungsleistungen", Rn. 59 f. (Slg 2010, I-11807). Von der unzulässigen Änderung ist die noch zulässige Konkretisierung von Kriterien abzugrenzen. Diese ist noch bis zum Zeitpunkt der Kenntnisnahme von den Angeboten gegenüber allen verbliebenen Teilnehmern des Auswahlverfahrens möglich.

1131 Es ist deshalb zulässig, die Wertungskriterien und deren relative Bedeutung erst nach Beendigung des vorgeschalteten Teilnahmewettbewerbs mit den Unterlagen für die Angebotserstellung bekannt zu geben.

1132 Ein Bieter ist zuverlässig, wenn er seinen gesetzlichen Verpflichtungen nachgekommen ist und aufgrund der Erfüllung früherer Verträge eine einwandfreie Vertragsausführung erwarten lässt, *Frister*, in: Kapellmann / Messerschmidt, VOB Teile A und B, VOB/A § 16, Rn. 81; *Ruhland*, Die Dienstleistungskonzession, S. 238; *Gers-Grapperhaus*, Das Auswahlrechtsverhältnis bei Auftragsvergaben unterhalb der Schwellenwerte, S. 83.

1133 Bieter sind leistungsfähig, wenn sie in technischer, kaufmännischer, personeller und finanzieller Hinsicht über die zur ordnungsgemäßen Vertragsdurchführung erforderlichen Mittel verfügen, *Frister*, in: Kapellmann / Messerschmidt, VOB Teile A und B, VOB/A § 16, Rn. 80; *Gers-Grapperhaus*, Das Auswahlrechtsverhältnis bei Auftragsvergaben unterhalb der Schwellenwerte, S. 83; *Ruhland*, Die Dienstleistungskonzession, S. 238.

1134 Bieter weisen die erforderliche Fachkunde auf, wenn Kenntnisse, Erfahrungen und Fertigkeiten eine ordnungsgemäße Durchführung erwarten lassen, *Frister*, in: Kapellmann / Messerschmidt, VOB Teile A und B, VOB/A § 16, Rn. 79; *Gers-Grapperhaus*, Das Auswahlrechtsverhältnis bei Auftragsvergaben unterhalb der Schwellenwerte, S. 83. Dies ist bei kommunalen Investorenprojekten insbesondere der Fall, wenn der Teilnehmer bereits vergleichbare Projekte realisiert hat und dies mit aussagekräftigen Referenzen belegen kann.

1135 *Ruhland*, Die Dienstleistungskonzession, S. 239.

ist die gewünschte Zielvorstellung den sonstigen Ausführungsbestimmungen zuzuordnen.[1136] Bei der Realisierung eines Vorhabens, das bestimmte städtebauliche Vorstellungen umsetzt, empfiehlt es sich, insbesondere konzeptionelle Fähigkeiten des Bewerbers in die Wertung einzustellen.[1137]

Bereits im Rahmen der Bekanntmachung, spätestens jedoch mit Versand der Unterlagen für ein vorgeschaltetes Teilnahmeverfahren („sog. Teilnahmeunterlage") an die Unternehmen, die auf die Bekanntmachung ihr Interesse an dem Projekt bekundet haben, müssen die Kriterien für das spätere Auswahlverfahren benannt werden.[1138] An dieser Stelle muss die Gemeinde auch bestimmen, wie die Bieter ihre Eignung nachweisen können. Dabei ist die Gemeinde gerade bei bedeutenden Projekten in hervorgehobenen Innenstadtlagen nicht daran gehindert, zur Eigenabsicherung bereits im Teilnahmewettbewerb ausführliche Nachweise verlangen. Grundsätzlich sind aber zur Verringerung des Verwaltungsaufwands sowie zur Absenkung der Teilnahmehürde zunächst Eigenerklärungen ausreichend. Der später erfolgreiche Bewerber muss dann allerdings in der Lage sein, die entsprechenden Nachweise zu führen.[1139] Will er sich zur Durchführung bestimmter Arbeiten Subunternehmern bedienen, muss der Bieter sowohl die Eignung des Dritten als auch die Verfügungsmöglichkeit über den Einsatz des Dritten belegen können. Dies ist im Zusammenhang mit den hier untersuchten kommunalen Investorenprojekten insbesondere dann wichtig, wenn der Investor nicht zugleich auch Bauunternehmer, sondern etwa nur Projektentwickler oder Finanzinvestor ist.[1140]

*b) Wertungskriterien*

Im Rahmen der späteren Wertung der Angebote hat die Gemeinde anhand vorab festgelegter, leistungsspezifischer Kriterien zu entscheiden, welcher Investor zum Zuge kommt. Der Zuschlag ist auf das wirtschaftlichste Angebot zu

---

1136 *Siegel*, EuZW 2012, 599.

1137 *Keller*, Kooperativer Städtebau und Kartellvergaberecht, S. 206 f.

1138 Es steht dem öffentlichen Auftraggeber allerdings frei, die Auswahlkriterien erst in den Vergabeunterlagen zu nennen, vgl. etwa § 16 Abs. 7 VOL/A. Den Gemeinden ist aber dringend zu raten, die potentiellen Bieter frühzeitig auf die wesentlichen Entscheidungskriterien hinzuweisen. Diese können durchaus ausschlaggebend für die weitere Teilnahme am Ausschreibungsverfahren sein.

1139 Als Nachweise für die Bietereignung können insbesondere Referenzen über die konzeptionelle Planung bzw. die Erstellung vergleichbarer Projekte, qualifizierte Bankbestätigungen, Jahresabschlüsse oder Vertragserfüllungsbürgschaften dienen.

1140 *Keller*, Kooperativer Städtebau und Kartellvergaberecht, S. 205.

erteilen. Dies ist somit der Maßstab für die Erstellung des Kriterienkatalogs. Der Gerichtshof hat aus dem Gleichbehandlungsgrundsatz sowie dem Transparenzgrundsatz gefolgert, dass potentiellen Bietern zum Zeitpunkt der Vorbereitung ihrer Angebote alle Kriterien, die von der öffentlichen Stelle bei der Bestimmung des wirtschaftlich günstigsten Angebots berücksichtigt werden, und möglichst deren relative Bedeutung bekannt sein müssen, so dass sie spätestens mit dem Versand der Ausschreibungsunterlagen bekanntzugeben sind.[1141]

Die Bewertungskriterien und ihre Gewichtung sind im Hinblick auf die Umstände des Einzelfalles festzulegen.[1142] An bestimmte Kriterien ist die öffentliche Hand nicht gebunden, sie müssen lediglich diskriminierungs- und willkürfrei sein. Wertungskriterien dürfen also nicht einen einzelnen Interessenten ohne sachlichen Grund bevorzugen oder benachteiligen. Sie müssen insbesondere mit dem Vertragsgegenstand im Zusammenhang stehen.[1143] Durch die Festlegung sowie die Gewichtung kann die Gemeinde – ihren städtebaulichen und wirtschaftspolitischen Vorstellungen entsprechend – steuernd in das Auswahlverfahren „eingreifen". Als sachgerechte Bewertungskriterien können vor allem die in den Verdingungsordnungen niedergelegten Wertungskriterien herangezogen werden.[1144]

---

1141 EuGH, Urt. v. 24.11.2005 – C-331/04 „ATI", Rn. 24 (Slg 2005, I-10109). Kritisch zu diesem „frühen" Zeitpunkt *Huerkamp*, Gleichbehandlung und Transparenz, S. 324 f., der aber gleichwohl aus dem Gebot der Nachprüfbarkeit der Unparteilichkeit zumindest eine Verpflichtung folgert, die Kriterien vor Abgabe des ersten Angebots verbindlich festzulegen. Siehe hierzu ebenda, S. 335. Eine Verpflichtung, die Gewichtung der Zuschlagskriterien vorab festzulegen und bekannt zu machen, besteht allerdings nicht, vgl. EuGH, Urt. v. 18.11.2010 – C-226/09 „Dolmetsch- und Übersetzungsleistungen", Rn. 43 (Slg 2010, I-11807).

1142 Siehe zur Wahl der Auswahlkriterien auch *Ruhland*, Die Dienstleistungskonzession, S. 227 f. m.w.N. in dortiger Fn. 272.

1143 Zum Grad des Bezugs zum Auftragsgegenstand EuGH, Urt. v. 10.05.2012 – C-368/10 „EKO und MAX HAVELAAR", Rn. 91.

1144 *Pünder*, VerwArch 95 (2004), S. 38, 43, 56; *Wollenschläger*, DVBl. 2007, 589, 596; *Keller*, Kooperativer Städtebau und Kartellvergaberecht, S. 208. Dies schließt neben dem Kriterium des niedrigsten Preises auch die Beachtung von Ausführungsfristen, Betriebs- und Folgekosten, der Gestaltung, der Rentabilität oder des technischen Wertes ein. Beispiele für Auswahlkriterien im Zusammenhang mit kommunalen Investorenprojekten können sein: Die Höhe des Grundstückskaufpreises (bei reinen Grundstücksverkäufen gebieten schon haushalts- und beihilfenrechtliche Gründe, sich allein daran zu orientieren, vgl. *Eggers / Malmendier*, NJW 2003, 780, 784), der Preis für die Erstellung einer Bauleistung; Investitions- und Folgekosten für die Gemeinde, Mitspracherechte der Gemeinde bei der Ausführung des Projekts,

Gleichzeitig eröffnet sich mit der Festlegung von bestimmten Kriterien keine uneingeschränkte Wahlfreiheit der öffentlichen Hand bei der Auswahlentscheidung. Die Anwendung der Auswahlkriterien muss gleichfalls transparent und nichtdiskriminierend sein.

### 5. Aufforderung zur Interessenbekundung

Die Interessenten sind in der Bekanntmachung schließlich aufzufordern, sich um die Teilnahme am Bieterverfahren zu bemühen. Um die Vergleichbarkeit der Angebote zu erhöhen, kann ein Vordruck für einen Teilnahmeantrag bereit gestellt werden. Es ist sicherzustellen, dass eventuelle Nachträge und Präzisierungen der Bekanntmachungen oder Fristverlängerungen alle potenziellen Interessenten erreichen. Sie sind deshalb grundsätzlich auf dem gleichen Wege zu veröffentlichen, auf dem auch die Bekanntgabe erfolgte. Dies gilt ebenso für die Beantwortung von Nachfragen.

## *III. Prüfung der Teilnahmeanträge*

Mit der Öffnung sowie Prüfung der eingegangenen Teilnahmeanträge beginnt die Phase des Auswahlverfahrens, in der die Verwaltung Entscheidungen über den Verbleib im weiteren Verfahren getroffen werden. Dies erfordert ein Höchstmaß an Neutralität.[1145]

Es sind nur solche Teilnahmeanträge in die nähere Auswahl zu nehmen, die vollständig sowie form- und fristgerecht bei der Auswahlstelle eingegangen sind.[1146] In dieser Phase wird lediglich die Eignung der Bewerber geprüft. Die Gemeinde hat hierbei grundsätzlich einen weiten Beurteilungs- und Ermessen-

---

das Finanzierungskonzept, die Bauzeit, die Qualität der Bauausführung, der innovative Charakter der Bauleistung, ökologische, insbesondere energetische Aspekte, der Service nach der Bauwerkserstellung, die Möglichkeit von späteren baulichen Erweiterungen oder Nutzungsänderungen, die Nachhaltigkeit des Projekts, ein Umweltkonzept sowie bei Bauaufträgen die Lebenszykluskosten. Grundsätzlich berücksichtigungsfähig sind auch städtebauliche oder wirtschaftspolitische Aspekte. Dazu gehören einerseits etwa die Ästhetik des Vorhabens (architektonische und gestalterische Anforderungen) oder das Außenanlagenkonzept und andererseits die Schaffung von Arbeitsplätze oder Ansiedlung von Betrieben. Insbesondere bei Projekten mit Publikumsverkehr sind darüber hinaus funktionelle Aspekte wie kurze Wege, Übersichtlichkeit, Barrierefreiheit und Familienfreundlichkeit berücksichtigungsfähig.

1145 Vgl. hierzu oben, § 17 B. I. 1. Zudem muss das Mehr-Augen-Prinzip Anwendung finden. Vgl. auch § 14 Abs. 2 Satz 1 VOL/A.

1146 *Prieß / Gabriel*, NZBau 2007, 617, 621.

spielraum.[1147] Die Prüfung muss sich aber konsequent an den vorab veröffentlichten Eignungskriterien orientieren, ausreichend begründet sowie lückenlos dokumentiert werden.

Es sind entweder alle geeigneten Teilnehmer oder aus diesen im Wege eines transparenten und diskriminierungsfreien Verfahrens ausgewählte Bewerber unter Einräumung einer angemessenen Frist zur Abgabe eines indikativen Angebots[1148] aufzufordern.[1149] Dabei ist darauf zu achten, dass noch in ausreichender Zahl geeignete Bewerber zur Verfügung stehen, damit ein echter Wettbewerb gewährleistet ist. Zugleich sind spätestens jetzt die detaillierten Ausschreibungsunterlagen an alle verbliebenen Verfahrensteilnehmer zu übersenden.[1150]

Im Übrigen sind die Verfahrensteilnehmer gehalten, auf Unklarheiten und Mängel unverzüglich schriftlich hinzuweisen. Mit der Teilnahme am Auswahlverfahren entsteht ein vorvertragliches Schuldverhältnis.[1151] Hieraus ergibt sich gegenüber der öffentlichen Stelle die Verpflichtung, Unklarheiten und Mängel unverzüglich anzuzeigen. Antworten sind in Verfahrensbriefen gegenüber allen verbliebenen Teilnehmern bekannt zu geben.

### *IV. Diskriminierungsfreie Auswahl der Verhandlungspartner*

Erst nach dem Ablauf der Frist zur Erstellung indikativer Angebote sind die Angebotsumschläge zu öffnen. In die nähere Auswahl dürfen nur solche Bieter gelangen, deren Angebot fristgerecht und vollständig bei der Auswahlstelle eingegangen ist. Diese müssen insbesondere die geforderten Angaben und

---

1147 Weil der Verwaltung ein solcher Spielraum bereits im Kartellvergaberecht zusteht, kann für Auswahlverfahren außerhalb des Kartellvergaberechts kein strengerer Maßstab gelten, *Frister*, in: Kapellmann / Messerschmidt, VOB Teile A und B, VOB/A § 16, Rn. 75; *Prieß / Gabriel*, NZBau 2007, 617, 621 m.w.N. A.A. mit Verweis auf den absoluten Charakter der Eignungskriterien *Ruhland*, Die Dienstleistungskonzession, S. 243.

1148 Dieses indikative Angebot soll die Basis für die spätere Verhandlungsphase bilden. Indikative Angebote unterscheiden sich von endgültigen Angeboten durch ihre fehlende Verbindlichkeit. Zudem sind sie – was insbesondere im Zusammenhang mit Grundstücksgeschäften von herausragender Bedeutung ist – nicht formbedürftig. Vgl. hierzu *Keller*, Kooperativer Städtebau und Kartellvergaberecht, S. 230.

1149 *Eggers / Malmendier*, NJW 2003, 780, 785; *Ruhland*, Die Dienstleistungskonzession, S. 240.

1150 Dabei ist auf einen zeitgleichen Versand der Unterlagen zu achten.

1151 BGH, Urt. v. 27.06.2007 – X ZR 34/04 = NJW 2008, 366.

Erklärungen[1152] enthalten, also „wertbar" sein. Andernfalls müssen sie zwingend vom weiteren Verfahren ausgeschlossen werden.[1153] Entsprechen die Angebote nicht den Ausschreibungsunterlagen, ist kein objektiver Vergleich der verschiedenen Bieter gewährleistet, so dass auch in diesen Fällen ein Ausschluss vorzunehmen ist.[1154]

Die eingereichten indikativen Angebote dürfen nachträglich weder geändert noch ergänzt werden. Eine solche Praxis verstößt gegen den Gleichbehandlungsgrundsatz, weil eine Berücksichtigung nachträglicher Änderungen diesen Bieter gegenüber den anderen Interessenten begünstigt.[1155] Dies gilt ebenso für die Einräumung der Möglichkeit zur nachträglichen Vervollständigung oder Korrektur von Angeboten, es sei denn, diese Möglichkeit besteht für alle Teilnehmer am Auswahlverfahren gleichermaßen. Es dürfen darüber hinaus nachträglich keine Kriterien oder Anforderungen an die Leistung eingeführt werden, da den Bietern ansonsten bei der Abgabe ihrer indikativen Angebote keine ausreichende Kalkulationsgrundlage vorliegen würde und diese somit der Willkür der öffentlichen Stelle ausgeliefert wären.[1156]

Verhandlungen können entweder mit allen Teilnehmern, die ein wertbares Angebot eingereicht haben, oder nur mit ausgewählten Bietern aufgenommen werden. Eine etwaige Auswahl muss dann aber transparent sowie diskriminierungsfrei gestaltet und strikt an den bereits aufgestellten und bekanntgegebenen Kriterien ausgerichtet werden.

---

1152 So etwa in Nordrhein-Westfalen – unabhängig vom Auftragswert – für öffentliche Aufträge die Erklärungen zur Tariftreue gemäß § 4 TVgG NRW und die Erklärungen zur Einhaltung bestimmter Sozialstandards sowie zur Frauenförderung gemäß §§ 18, 19 TVgG NRW. Im Rahmen von Bauaufträgen besteht hier in Anlehnung an § 16 Abs. 1 Nr. 3 VOB/A eine Nachforderungspflicht der öffentlichen Stelle, *Dünchheim*, Kurzkommentar TVgG NRW, S. 46.

1153 Unzulässige Angebote sind vorab auszuschließen. Zu zwingenden und fakultativen Ausschlussgründen bei Auftragsvergaben nach den Verdingungsordnungen vgl. *Frister*, in: Kapellmann / Messerschmidt, VOB Teile A und B, VOB/A § 16, Rn. 3 ff. Vgl. zum Ausschluss nicht vorgelegter Erklärungen nach dem TVgG NRW, § 8 Abs. 2 TVgG NRW. Auf diese Rechtsfolge muss die Gemeinde bereits in der Bekanntmachung hinweisen.

1154 EuGH, Urt. v. 22.06.1993 – C-243/89 „Storebaelt", Rn. 37 (Slg 1993, I-3353).

1155 EuGH, Urt. v. 25.04.1996 – C-87/94 „Wallonische Busse", Rn. 56 (Slg 1996, I-2043).

1156 *Ruhland*, Die Dienstleistungskonzession, S. 234; *Gers-Grapperhaus*, Das Auswahlrechtsverhältnis bei Auftragsvergaben unterhalb der Schwellenwerte, S. 174.

## *V. Aufnahme von Verhandlungen mit den ausgewählten Bewerbern*

Für die weitere Verfahrensgestaltung bestehen keine festen Vorgaben.[1157] So kann die öffentliche Hand unter Beachtung des Diskriminierungsverbots sowie des Transparenzgrundsatzes eine oder mehrere Verhandlungsrunden mit den ausgewählten Bewerbern durchführen, in denen das Projekt weiter konkretisiert wird. In der Verhandlungsphase können einzelne Angebotsinhalte aufgeklärt werden sowie Nachbesserungen der vorgelegten Angebote verlangt werden.[1158] Nicht verhandelbar sind dagegen die Kernbestandteile der Leistungsbeschreibung. Soweit Bestandteile allerdings als entwicklungsoffen gekennzeichnet wurden, verbleibt für Präzisierungen ein gewisser Spielraum.

Auch die Verhandlungsführung kann weitestgehend frei gestaltet werden. Zur Steigerung des Wettbewerbsdrucks können die ausgewählten Bewerber etwa über den Stand des Höchstgebots für eine öffentliche Liegenschaft informiert werden. Dagegen dürfen Lösungsvorschläge oder vertrauliche Informationen eines an den Verhandlungen teilnehmenden Bewerbers nicht ohne dessen Zustimmung an die übrigen Verhandlungspartner weitergegeben werden.

Die verbliebenen Interessenten sind anschließend unter Einräumung einer angemessenen Frist[1159] zur Abgabe eines endgültigen und – bei Grundstücksveräußerungen – aus Gründen der Rechtssicherheit notariell beurkundeten[1160] Angebots (sog. „best and final offer") aufzufordern.

## *VI. Beendigung der Verhandlungen und Vertragsabschluss*

Nach dem Eingang der endgültigen Angebote prüft die zuständige Stelle diese Angebote und bewertet sie strikt anhand der vorab aufgestellten sachgerechten Kriterien und bereitet einen Beschlussvorschlag vor. Danach wird regelmäßig

---

1157 Vgl. für eine beispielhafte Struktur der Verhandlungsphase für Auftragsvergaben oberhalb der Schwellenwerte *Keller*, Kooperativer Städtebau und Kartellvergaberecht, S. 232 ff.

1158 Dies kann etwa ein höherer Kaufpreis für eine öffentliche Liegenschaft sein.

1159 In diesem Zeitpunkt müssten alle wesentlichen Kalkulationsbestandteile ausreichend bekannt sein, so dass auch eine kurze Frist von 14 Tagen noch ausreichend sein dürfte. A.A. *Keller*, Kooperativer Städtebau und Kartellvergaberecht, S. 242, der eine Mindestfrist von einem Monat fordert.

1160 *Städtetag Nordrhein-Westfalen / Städte- und Gemeindebund NRW*, Gemeinsamer Leitfaden „Kommunale Grundstücksgeschäfte und Vergaberecht"), S. 61 f.

der Gemeinderat auf Basis der Ergebnisse die Entscheidung darüber zu treffen haben, welchem Bieter der Vorzug gegeben wird.[1161]

Die dem Transparenzgrundsatz zu entnehmende Verpflichtung, eine Nachprüfung der Unparteilichkeit zu ermöglichen, zwingt die öffentlichen Stellen, nach einer getroffenen Auswahlentscheidung bestimmten Informationspflichten nachzukommen.[1162] Hat die Gemeinde ihre Auswahlentscheidung getroffen, muss sie diese unter Angabe der die Entscheidung tragenden Gründe den unterlegenen Bewerbern rechtzeitig, also ca. zwei Wochen vor Vertragsschluss, mitteilen.[1163] Spätestens jetzt muss die Gemeinde zumindest bei binnenmarktrelevanten Projekten auch die Gewichtung der Auswahlkriterien bekannt geben.[1164] Teilweise wird sogar gefordert, die Punktevergabe detailliert offenzulegen.[1165]

Um dieser Verpflichtung nachzukommen, ist eine hinreichende Dokumentation des gesamten Auswahlverfahrens, insbesondere hinsichtlich der Beachtung der aufgestellten Wertungskriterien bei der Auswahlentscheidung, unabdingbar.[1166] Die unterlegenen Teilnehmer müssen anhand der Aufzeichnungen erkennen können, warum sie aus dem Verfahren ausscheiden mussten und, welche Erwägungen die Gemeinde haben leiten lassen, dem siegreichen Investor den Vorzug zu geben. Daneben bestehen als notwendiger Bestandteil eines jeden rechtsstaatlichen Verfahrens Akteneinsichtsrechte der am Auswahlverfahren beteiligten Bieter.[1167]

Nach erfolgtem Vertragsschluss ist dieser öffentlich bekannt zu geben. Dazu ist derjenige Publikationsweg zu wählen, der bereits für die Bekanntmachung benutzt wurde.

---

1161 Zur Zuständigkeit des Rates bei Grundstücksverkäufen siehe oben, § 17 B. I. 1.

1162 *Huerkamp*, Gleichbehandlung und Transparenz, S. 331 f. Siehe hierzu ausführlich oben, § 16 D.

1163 *Hermes*, JZ 1997, 909, 914; *Pünder*, VerwArch 95 (2004), 38, 58; *Bungenberg*, WuW 2005, 899, 904. Zur Rechtzeitigkeit der Vorabinformation *Knöbl*, Rechtsschutz bei der Vergabe von Aufträgen unterhalb der Schwellenwerte, S. 189 f.

1164 Siehe zur Bekanntgabe der Gewichtung bereits oben, § 17 B. II. 4. b).

1165 *Eggers / Malmendier*, NJW 2003, 780, 784 f.

1166 Zu den Voraussetzungen an die Dokumentation nach den Vorgaben der VOB/A vgl. OLG Naumburg, Beschl. v. 20.09.2012 – 2 Verg 4/12 „Finanzamt" = VergabeR 2013, 55.

1167 *Kopp / Ramsauer*, VwVfG, § 29, Rn. 2. Vgl. zur Heranziehung verwaltungsrechtlicher Verfahrensgrundsätze auf Auswahlentscheidungen, die keine Verwaltungsverfahren im Sinne des § 9 VwVfG sind, oben, § 17 B. I. 1. A.A. *Schmitz*, in: Stelkens / Bonk / Sachs, VwVfG, § 1, Rn. 118.

# Vierter Teil: Schluss

## § 18 Rechtspflicht zur Ausschreibung und gemeindliche Planungshoheit

Abschließend soll die Vereinbarkeit einer Ausschreibungspflicht mit den Gewährleistungen der kommunalen Selbstverwaltungsgarantie beleuchtet werden. Die praktische Umsetzung von Investorenvorhaben findet immer im Spannungsfeld zwischen gemeindlicher Planungsmacht und den Renditeerwartungen des jeweiligen Investors statt. Die Einbindung von Privaten im Bereich des Städtebaus hat einen engen Bezug zur verfassungsrechtlichen geschützten gemeindlichen Planungshoheit.[1168] Diese ist Bestandteil der in Art. 28 Abs. 2 Satz 1 GG verankerten kommunalen Selbstverwaltungsgarantie.[1169]

Bei der Beurteilung der Verfassungskonformität einer Rechtspflicht zur Ausschreibung ist zwischen unionsrechtlichen Vorgaben und solchen zu unterscheiden, die lediglich im nationalen Recht verwurzelt sind. Auch die Kommunen unterliegen dem Anwendungsvorrang des europäischen Unionsrechts. Damit sind Vorgaben des Primär- oder Sekundärrechts für die Kommunen bindend. Verpflichten diese Regelungen zur Ausschreibung eines städtischen Kooperationsvorhabens, kann Art. 28 Abs. 2 Satz 1 GG also a priori keine beschränkende Wirkung entfalten.[1170] Soweit also in den untersuchten städtebaulichen Konstellationen eine unionsrechtlich begründete vergaberechtliche Ausschreibungspflicht vorliegt, kann die Gemeinde nicht unter Berufung auf die gemeindliche Planungshoheit von einer Ausschreibung absehen. Überlässt das Unionsrecht dagegen dem nationalen Gesetzgeber einen Umsetzungsspielraum, muss sich die Umsetzung an Art. 28 Abs. 2 Satz 1 GG messen lassen.[1171]

Bei rein nationalen Regelungen, die zu einer Ausschreibung des städtebaulichen Kooperationsvorhabens zwingen, sind diese am Recht auf kommunale Selbstverwaltung zu messen. Dieses hat nach dem Wortlaut des Art. 28 Abs. 2 Satz 1 GG zwei Stoßrichtungen: Es spricht den Gemeinden einen eigenen Aufgabenkreis, der sich grundsätzlich auf alle Angelegenheiten der örtlichen Gemeinschaft

1168 *Keller*, Kooperativer Städtebau und Kartellvergaberecht, S. 181.

1169 Zum Gewährleistungsgehalt von Art. 28 Abs. 2 Satz 1 GG ausführlich *Hellermann*, Örtliche Daseinsvorsorge und gemeindliche Selbstverwaltung, S. 133 ff.; *Püttner*, in: Isensee / Kirchhof, Handbuch des Staatsrechts, Bd. VI, S. 1142 ff.

1170 *Hellermann*, in: Epping/Hillgruber, Grundgesetz, Art. 28, Rn. 24.

1171 ebenda, Art. 28, Rn. 25.

erstreckt, und die Befugnis zu, diese Angelegenheiten auch eigenverantwortlich zu regeln.[1172] Im Rahmen der Prüfung der Vereinbarkeit einer bestimmten staatlichen Maßnahme mit der Selbstverwaltungsgarantie muss zwischen dem Kernbereich und einem Randbereich unterschieden werden.[1173] Geschützt ist nur ein unantastbarer Kernbereich der kommunalen Selbstverwaltungsgarantie. Zur Reichweite dieses Kernbereichs führte das Bundesverfassungsgericht in seiner „Rastede"-Entscheidung wörtlich aus:

> *„Hiernach gehört zum Wesensgehalt der gemeindlichen Selbstverwaltung kein gegenständlich bestimmter oder nach feststehenden Merkmalen bestimmbarer Aufgabenkatalog, wohl aber die Befugnis, sich aller Angelegenheiten der örtlichen Gemeinschaft, die nicht durch Gesetz bereits anderen Trägern öffentlicher Verwaltung übertragen sind, ohne besonderen Kompetenztitel anzunehmen („Universalität" des gemeindlichen Wirkungskreises)"*[1174]

Ein Aufgabenentzug darf nicht zu einer Aushöhlung der Selbstverwaltung führen und den Gemeinden die Gelegenheit zu kraftvoller Betätigung nehmen.[1175]

Die weitergehende Frage, ob die Planungshoheit überhaupt zum unantastbaren Kernbereich der kommunalen Selbstverwaltungsgarantie gehört, ist umstritten.[1176] Die Beantwortung dieser Frage kann aber dahinstehen, wenn die Rechtspflicht zur Durchführung einer Ausschreibung schon gar keine Verletzung der Planungshoheit darstellen würde.[1177] Die Planungshoheit berechtigt und verpflichtet die Gemeinde – ohne strikte Bindung an staatliche Vorgaben – zur Bauleitplanung, „sobald und soweit es für die städtebauliche Entwicklung

---

1172 BVerfG, Beschl. v. 23.11.1988 – 2 BvR 1628/83 „Rastede" = NVwZ 1989, 347, 348; Beschl. v. 26.10.1994 – 2 BvR 445/91 = NVwZ 1995, 677; Beschl. v. 19.11.2002 – 2 BvR 329/97 „Kommunale Verwaltungsgemeinschaften" = NVwZ 2003, 850, 851.

1173 BVerfG, Beschl. v. 23.11.1988 – 2 BvR 1628/83 „Rastede" = NVwZ 1989, 347, 348; Beschl. v. 23.06.1987 – 2 BvR 826/83 „Wilhelmshaven" = NVwZ 1988, 47, 48; Beschl. v. 26.10.1994 – 2 BvR 445/91 = NVwZ 1995, 677; Beschl. v. 19.11.2002 – 2 BvR 329/97 „Kommunale Verwaltungsgemeinschaften" = NVwZ 2003, 850, 851.

1174 BVerfG, Beschl. v. 23.11.1988 – 2 BvR 1628/83 „Rastede" = NVwZ 1989, 347, 348.

1175 Grundlegend BVerfG, Urt. v. 20.03.1952 1 BvR 267/51 = NJW 1952, 577; zuletzt BVerfG, Beschl. v. 23.11.1988 – 2 BvR 1628/83 „Rastede" = NVwZ 1989, 347, 348; Beschl. v. 26.10.1994 – 2 BvR 445/91 = NVwZ 1995, 677, 678.

1176 Das BVerfG hat dies bislang offen gelassen, vgl. BVerfG, Beschl. v. 07.10.1980 – 2 BvR 584/76 u.a. „Lärmschutz" = NJW 1981, 1659, 1660; BVerfG, Beschl. v. 23.06.1987 – 2 BvR 826/83 „Wilhelmshaven" = NVwZ 1988, 47, 49. Vgl. *Battis*, in: ders. / Krautzberger / Löhr, BauGB, § 2, Rn. 20; *Clemens*, NVwZ 1990, 834, 838; *Oebbecke*, in: FS-Hoppe, S. 239.

1177 *Keller*, Kooperativer Städtebau und Kartellvergaberecht, S. 183.

und Ordnung erforderlich ist".[1178] Zunächst wird der Gemeinde wird durch die Verfahrensvorgaben keine bestimmte städtebauliche Gestaltung aufgezwungen. Zudem kann ein solches Verfahren jederzeit aus sachlichen Gründen aufgehoben oder zurückversetzt werden[1179], was eine Ausrichtung an anderen Planungsvorstellungen ermöglicht. Schließlich wird man eine Verletzung der Planungshoheit als Grundvoraussetzung für einen Eingriff in den Kernbereich der kommunalen Selbstverwaltung nur dann annehmen können, wenn die Letztverantwortung der Gemeinde für die Bauleitplanung verloren ginge.[1180] Im Rahmen der Untersuchung wurde aber deutlich, dass sich die Gemeinde auch bei einer weitgehenden Einbindung des Privaten in den Prozess der Bauleitplanung bzw. Stadtentwicklung nicht ihrer Kernaufgabe entledigen kann: Der planerischen Letztverantwortung. Daher kann sich durch die Verpflichtung eine der Anwendung städtebaulicher Handlungsinstrumente vorausgehende strukturierte Bewerberauswahl durchzuführen, auch kein Verstoß gegen die Planungshoheit ergeben. Es bleibt immer noch genügend Abwägungsmaterial für die finale Projektentscheidung übrig. Da die Durchführung eines strukturierten Bieterverfahrens die Gemeinde nicht verpflichtet, eine bestimmte Planung durchzuführen, liegt auch im Randbereich keine Beschränkung der kommunalen Selbstverwaltungsgarantie vor.

Vielmehr wird der durch die Ausschreibung angeregte Wettbewerb um die beste städtebauliche Lösung in aller Regel sogar zu einer Verbesserung der Planungsmöglichkeiten führen.

## § 19 Ausschreibungsverfahren als Chance für die Beteiligten

Nachdem die verfassungsrechtliche Dimension einer Rechtspflicht zur Ausschreibung kommunaler Investorenprojekte beleuchtet wurde, soll abschließend dargestellt werden, welche Chancen eben aus dieser umfangreichen Pflichtenbindung der Gemeinde für die Beteiligten erwachsen. Die Untersuchung hat gezeigt, dass in vielen Fällen die Auswahl des „richtigen" privaten Investors erst im Anschluss an die Durchführung eines strukturierten Bieterverfahrens getroffen werden darf. Denn unabhängig davon, ob das angedachte Projekt nach kartellvergaberechtlichen Maßstäben auszuschreiben ist, besteht auch außerhalb des

1178 Zur Planungshoheit *Just*, in: Hoppe / Bönker / Grotefels, Öffentliches Baurecht, § 2, Rn. 16 ff.

1179 Vgl. etwa § 17 VOB/A.

1180 Hierzu ausführlich *Keller*, Kooperativer Städtebau und Kartellvergaberecht, S. 181 ff.

GWB-Vergaberechts eine Rechtspflicht zur Durchführung eines strukturierten Bieterverfahrens, wenn die zu entwickelnde Fläche im Eigentum der Gemeinde steht oder ein unterschwelliger Bauauftrag vergeben wird.

Auch wenn Kommunen und Investoren regelmäßig die Nachteile der Verfahrensbindungen herausstellen, bringt die Anwendung durchaus gewichtige Vorteile mit sich. Ein im Vorfeld gut durchdachtes und stringent angewandtes Verfahren trägt zu einem zügigen Abschluss bei, denn die vorab investierte Zeit wird regelmäßig durch einen zügigen Verfahrensablauf wieder kompensiert. Daneben besteht durch die verfahrensmäßige Einbettung der Auswahlentscheidung und die damit einhergehende Kanalisierung der unterschiedlichen Interessen im Entwicklungsprozess die Chance, dass in kürzerer Zeit hochwertigere städtebauliche Lösungen erreicht werden. Für die privaten Investoren besteht durch einheitliche Verfahrensregeln ein größeres Maß an Verlässlichkeit und Berechenbarkeit. Ebenso können mithilfe wettbewerblicher Verfahren unlautere Verhaltensweisen zurückgedrängt werden.[1181] Die praktischen Erfahrungen der Gemeinden und der Projektinvestoren mit einer Ausschreibung sind dann auch nicht so schlecht, wie sie vielfach dargestellt werden.[1182] Insbesondere das Verhandlungsverfahren ermöglicht eine flexible und transparente Verfahrensgestaltung, bei der sich – vor dem Hintergrund nicht immer schon im vornherein genau feststehender Vorstellungen vom Projekt – im fortschreitenden Prozess die Interessen der beteiligten Parteien konkretisieren und angleichen können.

Gleichzeitig eignen sich öffentliche Ausschreibungsverfahren für Verwaltung und Investor als Mittel, auch in der Bevölkerung Akzeptanz für das jeweilige Projekt zu erreichen.[1183] Dieser Vorzug darf insbesondere mit Blick auf die teils massiven Bürgerproteste gegen große Infrastrukturvorhaben[1184] nicht unterschätzt werden. So kann in das Verfahren eine öffentliche Präsentation und Diskussion von Bieterentwürfen integriert werden.[1185] Es verringert sich die Gefahr, dass die anschließende Phase der Verwirklichung des Vorhabens durch Einwände gegen

1181 *Dicks*, in: DStGB, Dokumentation Nr. 79, Kommunale Immobiliengeschäfte und Ausschreibungspflicht, S. 6. Dies betrifft insbesondere die Bekämpfung von Korruption. Siehe zur Korruptionsbekämpfung durch Vergaberecht *Widmann*, Vergaberechtsschutz im Unterschwellenbereich, S. 150.

1182 *Otting*, NJW 2010, 2167, 2170.

1183 *Dicks*, in: DStGB, Dokumentation Nr. 79, Kommunale Immobiliengeschäfte und Ausschreibungspflicht, S. 6.

1184 Vgl. hierzu etwa *Knauff*, DÖV 2011, 1 m.w.N.

1185 *Otting*, NJW 2010, 2167, 2170.

die gefundene Lösung hinausgezögert wird. Zudem bietet die Beteiligung Dritter die Möglichkeit, Risiken eines großen Bauprojekts besser abzuschätzen.

Die Erkenntnis, dass die Einbettung der Auswahlentscheidung in ein strukturiertes Bieterverfahren sehr wohl auch messbare Vorteile mit sich bringt, deckt sich im Übrigen mit den Ergebnissen neuerer Untersuchungen des Bundesrechnungshofes[1186] zur Lockerung der öffentlichen Auftragsvergabe im Rahmen des Konjunkturpakets II.[1187] Die Finanzkontrolleure stellten fest, dass sich die kurzzeitigen Vergabeerleichterungen sowohl für den Bund, dessen Vergabeverfahren untersucht wurden, als auch für die Wirtschaft, letztlich als nachteilig erwiesen haben. Die breite Masse der Unternehmen sei durch die Maßgabe, Bauvorhaben des Konjunkturpakets nicht oder nur beschränkt auszuschreiben, nicht in den Genuss von Aufträgen gekommen. Im Gegenzug habe der Bund „deutliche Nachteile beim Wettbewerb und bei der Wirtschaftlichkeit sowie eine erhöhte Korruptions- und Manipulationsgefahr"[1188] hinnehmen müssen. Im Durchschnitt seien Mehrausgaben von 13% verursacht worden.[1189]

Die Teilnahme mehrerer Interessenten an einem Auswahlverfahren erhöht die Auswahlfreiheit der Gemeinde. So wird aber der Nachteil der Gemeinde, über ein in ihrem Eigentum stehendes Grundstück nicht frei verfügen zu können, durch die Freiheit entschädigt, unter verschiedenen Konzepten, das städtebaulich interessanteste bzw. wirtschaftlichste auszusuchen. Letztlich steht die Rechtspflicht zur Ausschreibung also nicht im Widerspruch zum Ziel der Kommunalpolitik, die eigene Gemeinde lebenswerter zu machen.

## § 20 Zusammenfassung der wesentlichen Erkenntnisse

1. Die Gemeinde verfügt über verschiedene städtebauliche Handlungsinstrumentarien, mithilfe derer sie unter Beibehaltung der planerischen Letztverantwortung die Einbindung Privater in die städtebauliche Entwicklung betreiben kann. Wird anlässlich des Investorenprojektes ein gemeindeeigenes

---

1186 *Bundesrechnungshof*, Sonderbericht zum Konjunkturpaket II v. 09.02.2012. Siehe hierzu auch Süddeutsche Zeitung v. 10.02.2012, S. 19.

1187 Im Rahmen des Konjunkturpakets II konnten 2009 und 2010 zur Förderung der Konjunktur Bauleistungen bis 100.000 € freihändig sowie Bauvorhaben bis zu einem Wert von 1.000.000 € nach einer Beschränkten Ausschreibung vergeben werden. Vgl. hierzu auch *Kühling / Huerkamp*, NVwZ 2009, 557.

1188 *Bundesrechnungshof*, Sonderbericht zum Konjunkturpaket II v. 09.02.2012, S. 4, 28.

1189 Ebenda, S. 6.

Grundstück veräußert, können die gemeindlichen Vorstellungen darüber hinaus im Wege des Grundstückskaufvertrags durchgesetzt werden.

2. Die Modifizierung des Tatbestandes des öffentlichen Bauauftrags durch die EuGH-Entscheidung „Helmut Müller" führt zu einer Eingrenzung der Reichweite des Anwendungsbereichs auf der Leistungsseite. Neben dem geschriebenen Tatbestandsmerkmal der „Bauleistung" sind die – zumindest im maßgeblichen Unionsrecht – ungeschriebenen Tatbestandsmerkmale „einklagbare Bauverpflichtung" und „unmittelbares wirtschaftliches Interesse" für die Bestimmung der Reichweite des Anwendungsbereiches des Vergaberechts heranzuziehen.
3. Das Nennen von Erfordernissen als Element der dritten Variante der „Bauleistung" erfordert das Bestehen einer Definitionsmacht über die Art oder die Gestaltung des Bauwerks. Das schließt städtebauliche Vorgaben nicht aus, erfordert aber mehr als die „bloße Ausübung städtebaulicher Regelungszuständigkeiten". Die Negativabgrenzung erfasst jedoch lediglich das Handlungsinstrumentarium, nicht hingegen das Handlungsziel der Gemeinde. Es sind diejenigen Handlungsinstrumentarien auszuschließen, die keine Einflussnahme der Gemeinde auf die Art oder die Ausführung des Bauvorhabens zulassen. Der entscheidende Prüfungsmaßstab für dieses Tatbestandsmerkmal ist demnach das für die Gemeinde bereits geltende Baurecht. Städtebauliche Handlungsinstrumente, mit denen die Gemeinde einen irgendwie gearteten einzelvertraglichen Einfluss auf die Realisierung des Bauvorhabens nehmen kann, sind dagegen grundsätzlich vergaberechtlich relevant.
4. Ein geeignetes Abgrenzungskriterium für das Vorliegen einer Definitionsmacht der Gemeinde über das Bauwerk liegt in der Möglichkeit, die vom öffentlichen Auftraggeber vorgenommene Modifikation der ursprünglichen Planung bei einem Eigentümer- oder Mieterwechsel ohne erheblichen Aufwand wieder vollständig rückgängig zu machen.
5. Mit dem Merkmal der „einklagbaren Bauverpflichtung" verkürzt der Gerichtshof den Anwendungsbereich der Richtlinie. Projekte, bei denen sich der private Investor nicht zur Erbringung einer Bauleistung verpflichtet, unterfallen nicht dem Kartellvergaberechtsregime. Mit der Anforderung, dass es sich um eine einklagbare Bauverpflichtung handeln muss, scheiden solche Bauverpflichtungen aus, die lediglich den Rechtscharakter einer Obliegenheit haben. Dem entgeltlichen Charakter des öffentlichen Bauauftrags wird eine derart locker ausgestaltete Verknüpfung von Leistung und Gegenleistung nicht gerecht. Auch indirekte Bauverpflichtungen werden vom

Anwendungsbereich des Kartellvergaberechts erfasst, wenn sie den Auftragnehmer zur Vornahme der geplanten Baumaßnahme drängen. Ein solcher Zwang wird nur durch wirtschaftliche Nachteile für den Fall der Nichtbebauung ausgelöst. Hierfür muss eine Erheblichkeitsschwelle überschritten werden, die sich nach der Größe des Projekts richtet.

6. Das Erfordernis eines Beschaffungszwecks zieht sich wie ein roter Faden durch die Rechtsprechung des EuGH. Bis zur Entscheidung „Helmut Müller" fehlte aber jede Bestimmung der Reichweite. Auch das OLG Düsseldorf verzichtete nicht auf dieses Erfordernis, wagte sich aber – unter Berücksichtigung der bis dahin ergangenen EuGH-Rechtsprechung – weiter an die Grenzen der Ausschreibungspflicht heran.
7. Der EuGH schafft mit dem ungeschriebenen Tatbestandsmerkmal „unmittelbares wirtschaftliches Interesse" einen unbestimmten Rechtsbegriff, der selbst auslegungsbedürftig ist. Der Gerichtshof versucht zwar, mithilfe einer Fallgruppenbildung den Begriff zu konkretisieren. Da aber eine fundierte Begründung fehlt und auch die Fallgruppen weder ins Verhältnis zum Begriff noch untereinander ins Verhältnis gesetzt werden, ist der Versuch einer Präzisierung unzureichend.
8. Ein Erkenntnisgewinn ist die Negativabgrenzung „bloße Ausübung städtebaulicher Regelungszuständigkeiten", welche aber keinesfalls städtebauliche Vorgaben aus dem Anwendungsbereich des Kartellvergaberechts drängt, sondern lediglich den Gebrauch verschiedener Handlungsinstrumentarien des BauGB vom Verfahrensregime ausnimmt. Die vergaberechtliche Ausschreibungspflicht ist vielmehr anhand des jeweiligen Zieles des Projektes zu bestimmen: Der Anwendungsbereich des Kartellvergaberechts beginnt dort, wo die bloße Privatnützigkeit aufhört.
9. Ein Türöffner für die Eröffnung des Anwendungsbereichs des Vergaberechts ist die Beschaffung eines Rechtstitels, mit dem die öffentliche Zweckbestimmung (im Sinne einer nutzungsbezogenen Einflussnahme) sichergestellt wird. Auch städtebauliche Vorgaben, wie eine bestimmte Sortiments- oder Mieterstruktur in Einkaufszentren, können durch einen Rechtstitel abgesichert werden.
10. Die Fallgruppen „wirtschaftlicher Vorteil", „finanzielle Beteiligung" sowie „Verlustausgleichspflicht" sind dem funktionellen Charakter des Auftragsbegriffs geschuldet und haben eine Auffangfunktion. Die Fallgruppen „finanzielle Beteiligung" sowie „Verlustausgleichsverpflichtung" erfordern kein nutzungsbezogenes Interesse des öffentlichen Auftraggebers. Das

unmittelbare wirtschaftliche Interesse wird hier durch die geldwerte Gegenleistung indiziert.

11. Auf der Gegenleistungsseite sorgen insbesondere Kaufpreisnachlässe auf öffentliche Grundstücke und die Vergabe von befristeten Baukonzessionen für eine vergaberechtliche Ausschreibungspflicht. Eine Gegenleistung in der Form eines Entgelts liegt aber nach der hier vertretenen Auffassung auch im Verkauf eines städtischen Grundstücks zum Marktpreis, sofern eine hinreichende Verknüpfung zur Bauverpflichtung besteht. Darüber hinaus kann das Entgelt von Dritten stammen, wenn eine hinreichende Beziehung zum öffentlichen Auftraggeber besteht, dieser die Zahlung also „veranlasst" hat.
12. Der Schwellenwert eines öffentlichen Auftrags ist aus der Sicht eines potentiellen Bieters zu bestimmen. Bei Projekten, die sowohl im öffentlichen Interesse als auch im Interesse des Investors realisiert werden, ist bei Erreichen der Schwellenwerte das Gesamtprojekt vergaberechtlich infiziert. In die Berechnung fließen Zahlungen des öffentlichen Auftraggebers ein und solche, die der Investor von privaten Dritten erlöst. Stammen die Einnahmen aus der Verwertung seines eigenen Teilbauwerks, ist eine dem (Grundstückskauf-) Vertrag zu entnehmende Forderung des öffentlichen Auftraggebers nach Errichtung eines privaten Teilbauwerks erforderlich.
13. Im Rahmen der anhand der vorab ermittelten Maßstäbe für eine kartellvergaberechtliche Ausschreibungspflicht vorgenommenen Einzelfallprüfung konnte gezeigt werden, dass eine Vielzahl von Projekten vergaberechtlich infiziert werden, wenn die Schwelle der reinen Privatnützigkeit überschritten wurde.
14. Auch außerhalb des Anwendungsbereichs des Kartellvergaberechts unterliegen die Gemeinden bei kommunalen Investorenprojekten verfahrensrechtlichen Restriktionen. Anknüpfungspunkte einer Ausschreibungspflicht sind unterschwellige Bauaufträge, in begehrten Innenstadtlagen auch Grundstücksverkäufe. Wenn die Gemeinde einen öffentlichen Bauauftrag vergibt oder ein in ihrem Eigentum befindliches Grundstück veräußert, entsteht zwischen der Kommune und den verschiedenen Interessenten ein mehrpoliges Verwaltungsrechtsverhältnis. Die Entscheidung über den Vertragspartner geht dann mit der Verteilung von Marktchancen und knappen Wirtschaftsgütern einher.
15. Den primärrechtlichen Verfahrensgrundsätzen, dem verfassungsrechtlichen Gleichbehandlungsgebot und dem Haushaltsrecht ist zur Absicherung eben dieser Verteilung von Marktchancen jeweils eine Rechtspflicht zur Durchführung einer strukturierten Ausschreibung zu entnehmen. Insbesondere den

primärrechtlichen Verfahrensgrundsätzen, aber auch – etwas abgeschwächt – dem verfassungsrechtlich verankerten Gleichbehandlungsgrundsatz lassen sich näher zu konkretisierende prozedurale und materiell-rechtliche Direktiven für die Ausgestaltung eines solchen Verfahrens entnehmen.

16. Aus beihilfen- und kartellrechtlichen Gründen besteht eine vergleichbare Verpflichtung nicht, gleichwohl ist der Gemeinde vor dem Hintergrund von möglichen Verzugsschäden durch Nachprüfungen und der scharfen Sanktionsmöglichkeiten der Kommission und der Gerichte bis hin zur Rückabwicklung von Investorenprojekten eine öffentliche Ausschreibung anzuraten. Dieser Gefahr sollte durch die Anwendung eines strukturierten Bieterverfahrens begegnet werden.
17. In der Gestaltung eines strukturierten Bieterverfahrens ist die Gemeinde weitestgehend frei. Vor dem Hintergrund der durch das gesetzgeberische Leitbild vorgegebenen Entwicklungsoffenheit kommunaler Investorenprojekte bietet sich regelmäßig die Anwendung eines Verhandlungsverfahrens mit vorgeschaltetem Teilnahmewettbewerb an. Verfahrensrechtliche Mindeststandards sind eine (bei Binnenmarktrelevanz auch europaweite) Bekanntmachung der Ausschreibung, ausreichende Fristen zur Interessenbekundungen, eine diskriminierungsfreie und transparente Auswahl anhand vorab festgelegter Eignungs- und Wertungskriterien sowie eine nachträgliche Veröffentlichung der Entscheidung.
18. Weil die planerische Letztverantwortlichkeit bei der Gemeinde verbleibt, verstößt die Verpflichtung, eine der Anwendung städtebaulicher Handlungsinstrumente vorausgehende strukturierte Bewerberauswahl durchzuführen, nicht gegen die in der kommunalen Selbstverwaltungsgarantie aus Art. 28 Abs. 2 Satz 1 GG verankerten Planungshoheit.
19. Die vielfach im Nachgang zur EuGH-Entscheidung in der Rechtssache „Helmut Müller“ vertretene These einer weitgehenden vergaberechtlichen Freistellung kommunaler Investorenprojekte hat sich als falsch erwiesen. Jedoch stellen sich sowohl die kartellvergaberechtliche Ausschreibungspflicht als auch die aus den weiteren Rechtsgrundlagen angezeigte Pflicht zur Ausschreibung unterschwelliger Bauaufträge sowie von Grundstücksverkäufen als Chance für die Gemeinde dar, schnell zu wirtschaftlichen sowie städtebaulich verträglichen Lösungen zu gelangen.

# Literaturverzeichnis

*Amelung, Steffen / Dörn, Alik*: Durchführungsvertrag als öffentlicher Bauauftrag i.S.d. § 99 Abs. 1, 3 GWB – Anm. zu OLG Düsseldorf, Beschl. v. 13.06.2007 – VII Verg 2/07, VergabeR 2007, 644.

*André, Tobias:* Quod erat illustrandum: Die interpretative Konkretisierung primärrechtlich fundierter Vergabeverfahrensstandards auf dem unionsgerichtlichen Prüfstand, NZBau 2011, 611.

*André, Tobias / Sailer, Daniel:* Primärer Vergaberechtsschutz unterhalb der unionsrechtlichen Anwendungsschwellen – Zur judiziellen Urbarmachung einer „Rechtsschutzwüste", JZ 2011, 555.

*Antweiler, Clemens:* Erschließungsverträge mit Kommunalunternehmen: Zulässigkeit und Ausschreibungspflicht, NZBau 2003, 93.

—: Chancen des Primärrechtsschutzes unterhalb der Schwellenwerte, VergabeR 2008, 352.

*Bank, Wilfried J.:* Muss die Veräußerung von gemeindeeigenen Grundstücken an einen privaten Investor zum Zwecke der Bebauung öffentliche ausgeschrieben werden? – BauR 2012, 174.

*Bartosch, Andreas:* EU-Beihilfenrecht – Kommentar, München 2009, zit.: Bartosch, EU-Beilhilfenrecht.

*Battis, Ulrich / Krautzberger, Michael / Löhr, Rolf-Peter (Hrsg.):* Baugesetzbuch, 11. Auflage München 2009, zit.: *Autor*, in: Battis / Krautzberger / Löhr, BauGB.

*Battis, Ulrich / Söfker, Wilhelm / Stüer, Bernhard (Hrsg.):* Nachhaltige Stadt- und Raumentwicklung – Festschrift für Michael Krautzberger zum 65. Geburtstag, München 2008, zit.: *Autor*, in: FS Krautzberger.

*Bayerisches Staatsministerium des Innern::* Handreichung des Bayerischen Staatsministeriums des Innern v. 20.12.2010 „Anwendung des Vergaberechts bei kommunalen Grundstücksgeschäften", S. 13, (abrufbar unter http://www.innenministerium.bayern.de/assets/stmi/buw/bauthemen/iiz5_vergabe_kommunal_rs_20101220.pdf; zuletzt abgerufen am 29.10.2013), zit.: Bayerisches Staatsministerium des Innern, Handreichung v. 20.12.2010 „Anwendung des Vergaberechts bei kommunalen Grundstücksgeschäften".

*Bechtold, Rainer:* Kartellgesetz – Gesetz gegen Wettbewerbsbeschränkungen – Kommentar, 6. Auflage München 2010, zit.: *Autor*, in: Bechtold, Kartellgesetz.

*Berger, Henning:* Die Ausschreibungspflicht bei der Veräußerung von Unternehmensanteilen durch kommunale Körperschaften, ZfBR 2002, 134.

*Bitterich, Klaus:* Das grenzüberschreitende Interesse am Auftrag im primären Gemeinschaftsvergaberecht – Anm. zu EuGH, Urt. v. 13.11.2007 – C-507/03 – Kommission/Irland („An Post"), EuZW 2008, 14.

*Boesen, Arnold:* Praxisanmerkung zu EuGH, Urt. v. 29.10.2009 – C-536/07 „Messehallen Köln", NZBau 2009, 792.

*Braun, Christian:* Ausschreibungspflichtigkeit des Verkaufs von Gesellschaftsanteilen, VergabeR 2006, 657.

—: Besprechung der Mitteilung der Kommission zum Vergaberecht, EuZW 2006, 683.

—: Sekundärrechtsschutz unterhalb der Schwellenwerte?, VergabeR 2008, 360.

—: / *Hauswaldt, Christian:* Vergaberechtliche Wirkung der Grundfreiheiten und das Ende der Inländerdiskriminierung? – Zugleich eine Anmerkung zum EuGH-Urteil Coname, EuZW 2006, 176.

*Britz, Gabriele / Hellermann, Johannes / Hermes, Georg (Hrsg.):* Energiewirtschaftsgesetz, 2. Auflage München 2010, zit.: *Autor*, in: Britz / Hellermann / Hermes, Energiewirtschaftsgesetz.

*Brox, Hans / Walker, Wolf-Dietrich:* Allgemeiner Teil des BGB, 34. Auflage München 2010, zit.: *Autor*, in: Brox / Walker, BGB AT.

*Boesen, Arnold:* Vergaberecht, Kommentar zum 4. Teil des GWB, Köln 2000, zit.: *Boesen*, Vergaberecht.

*Buchmann, Felix:* Kommunale Energieversorgung in der Krise, Baden-Baden 2009 (zugl., Ort, Univ., Diss., 2008), zit.: *Buchmann*, Kommunale Energieversorgung in der Krise.

*Bundesnetzagentur / Bundeskartellamt:* Gemeinsamer Leitfaden von BKartA und BNetzA zur Vergabe von Strom- und Gaskonzessionen und zum Wechsel des Konzessionsnehmers v. 15.12.2010, (abrufbar unter http://www.bundeskartellamt.de/wDeutsch/download/pdf/Diskussionsbeitraege/101215_Leitfaden_Konzessionsrecht_BNetzA-BKartA.PDF; zuletzt abgerufen am 29.10.2013), zitiert: *Bundesnetzagentur / Bundeskartellamt*, Gemeinsamer Leitfaden zur Vergabe von Strom- und Gaskonzessionen.

*Bundesrechnungshof:* Bemerkungen 2010 zur Haushalts- und Wirtschaftsführung des Bundes, (abrufbar unter http://www.bundesrechnungshof.de/de/veroeffentlichungen/bemerkungen-jahresberichte/2010; zuletzt abgerufen am 29.10.2013), zit.: *Bundesrechnungshof*, Bemerkungen 2010 zur Haushalts- und Wirtschaftsführung des Bundes.

—: Bericht des Bundesrechnungshofes nach § 99 BHO über die Auswirkungen der Vergabeerleichterungen des Konjunkturpakets II auf die Beschaffung von Bauleistungen und freiberuflichen Leistungen bei den Bauvorhaben des Bundes v. 09.02.2012 (abrufbar unter http://bundesrechnungshof.de/veroeffentlichungen/sonderberichte/99er-Bericht-Kon-junkturpaketII.pdf; zuletzt abgerufen am 23.03.2013), zit.: *Bundesrechnungshof*, Sonderbericht zum Konjunkturpaket II v. 09.02.2012.

*Bungenberg, Marc:* Primärrechtsschutz im gesamten öffentlichen Beschaffungswesen?, WuW 2005, 899.

*Burgi, Martin:* Funktionale Privatisierung und Verwaltungshilfe: Staatsaufgabendogmatik – Phänomenologie – Verfassungsrecht, Tübingen 1999 (zugl., Konstanz, Univ., Habil., 1998), zit.: *Burgi*, Funktionale Privatisierung und Verwaltungshilfe.

—: Die Ausschreibungsverwaltung – Dogmatische Herausforderungen des Verwaltens mit Dienstleistungskonzessionen, DVBl. 2003, 949.

—: Die Vergabe von Dienstleistungskonzessionen: Verfahren, Vergabekriterien, Rechtsschutz, NZBau 2005, 610.

—: Die künftige Bedeutung der Freiheitsgrundrechte für staatliche Verteilungsentscheidungen, WuV 2007, 173.

—: Hilfsmittelverträge und Arzneimittel-Rabattverträge als öffentliche Lieferaufträge?, NZBau 2008, 480.

—: Streitbeilegung unterhalb der Schwellenwerte durch „Vergabeschlichtungsstellen“: Ein Vorschlag zur aktuellen Reformdiskussion, VergabeR 2010, 403.

*Burmeister, Joachim:* Verträge und Absprachen zwischen der Verwaltung und Privaten, VVDStRL 52 (1993), S. 190, Berlin / New York 1993, zit.: *Burmeister*, VVDStRL 52 (1993), 190.

*Burmeister, Thomas / Wortha, André:* Erschließungsverträge vor dem Aus? – Auswirkungen der Entscheidung des OLG Düsseldorf zum „Fliegerhorst Ahlhorn“ auf die Vergabepflicht von Erschließungsverträgen, VBlBW 2008, 265.

*Busch, Ralph:* Die Ausschreibungspflichtigkeit von Erschließungsverträgen – Die „Teatro alla Bicocca“-Entscheidung des EuGH, VergabeR 2003, 622.

*Busse, Jürgen:* Städtebauliche Verträge im Lichte der Rechtsprechung, KommJur 2009, 241.

*Byok, Jan / Dierkes, Matthias:* Dienstleistungskonzessionen in der Wasserwirtschaft, RdE 2011, 126.

—: Beendigung und Neuvergabe von Konzessionen, RdE 2011, 394.

*Byok, Jan / Jaeger, Wolfgang (Hrsg.):* Kommentar zum Vergaberecht, 2. Auflage Frankfurt a. M. 2005, zit.: *Autor*, in: Byok / Jaeger, Vergaberecht, 2. Auflage 2005.

—: *(Hrsg.):* Kommentar zum Vergaberecht, 3. Auflage Frankfurt a. M. 2011, zit.: *Autor*, in: Byok / Jaeger, Vergaberecht.

*Calliess, Christian / Ruffert, Matthias (Hrsg.):* EUV / AEUV – Kommentar, 4. Auflage München 2011, zit.: *Autor*, in: Calliess / Ruffert, EUV / AEUV.

*Clemens, Thomas*: Kommunale Selbstverwaltung und institutionelle Garantie: Neue verfassungsrechtliche Vorgaben durch das BVerfG, NVwZ 1990, 838.

*David, Eckhard:* Zum Schwellenwert des öffentlichen Anteils beim gemischten Vergabevorgang – Anmerkung zum Beschluss des OLG Schleswig vom 15.3.2013 – 1 Verg 4/12.

*Deling, Jasmin:* Kriterien der „Binnenmarktrelevanz" und ihre Konsequenzen unterhalb der Schwellenwerte – Teil I: Die „Binnenmarktrelevanz" im Unionsrecht – Auswirkungen auf die vergaberechtliche Praxis, NZBau 2011, 725.

*Deutscher Städte- und Gemeindebund* (Hrsg.): Dokumentation Nr. 79, Kommunale Immobiliengeschäfte und Ausschreibungspflicht – Rechtsprechung, Praxishinweise und aktuelle Gesetzesvorhaben, Verlagsbeilage „Stadt und Gemeinde INTERAKTIV", Berlin, Ausgabe 4/2008, zit.: *Autor*, in: DStGB, Dokumentation Nr. 79, Kommunale Immobiliengeschäfte und Ausschreibungspflicht.

*Dietlein, Johannes:* Der Begriff des „funktionalen" Auftraggebers nach § 98 Nr. 2 GWB, NZBau 2002, 136.

—: Anteils- und Grundstücksveräußerungen als Herausforderungen für das Vergaberecht, NZBau 2004, 472.

*Dietlein, Johannes / Burgi, Martin / Hellermann, Johannes:* Öffentliches Recht in Nordrhein-Westfalen, 4. Auflage München 2011, zit.: *Autor*, in: Dietlein / Burgi / Hellermann, Öffentliches Recht in Nordrhein-Westfalen.

*Dörr, Oliver:* Das deutsche Vergaberecht unter dem Einfluß von Art. 19 Abs. 4 GG, DÖV 2001, 1014.

—: erfassungsrechtliche Grundlagen des Vergaberechtsschutzes, WuV 2007, 211.

*Dolde, Klaus-Peter / Hansmann, Klaus / Paetow, Stefan / Schmidt-Aßmann, Eberhard (Hrsg.):* Verfassung – Umwelt – Wirtschaft : Festschrift für Dieter Sellner zum 75. Geburtstag, München 2010, zit.: *Autor,* in: FS Sellner.

*Dreher, Meinrad:* Vergaberechtsschutz unterhalb der Schwellenwerte, NZBau 2002, 419.

—: Mietverträge mit Neubau- oder Umbauverpflichtungen im Kartellvergaberecht, NZBau 2009, 542.

*Dreier, Horst:* Grundgesetz Kommentar, Bd. 1 Art. 1- 19, 2. Auflage Tübingen 2004, zit.: *Autor,* in: Dreier, Grundgesetz.

*Dreizehnte Badenweiler Gespräche:* hrsg. v. forum vergabe e.V., Köln 2010, zit.: *Autor,* in: Dreizehnte Badenweiler Gespräche.

*Dünchheim, Thomas:* Verwaltungsprozeßrecht unter europäischem Einfluß, Berlin 2003 (zugl., Köln, Univ., Diss., 2002), zit.: *Dünchheim,* Verwaltungsprozeßrecht unter europäischem Einfluß.

—: Tariftreue- und Vergabegesetz des Landes Nordrhein-Westfalen – Kurzkommentar, Dresden 2012, zit.: *Dünchheim,* Kurzkommentar TVgG NRW.

—: */ Bremke, Tim:* Zum Wesentlichkeitskriterium bei In-House-Geschäften und zur vergaberechtlichen Relevanz von Vertragsänderungen, KommJur 2012, 128.

*Eggers, Carsten R. / Malmendier, Bertrand:* Strukturierte Bieterverfahren der öffentlichen Hand – Rechtliche Grundlagen, Vorgaben an Verfahren und Zuschlag, Rechtsschutz, NJW 2003, 780.

*Ehlers, Dirk / Scholz, Daniel:* Anm. zu BGH, Urt. v. 10.02.2011 – I ZR 136/09 „Flughafen Frankfurt-Hahn", JZ 2011, 585.

*Eisenreich, Klaus / Barth, Karl-Heinz:* Vergaberechtspflichtigkeit von Grundstücksverkäufen der öffentlichen Hand, NVwZ 2008, 635.

*el-Barudi, Stefan:* Die Anwendbarkeit des GWB-Vergaberechts auf Öffentlich-Private Partnerschaften – Zu Grundsatz und Grenzen einer funktionalen Sicht des Anwendungsbereichs des EG-Vergaberechts, Baden-Baden 2008 (zugl., Regensburg, Univ., Diss., 2008), zit.: *el-Barudi,* Die Anwendbarkeit des GWB-Vergaberechts auf Öffentlich-Private-Partnerschaften.

*Enderle, Bettina / Rehs, Alexander:* Von der „Ahlhorn"-Rechtsprechung zur „Ahlhorn"-Klausel, NVwZ 2009, 413.

*Enzian, Sabine:* Zur Frage, ob das Vergaberecht auf Dienstleistungskonzessionen anwendbar ist, DVBl. 2002, 235.

*Epping, Volker / Hillgruber, Christian (Hrsg.):* Grundgesetz, 2. Auflage München 2013, zit.: *Autor*, in: Epping / Hillgruber, Grundgesetz.

*Ernst, Werner / Zinkahn, Willy / Bielenberg, Walter / Krautzberger, Michael (Hrsg.):* Baugesetzbuch, München, 108. Ergänzungslieferung, Stand: April 2013, zit.: *Autor*, in: Ernst / Zinkahn / Bielenberg / Krautzberger, BauGB.

*Forschungsstelle für Verwaltungsrechtsmodernisierung und Vergaberecht, FVV / Ministerium für Wirtschaft, Mittelstand und Energie des Landes Nordrhein-Westfalen (Hrsg.):* Tagungsband – 9. Düsseldorfer Vergaberechtstag, 19. Juni 2008, zit.: Autor, in: Tagungsband – 9. Düsseldorfer Vergaberechtstag.

*Forsthoff, Ernst:* Der Staat als Auftraggeber – Unter besonderer Berücksichtigung des Bauauftragswesens, Stuttgart 1963, zit.: *Forsthoff*, Der Staat als Auftraggeber.

*Frenz, Walter:* Handbuch Europarecht, Band 1: Europäische Grundfreiheiten, 2. Auflage Berlin / Heidelberg 2012, zit.: *Frenz*, Handbuch Europarecht, Bd. 1.

—: Handbuch Europarecht, Band 3: Beihilfe- und Vergaberecht, Berlin / Heidelberg / New York 2007, zit.: Frenz, Handbuch Europarecht, Bd. 3.

—: Ausschreibungspflicht einer Übertragung von Gesellschaftsanteilen, DÖV 2002, 186.

—: Allgemeine Grundsätze des Vergaberechts – Das EuGH-Urteil ANAV/Comune di Bari, EWS 2006, 347.

—: Anteilsveräußerungen und Ausschreibungspflicht nach den Urteilen „Mödling“ und „Bari“, WRP 2006, 1216.

—: Unterschwellenvergaben, VergabeR 2007, 1.

*Gabriel, Marc:* Die Kommissionsmitteilung zur öffentlichen Auftragsvergabe außerhalb der EG-Vergaberichtlinien, NVwZ 2006, 1262.

*Gädtke, Horst / Czepuck, Knut / Johlen, Markus / Plietz, Andreas / Wenzel, Gerhard (Hrsg.):* BauO NRW – Kommentar, 12. Auflage Köln 2011, zit.: *Autor*, in: Gädtke / Czepuck / Johlen / Plietz / Wenzel, BauO NRW.

*Gaier, Reinhard:* Verfassungsrecht – Fesseln und Freiheiten für das (Kartell-) Vergaberecht, NZBau 2008, 289.

*Gallwas, Hans-Ullrich:* Verfassungsrechtliche Kompetenzregelungen – ungelöste Probleme des Vergaberechts, VergabeR 2001, 2.

*Ganske, Matthias:* usiness Improvement Districts (BIDs) unter dem Blickwinkel des Vergaberechts, VergabeR 2008, 15.

*Gelzer, Konrad / Bracher, Christian-Dietrich / Reidt, Olaf (Hrsg.):* Bauplanungsrecht, 7. Auflage Köln 2004, zit.: *Autor*, in: Gelzer / Bracher / Reidt, Bauplanungsrecht.

*Gers-Grapperhaus, Stefan:* as Auswahlrechtsverhältnis bei Auftragsvergaben unterhalb der Schwellenwerte, Baden-Baden 2009 (zugl., Osnabrück, Univ., Diss., 2009), zit.: *Gers-Grapperhaus,* Das Auswahlrechtsverhältnis bei Auftragsvergaben unterhalb der Schwellenwerte.

*Grabitz, Eberhard / Hilf, Meinhard / Nettesheim, Martin:* Das Recht der Europäischen Union, München, Stand: 50. Ergänzungslfg. Mai 2013, zit.: *Autor*, in: Grabitz / Hilf / Nettesheim, Das Recht der Europäischen Union.

*Greb, Klaus:* Praxisanmerkung OLG Düsseldorf, Beschl. v. 02.10.2008 - VII-Verg 25/08, NZBau 2008, 735.

*Greim, Jeanine:* Ausschreibungspflichten beim kooperativen Städtebau nach dem „Helmut Müller"-Urteil des EuGH, ZfBR 2011, 126.

*Große Hündfeld, Norbert:* Städtebaurecht einerseits – Vergaberecht andererseits, Zur Verwerfung der Ahlhorn-Rechtsprechung durch den EuGH, BauR 2010, 1504.

*Grotelüschen, Henning / Lübben, Natalie:* Einheitliche Maßstäbe für die vergaberechtliche Infizierung von Veräußerungsgeschäften der öffentlichen Hand, VergabeR 2008, 169.

*Grothmann, Torsten / Tschäpe, Philipp:* Entwarnung für Projektentwickler bei städtebaulichen Verträgen – EuGH Helmut Müller, ZfBR 2011, 442.

*Grziwotz, Herbert:* Probleme des Erschließungsvertrags, DVBl. 2005, 471.

*Gusy, Christoph:* Die Bindung privatrechtlichen Verwaltungshandelns an das öffentliche Recht – Zugleich ein Beitrag zur "Freiheit der Formenwahl", DÖV 1984, 872.

*Haak, Sandra:* Jenseits von „Ahlhorn" – die vergaberechtliche Beurteilung kommunaler Grundstücksgeschäfte, VergabeR 2011, 351.

*Hanke, Stefanie:* Wann ist ein Grundstücksgeschäft der öffentlichen Hand ausschreibungspflichtig? – Anmerkung zu EuGH, Urteil vom 25. März 2010 – C-451/08, ZfBR 2010, 562.

*Harms, Andreas / Schmidt-Wottrich, Jörg:* Ausschreibungspflichten bei kommunalen Grundstücksverkäufen und städtebaulichen Verträgen, LKV 2011, 537.

*Hecker, Mischa:* Business Improvement Districts in Deutschland, Berlin 2010 (zugl., Berlin, Univ., Diss., 2010), zit.: *Hecker*, Business Improvement Districts in Deutschland.

*Hellermann, Johannes:* Örtliche Daseinsvorsorge und gemeindliche Selbstverwaltung – Zum kommunalen Betätigungs- und Gestaltungsspielraum unter den Bedingungen europäischer und staatlicher Privatisierungs- und Deregulierungspolitik, Tübingen 2000 (zugl., Bielefeld, Univ., Habil., 1998), zit.: *Hellermann*, Örtliche Daseinsvorsorge und gemeindliche Selbstverwaltung.

—: / *Hermes, Georg:* Rechtliche Zulässigkeit von „Business Improvement Districts (BIDs)" – Zum Entwurf eines Gesetzes zur Stärkung der Einzelhandels- und Dienstleistungszentren (Stand: 17. Februar 2004), Rechtsgutachten erstattet im Auftrag der Freien und Hansestadt Hamburg, 2004, (abrufbar unter http://www.hamburg.de/contentblob/2641622/data/rechtsgutachten-gsed.pdf; zuletzt abgerufen am 29.10.2013), zit.: Hellermann / *Hermes*, Rechtliche Zulässigkeit von „Business Improvement Districts (BIDs).

*Henneke, Hans-Günter / Pünder, Hermann / Waldhoff, Christian (Hrsg.):* Recht der Kommunalfinanzen, München 2006, zit.: *Autor*, in: Henneke / Pünder / Waldhoff, Recht der Kommunalfinanzen.

*Herdegen, Matthias:* Europarecht, 15. Auflage München 2011, zit.: *Herdegen*, Europarecht.

*Hermes, Georg:* Gleichheit durch Verfahren bei der staatlichen Auftragsvergabe, JZ 1997, 909.

*Herrmann, Alexander:* Anmerkung OLG Düsseldorf, Beschl. v. 09.06.2010 – VII-Verg 9/10 „Windhövel", VergabeR 2010, 976.

*Hertwig, Stefan:* Praxis der öffentlichen Auftragsvergabe, 4. Auflage München 2009, zit.: Hertwig, Praxis der öffentlichen Auftragsvergabe.

—: Öffentliche Unternehmen und Einrichtungen im europäischen Beihilfe- und Vergaberecht, VergabeR 2008, 589.

—: Grundstücksgeschäfte und Vergaberecht nach der Entscheidung des EuGH zu „Bad Wildeshausen", VergabeR 2010, 554.

—: Vergaberecht und staatliche (Grundstücks-)Verkäufe, NZBau 2011, 9.

—: / *Öynhausen, Regina:* rundstücksgeschäfte der öffentlichen Hände im Blickwinkel des Vergaberechts, KommJur 2008, 121.

*Hoffmann-Riem, Wolfgang / Schmidt-Aßmann, Eberhard (Hrsg.):* Verwaltungsverfahren und Verwaltungsverfahrensgesetz, Baden-Baden 2002, zit.: *Autor*, in: Hoffmann-Riem / Schmidt-Aßmann, Verwaltungsverfahren und Verwaltungsverfahrensgesetz.

*Hoffmann-Riem, Wolfgang / Schmidt-Aßmann, Eberhard / Voßkuhle, Andreas (Hrsg.):* Grundlagen des Verwaltungsrechts, Bd. I, Methoden – Maßstäbe – Aufgaben – Organisation, München 2006, zit.: Autor, in: Hoffmann-Riem / Schmidt-Aßmann / Voßkuhle, Grundlagen des Verwaltungsrechts, Bd. I.

*Hoppe, Werner / Bönker, Christian / Grotefels, Susan:* Öffentliches Baurecht – Raumordnungsrecht, Städtebaurecht, Bauordnungsrecht, 4. Auflage München 2010, zit.: *Autor*, in: Hoppe / Bönker / Grotefels, Öffentliches Baurecht.

*Horn, Lutz:* Ausschreibungspflichten bei Grundstücksgeschäften der öffentlichen Hand, VergabeR 2008, 158.

*ders.:* Zur Frage der Qualifizierung als öffentlicher Bauauftrag nach § 99 Abs. 3 GWB – zugleich Anmerkung zum Beschluss des OLG Schleswig vom 15.03.2013 – 1 Verg 4/12.

*Huber, Peter Martin:* Der Schutz des Bieters im öffentlichen Auftragswesen unterhalb der sog. Schwellenwerte, JZ 2000, 877.

—: Business Improvement Districts – Neue Instrumente auf der Schnittstelle zwischen Städtebau und Wirtschaftsförderung, DVBl. 2007, 466.

*Huber, Peter Martin / Bungenberg, Marc:* Wirtschaftsverfassung und Vergaberecht – Der verfassungsrechtliche Rahmen der öffentlichen Auftrags- und Konzessionsvergabe, WuV 2007, 167.

*Huber, Peter-Michael:* Konkurrenzschutz im Verwaltungsrecht, Tübingen 1991 (zugl., München, Univ., Habil., 1990/91), zit.: *Huber,* Konkurrenzschutz im Verwaltungsrecht.

—: Kampf um den öffentlichen Auftrag – Vom Hoflieferantenprivileg zum europäischen Auftragsvergaberecht, Berlin 2002, zit.: *Huber,* Kampf um den öffentlichen Auftrag.

*Huerkamp, Florian:* Gleichbehandlung und Transparenz als gemeinschaftsrechtliche Prinzipien der staatlichen Auftragsvergabe, Tübingen 2010 (zugl., Regensburg, Univ., Diss., 2009), zit.: *Huerkamp*, Gleichbehandlung und Transparenz.

—: */ Kühling, Jürgen:* Primärrechtsschutz für Unterschwellenvergaben aus Luxemburg? – Zu den Folgen aus den Äquivalenz- und Effektivitätsforderungen des EuGH, NVwZ 2011, 1409.

*Hüser, Christian:* Ausschreibungspflichten bei der Privatisierung öffentlicher Aufgaben – Eine Analyse des sachlichen Anwendungsbereichs des

Kartellvergaberechts, Berlin 2005 (zugl., Münster, Univ., Diss., 2004), zit.: *Hüser*, Ausschreibungspflichten bei der Privatisierung öffentlicher Aufgaben.

*Immenga, Ulrich / Mestmäcker, Ernst-Joachim:* Wettbewerbsrecht – Band 2 GWB Kommentar zum Deutschen Kartellrecht, 4. Auflage München 2007, zit.: *Autor*, in: Immenga / Mestmäcker, Wettbewerbsrecht.

*Isensee, Josef / Kirchhof Paul:* Handbuch des Staatsrechts der Bundesrepublik Deutschland – Band V Rechtsquellen, Organisation, Finanzen, 3. Auflage Heidelberg 2007, zit.: *Autor*, in: Isensee / Kirchhof, Handbuch des Staatsrechts, Bd. V.

—: Handbuch des Staatsrechts der Bundesrepublik Deutschland – Band VI Bundesstaat, 3. Auflage Heidelberg 2008, zit.: *Autor*, in: Isensee / Kirchhof, Handbuch des Staatsrechts, Bd. IX.

—: Handbuch des Staatsrechts der Bundesrepublik Deutschland – Band IX Allgemeine Grundrechtslehren, 3. Auflage Heidelberg 2011, zit.: Autor, in: Isensee / Kirchhof, Handbuch des Staatsrechts, Bd. IX.

*Jarass, Nina:* Kehrtwende im Vergaberecht? – Zum Urteil des EuGH in der Rs. Müller, VergabeR 2010, 562.

*Jasper, Ute / Arnold, Hans:* Die Ausschreibungspflicht im Fall der „Stadt Mödling", NZBau 2006, 24.

*Jasper, Ute / von der Recke, Barbara:* Ausnahmen von der Vergabepflicht bei Grundstücksveräußerungen der öffentlichen Hand, ZfBR 2008, 561.

*Jasper, Ute / Seidel, Jan:* eue Dissonanzen beim Verkauf kommunaler Grundstücke, NZBau 2008, 427.

*Jenn, Matthias:* War es das mit dem Thema Ahlhorn? – Zugleich eine Besprechung von EuGH, Urt. v. 25. 3. 2010 – Rs C-451/08, ZfIR 2010, 405.

*Jennert, Christian:* Das Urteil „Parking Brixen": Übernahme des Betriebsrisikos als rechtssicheres Abgrenzungsmerkmal für die Dienstleistungskonzession? – Der EuGH stellt die Kommunen vor die Entscheidung für In-house-Privilegierung oder Beteiligung am Wettbewerb, NZBau 2005, 623.

*Kapellmann, Klaus D. / Messerschmidt, Burkhard (Hrsg.):* VOB Teile A und B, 4. Auflage München 2013, zit.: *Autor*, in: Kapellmann / Messerschmidt, VOB Teile A und B.

*Keller, Stephan:* Kooperativer Städtebau und Kartellvergaberecht – Künftiger Rechtsrahmen der Auswahl städtebaulicher Kooperationspartner: Anwendbarkeit, Verfahren und Kriterien, Baden-Baden 2010 (zugl., Bochum, Univ., Diss., 2010), zit.: *Keller*, Kooperativer Städtebau und Kartellvergaberecht.

*Klein, Sebastian:* Veräußerung öffentlichen Anteils- und Grundstücksvermögens nach dem Vergaberecht, VergabeR 2005, 22.

*Kluth, Winfried / Müller, Martin / Peilert, Andreas (Hrsg.):* irtschaft – Verwaltung – Recht, Festschrift für Rolf Stober zum 65. Geburtstag, Köln 2008, zit.: Autor, in: FS Stober.

*Knauff, Matthias:* Öffentlichkeitsbeteiligung im Verwaltungsverfahren, DÖV 2012, 1.

*Knöbl, Jan:* Rechtsschutz bei der Vergabe von Aufträgen unterhalb der Schwellenwerte, Berlin 2009 (zugl., Tübingen, Univ., Diss., 2008), zit.: *Knöbl*, Rechtsschutz bei der Vergabe von Aufträgen unterhalb der Schwellenwerte.

*Knopp, Lothar:* Papierverwertung via „Dienstleistungskonzession"?, DÖV 2004, 604.

*Koenig, Christian / Kühling, Jürgen:* Grundstücksveräußerungen der öffentlichen Hand, planerischer Wandel und EG-Beihilfenrecht, NZBau 2001, 409.

—: Infrastrukturförderung im Ausschreibungsverfahren – EG-beihilfenrechtlicher Königsweg der Kompensation von gemeinwirtschaftlichen Pflichten, DVBl. 2003, 289.

—: Diskriminierungsfreiheit, Transparenz und Wettbewerbsoffenheit des Ausschreibungsverfahrens – Konvergenz von EG-Beihilfenrecht und Vergaberecht, NVwZ 2003, 779.

*Koenig, Christian / Pfromm, René:* Die Förderlogik des EG-beihilfenrechtlichen Ausschreibungsverfahrens bei PPP-Daseinsvorsorge-Infrastrukturen, NZBau 2004, 375.

*Köster, Bernd / Häfner, Christoph:* Ausschreibungspflichtigkeit des Erschließungsvertrags nach § 124 BauGB – das Ende eines bewährten Handlungsinstruments?, NVwZ 2007, 410.

*Köster, Bernd:* Gesetzgebung ohne den Gesetzgeber? – Zur „Regulierung" der Auftragsvergabe im Unterschwellenbereich durch die EU-Kommissionsmitteilung vom 24. Juli 2006, ZfBR 2007, 127.

—: Private Initiativen zur Stadtentwicklung und Vergaberecht, NZBau 2008, 300.

*Kopp, Ferdinand / Ramsauer, Ulrich:* Verwaltungsverfahrensgesetz – Kommentar, 14. Auflage München 2013, zit.: *Kopp* / Ramsauer, VwVfG.

*Krautzberger, Michael:* Städtebauförderungsrecht – Städtebauliches Sanierungs- und Entwicklungsrecht, Stadtumbau, München, 54. Ergänzungslieferung, Stand: März 2013, zit.: *Krautzberger*, Städtebauförderungsrecht.

—: Städtebauliche Verträge in der praktischen Bewährung, UPR 2007, 407.

—: Stadterneuerung und Stadtentwicklung durch Private?, DVBl. 2008, 337.

*Kristoferitsch, Hans:* Eine „vergaberechtliche Interpretation" des Bietverfahrens bei Privatisierungen? – Zum Rechtsschutz für unterlegene Bieter in Privatisierungsverfahren, EuZW 2006, 428.

*Kühling, Jürgen:* Ausschreibungszwänge bei der Gründung gemischt-wirtschaftlicher Gesellschaften, ZfBR 2006, 661.

—: Europaweite Ausschreibungspflichten bei kommunalen Grundstücksgeschäften – Chance für den Wettbewerb oder Fessel kommunaler Planungshoheit?, JZ 2008, 1117.

—: ünftige vergaberechtliche Anforderungen an kommunale Immobiliengeschäfte – Konsequenzen aus dem EuGH-Urteil im Fall Müller, NVwZ 2010, 1257.

—: / *Huerkamp, Florian:* Ausschreibungsverzicht und Europäische Grundfreiheiten – Das Vergaberecht in der (Wirtschafts-) Krise, NVwZ 2009, 557.

*Kulartz, Hans-Peter:* usschreibungspflichten bei Grundstücksveräußerungen, VergabeR Sonderheft 2a / 2009, 282.

*Kulartz, Hans-Peter / Kus, Alexander / Portz, Norbert:* Kommentar zum GWB-Vergaberecht, Neuwied 2006, zit.: *Autor,* in: Kulartz / Kus / Portz, GWB.

*Kulartz, Hans-Peter / Marx, Fridhelm / Portz, Norbert / Prieß, Hans-Joachim:* Kommentar zur VOB/A, Neuwied 2010, zit.: *Autor*, in: Kulartz / Marx / Portz / Prieß, VOB/A.

*Kus, Alexander:* Anm. zu OLG Bremen, Beschl. v. 13.03.2008 – Verg 5/07 „Windpark".

*Kuschnerus, Ulrich:* Die planerische Steuerung von Industrievorhaben (Teil1), BauR 2011, 602.

*Lamm, Regina:* Ende der Ausschreibungspflicht für Grundstückskaufverträge der öffentlichen Hände?, KommJur 2010, 161.

*Langen, Eugen / Bunte, Hermann-Josef (Hrsg.):* ommentar zum deutschen und europäischen Kartellrecht, Band 1 Deutsches Kartellrecht, 11. Auflage Köln 2011, zit.: *Autor*, in: Langen / Bunte, Kartellrecht, Bd. 1.

*Larenz, Karl:* Methodenlehre der Rechtswissenschaft, 6. Auflage Berlin Heidelberg New York 1991, zit.: Larenz, Methodenlehre der Rechtswissenschaft.

*Loewenheim, Ulrich / Meessen, Karl M. / Riesenkampff, Alexander (Hrsg.):* Kartellrecht Kommentar – Band 2 GWB, 2. Auflage München 2009, zit.: *Autor*, in: Loewenheim / Meessen / Riesenkampff, Kartellrecht.

*Losch, Alexandra:* A neverending story? Zur Reichweite der Ausschreibungspflicht von Grundstücksgeschäften, ZfBR 2008, 341.

*Lutz, Martin:* Vergaberegime außerhalb des Vergaberechts?, WuW 2006, 890.

*Mangoldt, Hermann von / Klein, Friedrich / Starck, Christian (Hrsg.):* Kommentar zum Grundgesetz, Band 1: Präambel, Artikel 1 bis 19, 6. Auflage München 2010, zit.: Autor, in: v. Mangoldt / Klein / Starck, GG, Bd. 1.

*Marschall, Ernst A.:* Fernstraßengesetz – Kommentar, 6. Auflage Köln 2012, zit.: *Autor*, in: Marschall, FStrG.

*Medicus, Dieter / Petersen, Jens:* Bürgerliches Recht – Eine nach Anspruchsgrundlagen geordnete Darstellung zur Examensvorbereitung, 24. Auflage Köln 2013, zit.: *Medicus / Petersen*, Bürgerliches Recht.

*Menke, Rainard:* Der vorhabenbezogene Bebauungsplan, NVwZ 1998, 577.

*Mestmäcker, Ernst-Joachim / Schweitzer, Heike:* Europäisches Wettbewerbsrecht, 2. Aufl. München 2004, zit.: *Mestmäcker / Schweitzer*, Europäisches Wettbewerbsrecht.

*Metz, Dietrich:* Ist die Baugenehmigung eine ausschreibungspflichtige Baukonzession?, BauR 2009, 454.

*Mösinger, Thomas / Morscheid, Nicole:* Die vergaberechtskonforme Beauftragung städtebaulicher Gesamtmaßnahmen an Sanierungs- und Entwicklungsträger nach §§ 157, 167 GWB, NZBau 2010, 413.

*Montag, Frank / Säcker, Franz Jürgen (Hrsg.):* Münchener Kommentar zum Europäischen und Deutschen Wettbewerbsrecht (Kartellrecht) – Band 3 Beihilfen und Vergaberecht, München 2011, zit.: *Autor*, in: MüKo Wettbewerbsrecht.

*Oppermann, Thomas / Classen, Claus Dieter / Nettesheim, Martin:* Europarecht, 5. Auflage München 2011, zit.: *Autor*, in: Oppermann / Classen / Nettesheim, Europarecht.

*Otting, Olaf:* rivatisierung und Vergaberecht, VergabeR 2002, 11.

—: Bau und Finanzierung öffentlicher Infrastruktur durch private Investoren – Ein Beitrag zur Auslegung des § 99 III, 3. Alt. GWB, NZBau 2004, 469.

—: Städtebauliche Verträge und der EuGH – Was bleibt von „Ahlhorn“?, NJW 2010, 2167.

—: Vergaberecht und Städtebaurecht, VergabeR 2013, 343.

*Palandt, Otto*: Bürgerliches Recht, 72. Auflage München 2013, zit.: *Autor*, in: Palandt, BGB.

*Pietzcker, Jost:* er Staatsauftrag als Instrument des Verwaltungshandelns, Tübingen 1978, zit.: *Pietzcker*, Staatsauftrag.

—: ie Zweiteilung des Vergaberechts – Subjektive Rechte, Rechtsschutz, Reform, Baden-Baden 2001, zit.: *Pietzcker,* Zweiteilung des Vergaberechts.

—: erichtsschutz im Unterschwellenbereich und Tariftreueklauseln – zwei klärende Entscheidungen des Bundesverfassungsgerichts, ZfBR 2007, 131.

—: Grundstücksverkäufe, städtebauliche Verträge und Vergaberecht, NZBau 2008, 293.

—: Auf der Suche nach den Grenzen des Vergaberechts, VergabeR 2010, 735.

*Pollmann, Tobias:* Der verfassungsrechtliche Gleichbehandlungsgrundsatz im öffentlichen Vergaberecht, Berlin 2009 (zugl., Leipzig, Univ., Diss., 2008), zit.: *Pollmann*, Der verfassungsrechtliche Gleichbehandlungsgrundsatz.

*Potacs, Michael:* Herstellung von Wettbewerb als Verwaltungsaufgabe, VVDStRL 69 (2010), S. 254, Berlin / New York 2010, zit.: *Potacs,* VVDStRL 69 (2010), 254.

*Prieß, Hans-Joachim:* Handbuch des europäischen Vergaberechts, 3. Auflage Köln / Berlin / München 2005, zit.: Prieß, Handbuch des europäischen Vergaberechts.

—: Auswirkungen der Schwellenwertentscheidungen des Bundesverfassungs- und Bundesverwaltungsgerichts auf die Rechtsschutzdiskussion, WuV 2007, 221.

*Prieß, Hans-Joachim / Gabriel, Marc:* M&A-Verfahrensrecht – EG-rechtliche Verfahrensvorgaben bei staatlichen Beteiligungsveräußerungen, NZBau 2007, 617.

*Prieß, Hans-Joachim / Hölzl, Franz Josef:* as Ende des rechtsfreien Raumes: Der verwaltungsgerichtliche Rechtsschutz bei der Rüstungsbeschaffung, NZBau 2005, 367.

—: GWB 2009: Öffentlicher Auftraggeber und Auftrag – keine Überraschungen!, NZBau 2009, 159.

*Pünder, Hermann:* Die Vergabe öffentlicher Aufträge unter den Vorgaben des europäischen Beihilfenrechts, NZBau 2003, 530.

—: Zu den Vorgaben des grundgesetzlichen Gleichheitssatzes für die Vergabe öffentlicher Aufträge, VerwArch 95 (2004), 38.

*Pünder, Hermann / Schellenberg, Martin (Hrsg.):* Vergaberecht – Handkommentar, Baden Baden 2011, zit.: *Autor*, in: Pünder / Schellenberg, Vergaberecht.

*Puhl, Thomas:* Der Staat als Wirtschaftssubjekt und Auftraggeber, VVDStRL 60 (2000), S. 456, Berlin / New York 2001, zit.: *Puhl*, VVDStRL 60 (2000), S. 456.

*Raabe, Marius:* Von Ahlhorn nach Wildeshausen – und weiter?, NordÖR 2010, 273.

*Regler, Rainer:* Investorenvertrag und Vergaberechtsregime: Folgen für die notarielle Praxis, DNotZ 2010, 24.

*Reidt, Olaf:* Grundstücksveräußerungen der öffentlichen Hand und städtebauliche Verträge als ausschreibungspflichtige Baukonzession? – Zugleich Anmerkung zu OLG Düsseldorf, Beschluss vom 13.06.2007 – Verg 2/07 („Fliegerhorst Ahlhorn"), BauR 2007, 1664.

—: Grundstücksveräußerungen und städtebauliche Verträge außerhalb des Kartellvergaberechts – Welche Spielräume verbleiben noch für Kommunen?, VergabeR 2008, 11.

*Reidt, Olaf / Stickler, Thomas / Glahs, Heike (Hrsg.):* ergaberecht – Kommentar, 3. Auflage Köln 2011, zit.: Autor, in: Reidt / Stickler / Glahs.

*Remmert, Barbara:* Anmerkung EuGH, Urt. v. 25.03.2010 – C-451/08 „Helmut Müller", JZ 2010, 512.

*Rosenkötter, Annette:* Ausschreibungspflichtigkeit von städtebaulichen Verträgen, NZBau 2006, 630.

*Ruhland, Bettina:* Die Dienstleistungskonzession – Begriff, Standort und Rechtsrahmen der Vergabe, Baden-Baden 2006 (zugl., Bochum, Univ., Diss., 2006); zit.: *Ruhland*, Die Dienstleistungskonzession.

—: Verfahren und Rechtsschutz bei der Vergabe von Dienstleistungskonzessionen, WuV 2007, 203.

*Ruthig, Josef / Storr, Stefan:* ffentliches Wirtschaftsrecht, 3. Auflage Heidelberg 2011, zit.: *Autor*, in: Ruthig / Storr, Öffentliches Wirtschaftsrecht.

*Sachs, Michael / Siekmann, Helmut (Hrsg.):* Der grundrechtsgeprägte Verfassungsstaat: Festschrift für Klaus Stern zum 80. Geburtstag, Berlin 2012, zit.: *Autor*, in: FS Stern.

*Salje, Peter:* Energiewirtschaftsgesetz, Köln 2006, zit.: *Salje*, Energiewirtschaftsgesetz.

*Schaller, Hans:* Der Auftragsbegriff im Vergaberecht: Kommunale Grundstücksgeschäfte – Öffentliche Aufträge?, Der Gemeindehaushalt 2011, 158.

*Scharen, Uwe:* Rechtsschutz bei Vergaben unterhalb der Schwellenwerte, VergabeR 2011, 653.

—: Vergaberecht und Bauen auf erworbenem öffentlichen Grund nach Wünschen der öffentlichen Hand – Zugleich Besprechung des Urteils des EuGH vom 25. März 2010 – Rs. C-451/08 – Helmut Müller, ZWeR 2011, 422.

*Scharf, Jan / Dierkes, Jan-Michael:* Zur Frage der Ausschreibungspflicht von Anteilsverkäufen durch die öffentliche Hand, VergabeR 2011, 543.

*Scheffczyk, Fabian / Wolff, Heinrich Amadeus:* Kaufverträge der Gemeinde in der Gestalt von städtebaulichen Verträgen ohne vergaberechtliches Regime?, KommJur 2008, 408.

*Schmidt-Eichstaedt, Gerd:* Städtebaurecht – Einführung und Handbuch, 4. Auflage Stuttgart 2005, zit.: *Schmidt-Eichstaedt*, Städtebaurecht.

*Schmidt-Preuß, Matthias:* Kollidierende Privatinteressen im Verwaltungsrecht – Das subjektive öffentliche Recht im multipolaren Verwaltungsrechtsverhältnis, Berlin 1992 (zugl., Bayreuth, Univ., Habil., 1991/1992); zit.: *Schmidt-Preuß*, Kollidierende Privatinteressen im Verwaltungsrecht.

—: Gegenwart und Zukunft des Verfahrensrechts, NVwZ 2005, 489.

*Schneider, Jens-Peter / Theobald, Christian (Hrsg.):* Recht der Energiewirtschaft – Praxishandbuch, 4. Auflage München 2013, zit.: *Autor*, in: Schneider / Theobald, Recht der Energiewirtschaft.

*Schnieders, Ralf:* Die kleine Vergabe, DVBl. 2007, 287.

*Siegel, Thorsten:* Anm. zu EuGH, Urt. v. 10.05.2012 – C-368/10 „EKO und MAX HAVELAAR", EuZW 2012, 599.

*Sitsen, Michael:* Zur Ausschreibungspflicht eines eingekapselten Bauauftrags, BauR 2011, 462.

*Spannowsky, Willy / Uechtritz, Michael:* Baugesetzbuch – Kommentar, München 2009, zit.: *Autor,* in: Spannowsky / Uechtritz, BauGB; als Beck'scher Online-Kommentar, Stand: 01.09.2013, zit.: *Autor*, in: Spannowsky / Uechtritz, Beck'scher OK BauGB.

*Städtetag Nordrhein-Westfalen / Städte- und Gemeindebund Nordrhein-Westfalen:* Gemeinsamer Leitfaden des Städtetags NRW und des Städte- und Gemeindebunds NRW, „Kommunale Grundstücksgeschäfte und Vergaberecht", 2. Aufl. 2008, zit.: *Städtetag Nordrhein-Westfalen / Städte- und Gemeindebund*

*NRW,* Gemeinsamer Leitfaden „Kommunale Grundstücksgeschäfte und Vergaberecht".

*Stelkens, Paul / Bonk, Heinz-Joachim / Sachs, Michael:* Verwaltungsverfahrensgesetz – Kommentar, 7. Auflage München 2008, zit: *Autor,* in: Stelkens / Bonk / Sachs, VwVfG.

*Stern, Klaus:* Das Staatsrecht der Bundesrepublik Deutschland, Band III/1 – Allgemeine Lehren der Grundrechte, 1. Halbband, München 1988, zit.: *Autor,* in: Stern, Das Staatsrecht der Bundesrepublik Deutschland, Bd. III/1.

—: Das Staatsrecht der Bundesrepublik Deutschland, Band IV/1 – Die einzelnen Grundrechte 1. Halbband, München 2006, zit.: *Autor,* in: Stern, Das Staatsrecht der Bundesrepublik Deutschland, Bd. IV/1.

—: Das Staatsrecht der Bundesrepublik Deutschland, Band IV/2 – Die einzelnen Grundrechte 2. Halbband, München 2011, zit.: *Autor,* in: Stern, Das Staatsrecht der Bundesrepublik Deutschland, Bd. IV/2.

*Stober, Rolf:* Allgemeines Wirtschaftsverwaltungsrecht, 17. Auflage Stuttgart 2011, zit.: *Stober,* Allgemeines Wirtschaftsverwaltungsrecht.

*Stöcker, Nina:* Entwicklung des Verwaltungskooperationsvertrages unter Berücksichtigung des Vergaberechts, Frankfurt 2010 (zugl., Marburg, Univ., Diss., 2009), zit.: Stöcker, Entwicklung des Verwaltungskooperationsvertrages unter Berücksichtigung des Vergaberechts.

*Storr, Stefan:* Wirtschaftspolitik durch Auftragsvergabe, WuV 2007, 183.

*Streinz, Rudolf:* Europarecht, 9. Auflage Heidelberg 2012, zit.: *Streinz,* Europarecht.

—: (Hrsg.): EUV / AEUV – Vertrag über die Europäische Union und Vertrag über die Arbeitsweise der Europäischen Union, 2. Auflage München 2012, zit.: *Autor,* in: Streinz, EUV / AEUV.

*Stüer, Bernhard:* Der Bebauungsplan, 4. Auflage München 2009, zit.: *Stüer,* Der Bebauungsplan.

*Sura, Martin:* Anmerkung zu BayObLG, Beschl. v. 04.02.2002 – Verg 1/02 „Großflächenwerbung", VergabeR 2008, 307.

*Tomerius, Stephan:* Kommunale Flächenentwicklung in öffentlich-privater Partnerschaft und Vergaberecht: Entwicklungslinien in Literatur und Rechtsprechung zwei Jahre nach dem EuGH-Urteil „Helmut Müller", ZfBR 2012, 332.

*Turiaux, André:* Der Vorhabenbezogene Bebauungsplan gem. § 12 BauGB: Beschleunigungspotential, Durchführungsverpflichtung und praktische Probleme, NJW 1999, 391.

*van Kann, Jürgen / Hettich, Lars:* Vergaberecht bei kommunalen Grundstücksgeschäften: Wichtige Neuerungen durch EuGH-Rechtsprechung, ZfIR 2010, 783.

*Vieweg, Klaus / Werner, Almuth:* Sachenrecht, 6. Auflage München 2013, zit.: *Vieweg / Werner,* Sachenrecht.

*Voßkuhle, Andreas:* Beteiligung Privater an der Wahrnehmung öffentlicher Aufgaben und staatliche Verantwortung, VVDStRL 62 (2002), S. 266, Berlin / New York 2003, zit.: *Voßkuhle,* VVDStRL 62 (2002), 266.

*Wagner, Volkmar / Steinkemper, Ursula:* Zum Zusammenspiel von Kartellvergaberecht und Haushaltsvergaberecht. Insbesondere: Die subsidiäre Anwendbarkeit des Haushalts-Vergaberechts auf Vergaben oberhalb der Schwellenwerte, NZBau 2006, 550.

*Walter, Thomas:* Der Erschließungsvertrag im System des Erschließungsrechts, Berlin 2010 (zugl., Univ., Würzburg, Diss., 2010), zit.: *Walter,* Der Erschließungsvertrag im System des Erschließungsrechts.

*Walz, Rainer:* Die Bau- und Dienstleistungskonzession im deutschen und europäischen Vergaberecht, Köln 2009 (zugl., Univ., Hamburg, Diss., 2008), zit.: *Walz,* Die Bau- und Dienstleistungskonzession.

*Weiß, Richard:* Erwerb, Veräußerung und Verwaltung von Vermögensgegenständen durch die Gemeinden, Köln Berlin Bonn München 1991 (zugl., Univ., Münster, Diss., 1990), zit.: *Weiß,* Erwerb, Veräußerung und Verwaltung von Vermögensgegenständen.

*Widmann, Simon Philipp:* Vergaberechtsschutz im Unterschwellenbereich – Rechtsschutzmöglichkeiten unterlegener Bieter im öffentlichen Vergaberecht außerhalb des Geltungsbereiches des vierten Teiles des Gesetzes gegen Wettbewerbsbeschränkungen (GWB), Baden-Baden 2008 (zugl., Univ., Mainz, Diss., 2008), zit.: *Widmann,* Vergaberechtsschutz im Unterschwellenbereich.

*Wieland, Joachim:* Die Konzessionsabgaben : Zur Belastung wirtschaftsverwaltungsrechtlicher Erlaubnisse mit Abgaben, Berlin 1991 (zugl., Freiburg, Univ., Habil., 1990); zit.: *Wieland,* Die Konzessionsabgaben.

*Wilke, Reinhard:* Vergaberechtliche Aspekte städtebaulicher Verträge, ZfBR 2004, 141.

*Willenbruch, Klaus / Wieddekind, Kristina (Hrsg.):* Vergaberecht – Kompaktkommentar, 2. Auflage Köln 2011, zit.: *Autor*, in: Willenbruch / Wieddekind, Vergaberecht.

*Wolff, Hans J. / Bachof, Otto / Stober, Rolf / Kluth, Winfried:* Verwaltungsrecht, Bd. 1, 12. Auflage München 2007, zit.: *Wolff / Bachof / Stober / Kluth*, Verwaltungsrecht, Bd. 1.

—: Verwaltungsrecht, Bd. 2, 7. Auflage München 2010, zit.: *Wolff / Bachof / Stober / Kluth*, Verwaltungsrecht, Bd. 2.

*Wollenschläger, Ferdinand:* Vergaberechtsschutz unterhalb der Schwellenwerte nach der Entscheidung des BVerfG vom 13. Juni 2006: verfassungs- und verwaltungsrechtliche Determinanten, DVBl. 2007, 589.

—: Das EU-Vergaberegime für Aufträge unterhalb der Schwellenwerte, NVwZ 2007, 388.

*Würfel, Wolfgang / Butt, Mark:* Ausschreibungspflicht für städtebauliche Verträge – oder: Schaut man einem geschenkten Gaul doch ins Maul?, NVwZ 2003, 153.

*Wulfhorst, Reinhard:* Konsequenzen aus „Stuttgart 21“: Vorschläge zur Verbesserung der Bürgerbeteiligung, DÖV 2011, 581.

*Ziekow, Jan:* Öffentliches Wirtschaftsrecht, 2. Auflage München 2010, zit.: *Ziekow*, Öffentliches Wirtschaftsrecht.

—: Städtebauliche Verträge zwischen Bauauftrag und Baukonzession, DVBl. 2008, 137.

—: / *Siegel, Thorsten:* Das Vergabeverfahren als Verwaltungsverfahren, ZfBR 2004, 30.

*Zippelius, Reinhold:* Juristische Methodenlehre, 10. Auflage München 2006, zit.: *Zippelius*, Juristische Methodenlehre.

For the avoidance of doubt, input of the whole or any part of this publication into any generative artificial intelligence model, chatbot, program, software or technology is expressly prohibited without the prior written consent of the publisher.